LUCRO

Título original:
Profit: An Environmental History (1st edition)

Tradução:
Jorge Melícias

Revisão:
Joana Camões Pereira

Capa:
Joana Carvalho

Imagem de capa:
© Look and Learn / Bridgeman Images/Fotobanco.pt

ISBN 978-972-44-2693-8

Depósito Legal n.º 515308/23

Paginação:
MA

Impressão e acabamento:
PUBLITO ARTES GRÁFICAS – BRAGA

para
EDIÇÕES 70
Maio 2023

EDIÇÕES 70, uma chancela de Edições Almedina, S.A.
Avenida Emídio Navarro, 81, 3D
3000–151 Coimbra
e-mail: editoras@grupoalmedina.net

LUCRO

Uma História Ambiental

MARK STOLL

ÍNDICE

ILUSTRAÇÕES

AGRADECIMENTOS

Ao escrever este livro, incorri em muitas dívidas académicas e pessoais. Em primeiro lugar, tenho de expressar a minha gratidão para com o meu editor na Polity, Pascal Porcheron, que me convidou a escrevê-lo e de quem tive total apoio ao longo de todo o processo da sua feitura. O meu agradecimento também aos muitos funcionários da Polity com os quais trabalhei na produção do livro.

O meu reconhecimento a Sverker Sörlin por ter lido e comentado, de forma bastante proveitosa, o primeiro esboço. Também John R. McNeill teceu, em várias das suas fases, perspicazes comentários ao livro. Apreciei igualmente as respostas de vários leitores anónimos relativamente à proposta e ao primeiro rascunho.

Um cargo no Rachel Carson Center de Munique, na Alemanha, sob a direção de Christof Mauch, no outono de 2019, proporcionou-me tempo entre acolhedores colegas de todo o mundo, tempo esse em que escrevi uma parte do livro. Agradeço aqui, em particular, aos colegas que, numa sessão de trabalho em curso, discutiram e comentaram uma primeira versão de um capítulo: Liz DeLoughrey, Kelly Donati, Rachel S. Gross, Robert Gross, Marcus Hall, Sevgi Sirakova Mutlu, Eunice e Rubens Nodari, Anna Pilz, Jayne Regan, Xiaoping Sun, Anna Varga, Monica Vasile e Kate Wright. O programa de intercâmbio do RCC foi uma oportunidade maravilhosa para a criatividade académica e para a partilha.

Os meus sinceros agradecimentos a Verena Winiwarter pelo convite para apresentar uma versão da tese do livro num *Minisymposium*, realizado no Centro de História Ambiental (ZUG) em Viena, Áustria, em 2019.

A minha gratidão estende-se também à audiência do painel no encontro de 2018 da Sociedade Americana para a História Ambiental, em Riverside, Califórnia, pelas suas perguntas e comentários a respeito da minha comunicação sobre o capitalismo de consumo e o ambiente. Apresentei igualmente uma versão da tese do livro numa sessão organizada por Shen Hou e Donald Worster, do Centro de História Ecológica da Universidade de Renmin, na China, que fez parte da Semana de História Ambiental da ASEH, em 2021.

Tenho uma dívida de gratidão para com o Departamento de História da Texas Tech University e para com o seu diretor, Sean Cunningham, por, em importantes momentos, me ter desobrigado do ensino. O programa Texas Tech Humanities Center Faculty Fellows financiou a minha desobrigação de um curso semestral. O meu agradecimento a vários colegas do Departamento de História, que, de modo entusiástico, me deram conselhos e sugestões para leituras quando me aventurei em campos distantes do meu: Stefano D'Amico, Abigail Swingen e Barbara Hahn.

Finalmente, beneficiei muito por me corresponder com vários colegas e por junto deles me aconselhar. O meu apreço vai para Karl Appuhn, Bruce Clarke, Craig Colton, Steve Epstein, David Fedman, Maria Margarita Fernandez Mier, Alan Loeb, Greg Maddox, Geneviève Massard-Guilbaud, Jim McCann, Manuel Gonzalez de Molina Navarro, Paul Warde e John Wing.

Innocent Afuh e Cynthia Henry da Biblioteca da Texas Tech University ajudaram-me a encontrar respostas para algumas difíceis questões de investigação. A equipa de referência da biblioteca atendia frequentemente a pedidos meus de ajuda para encontrar fontes. Mantive Katie DeVet e o pessoal do gabinete de empréstimos entre bibliotecas muito ocupado. Estou grato a todos eles pela entusiástica e eficaz assistência.

Embora esteja grato a todas estas pessoas pelo tanto que deram, as interpretações e quaisquer erros que o livro possa conter são unicamente meus.

Acima de tudo, estou em dívida para com a minha mulher, Lyn, uma dívida que nunca poderei pagar, pelo seu constante apoio e encorajamento durante os cinco anos em que lutei com este monstro que é o tema do livro. Este livro é para ela.

INTRODUÇÃO

Meta a mão no seu bolso ou no seu saco e retire o seu *smartphone*. Quase de certeza que tem um ao seu alcance. Pode mesmo dar-se o caso de estar a ler isto nele. A maravilha tecnológica do tamanho da palma de uma mão que segura pode conectá-lo a milhares de milhões de pessoas, mesmo em alguns dos locais mais remotos do mundo. Pode dizer-lhe onde está e como chegar ao seu destino. Pode reproduzir música, vídeos e filmes. Com ele, pode encontrar quase todas as informações que quiser, em muitas línguas, desde a história da dinastia Oatácida de Marrocos até às últimas fotografias do gato da tia-avó Júlia. Os produtos de consumo das fábricas e dos artesãos do mundo são seus com o simples toque no ícone «Comprar». Este pequeno dispositivo tem penetrado tão profundamente na vida quotidiana que a mera separação dele provoca ansiedade.

O *smartphone* é ubíquo porque é barato — tão barato que os prestadores de serviços oferecem modelos mais antigos. Este milagroso aparelho, no entanto, custa mais do que o publicitado. O ecrã táctil e a armação escondem uma caixa de Pandora de males ambientais. O plástico da armação provém do petróleo ou do gás natural que uma empresa multinacional extraiu do subsolo, com danos frequentes nos ecossistemas e nas bacias hidrográficas, e que foi transportado através de gasodutos, por superpetroleiros, em camiões, ou em caminhos de ferro, com derramamentos, fugas e nuvens de gases com efeito de estufa como o metano e o dióxido de carbono. Um trabalhador mal remunerado numa fábrica no leste ou no sul da Ásia utilizou químicos perigosos para fazer e dar forma à armação de plástico. No interior da armação, metais como terras-raras, alumínio, ouro, cobalto, estanho e lítio fazem o telefone funcionar. As terras-raras vêm da China, que detém 95 % das reservas mundiais. A sua extração requer enormes quantidades de energia e de materiais, e gera resíduos radioativos, fluoreto de hidrogénio, e águas residuais ácidas. Navios queimando combustíveis fósseis trazem os outros metais de minas no Sudeste Asiático, em África, na América do Sul e de ilhas do Pacífico. Estas minas têm deslocado pessoas, incitado conflitos violentos, destruído terras agrícolas, poluído água, e prejudicado a saúde de mineiros muitas vezes desprotegidos, que, por vezes, são trabalhadores infantis. A energia para fabricar o seu telemóvel e para carregar as suas baterias (para não mencionar a alimentação dos serviços telefónicos e da Internet e as torres de servidores) provém, na maioria das vezes, de centrais elétricas que queimam carvão ou gás e produzem enxofre e poluição por mercúrio e mais gases com efeito de estufa. As empresas concebem *smartphones* para serem substituídos cerca de dois em dois anos. A maioria das pessoas desfaz-se dos telemóveis velhos, que acabam em aterros, lixiviando lentamente produtos químicos tóxicos. Alguns proprietários reciclam-nos, mas reciclar os seus componentes complexos, compactos e integrados não é nem fácil nem limpo e requer químicos nocivos que produzem resíduos perigosos.[1]

Como é que o crime ambiental que é o *smartphone* foi parar às mãos de milhares de milhões de pessoas que têm muito pouca noção dos seus custos ambientais? A resposta é complicada. Sem dúvida que as pessoas os querem por uma questão de conveniência comunicacional, de *media* social, de entretenimento, de funcionalidades como as câmaras e os alarmes e pelo acesso à Internet. Podem estar a responder à pressão social ou a exigências do trabalho. Além disso, os *smartphones* tornaram-se quase uma necessidade na vida moderna. Mas por detrás de todos esses fatores está um grupo de grandes corporações que os vendem para lucro de investidores e acionistas. Outras empresas fornecem o conteúdo, programas de aplicações («*apps*»), e *sites* de redes sociais que, inteligentemente, prendem, de uma forma quase constante, a atenção dos utilizadores aos seus telemóveis. Por fim, quase completamente escondidos na sombra, encontram-se alguns dos atores mais importantes, as corporações que fazem lóbis junto dos governos em prol de leis e regulamentações favoráveis e outras que fornecem campanhas promocionais para convencer as pessoas a comprarem o dispositivo ou os seus correspondentes serviços e *apps*. Têm sido extraordinariamente bem-sucedidos em conseguir que as pessoas adquiram algo que ainda há pouco tempo ninguém sabia que queria. Antes de 2007, o *smartphone* quase não existia, mas, num futuro próximo, 70 % da população mundial terá um. O *smartphone* é o próprio epítome do capitalismo na sua última encarnação.

Quem é, então, o culpado pelo crime ambiental que é o *smartphone*? Um detetive encarregado pelo caso poderia sugerir a solução de *Um Crime no Expresso do Oriente*: todos o cometeram. Sob o incitamento de uma variedade de considerações, compramos e descartamos impensadamente *smartphones* sem nenhum tipo de compulsão. Alternativamente, um Hercule Poirot ambientalista poderia, em vez disso, nomear os culpados que com isso mais beneficiam e que escondem os custos ambientais do *smartphone*: as corporações que lucram com o fabrico e com a venda do dispositivo e dos seus serviços. O *smartphone* e os seus primos, o *tablet*, o computador portátil e o computador pessoal, são surpreendentemente rentáveis. Eles fornecem as receitas daquelas que, em abril de 2021, eram as seis maiores empresas privadas em valor de mercado: Apple, Microsoft, Amazon, Alphabet (Google), Facebook e Tencent. Fundadas a partir de 1975, e quatro delas de 1994 para cá, estas empresas gigantescas são pouco mais velhas do que o próprio *smartphone*, e nenhuma delas é mais antiga do que o computador pessoal.[2]

Alinhámos os suspeitos do crime. Qual será o veredito? Temos um júri dividido. Alguns jurados chamam ao crime uma parte do «Antropoceno» e culpam a raça humana como um todo. Pensadores ambientais como Bill McKibben, E. O. Wilson e Elizabeth Kolbert culpam as nossas escolhas pessoais.[3] Se todos nós simplesmente nos comportássemos, acreditássemos, comprássemos e votássemos de uma forma mais responsável e mais moral, poderíamos salvar o mundo. Outros, entre eles Jason W. Moore, Andreas Malm e Naomi Klein, preferem o termo «Capitaloceno» e apontam o dedo acusador aos capitalistas e às corporações.[4] Os jurados também discordam em relação à época em que o crime começou a ser perpetrado. Uma fação remonta a data ao período da Grande Aceleração após a Segunda Guerra Mundial. Outra defende que ela terá tido início na Revolução Industrial, por volta de 1800. Há ainda um terceiro grupo que vê a pegada humana em todo o ambiente com raízes muito mais profundas no tempo, encontrando-as logo aquando da adoção da agricultura, há 10 000 anos.

Francamente, a culpa reside tanto na nossa fortuna quanto em nós próprios. É difícil identificar qualquer coisa na nossa vida moderna — alimentação, combustível, vestuário, habitação, transporte, trabalho ou lazer — que não seja igualmente cúmplice de crimes semelhantes contra a Terra. Todas essas coisas apresentam aos nossos jurados as mesmas evidências contraditórias. Pode argumentar-se que os ricos, que mais consomem, são mais culpados do que os pobres e que nenhuma água do mundo poderá lavar a culpa das mãos dos líderes da indústria. Bem verdade. No entanto, nenhum de nós vive hoje completamente livre da teia do capitalismo de consumo. A contínua pilhagem do planeta proporciona dimensão, facilidade e qualidade à vida da grande maioria de nós e, verdade seja dita, torna possível que existamos de todo. A espécie humana floresce como nenhum bípede ou quadrúpede alguma vez floresceu. Nem a caça e a recoleção nem as práticas agrárias pré-modernas, por muito sustentáveis que tenham sido, poderiam alimentar, vestir e abrigar a população mundial de quase 8 mil milhões de pessoas ou dar a uma minoria substancial delas uma abundância anteriormente inimaginável, mas o sistema capitalista global fá-lo.

Cálculos do peso corporal total de todos os humanos e de todos os animais terrestres ao longo da história humana mostram quão milagroso isso realmente é. De acordo com um estudo, no final do Pleistoceno a biomassa humana era cada vez mais pequena, enquanto os mamíferos terrestres pesavam, coletivamente, cerca de 175 milhões de toneladas.[5] Por volta de 1900, após as revoluções agrícola e industrial, como Vaclav Smil calculou, os humanos pesavam 70 milhões de toneladas, ao passo que os animais selvagens haviam diminuído para 50 milhões de toneladas. Espécies sob controlo humano que viviam em *habitats* anteriormente selvagens — gado vacum, cavalos e burros, búfalos-asiáticos, suínos, ovinos, caprinos, camelos, aves de capoeira e outros — contavam 175 milhões de toneladas, o peso corporal total de todos os animais selvagens muitos milénios antes. Por outras palavras, os seres humanos tinham encontrado formas de suportar uns adicionais 120 milhões de toneladas de peso corporal a partir dos mesmos recursos ambientais.

O capitalismo de consumo entrou então em ação, e a biomassa terrestre deu um salto espantoso. Em 2000, segundo os cálculos de Smil, os seres humanos, por si só, completavam mais de 300 milhões de toneladas de biomassa, ou mais 2/3 do que o peso animal de todos os animais juntos antes da ascensão do *Homo sapiens*. Os animais domesticados compunham mais 600 milhões de toneladas (com mais dois milhões para cães, gatos e outros animais de estimação). A massa biológica combinada de seres humanos e animais domesticados ascende a mais de 500 % do total do Pleistoceno. Ao mesmo tempo, a biomassa de animais selvagens havia decaído, desde 1900, outros 50 %, para cerca de 25 milhões de toneladas, um declínio de cerca de sete vezes desde o seu pico no Pleistoceno.

Isto significa que o número de animais selvagens equivale a cerca de 4 % do número de animais domesticados e a apenas 2,7 % do número de seres humanos e dos seus animais juntos.[6]

Talvez devêssemos estar gratos por, de alguma forma, lhes termos deixado algum tipo de recursos de todo. Mas é esta disposição dos recursos da Terra para as necessidades humanas aquilo que torna possível a vida de quase 8 mil milhões de pessoas.

Este livro conta a história de como este mundo se tornou o que é. O título *Lucro* é ambíguo. Na sua utilização corrente, significa lucro financeiro, que hoje em dia associamos a um sistema a que chamamos capitalismo. Lucro, no seu sentido original, pode também significar qualquer tipo de benefício, como quando dizemos que lucramos com uma experiência. No sentido financeiro, a maior parte dos lucros do capitalismo reverte a favor de uma parte muito pequena da população mundial. No sentido mais lato, considerando que o capitalismo suporta tantas pessoas, e uma grande percentagem de nós de forma tão confortável, podemos dizer que todos nós lucramos com ele. *Lucro* conta a história do capitalismo através das histórias de uma série de indivíduos que representam quer a abertura de uma nova e significativa fase do capitalismo, quer o desenvolvimento de movimentos influentes para controlar os seus impactos ambientais. Muitos (mas não todos) destes primeiros acreditavam estar, ao mesmo tempo, a beneficiar a sociedade e eles próprios. Os últimos procuraram beneficiar o mundo sem se beneficiarem a si mesmos.

O capitalismo sofreu muitas transformações ao longo da história. No seu nível mais fundamental, o capitalismo é um sistema económico em que (normalmente) os proprietários privados da riqueza acumulada ou do capital o investem, visando o lucro, em empresas de extração e distribuição de matérias-primas ou de produção e distribuição de bens, onde (idealmente) uma competição sem restrições com outras empresas num mercado (mais ou menos) regulamentado define os preços. Notem-se os qualificativos entre parênteses. Eles sugerem quão rara tem sido qualquer coisa que se assemelhe ao capitalismo «puro» e ajudam a explicar variações significativas de lugar para lugar e de época para época. Um sistema capitalista funciona mais eficazmente quando tem acesso a transporte fácil, a fontes de energia e a recursos naturais abundantes, a uma força de trabalho dócil e disciplinada, e a uma comunicação fiável entre extratores, produtores e vendedores.[7]

A sua escala vai desde o corriqueiro, como quando um locatário camponês vende papaias num mercado de uma aldeia tropical, até ao de grande relevância, como quando um rico investidor vende arcanos instrumentos financeiros num centro global de capitais como Nova Iorque ou Londres. Entre os níveis local e global, há muitas camadas quase incompreensivelmente complexas e interligadas, sempre em movimento e sempre em mudança em resposta às outras. O preço que os produtores obtêm por mercadorias como a papaia afeta o capitalismo global, enquanto os produtores tropicais sentem o impacto das maquinações financeiras internacionais.[8]

O desenvolvimento do capitalismo foi tudo menos preestabelecido. Constantes movimentos e mudanças nas camadas, bem como a interação entre elas, impulsionaram a evolução histórica do capitalismo de fases incipientes para fases modernas. A sua história é contingente, culturalmente condicionada e está em constante diálogo com as possibilidades e os constrangimentos ambientais. Reconhecidamente, os sistemas capitalistas evoluíram não só na Europa Ocidental, mas também em todo o mundo. Contudo, apenas no Ocidente emergiu o capitalismo moderno, com as suas marcas de separação do negócio do agregado familiar, a sua contabilidade racional e a sua racional organização do trabalho. Nenhuma das duas principais formas históricas de organização capitalista, a plantação esclavagista e a fábrica mecanizada, teve verdadeiros equivalentes fora do reino do capitalismo moderno. O capitalismo ocidental exerce um poder sem precedentes para utilizar intensivamente os recursos de forma a produzir riqueza. Porque o capitalismo industrial e de consumo se desenvolveu na Europa Ocidental e na América do Norte chegando hoje a todos os cantos do globo, esta história centra-se, principalmente, nos caminhos que a ele conduziram, através e fora dessas regiões.[9]

O capitalismo não tem um único lugar ou tempo de origem. Todas as formas de capitalismo tiveram precursoras séculos antes. O capitalismo de consumo contemporâneo desenvolveu-se principalmente nos Estados Unidos a partir de precursores da Revolução Industrial Europeia e Americana. A maioria dos elementos do capitalismo industrial inglês desenvolveu-se a partir de inovações que ocorreram nos Países Baixos, um século antes. Por seu turno, os Holandeses tinham invadido impérios globais ibéricos, mas, em última análise, acabaram por confiar num modelo de capitalismo mercantilista que se havia desenvolvido nos empórios comerciais italianos medievais. Os Italianos, por sua vez, tinham pedido emprestados protótipos concebidos no mundo islâmico e na Grécia e Roma antigas. Desde a Antiguidade que o rasto conduz a um passado ainda mais profundo. Os primeiros e simples fios da teia mundial do capitalismo de consumo que hoje em dia nos enlaça foram estabelecidos há muitos milénios, e é possível percebê-los mesmo entre os nossos ancestrais mais antigos. Os seus fios seriam fiados, partidos, reparados, abandonados, substituídos, ampliados e multiplicados muitas vezes, até enredarem hoje toda a terra e os seus povos.

Alguns fios permaneceram constantes desde a Era da Pedra Lascada até à Era dos *Smartphones*. Desde a altura em que os humanos fizeram a sua primeira aparição no planeta que mostraram um talento particular maior para extrair um maior sustento dos recursos de uma dada região do que qualquer outro animal, podendo com isso suportar um maior número dos seus, uma maior biomassa. Comunicaram e cooperaram melhor do que qualquer outro animal. Os seres humanos mineraram solos e minerais para a produção de bens utilitários e de consumo. Procuraram maiores fontes de energia. Fabricaram itens úteis e atrativos. Engendraram meios de transporte mais eficientes para mercadorias e para si próprios. Os humanos dominavam, exploravam e lutavam com os seus vizinhos. E, com as suas trocas de bens, recursos, competências e conhecimentos, desenvolveram a economia mais antiga.

A história do capitalismo está intimamente entrelaçada com o mundo natural. Por um lado, circunstâncias ambientais específicas tornaram possível o capitalismo moderno e moldaram o seu crescimento. Alterações climáticas mais amplas também desempenharam um papel significativo. Por outro lado, a atividade económica degradou sempre os ambientes. A cada fase do desenvolvimento económico, as pessoas aumentavam a eficiência da sua exploração dos recursos naturais. Passo a passo, o processo empobreceu os ecossistemas e transformou as paisagens. Hoje, o capitalismo de consumo amplificou o impacto ambiental humano a um nível assustador, exterminando espécies, transtornando ecossistemas, drenando zonas húmidas, redireccionamento e represando rios, abatendo florestas e degradando solos.

O capitalismo consome recursos e acaba com eles a uma velocidade vertiginosa. Lança produtos químicos aos quatro ventos, pelos quatro cantos do globo e pelos sete mares. Transforma a atmosfera e aquece o planeta. Dificilmente haverá um lugar ou uma espécie na Terra que não tenha sido afetado por ações e obras humanas — até mesmo no fundo das fossas oceânicas mais profundas, onde altos níveis de químicos tóxicos envenenam criaturas e sacos de plástico flutuam como pálidos fantasmas.[10]

Lucro: Uma História Ambiental traça como estes desenvolvimentos a nível técnico, tecnológico, de transporte, de energia, de comunicação, de comércio e de finanças conduziram ao moderno capitalismo de consumo. Apresenta o capitalismo incipiente, o capitalismo mercantilista, o capitalismo de monocultura, o capitalismo industrial e o capitalismo de consumo como etapas do longo esforço humano para utilizar os recursos de uma forma mais intensiva. Cada capítulo explora uma fase na sua evolução e os seus impactos ambientais. O Capítulo 1, «Como começou», dá conta de precursores e de padrões emergentes entre os primeiros hominídeos. Explora depois o antigo capitalismo mercantil grego e romano, com a sua funesta ligação com a cunhagem de moeda, a escravatura, a agropecuária, o comércio, o império e as mudanças ambientais.

O Capítulo 2, «Comércio e império», fala dos notáveis avanços das cidades-estado italianas no âmbito da banca, das instituições corporativas, do império e da agropecuária. Os Italianos configuraram o modelo que os ibéricos e os europeus do Noroeste seguiram com os seus próprios impérios mundiais de comércio e de plantações. O capítulo utiliza a experiência de Cristóvão Colombo para ilustrar a transferência dos modelos italianos, bem como os métodos aleatórios e oportunistas que construíram os sistemas e as economias imperiais europeus. A exploração global dos povos e da natureza alimentou a ascensão da Europa.

Os dois capítulos seguintes, «Maravilhas do carvão e das máquinas» e «A era do vapor e do aço», traçam a adolescência e a maturidade do capitalismo industrial, frequentemente chamadas a Primeira e a Segunda Revoluções Industriais. Esta era inaugurou mudanças tecnológicas, sociais e ambientais tremendas e fatídicas, entre elas, a transição energética das energias renováveis para as fósseis. As carreiras de James Watt e Andrew Carnegie ilustram temas importantes, como o papel da ciência nos avanços tecnológicos, as influências culturais no ritmo e na direção das mudanças económicas e sociais, e a passagem da liderança industrial da Europa para os Estados Unidos. O Capítulo 5, «Preservando recursos», considera a emergência de um movimento de conservação da natureza e de criação de parques florestais para controlar os problemas ambientais da industrialização. O americano George Perkins Marsh e o inglês William Stanley Jevons analisaram, de forma percetiva e influente, a destruição por parte da industrialização dos seus recursos e bases energéticas.

Três capítulos, «Compre agora — pague depois», «Pé a fundo no acelerador», e «Vendendo tudo», retratam a evolução, principalmente nos Estados Unidos, do capitalismo de consumo dos séculos XX e XXI. Esta forma de capitalismo arca mais responsabilidade do que qualquer outra coisa pelas crises ambientais de hoje. Os avanços nas técnicas industriais levaram a que a produção ultrapassasse em muito a procura. Para impulsionar o consumo, a gestão empresarial desenvolveu novas técnicas de publicidade, incentivos financeiros e substituição de produtos. Outra transição energética, a do carvão para o petróleo e para o gás, alimentou tanto a produção quanto o consumo. A oferta e a procura perseguiram-se mutuamente a um ritmo crescente. As nossas casas encheram-se de coisas. A riqueza global também cresceu. Nada exemplifica tão bem esta era como a indústria automóvel, à medida que a nova orientação consumista da General Motors [GM], de Alfred Sloan, superou a velha mentalidade produtora da Ford Motor Company, de Henry Ford. Após a Segunda Guerra Mundial, Ray Kroc representou um novo tipo de figura capitalista, talhado a partir de um tecido cultural diferente, com menos escrúpulos morais em relação à acumulação de riqueza. Kroc engendrou a ascensão global do modelo de cadeia de restaurantes de *fast food*, McDonald's. Por fim, a Amazon.com, de Jeff Bezos, exemplifica o período do capitalismo de consumo após os anos 1970, no qual vender coisas aos consumidores se tornou muito mais rentável do que as fazer. Níveis crescentes de consumo levam os produtores a gerar cada vez mais bens, o que conduz a que eles retirem cada vez mais recursos do ambiente e produzam quantidades cada vez maiores de resíduos e gases com efeito de estufa.

«A ascensão e a globalização do ambientalismo» explora os movimentos globais que foram surgindo para gerir o terrível impacto ecológico do capitalismo de consumo. *Primavera Silenciosa*[11], da americana Rachel Carson, destaca-se como a mais significativa obra do movimento ambientalista do pós-guerra. *Only One Planet*, da britânica Barbara Ward (em coautoria com René Dubos), e o seu incansável trabalho um pouco por todo o mundo estabeleceram os principais temas da globalização no que ao ambientalismo diz respeito. Os dois livros ilustram não só as maiores preocupações do ambientalismo, mas também as suas importantes limitações. O ambientalismo continua emaranhado com o capitalismo de consumo, mesmo quando trabalha no sentido de contrariar os seus impactos ecológicos. Uma conclusão oferece reflexões em torno de como a nossa eficiência na extração de recursos do mundo natural ultrapassou em muito a nossa capacidade (ou vontade) de gerir as consequências ambientais.

Embora há muito o capitalismo venha despertando interesse junto dos historiadores ambientais, eles nunca tinham feito dele o assunto de uma monografia, ou o ator principal ou tema de uma grande obra. Livros fundacionais como *Dust Bowl* (1979), de Donald Worster, e *Changes in the Land* (1983), de William Cronon, realçaram forças tão abstratas como a «cultura do capitalismo», de Worster, ou a «comoditização», de Cronon, mas não analisaram o sistema em si. A crise económica de 2008 e o aparecimento de livros muito debatidos como *Capital in the Twenty-First Century* (2013), de Thomas Piketty, e *Empire of Cotton: A Global History* (2014), de Sven Beckert, suscitaram uma renovada discussão em redor do capitalismo e dos seus impactos. Uma série de obras começou a abordar o assunto, destacando-se entre elas os trabalhos de Naomi Klein, Jason Moore e Andreas Malm.

Lucro: Uma História Ambiental assume uma orientação diferente. É uma história do capitalismo que procura explicar como o capitalismo mudou o mundo natural e como o ambiente moldou o capitalismo. O capitalismo cresceu com a nossa espécie e, de uma forma inelutável, encontra-se em todo o lado. Tortuosa e sub-repticiamente, ele tem vindo a abrir o seu caminho, subvertendo todos os sistemas que a engenhosidade humana concebeu até à data para o controlar ou destruir. *Lucro* explica o desenvolvimento do enigma que o capitalismo nos apresenta hoje: não podemos viver com o capitalismo e não podemos viver sem ele. Na melhor das hipóteses, podemos trabalhar para amenizar os seus piores efeitos.

Um livro desta extensão teve de deixar de fora tópicos que eu gostaria de ter abordado de forma mais detalhada. Talvez se me fosse permitido o luxo de escrever três volumes, como Fernand Braudel fez (embora até ele se tenha atido principalmente ao capitalismo nuns poucos países europeus, e apenas entre os séculos XV e XVIII), eu pudesse dedicar maior atenção, por exemplo, aos sistemas capitalistas na China, na Índia, e noutras civilizações. Além disso, este livro discute o pensamento ambiental ocidental, mas dá pouca atenção explícita ao pensamento económico, seja de Adam Smith, de Karl Marx, de Joseph Schumpeter, de Karl Polanyi, de Milton Friedman ou de qualquer outro. Os debates entre economistas sobre o meio ambiente tornaram-se tão prolíficos no último século que encheriam, por si só, um livro. Por fim, aludo à experiência dos grupos operários, subalternos e indígenas, mas não me debruço sobre eles, o que, mais uma vez, são tópicos que valem um outro livro. Isso tudo ainda me deixa com muito sobre o que escrever.

1.

COMO COMEÇOU

Uma odisseia ecológica

O filme de 1968 *2001: Odisseia no Espaço* começa com os antepassados simiescos da humanidade de há três ou quatro milhões de anos a lutarem para sobreviverem. Um dia, alienígenas que não chegam a ser vistos colocam um grande monólito negro entre eles. Inspirados pelos seus misteriosos poderes, os hominídeos aprendem a usar ferramentas. Primeiro, pegam em armas contra presas e predadores, assegurando a sua sobrevivência. Em breve, contudo, eles viram-nas, com intuitos assassinos, contra os seus vizinhos, afastando-os do território e dos recursos nele contidos. O monólito desaparece, mas um segundo jaz enterrado na Lua, sendo que o seu objetivo é o de lançar um sinal luminoso quando os humanos estiverem num estágio mais avançado que lhes possibilite encontrá-lo e expô-lo à luz do sol. O tripulante sobrevivente de uma nave espacial enviada para seguir a direção do sinal luminoso descobre um gigantesco terceiro monólito orbitando Júpiter. Este terceiro monólito é um portal estelar, que o leva através da galáxia para um planeta distante. Ali, um quarto monólito transforma-o na Criança Estelar. Completada a sua evolução, ele regressa à Terra para trazer paz às nações em guerra.[1]

Por muito que a humanidade pudesse beneficiar, nos dias que correm, de uma pequena e benevolente orientação extraterrestre, a verdade é que, infelizmente, não encontrámos nenhum monólito alienígena enterrado na Lua há incontáveis éones que nos pudesse guiar de um presente problemático para um futuro utópico. Por outro lado, nas décadas que decorreram desde que o autor, Arthur C. Clarke, e o realizador, Stanley Kubrick, escreveram o romance e o guião, chegámos à conclusão de que não haveria necessidade de extraterrestres terem intervindo na história humana para colocarem a humanidade no seu caminho atual. Observadores têm assistido à utilização de ferramentas por muitos macacos, símios e espécies de aves. Arqueólogos descobriram indícios de que os hominídeos pré-*Homo* também utilizavam ferramentas de pedra e que parecem ter descoberto a fabricação de ferramentas por si próprios. (Em contrapartida, um futuro utópico parece ainda requerer ajuda externa.) Também os nossos antigos antepassados lançaram, pedra sob pedra, as bases para a ascensão do capitalismo primitivo, mudando o ambiente à medida que o faziam.

No início: economia e ecologia

Quando as primeiras espécies do género *Homo* evoluíram há cerca de 2,6 milhões de anos, algo aconteceu quase tão dramático como uma dica oportuna de alienígenas benevolentes. Desenvolvimentos sem paralelo na evolução terrestre colocaram os nossos antepassados no longo e sinuoso caminho que nos levou ao capitalismo de consumo global e à crise ambiental global dos nossos dias. Os primeiros passos foram pequenos, mas fatídicos. Maiores poderes de comunicação tornaram possível uma maior cooperação. Os nossos antepassados omnívoros estavam agora mais ligados entre eles e utilizavam os recursos para a sua sobrevivência de forma mais eficaz. Passaram conhecimentos culturais e técnicos acumulados a outros da sua espécie e a futuras gerações. Uma maior destreza manual permitiu-lhes aperfeiçoar as lanças rudimentares e as ferramentas de pedra dos chimpanzés e *Australopitecos*. Comunicando e trabalhando juntos, os hominídeos podiam agora trazer para as suas mesas animais tão grandes ou maiores do que eles. Defendendo as suas matanças de necrófagos e ladrões, eles tomaram o seu lugar entre os predadores de topo. Uma dieta baseada em carne, com consideravelmente mais proteínas, tornou-os maiores e, talvez, mais inteligentes.

Fatidicamente, os primeiros seres humanos levaram também a cabo a primeira transição energética, aprendendo a tirar um maior proveito dos recursos naturais disponíveis. Domaram uma fonte de energia vital para complementar a energia muscular quando aprenderam a libertar a energia térmica armazenada nas plantas. Os humanos dominavam o fogo possivelmente há 1,9 milhões de anos, provavelmente há 790 000 anos e certamente há 300 000–200 000 anos. Os incêndios queimaram vegetação rasteira e fizeram com que as florestas se tornassem menos densas. As espécies de caça prosperaram e, com elas, os humanos. Pela primeira vez na história da vida, uma espécie reformulou deliberadamente sistemas ecológicos inteiros para sustentar mais da sua espécie a partir dos mesmos recursos físicos. Os alimentos cozinhados deram aos hominídeos acesso a uma maior seleção de fontes alimentares e, isso já foi sugerido, permitiu que a energia economizada na digestão de alimentos crus alimentasse o voraz apetite por energia de cérebros maiores.[2] O fogo manteve os humanos quentes à medida que os climas arrefeciam, depois de eles se terem espalhado por latitudes temperadas, durante períodos interglaciais quentes.[3] Os humanos deram vazão aos seus impulsos criativos através de figuras de barro cozido em algum momento antigo, a que se seguiu a cerâmica e, há cerca de 10 000 anos, no início do Holoceno, o cobre, tudo isso presentes da energia armazenada da combustão de madeira.

Enquanto a durabilidade dos utensílios de pedra emprestava o nome «Idade da Pedra» à era, os primeiros seres humanos desenvolveram todo o tipo de tecnologia e de máquinas simples. Os ossos davam um excelente material para ferramentas como furadores e agulhas. Sem dúvida que os primeiros humanos também utilizavam partes perecíveis do corpo como os tendões. Há cerca de 70 000 anos, climas em franco arrefecimento por onde os hominídeos vagueavam, situados em latitudes outrora quentes, inspiraram tecnologia de trabalhos em couro para roupas, sacos e outros objetos.[4] Em algum momento antes do início do Holoceno, há cerca de 11 700 anos, os humanos desenvolveram arcos e flechas, anzóis e paus de arremesso, podendo com isso atirar dardos, lanças e arpões. Barcos com boas condições de navegabilidade, provavelmente construídos para a pesca no oceano, transportaram, há 65 000 anos, pessoas para a Austrália, ao longo de mais de 80 quilómetros de mar aberto.[5] As pessoas teciam e tingiam fibras têxteis para roupas coloridas e elegantes há, pelo menos, 30 000 anos.[6] A cestaria, há 20 000 anos, antes de os potes de barro cozido passarem a ser utilizados, para todos os fins, como recipientes à prova de água e à prova de vermes, fornecia já armazenamento.[7]

Foi assim que as primeiras espécies humanas desenvolveram tecnologia e máquinas simples, aproveitando a energia armazenada — as minúsculas sementes de entusiasmo da Revolução Industrial. A tecnologia e a energia não são, contudo, suficientes por si mesmas. A infância e a adolescência extraordinariamente longas dos humanos forneceram-lhes tempo para o ensino e para o treino a uma escala única. Os humanos organizaram-se entre si para matarem grandes presas, cozinharem e partilharem comida, realizarem cerimónias e muito mais. Desenvolveram técnicas para criarem armas perigosas, para caçarem, produzirem panelas e acenderem fogueiras. Muito além disso, eles também tinham técnicas para ligar feridas, tratar doenças e usar magia e rituais para tentar controlar, para benefício humano, as misteriosas forças que governam o mundo.[8]

A mineração destrutiva do ambiente que nos dá os componentes dos nossos telemóveis é, a grande escala, uma prática antiga. Os humanos são uma espécie mineira. A rocha mais próxima provavelmente não seria a melhor rocha para os propósitos humanos. Os primeiros humanos cavaram minas a céu aberto para obter sílex não danificado pela ação das intempéries, o qual se lascava melhor. A exploração mineira deixa sempre cicatrizes na paisagem, uma bênção para os arqueólogos. Em Marrocos, sobreviveram indícios de uma pedreira de sílex com 1,3 milhões de anos.[9] Na Suazilândia, há pelo menos 43 000 anos e, talvez, há 80 000 anos, os mineiros extraíam toneladas de especularita (uma fonte de ocre vermelho). Há 35 000 anos, pessoas na Polónia e na Hungria escavaram grandes buracos e, às vezes, minas subterrâneas de minerais coloridos, enquanto no Egito Paleolítico, na Austrália, em França, em Espanha, na Bélgica e na Polónia, e (mais tarde) no Texas, escavaram pedreiras de sílex.[10]

Os grupos que controlavam as minas encontravam-se em posições economicamente relevantes, antepassados diretos das empresas de mineração, manufatura e comércio de hoje. Os arqueólogos encontraram obsidiana e ocre vermelho longe do afloramento mais próximo e disso inferiram o desenvolvimento de redes de parentesco, sociais e comerciais.[11] Grupos mineravam e fabricavam ferramentas e trocavam-nas por artigos que não tinham para a caça ou que, eles próprios, não sabiam fazer, presumivelmente com vantagem para si mesmos (os primeiros lucros). O mercado que envolveu o ocre vermelho representa a mais antiga procura conhecida de bens de consumo, sem nenhuma utilidade prática. A sobrevivência de evidências dispersas de trabalhos com contas, de pigmentos de ocre vermelho e de outros artefactos sugere o desenvolvimento, há 300 000 anos, dos símbolos de estatuto, do pensamento simbólico e, talvez, da religião. No final dos tempos pré-históricos, pedras atrativas e distintivas espalharam-se ao longo de rotas comerciais, a centenas de quilómetros das minas de onde eram provenientes.[12]

Quando o *Homo sapiens* apareceu pela primeira vez, entre 200 000 e 300 000 anos atrás, prosperou, desenvolveu-se e multiplicou-se. A população cresceu muito rapidamente — na Europa, aumentou dez vezes apenas na transição do *Homo neanderthalensis* para o *Homo sapiens*, há cerca de 40 000 anos. Ao multiplicarem-se tão rapidamente, exauriam repetidamente o fundo de recursos que as paisagens ofereciam aos caçadores-recoletores. Alguns deles teriam de se deslocar para outros lugares, aliciados por pastagens mais verdes e empurrados por concorrentes mais fortes. Entre 120 000 e 90 000 anos atrás, condições húmidas e frias atraíram *sapiens* para o Levante e para a Arábia. Quando o clima se tornou mais seco, há 65 000 anos, o *Homo sapiens* espalhou-se pelo mundo numa *Blitzkrieg* global.[13] Depressa chegaram à Austrália. Há não mais de 15 000 a 12 000 anos, humanos pisaram solo americano. Nenhum outro vertebrado conseguiu prosperar em praticamente todos os ecossistemas, dos trópicos à tundra (aventurando-se agora no espaço e nas profundezas do mar).[14]

Seja quando for que possamos datar o começo do Antropoceno, os *antropos* mudaram o meio ambiente e deixavam uma pegada no registo fóssil por onde quer que passassem. Acender fogos para cozinhar e atear deliberadamente incêndios anunciava a capacidade deste novo-e--melhorado macaco para alterar ecossistemas, por vezes radicalmente.[15] Há não mais de dois milhões de anos, a competitividade destes novos predadores de topo levou a que a rica diversidade das grandes espécies de predadores africanos diminuísse pela primeira vez.[16] Os hominídeos também suprimiram a diversidade das espécies africanas de grandes mamíferos.[17] Conforme o *Homo sapiens* avançava pelos continentes do mundo, ia simplificando (ou, na verdade, empobrecendo) os ecossistemas. O Pleistoceno tinha favorecido um conjunto invulgarmente abundante e diversificado de mamíferos de grande porte em todos os continentes sem gelo: mamutes, preguiças terrestres gigantes, tigres-dentes-de-sabre, vombates (*Diprotodon*) do tamanho de hipopótamos e muitos outros. As alterações climáticas exacerbaram o *stress* sob o qual os animais estavam, isso é certo, mas nunca a pressão climática, por si só, eliminou seletivamente apenas animais de grande porte. Mas agora, à medida que os humanos chegavam, comunicando, cooperando, produzindo armas, ateando fogos e reproduzindo-se abundantemente, a megafauna ia extinguindo-se um pouco por todo o lado.[18]

Os hominídeos simplificaram os ecossistemas através da remoção de espécies, mas também reorganizaram os ecossistemas ao introduzirem espécies alóctones, uma propensão que hoje em dia alterou quase todos os ecossistemas na Terra. Os indícios no Sudeste Asiático mostram que os caçadores-recoletores pré-históricos transmudaram plantas e animais para muito longe dos seus *habitats* comuns. Há não mais de 45 000 anos, os inhames apareceram em ambos os lados da Linha de Wallace, dividindo a flora e a fauna da Ásia e da Austrália. Os humanos transmudaram animais e plantas à medida que migravam, e é certo que também terão trocado espécies enquanto transacionavam informações e bens entre si. Parecem também ter encorajado o crescimento de árvores alimentícias perto dos seus assentamentos, possivelmente através da plantação de frutos secos e sementes. A transplantação e o cultivo precedem em muito a Revolução Agrícola no Próximo Oriente.[19]

Ao mesmo tempo, tal como os hominídeos primitivos em *2001*, os humanos também viraram a sua capacidade agressiva de comunicação e de cooperação contra concorrentes do seu próprio género. Práticas que evoluíram para a guerra e para a escravatura começaram muito precocemente. Várias espécies de hominídeos coexistiram sempre em algum momento. Agora, porém, quando o *Homo sapiens* se mudou para a vizinhança, nem o homem nem o animal estavam seguros. Neandertais, Denisovianos, Floresiensianos e todas as outras espécies de *Homo* morreram quando o primo *H. sapiens* chegou. A inclinação para a violência fortaleceu-se com o tempo, conforme os números aumentavam e as armas se tornavam mais mortíferas.[20] O massacre de pessoas sob a capa de uma enorme variedade de pretextos sugere o poder do tribalismo humano e a hostilidade à diferença. Evidências de tempos mais recentes mostram, repetidamente, que grupos que controlavam recursos importantes atraíram conflitos com outros grupos invejosos, particularmente durante períodos de mudanças climáticas e outras crises.

Na história humana, as pessoas devem ter deparado, muito cedo, com a questão do que fazer com os cativos. Se as práticas dos americanos pré-colombianos são alguma espécie de indicador, as sociedades trataram os cativos de forma variada: adoção pela tribo, servidão incluindo a escravatura, ou morte por tortura ou sacrifício. A recente descoberta de que pequenas quantidades de ADN de outras espécies de *Homo* sobrevivem nos nossos corpos sugere que bandos de *Homo sapiens* também capturaram inimigos vencidos e incorporaram alguns deles nos seus grupos, fosse isso através da adoção ou da escravatura.[21]

No final da Idade do Gelo, um outrora dócil habitante do campo e da floresta havia herdado a terra. O *Homo* alterou os ecossistemas e reduziu a diversidade e o número total de outras espécies. Pela altura em que os humanos atravessaram os oceanos para Madagáscar e para as ilhas do Pacífico, transformando os ecossistemas e extinguindo espécies à medida que iam avançando, a humanidade, que em tempos havia sido apenas uma má vizinha, tinha-se tornado uma má senhoria. Igualmente importante, os humanos haviam levado consigo elementos fundamentais do capitalismo moderno — tecnologia, máquinas, utilização de energia concentrada, exploração eficiente dos recursos, mineração e manufatura para uso e consumo, comércio, concorrência, conflito, dominação, dirupção ecológica — até aos confins da terra habitável.

Plantio e pastoreio: inventando o capital e a propriedade

Os humanos começaram a praticar um verdadeiro pastoreio e uma verdadeira agricultura com o início do Holoceno. Transpunham agora, de uma forma irrevogável, uma porta que se abria para decisivas mudanças na sociedade, na economia e no planeta. A agricultura criou excedentes que levaram à construção de vilas e de cidades. A literacia cresceu, e a literatura desenvolveu-se. Poder e riqueza acumularam-se. O comércio aumentou. Cidades e depois impérios envolviam-se em guerras uns com os outros. A desigualdade e a escravatura subiram dramaticamente. Tanto o pastoreio quanto a agricultura simplificaram radicalmente os ecossistemas para benefício humano. Mais, alteraram o clima.

Porque é que em todo o mundo o *Homo sapiens* esperou até ao Holoceno para, de forma independente e em muitos lugares, desenvolver a agricultura? A primeira agricultura por nós conhecida foi a dos campos de inhame nas zonas montanhosas tropicais do Bornéu, há 30 000 anos. Pedras de moagem e de lareiras do assentamento Kebaran de há 19 000 anos, nas margens do Mar da Galileia, e da cultura natufiana de panificação em todo o Levante, entre 14 000 e 11 000 anos atrás, atestam a preparação de frutos secos e de cereais silvestres que não podiam ser consumidos se não fossem processados.[22] Estas eram exceções notáveis. Talvez a instabilidade climática durante o final do Pleistoceno tenha desencorajado uma agricultura de sucesso noutros locais. As condições oscilavam entre o quente e o frio, entre o húmido e o seco, frequentemente de forma muito repentina. O início do Holoceno inaugurou um clima invulgarmente estável que, aparentemente, encorajou a agricultura.

A vida agrícola não motivava os caçadores-recoletores a abandonarem os bosques — foi a escassez de recursos que os empurrou para fora deles. Amassar o pão com o suor do rosto, como o Génesis põe a coisa, tinha muito pouco apelo se a terra fornecia comida suficiente para o investimento relativamente baixo em esforço da caça e da recoleção. Desbravar, plantar, colher e moer é um trabalho árduo.[23] No clima mais estável do Holoceno, a população humana cresceu mais rapidamente. A extinção dos grandes mamíferos retirou muitas proteínas do *menu*. Caçada de uma forma mais intensiva, a caça remanescente tornou-se cada vez mais escassa. O pastoreio, a horticultura e a agricultura forneciam mais alimentos a mais pessoas a partir da mesma base de recursos, reduzindo a biodiversidade de um ecossistema a um número menor de espécies de animais ou de plantas comestíveis ou úteis.

Se houvesse espaço disponível, o pastoreio assegurava, com menos mão de obra do que a agricultura praticada em tempo integral, um suprimento confiável de alimentos. Alfred Crosby salientou o facto de os rebanhos transformarem erva, caules e palha, que os humanos não podiam comer ou usar, em bifes, costeletas, leite e couro.[24] No início do Holoceno, os humanos domesticavam o gado na Alta Mesopotâmia. Mais tarde, os Egípcios domesticaram burros e os Indianos, zebus.[25] O leite e os produtos lácteos como o iogurte ou o queijo forneciam proteínas sem matar o animal. O pastoralismo, contudo, transformou as relações sociais e de poder. Os rebanhos permitiam às pessoas acumular riqueza. (As palavras inglesas *capital* [capital], *chattel* [bens móveis] e *cattle* [gado] partilham a mesma raiz latina.) Grupos avançaram para a privatização de recursos. Tal como os patriarcas bíblicos, os criadores de gado contavam a sua riqueza em reses, escravos e descendentes. Job, por exemplo, contava «7000 ovelhas, e 3000 camelos, e 500 juntas de bois, 500 jumentas, e um muito grande agregado familiar», com sete filhos e três filhas (Job 1: 2–3). Para onde os pastores iam, seguiam-nos a ganância, a inveja, o roubo e a violência. A propriedade privada é feita para ser roubada. Contos de roubos de gado abundam nas culturas pastoris, tais como o resgate do gado de Indra dos Panis, o trabalho de Hércules de roubar o gado de Gerião, a incursão da Rainha Medb para capturar o touro de Cooley, ou o ataque furtivo de David para chacinar os Filisteus e pilhar o seu gado (1 Samuel 27: 9).

Pessoas sem pastagens extensas ou vivendo em populações densas adotaram, em vez disso, a agricultura. A relação humana com a natureza mudou. A natureza trabalhava constantemente contra ecossistemas artificialmente simplificados. Onde as pessoas sachavam, a terra nua e estragada produzia espinhos e cardos, e com tristeza os filhos e filhas de Adão comiam dela. Campos plantados com uma única espécie constituíam um banquete para insetos, aves, roedores e doenças de plantas. Os agricultores lutavam constantemente para subjugar a natureza e sobre ela terem domínio. O igualitário universo dos caçadores-recoletores em que participavam humanos, animais e espíritos desapareceu. Os caprichosos deuses do céu e da natureza encheram o cosmos dos agricultores. Os rituais de fertilidade (tanto sexuais quanto agrícolas) proliferaram.

Os primeiros agricultores diversificaram-se de molde a expandirem e enriquecerem as suas dietas e precaverem-se contra epizootias e más colheitas. Mantiveram, pois, rebanhos. Durante o Calcolítico, que começou há cerca de 8500 anos, os agricultores do Próximo Oriente plantaram as primeiras árvores de fruto, geralmente olivais. O sistema agrícola eurasiático completo, com cereais e gado, que agora se difundia por todo o mundo evoluiu, mais ou menos de uma forma simultânea, no Sudoeste Asiático (o Próximo Oriente), na Ásia Central e no sul da Ásia.[26]

As populações agrícolas cresceram. Bebés nasciam com mais frequência do que entre os caçadores-recoletores. Para alimentarem toda a gente, os agricultores precisavam de uma outra fonte de energia. A quantidade de terra lavrada pelos humanos, de sementes plantadas e de cereais colhidos era, ainda assim, limitada. Os escravos forneciam energia extra, mas acrescentavam a isso bocas que era preciso alimentar. Os animais que comiam erva, erva essa que não precisava de cultivo, ofereciam uma melhor solução para as necessidades energéticas. Há mais de 7000 anos, alguém inventivo terá pela primeira vez jungido bois para puxar um pau pontiagudo pelo solo — o primeiro arado de arrasto. Nos séculos que se seguiram, à medida que as cidades e as populações cresciam e as necessidades aumentavam, as pessoas passaram a aproveitar a energia dos animais de tração para trabalhos tão duros e enfadonhos como moer, triturar, prensar, puxar carroças sobrecarregadas ou transportar água para a irrigação (tal como ainda hoje «aproveitamos» rios, cataratas, forças naturais ou energia atómica para obtermos energia).[27]

A energia muscular dos animais ofereceu uma bênção que era uma faca de dois gumes. Quando as pessoas integraram totalmente a produção vegetal e animal, e passaram a utilizar animais para arar, rebocar, malhar, estrumar e fornecer leite e carne, tornaram a agricultura mais eficiente, produtiva e substancial. Os animais de tração aceleraram muitos processos e forneceram energia para cultivar mais campos. O seu estrume fertilizava a terra em que trabalhavam e de que se alimentavam. Mas, se um par de bois arava de seis a nove vezes mais do que os humanos conseguiriam lavrar, obrigava, por outro lado, os humanos a semearem e a colherem seis a nove vezes mais quantidade de grão. A mão de obra economizada no campo era frequentemente investida no cuidado e na alimentação dos animais. Algumas terras aráveis tinham de ser sacrificadas para pastagens. A forragem tinha de ser armazenada para o inverno. Nos celeiros, nos estábulos, nas estrebarias ou nas casas, tinha de se arranjar espaço para os animais. Por fim, os agricultores e os seus animais passavam frequentemente uns aos outros doenças e parasitas, que depois transmitiam aos seus vizinhos e a mercadores que os levavam para terras distantes.[28]

De forma independente, o homem domesticou, em seis continentes, um enorme conjunto de plantas e de animais, do trigo ao ananás e dos cães aos patos. Poucas destas culturas e poucos destes animais permaneciam durante muito tempo nas suas regiões nativas. Como Jared Diamond e outros fizeram notar, a Eurásia gozava de uma vantagem sobre todos os outros continentes, com o seu enorme eixo este-oeste que se situava maioritariamente entre o Trópico de Câncer e o Círculo Polar Ártico.[29] Esta vasta zona temperada abarcou os mais importantes berços da agricultura, desde a Nova Guiné até à Europa. Os eixos norte-sul de África e das Américas cruzavam zonas climáticas e careciam de rotas fáceis de passagem, ao passo que as longas costas este-oeste se estendiam do sudeste da Ásia à Índia, Próximo Oriente, África e à bacia do Mediterrâneo, e encorajavam os homens a pegarem em barcos e a navegarem entre uma civilização e outra. As primeiras civilizações estavam em comunicação entre si. Barcos de comércio sulcavam as águas entre Harapa, a Suméria e, provavelmente, África.

Regra geral, as plantas e os animais que prosperavam numa dada região também se davam bem noutra. Comerciantes e colonos que se deslocavam por mar espalharam novas espécies domesticadas. Os colonos levavam consigo as suas plantas e os seus animais para a Anatólia, para os Balcãs e para toda a extensão que rodeava a bacia do Mediterrâneo, onde os nativos muitas vezes adotavam essas espécies, domesticando, eles próprios, por vezes, algumas espécies locais. Animais importados substituíram a fauna endémica das ilhas, num primeiro ensaio do «imperialismo ecológico» europeu na América, na Austrália e em todo o mundo.[30] As inovações também se espalharam rapidamente, o que poderá explicar a célere expansão da domesticação de animais de tiro em todo o Velho Mundo, mas não no Novo.

Há 3000 anos, a caça e a recolha tinham dado lugar à agricultura e aos rebanhos, em todo o mundo, onde quer que a agricultura e o pastoralismo se enraizassem, completando os estágios iniciais da mudança ambiental antropogénica.[31] A agricultura e o pastoralismo mudaram a face da terra e o seu clima muito mais do que tudo o que o *Homo sapiens* fizera antes. Os criadores de gado ateavam fogo às florestas para abrirem pastagens. Outras florestas caíram primeiro ante machados de pedra polida e, depois, ante machados feitos de metais mais eficazes. Os solos expostos foram varridos pelo vento e destruídos pelas águas. Os campos irrigados tornaram-se salgados e estéreis. Os rebanhos sobrepastoreavam as encostas e os solos expostos eram erodidos. A diminuição da espessura do coberto florestal que daí decorreu afetou o clima, começando esse fenómeno há cerca de 8000 anos, quando o carbono contido nos troncos das árvores escapou para a atmosfera sob a forma de dióxido de carbono, um gás com efeito de estufa. Rebanhos de gado cada vez maiores produziam metano, um gás com um efeito de estufa ainda mais potente, como William F. Ruddiman salientou. Então, há 5000 anos, os asiáticos de Leste começaram a plantar arroz em campos represados e alagados. As ervas daninhas e a palha de arroz apodrecendo sob a água produziram muito metano. O metano proveniente da disseminação da cultura do arroz descarrilou o ciclo climático natural que teria tornado o mundo mais frio e conduzido a outra Idade do Gelo. Este leve aquecimento global serviu bem a humanidade. O aquecimento provocado pelo metano estabilizou o clima, manteve a Terra quente e, em grande parte, livre de gelo e promoveu a ascensão das civilizações mundiais.[32]

Civilizações, comércio e capitalismo incipiente

A agricultura cresceu mais do que a comida. A agricultura também aumentou a população, fez crescer as cidades, as redes comerciais e os impérios. Egípcios, mesopotâmicos e harapeanos dependiam das cheias anuais para terem água e campos fertilizados. Para mais plenamente explorarem o solo, os Mesopotâmicos e os Egípcios expandiram o sistema de irrigação local através de redes regionais, o que exigia uma supervisão administrativa — um enquadramento para um modelo governativo. Os Harapeanos utilizavam unicamente a irrigação a uma pequena escala, mas exploravam as estações das monções para cultivar duas colheitas por ano.[33]

Entretanto, há 7000 anos, naquilo que é hoje a Bulgária, longe destas primeiras civilizações, artesãos fizeram uma descoberta fatídica. Utilizando fornos concebidos para cerâmica, descobriram que o aquecimento de certas rochas dos Balcãs e das montanhas Strandja providenciava cobre e ouro.[34] O cobre produzia ferramentas e armas superiores e que eram mais fáceis de afiar do que o sílex. O ouro nunca embaciava e brilhava e reluzia de uma forma encantadora, embora fosse demasiado macio para a maioria dos usos práticas. A procura destes metais cresceu rapidamente por parte dos agricultores, dos artesãos, dos guerreiros e dos mais abastados que andavam atrás de símbolos de estatuto. Metalúrgicos de todo o mundo aprenderam a fundir outros metais e experimentaram novas ligas. O bronze não demorou muito tempo a aparecer, depois, o ferro e, por fim, o chumbo. A procura por produtos de metal conheceu um aceleramento entre 4000 e 3000 anos atrás, e continuou a aumentar até à queda do Império Romano. A antiga atividade humana do comércio tornou-se mais capitalista e levou a uma exploração cada vez maior dos recursos ambientais. As verdejantes e férteis planícies da Mesopotâmia não podiam suprir as necessidades da Suméria, a primeira civilização do mundo. Só um comércio intenso podia fazê-lo. Era necessária madeira para cozer tijolos utilizados na construção, para vigas e mobiliário, e para combustível, ferramentas, armas e veículos. Os santuários e os templos necessitavam de material para estátuas e para estruturas. O vestuário requeria rebanhos e pastagens para se obter lã ou, na Índia, campos para algodão. Os Sumérios importaram estes artigos, juntamente com sílex e obsidiana para ferramentas e bens de prestígio como lápis-lazúli, cornalina e clorito. Mais tarde, vieram também o cobre, o estanho, o ouro e a prata. Para os obter, comerciantes urbanos viajavam para a cordilheira de Zagros, para a Anatólia, para o Irão, para o Afeganistão e para o Golfo Pérsico.[35] O Egito e Harapa tinham necessidades semelhantes, e os seus mercadores viajavam igualmente longas distâncias em busca de recursos.

Aqui, também surgiram os precursores do sistema de capital, da banca e do comércio que subjazem à economia global de hoje. As cidades-estado da Suméria aprenderam a lição que hoje enriquece a Amazon.com e a Walmart, ou seja, que o lucro vai para o intermediário. As grandes cidades designaram espaços abertos para as atividades económicas — os mercados. Estas enriqueceram conforme exploravam os diferenciais de preços dos bens. Biblos, por exemplo, tornou-se fabulosamente rica como o principal porto através do qual escoavam as exportações de cobre, prata, lápis-lazúli, vinho, óleo e cedro a caminho do Egito.[36] Uma classe mercantil surgiu e desenvolveu formas tão básicas de negócio como sociedades, agentes e endividamento. Grandes complexos de templos cresceram em redor de santuários dedicados a deuses importantes, onde os sacerdotes trabalhavam a tempo integral para manter as divindades satisfeitas e as oferendas empilhadas. Templos e comerciantes reformados atuavam como bancos e emprestavam capital a mercadores. Há cerca de 5200 anos, os símbolos de contabilidade sumérios evoluíram para o primeiro sistema de escrita.[37]

A civilização, em toda a sua glória, tinha chegado. Nas férteis planícies entre o Tigre e o Eufrates, as muralhas e os portões das primeiras grandes cidades elevavam-se acima de ondas âmbar de cereais. No Sudoeste Asiático, no sul da Ásia, no leste da Ásia, em África, na Europa e nas Américas, todas as sociedades agrícolas promoveram cidades. Entre 5200 e 4200 anos atrás, o número de cidades em todo o mundo — com mais de 10 000 almas — passou de uma mão-cheia para mais de duas dúzias.[38] A cidade era algo verdadeiramente novo debaixo do sol. Fervilhava com milhares de pessoas que se alimentavam de comida que não tinham, elas próprias, de produzir. Escravos, artesãos, comerciantes, mercadores, sacerdotes, guerreiros e governantes acotovelavam-se nas ruas. Após a invenção da escrita, as cidades mesopotâmicas ostentavam os primeiros arquivos, as primeiras bibliotecas, as primeiras instituições de ensino, a literatura, a matemática, a geometria, a astronomia, a ciência e a filosofia.

Redes comerciais ligavam as civilizações da Índia, da Mesopotâmia, do Egito, do Mediterrâneo oriental e, de uma forma mais ténue, do Leste e do Sudeste Asiático. Longe dos recursos essenciais ou desejáveis, a Suméria e as cidades-estado da Baixa Mesopotâmia procuraram, por meio da conquista ou da colonização, controlar quer as fontes dos bens quer as rotas pelas quais eles passavam. As comunidades periféricas especializaram-se economicamente em atender as necessidades das cidades. O ouro e a prata adquiriram um valor padronizado e funcionavam como meio de troca. Isolada, do outro lado das montanhas e dos desertos da Índia e do Médio Oriente, a China adquiriu a metalurgia (e, possivelmente, a ideia da escrita) através das rotas comerciais e das culturas da Ásia Central.[39]

A glória escondeu muita escuridão. A agricultura gerou desigualdade. Não é possível que a propriedade da terra e dos animais fosse dividida, de forma perfeitamente igualitária e justa, entre os habitantes dos povoados ou os herdeiros. Mais, como modo de riqueza, o gado multiplicou a disparidade social a um grau até então desconhecido em civilizações que não tinham animais de carga, como na América. Um agricultor privado de animais de tração estava condenado à pobreza. Os poderosos dividiam os excedentes das colheitas de forma não equitativa ou, pura e simplesmente, apoderavam-se da totalidade deles. Os guerreiros podiam, de facto, extorquir os lucros dos agricultores, que só relutantemente abandonariam os campos, as culturas, os animais, as obras de irrigação e as casas em que tinham investido tanto trabalho.[40] Desde então até agora, e da mesma forma que um íman chama a limalha, os ricos e poderosos atraem riqueza e poder, e continuarão a fazê-lo a menos que as sociedades criem mecanismos para controlar a desigualdade.

Os excedentes agrícolas alimentaram a guerra e a mão de obra não livre. Ao serviço do bem comum, os governantes recebiam impostos e organizavam mão de obra para manter e construir obras de irrigação. Mas também guerreavam contra os seus vizinhos por lucro, tributos, recursos ou mais receitas fiscais. Governantes e templos acumulavam vastas extensões de terra e comandavam o trabalho de muitos agricultores. A cobrança de impostos sobre o trabalho e a mão de obra escrava construiu monumentos e palácios, além de muitas obras públicas.

Civilização e ambiente

O crescimento e o comércio tiveram um impacto cada vez maior no ambiente. Já em vésperas da Idade do Bronze, há 6000 anos, as florestas do Próximo Oriente se encontravam em crise. As árvores eram cortadas para permitir que os agricultores e os criadores de gado enchessem mais barrigas. Mais pessoas (e mais prósperas) precisavam de vigas para casas novas ou maiores, palácios e templos.[41] Um comércio extensivo exigia madeira para frotas de navios. Trabalhadores cortavam cedros e pinheiros no Líbano que serviam de madeira para túmulos egípcios, barcos, sarcófagos, colunas, portas e telhados, e para resinas empregadas em múmias e medicamentos. A extração e a fundição de metais aceleraram com o aumento do comércio, em meados do terceiro milénio antes de Cristo. Os poços e as minas marcaram como cicatrizes as remotas montanhas onde os minérios se concentravam. Os resíduos das minas lixiviaram arsénico e produtos químicos tóxicos em cursos de água.

A fundição e a metalurgia exigiam grandes quantidades de madeira para calor, competindo com as necessidades de cozinhar e de cozer tijolos. (Só a cidade coetânea de Mohenjo-Daro necessitava, pelo menos, de cinco milhões de tijolos cozidos.) Os mineiros, tanto livres quanto escravos, precisavam de madeira para as suas habitações e para cozinhar, sendo essa madeira por vezes transportada de longe. Os antigos e ineficientes métodos de fundição produziram mais poluição do que todas as oficinas de fundição de cobre europeias no século XIX. O solo em torno das fundições acumulou metais tóxicos e químicos. O fumo das fundições da Antiguidade espalhou-se à volta do globo e deixou distintas camadas a milhares de quilómetros, nos pântanos do norte da Europa e nos glaciares da Gronelândia.[42] A superexploração exauriu os minérios em muitos locais. Populações crescentes empurraram a agricultura para terras menos adequadas, onde a irrigação era necessária. A erosão de montanhas e colinas desmatadas e sobrepastoreadas obstruía obras de irrigação. A irrigação trazia sais à superfície à medida que a água se evaporava, sob a ação do calor elevado, o que lentamente tornava os campos estéreis. Onde as cheias anuais não revigoravam a terra, as colheitas extraíam nutrientes dos solos mais rapidamente do que o estrume os conseguia recuperar.[43]

Cidades prósperas atraíam a atenção dos conquistadores que construíam impérios. Os impérios faziam as economias funcionarem mais facilmente. Derrubaram barreiras, construíram infraestruturas e estradas, protegeram rotas e promoveram o comércio e a prosperidade. Os impérios também conduziram à metrópole, o nexo em que o comércio e a administração trouxeram imensa riqueza através de impostos, do comércio, de tributos e de despojos. A troca visando o lucro, que havia sido prática única de comerciantes e mercadores capitalistas, espalhava-se agora por todo o espectro social, afetando a vida quotidiana.

Os impérios prosperaram durante períodos de estabilidade climática. O bom tempo e a chuva promoveram a prosperidade e mascararam os danos provocados ao meio ambiente. Mudanças nos padrões da temperatura e da precipitação levaram a que civilizações ruíssem. Há cerca de 4200 anos, mudanças na circulação atmosférica e oceânica causaram uma seca severa de dois séculos e um arrefecimento climático. O caos e a crise irromperam na Grécia, no Egito, no Levante, na Mesopotâmia, no vale do Indo e no vale do rio Yangtze.[44] A Suméria, com os solos sobrecarregados de sal do sul da Mesopotâmia, nunca recuperaria a sua preeminência. Outro caso de arrefecimento e predominância de tempo seco, ocorrido cerca de 1400 anos mais tarde, afetou o Mediterrâneo oriental. A arqueologia regista o incêndio de muitas cidades. A Grécia antiga entrou na sua Idade das Trevas. Os impérios hitita, cassita e egípcio entraram em colapso.

Dinheiro, produtos e império

Uma nova era económica e ambiental começou com outra inovação relacionada com os metais ocorrida numa outra região montanhosa, distante dos centros das grandes civilizações. Por volta de 560 a. C, o rei Creso da Lídia, na Anatólia Ocidental, cunhou as primeiras moedas. Havia muito que já existia um comércio bem oleado para certos artigos de troca que tinham um valor-padrão. No entanto, o comércio de medidas de cevada, prata e ouro, ou, às vezes, cobre, bronze, gado, algodão e géneros alimentícios, envolvia sempre alguns inconvenientes ou riscos. Haveria pedras misturadas com a cevada ou metais vis no ouro? Seria o gado saudável? O siclo local (uma unidade de peso) era o mesmo que um siclo no lugar de onde os comerciantes eram oriundos?

A utilidade das moedas padronizadas, tão óbvia para nós hoje em dia, só muito lentamente foi percebida pelas pessoas. Demorou alguns séculos, mas todo o mundo antigo acabou por aceitar o valor das moedas — idêntico, confiável, intercambiável, acumulável, desejável. As pessoas faziam agora a maioria das trocas com moedas de ouro, prata e bronze, e passaram a pensar em quase tudo segundo o custo monetário. Artigos domésticos, trabalho, energia, escravos, terra, riqueza, gado, comida, casas e outras estruturas, eventos, viagens, impostos, livros, educação — o que não tem o seu preço? Hoje, o dinheiro comanda tudo. O capitalismo moderno e, de facto, a vida como a conhecemos são inimagináveis sem ele.

Nas mãos dos Gregos, o dinheiro transformou a economia. A ponta da península balcânica onde os Gregos se estabeleceram não tinha os solos férteis e bem irrigados das grandes civilizações. Mas ricos veios de prata corriam pelas montanhas. As cidades gregas começaram a cunhar moedas. Os Estados com casas da moeda desempenhavam agora um papel monetário e económico grande e central. De molde a prosperarem, os governantes precisavam de uma política monetária estável. O dinheiro simplificou a tributação e tornou muito mais fácil montar e manter exércitos. Afetou os templos e a religião. O dinheiro lubrificou as

Fig. n.º 1: O Pintor de Antimenes, Ânfora, 520 a. C. Dois homens e dois jovens, provavelmente escravos, apanham azeitonas. Os Gregos e os Romanos fizeram do mar Mediterrâneo uma autoestrada para o tráfego de azeite e vinho, produtos agrícolas produzidos por escravos em grandes propriedades. (© KHARBINE-TAPABOR/Album/Fotobanco.pt)

engrenagens do comércio e transformou a contabilidade, os contratos, o crédito e os salários. Para as elites não agrícolas, as moedas facilitaram o caminho para o conforto e para a opulência, e constituíram um meio fácil de acumular capital ou de medir a riqueza.[45]

Para lucrar com terras com tão pouco solo fértil, as cidades-estado gregas da Idade do Ferro criaram uma nova forma de capitalismo que pressagiava o capitalismo de monocultura dos impérios europeus dois milénios depois. Os agricultores cultivavam e processavam safras de alto valor, como azeite e vinho, para exportação. Ambas essas culturas exigiam mão de obra intensiva, pelo que os agricultores investiam o seu capital na aquisição de escravos estrangeiros capturados na guerra ou comprados a famílias estrangeiras em dificuldades económicas. Os escravos também faziam a desagradável e perigosa mineração da prata e do sal.

A agropecuária, pouco diferente da posterior monocultura agrícola, era um novo sistema que exigia um investimento de capital significativo, energia concentrada fornecida por músculos humanos e animais e instalações de processamento. A prosperidade grega também foi uma dádiva do transporte marítimo barato, porquanto as frotas mercantes movidas pelo vento levavam o azeite e o vinho para mercados distantes. Esse precoce capitalismo de monocultura fez a economia grega agitar-se e suportou o brilho da sua arte, da sua arquitetura, da sua ciência e da sua filosofia.

Os mercadores capitalistas gregos desenvolveram uma sofisticada contabilidade de entrada única, mas não avançaram além do modelo capitalista mercantil tradicional de dissolução de parcerias após cada viagem. O capitalismo de monocultura grego também não fez a transição para o capitalismo industrial. Talvez a relativa escassez de madeira e de carvão no Mediterrâneo tenha impedido que alguns gregos inventivos — que conseguiam fazer dispositivos de precisão tão surpreendentemente complexos como o mecanismo de Anticítera, utilizado para calcular as posições dos corpos celestes — inventassem uma máquina a vapor.

A população grega aumentou com a prosperidade grega. Já no século VI a. C., as prósperas cidades-estado superavam a limitada capacidade agrícola local. Várias cidades fundaram colónias em torno do Egeu e do Mediterrâneo. O grão importado do Egito e de outros lugares alimentava os Gregos e libertava terras para cultivos intensivos e rentáveis. Os Gregos descobriram a grande verdade de que as sociedades comerciais que importam os seus alimentos evitam o perigo constante da fome que as sociedades agrícolas enfrentam devido a colheitas fracassadas. Ao mesmo tempo, a riqueza não aumentou a desigualdade entre os gregos livres. A dimensão relativamente pequena das cidades-estado gregas manteve uma relativa igualdade entre os homens livres. As cidades também mantiveram uma relativa igualdade entre si, porque os agricultores e os artesãos independentes preenchiam as fileiras dos seus exércitos em constante guerra. Tal como entre os brancos da Virgínia no século XVIII, a liberdade e a relativa igualdade dos Gregos repousavam sobre as costas dos escravos.[46]

Os Romanos modelariam as suas enormes propriedades, os *latifundia*, sobre o capitalismo de monocultura grego. Eles construíram o mais próspero e urbano império da história antes do século XIX. O Império Romano desenvolveu-se ao ligar e proteger o comércio, do Egito a Inglaterra e da Península Ibérica à Arménia. Enxames de comerciantes alargaram o alcance da economia romana ao viajar para lá e para cá por África e pelo Oceano Índico. Excelentes estradas construídas para movimentar tropas por todo o império tornaram-se autoestradas de comércio.[47] Todas as terras mediterrânicas beneficiavam do mar sem marés e quase sem tempestades que bordejavam. Aproveitavam a energia dos ventos para viajar sobre a sua superfície e apanhar peixes. Num dos primeiros usos da energia fóssil, os romanos da Britânia também usaram carvão de todas as principais jazidas de carvão britânicas sob jurisdição romana para aquecer banhos públicos, fundir metais, conservar as suas casas quentes e para uma infinidade de outros propósitos.[48]

Império e ambiente

O poder e a glória romana mantiveram o seu apogeu ao longo de quatro séculos de condições ambientais excecionalmente favoráveis, o chamado Período Quente Romano. Durante esta era, as chuvas estivais no Mediterrâneo foram abundantes, o que não acontecia havia muito. No ponto mais alto do Período Quente, o Sol sorriu para os impérios romano, parta, Han e Máuria no Velho Mundo e para o Império Teotihuacan, no Novo. Dezenas de cidades do mundo ostentavam o facto de terem mais de 100 000 habitantes. A tremenda metrópole de Roma atingiu o pico de mais de um milhão de habitantes, enquanto o Império Romano contava cerca de 70 milhões de almas.[49] Uma população tão grande e próspera sobrecarregou duramente o ambiente. O vasto número de fornos para cozinhar e para cozer pão, as lâmpadas de óleo, os fornos de cal e metalúrgicos e as caldeiras para o aquecimento dos banhos públicos nas grandes cidades colocavam os habitantes urbanos sob perpétuas nuvens de poluição. Para o abastecimento de água limpa e potável, o Império Romano construiu centenas de aquedutos (só a cidade de Roma dispunha de onze), percorrendo estes por vezes consideráveis distâncias (o Aqueduto de Valente, de Constantinopla, estendia-se ao longo de mais de 255 quilómetros) e transformou inúmeras bacias hidrográficas. Em épocas que antecederam o aparecimento dos esgotos, as pessoas viviam amontoadas em pequenos espaços. Os excrementos e o lixo de tantas pessoas e animais representavam um enorme desafio para as autoridades. A vérmina andava à solta. As doenças das cidades atrofiavam o desenvolvimento das pessoas. A procura diária de alimentos e de combustível esgotava os recursos existentes em longas extensões ao redor das cidades. Onde quer que houvesse uma floresta, os machados mantinham-se constantemente ocupados, abrindo espaço para fazendas e pastagens, fornecendo lenha para fornos e caldeiras, providenciando material de construção e madeira para a frota do império e para a marinha mercante. A razão mais provável pela qual os romanos da Britânia usavam carvão e o transportavam, amiúde, ao longo de grandes distâncias teria menos que ver com qualquer superioridade do carvão enquanto combustível e mais com a escassez de madeira.[50]

O Período Quente Romano terminou por volta do ano 150 d. C. A desflorestação extensiva do Mediterrâneo pode muito bem ter contribuído para provocar uma mudança nos padrões de precipitação. Em todo o caso, esse facto agravou o problema. As disrupções do comércio e da agricultura culminaram na Peste Antonina, provavelmente o primeiro grande surto de varíola, que varreu as densas cidades romanas e matou milhões de pessoas. O *latifundium*, o capitalismo de monocultura na sua primeira versão, desapareceu. Na China, a dinastia Han caiu.

No século IV d. C., Roma logrou, ainda que a um nível bem mais modesto, recuperar alguma da sua glória e influência. Depois, no século VI, o clima arrefeceu e tornou-se mais húmido, trazendo consigo a catástrofe. As mudanças climáticas empurraram hunos, germanos e eslavos para sul e para oeste. O Império Romano do Ocidente caiu, a sua população colapsou, o comércio esmoreceu, e as cidades definharam. A moeda desapareceu de vastas extensões do antigo território romano. Sobre o Império Romano do Oriente, abateu-se a Peste Justiniana, o acontecimento que, até então, provocou maior mortalidade, enfraquecendo-o. A desflorestação provocou uma extensa erosão, especialmente no Mediterrâneo oriental. Os lendários portos de Éfeso e de muitos outros lugares ficaram obstruídos com lodo e sedimentos, abrindo espaço a pântanos cheios de malária que despovoaram grande parte da linha costeira. No final do século VI, Roma albergava apenas 20 000 habitantes.[51] Mais para leste, na Índia, o grande Império Gupta desintegrou-se.

Considerando o poder e a glória de Roma, a queda do Império Romano e da civilização romana choca a imaginação. Áreas densamente povoadas regressaram à condição de florestas, para só voltarem a ser desmatadas no século IX ou, em alguns casos, no século XIX. As culturas de cereais foram parcas nesses séculos húmidos e frios. Os campos reverteram para pastagens. O pastoreio substituiu a agricultura como principal fonte de alimento no fracamente povoado início da Idade Média. A antiga paisagem tinha desaparecido. Uma paisagem medieval cresceu no meio das ruínas romanas.[52]

As mudanças climáticas que são desastrosas para um povo trazem, muitas vezes, excelentes oportunidades para outros. As populações pastoris da Ásia Central prosperaram no clima mais frio e húmido do final do primeiro milénio. O Iraque prosperou a partir de um clima invulgarmente húmido. Os árabes recentemente convertidos ao islamismo repeliram o enfraquecido Império Bizantino. Entre os séculos VIII e XI, o Levante islâmico floresceu. Os intermediários árabes enriqueceram com o comércio e desenvolveram práticas comerciais aprimoradas, como uma versão inicial da moderna contabilidade de dupla entrada.[53]

Durante este tempo, a Europa repovoou-se lentamente. A terra livre tornou-se escassa. Os agricultores perderam a independência e a liberdade. Governos centrais fracos e fragmentados não conseguiram impedir que os senhores locais forçassem os camponeses a tornarem-se servos da gleba. A servidão espalhou-se, embora os números totais da escravatura tenham diminuído. As frequentes guerras concentravam assentamentos à sombra das muralhas dos castelos ou no interior dos muros das cidades. A civilização europeia cresceu descentralizada, insegura, sem liberdade e relativamente empobrecida.

Em contrapartida, na China, a população cresceu rapidamente com a disseminação da cultura do arroz. Uma vez que os camponeses eram mais fáceis de tributar do que os senhores feudais, os imperadores restringiram o poder dos terratenentes locais. Os impostos foram mantidos baixos para prevenir a agitação social. Um governo central forte manteve a paz, o que também contribuiu para que a população descentralizada vivesse segura em fazendas e aldeias. Artífices e artesãos viviam nas aldeias, não nas cidades. Sem fortes guildas para interferirem, as inovações e os avanços espalharam-se rapidamente por todo o império.[54]

Que longa e estranha viagem foi para o *Homo* em todas as suas espécies. Quando a evolução (ou alienígenas) lhes conferiu extraordinárias capacidades para comunicarem, cooperarem, se organizarem e melhorarem as técnicas, a terra tornou-se, num período de tempo relativamente curto, praticamente irreconhecível. Os humanos tornaram-se predadores de topo tão eficazes que causavam extinções onde quer que se instalassem. O seu domínio do fogo mudou as paisagens. Transplantaram e manipularam plantas alimentícias, extraíram sílex e ocre vermelho, e negociaram com os seus vizinhos. Bem alimentados, cresceram, multiplicaram-se e espalharam-se por todo o globo. De molde a, mais eficientemente, sustentarem o seu número crescente, as pessoas alteraram ainda mais os ecossistemas, através do pastoreio e da agricultura. As populações cresceram, as vilas transformaram-se em cidades, o capital acumulou-se, a desigualdade e a falta de liberdade aumentaram, e da competição e da violência ergueram-se reinos e impérios.

As inovações gregas e romanas aceleraram a economia. Os comerciantes tiraram partido da energia eólica gratuita para cruzarem o mar Mediterrâneo. A cunhagem de moeda acelerou e democratizou as trocas, criando mercados de escravos e de mercadorias, e facilitando a tributação, o trabalho assalariado e a guerra. Escravos que trabalhavam em proveito de terratenentes de grandes propriedades produziam vinho e azeite que navios à vela transportavam pelos mares, trazendo em troca cereais. Este primitivo sistema capitalista suportava uma grande e próspera população urbana. Conduziu igualmente à desflorestação, à extinção de espécies, à poluição da água e do ar, à erosão e a alterações climáticas, tal como as civilizações anteriores haviam causado a salinização e a exaustão dos solos. A procura de metais criou «zonas de sacrifício» ambientais em torno de minas e fundições. Pestes e mudanças climáticas derrubaram o Império Romano. Por volta do século VI, esta experiência de capitalismo caiu no meio ambiente com um estrondo retumbante.

O capitalismo de monocultura ressurgiria lentamente entre as nações mediterrânicas mais de meio milénio depois. Dessa vez, contudo, os avanços na conceção de navios e na arte de navegar transformariam todos os oceanos do mundo no Mediterrâneo europeu. O capitalismo e os impérios europeus apareceriam em todas as terras do mundo. A resistência revelar-se-ia inútil.

2.

COMÉRCIO E IMPÉRIO

A descoberta acidental de Colombo

Cristóvão Colombo vendeu sempre mais do que tinha para vender. Talvez um inabalável sentimento de inferioridade, numa sociedade perfeitamente consciente da estratificação social, tenha levado este filho de um tecelão genovês a adotar a bravata e a ambição desmedida como características suas. Fez *bluff* para conseguir o que queria quando as suas pretensões irrealistas desencadearam os acontecimentos que o conduziriam à América. Os seus relatos audaciosos e gabarolas eletrizaram a Europa e puseram em marcha um curso de eventos de consequências imprevistas. Milhares de homens movidos pela ambição e pela ganância cruzaram os oceanos para fazerem fortuna, homens esses que, longe da refreadora mão dos costumes e da autoridade, se mostraram quase sempre desatentos, quando não indiferentes, às consequências dos seus atos para povos desconhecidos e terras estranhas. Milhões morreram de doenças e guerras. Outros milhões trabalharam, sofreram e morreram em cativeiro. Implacáveis e profundas mudanças ambientais seguiram os caminhos do comércio e da colonização. Os impérios europeus de capitalismo mercantil e de capitalismo de monocultura circundaram o globo e canalizaram enormes lucros e poder para nações anteriormente periféricas. Quase três séculos mais tarde, esses lucros alimentaram a ascensão do capitalismo industrial. Colombo não previu nada disto, mas tornou tudo isso possível.

Tudo isso aconteceu porque o filho desse tecelão esperava ganhar glória e renome encontrando uma rota mais fácil para a China. O autodidata

Colombo concebeu um novo plano. Havia lido avidamente os relatos de Marco Polo das suas viagens à lendária corte de Kublai Khan. Correspondeu-se com o matemático florentino Paolo dal Pozzo Toscanelli, defensor da teoria de que um navio que navegasse para oeste através do Atlântico poderia alcançar o Extremo Oriente. Fama, honra e incalculáveis proveitos certamente recairiam sobre qualquer um que voltasse a comparecer perante o Grande Cã, no seu palácio de telhados de ouro. Colombo desejava obsessivamente ser a primeira pessoa a fazer essa travessia.

Forte, com uma altura bem acima da média de 1,80 m, de cabelos e pele claros, autoconfiante e determinado, Colombo dava um formidável vendedor capaz de conquistar facilmente a confiança dos monarcas mais céticos. Fez uso das conexões de um afortunado casamento para, em 1484, apresentar a sua proposta ao rei D. João II de Portugal e, em 1486, ao rei Fernando de Aragão e à rainha Isabel de Castela. Mas, na sua ânsia de firmar o negócio, exagerou os potenciais lucros. Pintou um tentadora e apelativa fantasia de «grandes terras, [...] todas elas muito prósperas, ricas em ouro e prata, pérolas e pedras preciosas, e um número infinito de pessoas». Colombo fez audaciosas exigências em caso de sucesso: enobrecimento; o título hereditário de Dom; o posto de Almirante do Mar-Oceano; uma nomeação como vice-rei perpétuo e governador de tudo o que pudesse vir a descobrir; um décimo da parte do rei de «todos os [...] bens comprados, trocados, descobertos ou adquiridos na região do seu almirantado»; e o direito de investir um oitavo em futuras expedições e de receber uma oitava parte dos lucros.[1]

O discurso de vendedor de Colombo haveria de ter o seu efeito, mas não logo. O rei D. João II empatou-o enquanto, secretamente, punha a teste o plano de Colombo enviando uma pequena frota a partir dos Açores, que a dada latitude enfrentou ventos contra-alísios desfavoráveis e regressou. Depois de 1488, quando Bartolomeu Dias passou o Cabo da Boa Esperança, que oferecia uma rota mais segura para as Índias, o rei português perdeu completamente o interesse em aventuras arriscadas para oeste. Isabel de Castela achou a proposta do discurso de Colombo mais tentadora. Ela e Fernando de Aragão tinham contraído uma enorme dívida para conquistar Granada e precisavam de receitas.[2] Castela havia celebrado um tratado de paz com Portugal que dava aos Portugueses o monopólio de terras a sul e a oeste das Canárias, onde, na costa africana, se desenrolavam lucrativos negócios de ouro e de escravos. Seguindo a direito para oeste das Canárias, Colombo poderia navegar, através de uma brecha no tratado, diretamente para as Índias e para todas as suas riquezas.[3] Depois de ele ameaçar levar a sua proposta aos rivais franceses, Isabel acabou por concordar. Finalmente, em 1492, Colombo navegou pelo oceano azul.

Colombo deve ter ficado extremamente satisfeito por encontrar ilhas exatamente onde esperava encontrá-las — e colossalmente desapontado por não encontrar nenhuma civilização rica com telhados dourados e cortesãos vestidos de seda. Ilhas tropicais com habitantes nus e sem sinais evidentes de comércio ou de riqueza não impressionariam os investidores. Colombo tinha agora de convencer os seus financiadores a patrocinarem outra expedição ao Japão e à China, que, a julgar pelos campos de algodão que vira naquilo a que ele chamou de Índias, deveriam certamente estar por perto.[4] Consequentemente, Colombo, uma vez mais, exagerou o valor das suas descobertas no relatório que fez a Fernando e Isabel. A incontável população de *La Isla Española* (a Ilha Espanhola, ou Hispaniola, como lhe chamou), afirmava ele, era gentil, pacífica e inocentemente nua, pronta para ser posta a trabalhar e tornada cristã.

A fertilidade do solo era «sem limites». Os portos estavam «para lá de qualquer comparação». As especiarias, o algodão, a almécega, a madeira de aloé e os escravos abundavam. Cuba era maior do que Inglaterra e do que a Escócia, e as suas montanhas superavam as das Canárias. A extensão de costa da Hispaniola excedia a de Espanha. As regiões do interior ostentavam «grandes minas de ouro e de outros metais». Colombo fundou uma cidade, La Navidad, localizada «na melhor posição para as minas de ouro [...] e para [o comércio] com o continente [...] pertencente ao Grande Cã». Fosse por ilusão, mendácia ou lábia de vendedor, pouco do relatório de Colombo era fiável. Muito dele era mesmo completamente falso.[5]

Colombo pagou um preço por exagerar as suas descobertas. Versões impressas da sua carta espalharam visões da Fantasilândia colombiana por toda a Europa. Espanha fervilhava de entusiasmo popular. A sua segunda viagem às Américas atraiu muitos investidores e colonos. Colombo comandou uma enorme frota de dezassete navios carregados com mil e duzentos colonos, juntamente com cavalos, gado bovino, suíno, caprino e ovino, trigo, sementes de jardim e árvores de fruto — uma verdadeira invasão ecológica.[6] Colombo acreditava sinceramente que Hispaniola poderia ser colonizada de forma eficaz, ainda que não tão fácil e lucrativamente como ele alegava, mas faltava-lhe experiência e capacidade para comandar uma expedição tão grande. Os colonos eram todos homens (não havendo nenhuma mulher), o tipo de homem que abandonaria o lar e a família por uma oportunidade de enriquecimento fácil. Quando não encontraram em Hispaniola mão de obra dócil e ouro, por pouco que fosse, Colombo deixou de conseguir controlá-los. Utilizou a violência, a crueldade e o terror tanto para disciplinar os seus colonos quanto para forçar os habitantes nativos a trazerem-lhe ouro.

Quando os navios rumaram a Espanha em busca de provisões, Colombo precisou, de alguma forma, de tornar a colónia rentável. Os ilhéus não se encaixavam facilmente naquilo que ele compreendia dos povos do mundo. Não eram cristãos, não seria, então, plausível que fossem muçulmanos escravizáveis? Reuniu cerca de 500 ilhéus para os enviar de volta como escravos e deu outros 650 aos colonos. Pediu que os navios, no seu regresso à Hispaniola, trouxessem melaço e cana-de-açúcar da ilha portuguesa da Madeira. Na sua terceira viagem, colonos rebeldes forçaram-no a conceder-lhes *encomiendas*, uma espécie de propriedade feudal com direito de cobrar tributo e trabalho regular aos seus habitantes. Frustrado com os colonos governantes e com os «Índios», Colombo logo partiu para fazer o que realmente ansiava: ir em busca das ricas terras do Grande Cã.[7]

A exagerada lábia de vendedor de Colombo conseguiu auferir-lhe financiamento e navios, mas também aumentou as expectativas muito para lá daquilo que ele podia assegurar. Colonos furiosos mandaram-no de volta para Espanha acorrentado. As consequências finais foram muito piores. Independentemente de qual fosse o europeu que, pela primeira vez, cruzasse o oceano, as epidemias de doenças do Velho Mundo teriam, sem dúvida, enviado um assustador número de americanos para a sepultura. Mas a brutalidade europeia e os maus-tratos infligidos aos Americanos na busca de riqueza e de lucro começaram com Colombo e com os seus colonos espanhóis. A fixação de Colombo em metais preciosos e a introdução que fez da escravatura e do açúcar pressagiaram ominosamente o tipo de impérios que em breve cresceriam na América e que alterariam a história mundial, ainda que, em última análise, eles tenham acabado por beneficiar mais os inimigos de Espanha do que a própria Espanha. Nesses países, não em Espanha, residirá o futuro desenvolvimento do capitalismo. Mas todos os impérios europeus contribuíram para mudanças ambientais maciças.

Genoveses, os capitalistas do império

Colombo era um governador incompetente, mas agiu de acordo com uma lógica típica entre os genoveses da sua época. Génova e outras repúblicas marítimas do norte de Itália tinham recuperado práticas com raízes profundas na história mediterrânica e enriquecido com impérios comerciais, colónias, ouro, açúcar e escravatura. O envolvimento genovês na criação dos impérios ibéricos, que começou muito antes da viagem de Colombo, ensinou algumas lições que os Portugueses e os Espanhóis, e depois os Holandeses, os Franceses e os Ingleses, aprenderam bem. As indústrias manufatureira, bancária e têxtil genovesas também pressagiaram os desenvolvimentos holandês e britânico. Génova formou a ponte que ligou o primitivo capitalismo dos Romanos ao capitalismo imperial, o capitalismo de monocultura dos grandes impérios mundiais. Italianos e genoveses como Colombo implantaram o capitalismo italiano em países que estavam a crescer enquanto impérios mundiais e para os quais os seus métodos eram desconhecidos.

Génova, Veneza e Florença eram as superpotências capitalistas da época. Entre as regiões urbanizadas, somente as cidades do norte de Itália haviam sobrevivido à queda do Império Romano do Ocidente. As Cruzadas ressuscitaram as atrofiadas redes comerciais mediterrânicas e colocaram Itália no caminho da prosperidade. Rapidamente, as frotas mercantes e navais italianas passaram a dominar as ondas do Mediterrâneo e do Mar Negro. A força muscular dos remadores e a energia eólica gratuita moviam velozmente as galés carregadas de especiarias, de algodão e de seda, provenientes do Oriente e com destino aos portos italianos onde, no Ocidente, esses produtos seriam adquiridos por clientes europeus. Prata das minas da Europa Central e finos tecidos da Flandres atravessavam os desfiladeiros alpinos rumo a Veneza, enquanto têxteis e produtos flamengos e franceses, financiados por banqueiros italianos, chegavam a Génova. Ouro em pó, oriundo do Gana e que, posteriormente, seria cunhado por venezianos em ducados e por florentinos em florins, partia de portos no Norte de África. Navios italianos regressavam aos mercados orientais levando dinheiro, têxteis e outros bens.

Os Italianos levaram a cabo importantes inovações que impulsionaram o antigo capitalismo mercantil em direção à prática comercial moderna. Historicamente, todas as parcerias comerciais eram dissolvidas após o término de cada empreendimento. Os Italianos criaram as primeiras empresas familiares permanentes, as antepassadas das corporações modernas. A gestão de redes comerciais extensas exigia agentes de confiança. As empresas familiares podiam pôr familiares de confiança em portos estrangeiros. Além disso, os Italianos foram pioneiros em muitas práticas empresariais modernas, incluindo a contabilidade de dupla entrada, instrumentos de dívida e atividades bancárias.[8]

As repúblicas veneziana e genovesa criaram também o modelo para a colonização ultramarina e para a expansão imperial. Estabeleceram colónias e enclaves comerciais urbanos operando ao abrigo da lei veneziana ou genovesa. Veneza fundou colónias em volta do Adriático, do Egeu central e do Mediterrâneo oriental. Génova privatizou o seu império. As suas principais famílias criaram e governaram colónias em redor do norte do Egeu, do Mar Negro e do Mediterrâneo ocidental. A colonização privada por parte de empresas holandesas, inglesas e francesas seguiria o precedente genovês.

Os Holandeses e os Britânicos espelhariam também a forma como o norte de Itália se transformou numa zona de manufatura. Nunca meros entrepostos, as cidades italianas importavam matérias-primas e exportavam têxteis, vidro e outros bens. Importavam algodão cru do Levante e exportavam tecidos tingidos. Florença, Luca, Milão e Génova açambarcavam toda a seda chinesa trazida através dos portos levantinos. Com lã oriunda de Espanha, do Norte de África e de Inglaterra, Florença produziu alguns dos melhores tecidos da Europa.[9] Um terço da população florentina do século XV trabalhava no comércio de lã, tal como o faria um terço da população de Veneza um século depois, enquanto cerca de um terço dos trabalhadores de Génova se dedicava à produção de seda, de lã e de algodão.[10] Mercadores-empresários como o pai de Colombo empregavam oito ou nove trabalhadores e pagavam trabalhos à peça a muitos mais, sendo que cada um desses artesãos trabalhava numa loja ou em sua própria casa para executar um dos muitos passos que transformavam a lã crua em finos tecidos de belas cores, uma divisão do trabalho muito semelhante àquela encontrada na feitura de alfinetes e que Adam Smith tanto admiraria.[11] Pela primeira vez na história ocidental, mais de metade da população de uma cidade, juntamente com uma percentagem substancial de cidades próximas, trabalhava por um salário — um proletariado.[12] A indústria também se mecanizou. Séculos antes das fábricas de algodão do Lancashire, no norte da Toscânia, em Bolonha e em Milão engenhos movidos a água empregavam centenas de mulheres, que, sob uma severa disciplina,

Fig. n.º 2: Stefano della Bella. Carregando uma galé, de *Vistas do porto de Livorno*, 1654–1655. O capitalismo italiano renascentista em ação: trabalhadores carregam uma galé com mercadorias em Livorno. A gravura sugere a ligação da escravatura à religião, ao capitalismo e à guerra. No canto direito, um homem, possivelmente um escravo, é açoitado. À esquerda, é visível uma parte do Monumento dos Quatro Mouros, que comemora a vitória de Fernando I da Toscana sobre os Otomanos. Quatro escravos acorrentados rodeiam o pedestal, um dos quais, e isso é aqui percetível, tem feições africanas. (Metropolitan Museum of Art, 1986. 1180.574. Doação de Grace M. Pugh, 1985)

fiavam e arejavam fios de seda. Centenas de engenhos de fiação, alguns extremamente grandes, espalhavam-se ao longo das colinas e das altas planícies do norte de Itália.[13]

Fatidicamente, os Italianos também compraram e venderam pessoas. Génova, em particular, e outras cidades italianas participaram entusiasticamente do comércio de escravos, facto que, para Colombo, deve ter parecido bastante banal. A escravatura europeia estava quase extinta — exceto no Mediterrâneo.[14] A Igreja Católica limitava a escravatura aos não-cristãos que resistissem à conversão, pelo que os traficantes de escravos usavam qualquer pretexto para apanhar não-cristãos. A escravatura era comum nas guerras inter-religiosas. Corsários e piratas cristãos e muçulmanos atacavam de surpresa os territórios costeiros e os navios uns dos outros, fazendo prisioneiros para, posteriormente, os trocar por resgates ou os vender como escravos. Entre 1450 e 1850, pelo menos três milhões de pessoas de todo o Mediterrâneo encontraram-se numa situação de miserável escravatura.[15]

Em 1400, os escravos constituíam talvez 10 % das populações de Génova e de Veneza, a percentagem mais elevada da Europa. A maioria dos escravos provinha das colónias italianas em redor do Mar Negro (*slave* [escravo] vem de *Slav* [eslavo]). Os restantes eram muçulmanos, sendo uns poucos da África Subsaariana. A escravatura era dura, e o abuso sexual, comum. Os escravos recalcitrantes ou fugitivos enfrentavam punições brutais. Os escravos eram escravos para toda a vida, tal como o era qualquer criança filha de escravos, embora a manumissão para libertar uma pessoa não fosse invulgar.[16]

Açúcar e escravos

Uma memorável inovação italiana foi a plantação de açúcar, parente próxima do *latifundium* e ominosa antepassada da lucrativa plantação esclavagista americana. O açúcar só passou a adoçar a culinária europeia dois ou três séculos antes de Colombo empreender as suas viagens. Os antigos romanos conheciam o açúcar como um remédio caro da Índia. Os europeus do início da Idade Média não o conheciam de todo. Foi só em 1220 que um primeiro navio atracou num porto inglês com este item de luxo entre a sua carga. Em 1277, frotas genovesas carregadas de açúcar e de especiarias começaram a realizar viagens regulares para o Atlântico com destino a Southampton e a Bruges.[17] O consumo de açúcar significava um estatuto social elevado e um gosto sofisticado, de modo que os cozinheiros dos nobres o colocavam em quase todos os pratos, fossem eles doces ou salgados.[18]

O açúcar tinha chegado ao Mediterrâneo com o islão. A disseminação do islão da Arábia para a Pérsia, para a Índia, para o Levante, para o Norte de África e para Espanha criou uma gigantesca zona comercial que se situava agora entre a Índia e o Atlântico. Da China e da Índia, os muçulmanos trouxeram sorgo, frutos cítricos, arroz, algodão e cana-de-açúcar, que vieram enriquecer as cozinhas em todo o Mediterrâneo islâmico. As técnicas de irrigação também se espalharam, possibilitando maiores colheitas e o crescimento das populações. Quando os cruzados conquistadores chegaram com as suas próprias culturas e técnicas agrícolas, os muçulmanos partiram ou foram expulsos. As obras de irrigação deterioraram-se. As novas culturas desapareceram, exceto a de cana-de-açúcar.

No nexo do capital, do trabalho arregimentado, do comércio internacional e do consumismo estava o açúcar. A cana só se transforma em valioso melaço ou açúcar com muita água, muita mão de obra e dispendiosos trabalhos de processamento. A cana-de-açúcar cresce mais doce nos trópicos quentes e húmidos. Na região do Mediterrâneo, no limite norte da área de distribuição da planta, não chove no verão, pelo que os Árabes a cultivaram primeiramente em terras irrigadas ao longo de rios e em pântanos.[19] Era um trabalho árduo o desenvolvido pelos agricultores, colher canas mais altas do que eles, remover as suas folhas e levar rapidamente a cana para as prensas, antes que ela se deteriorasse. Os trabalhadores cortavam-na em pedaços pequenos, esmagavam-na e ferviam o suco. De forma a obterem uma mercadoria mais valiosa, voltavam a adicionar água ao suco ou cristais e ferviam-na tantas vezes quantas as necessárias para obter uma cor mais clara e uma qualidade mais rentável. Energia proveniente do trabalho de cavalos, bois ou água acionava as prensas da cana-de-açúcar. A energia térmica da madeira fervia o suco. A energia dos músculos humanos fazia tudo o resto. Camponeses e locatários cultivavam a cana como cultura secundária perto de casas apalaçadas que possuíssem instalações de processamento ou próximo de cursos de água, de molde a facilitar o transporte. Os muçulmanos não utilizavam escravos para a produção agrícola, embora, ocasionalmente, grandes propriedades açucareiras, com trabalho camponês forçado, tenham acabado, mais tarde, por surgir no Egito e os produtores de açúcar marroquinos utilizassem, no século XVI, muito provavelmente, escravos subsaarianos.[20] A elite consumia uma parte do açúcar, mas o grosso dele era vendido, de uma forma muito lucrativa, a comerciantes italianos ou judeus que o levavam para compradores europeus.[21]

Os cristãos começaram a cultivar cana-de-açúcar no século XI, nos Estados cruzados, sendo este cultivo a sua principal fonte de receitas. Após a queda dos Estados cruzados, em 1291, o último rei de Jerusalém e os seus cavaleiros fugiram para Chipre, levando consigo a cana-de-açúcar. Uma vez lá chegados, criaram domínios feudais seguindo o modelo daqueles que conheciam na Europa. Servos e locatários cultivavam cana-de-açúcar. Mercadores italianos compravam o açúcar para clientes da Europa Ocidental.[22] Esse acordo não durou muito tempo. No virar do século XIV, prósperas civilizações, um pouco por todo o mundo, conheceram um arrefecimento literal quando o Período Quente

Medieval cedeu à Pequena Idade do Gelo. Os verões quentes tornaram-se frios e húmidos. As colheitas falharam. No outro lado do globo, as mudanças climáticas acabaram com as culturas do Pueblo e no alto Mississippi, na América do Norte, e com o Império Tiwanaku, nos Andes. A fome assolava a Europa. Espalhou-se o caos social, político e religioso. A civilização da Alta Idade Média vacilou e caiu. Uma peste varreu o Leste. Atravessando o Mediterrâneo em navios mercantes italianos, a Peste Negra desembarcou em 1347 na Europa e, brandindo a gadanha, ceifou os vivos durante quatro anos.[23] A população de Chipre caiu a pique. Os proprietários de terras enfrentaram escassez de mão de obra e falências. Os mercadores de Génova viram uma oportunidade de negócio em aldeias desertas. Os seus navios navegavam para portos cipriotas com escravos gregos, búlgaros, muçulmanos e tártaros, principalmente a partir das colónias genovesas do Mar Negro. Os terratenentes cipriotas expandiram a produção de cana-de-açúcar com mão de obra escrava e enriqueceram com isso. O açúcar cipriota adquiriu a reputação de ser o melhor do mundo. As empresas genovesas alavancaram agressivamente o controlo da banca e do comércio de escravos e de açúcar para dominar praticamente todo o Chipre até o final do século XIV.[24] Génova estava agora profundamente envolvida no negócio do açúcar e dos escravos, e o palco estava montado para a tragédia que se desenrolaria em torno do Atlântico.

Custos ambientais da prosperidade italiana

O comércio e a manufatura das repúblicas marítimas italianas, que no auge da sua glória renascentista eram as cidades mais ricas do mundo, emitiram ondas de impacto ambiental a enormes distâncias e em todas as direções, um prenúncio dos impactos ambientais do império mundial colonial e da industrialização. As florestas diminuíram ou recuaram. As culturas comerciais exauriram os solos. A escavação ou a extração de pedras e minérios deixavam buracos à superfície ou nas profundezas do subsolo. A mineração e os processos industriais envenenavam a terra, a água e as pessoas.

Quase na mesma situação estavam as florestas. Tal como, no mundo antigo, o crescimento económico exigia muito das raquíticas e ralas florestas mediterrânicas, nunca tão densas como as mais frias e húmidas florestas do Norte. Só a cidade de Veneza precisou de milhares de estacas de carvalho para não se afundar no solo macio da sua ilha, na lagoa. As cidades italianas, à semelhança das suas concorrentes e inimigas, necessitavam de enormes recursos de madeira para as suas armadas e marinhas mercantes.

A grande indústria têxtil italiana também exerceu pressão sobre as florestas. A procura por lã incentivou a expansão dos rebanhos de ovelhas. De molde a produzir a mais valiosa exportação de Inglaterra, a lã, para fabricantes de tecidos flamengos e italianos, a apropriação e vedação de terras comuns substituiu o uso tradicional da terra camponesa para pastagens de ovelhas. Em Espanha, os cristãos reconquistaram, em 1492, a Península Ibérica aos muçulmanos e transformaram exuberantes e bem irrigados vales em herdades menos produtivas ou em pastagens para vastos rebanhos de ovelhas e de gado vacum, criados para abastecerem as indústrias têxtil e de couro italianas.[25] O sudoeste de Espanha era o mais adequado para o gado bovino. O resto de Espanha era terra de ovelhas. Mais de três milhões de ovelhas pastavam nos pastos espanhóis no século XVI. Os pastores abateram ou incendiaram florestas para a transumância, causando com isso um desmatamento significativo. Tantos cascos afiados a revolver o solo e tantas bocas a devorar erva no clima quente e seco de Espanha acabaram por, inevitavelmente, empobrecer e transformar a terra.[26]

A madeira também era usada como combustível para ferver o suco de cana-de-açúcar em melaço ou em açúcar. Chipre e a Sicília, as duas maiores ilhas envolvidas na produção de cana-de-açúcar, eram suficientemente grandes para fornecer combustível sem esgotar as suas florestas. A crescente prosperidade e a exploração da terra certamente exerceram uma pressão sobre o solo e sobre as florestas. Uma vez que se usava lenha de baixa qualidade e vegetação arbustiva, não madeira madura, para o processamento de açúcar, os montes Troodos, em Chipre, permaneceram bem arborizados. Restritos suprimentos de materiais combustíveis limitaram, contudo, os engenhos às primeiras etapas do processamento de açúcar. Os engenhos de açúcar de Veneza e de Génova, com melhor acesso ao combustível, refinavam o açúcar até este atingir uma qualidade mais rentável.[27]

Muitos outros processos de fabrico requeriam madeira como combustível, nomeadamente, nos trabalhos em vidraria, trabalhos esses que exigiam também uma enorme variedade de matérias-primas. Veneza, Verona, Pádua, e algumas outras cidades, produziam o melhor vidro do mundo, uma arte que encontrava clientes da China à América e a

África.[28] A produção de vidro era tecnicamente desafiante, logisticamente complicada, de capital intensivo, ecologicamente exigente — e altamente rentável. Como um empreendimento capitalista clássico, uma boa fábrica de vidro exigia um grande investimento em instalações e matérias-primas e empregava cerca de vinte trabalhadores. Ímpar entre os centros de fabrico de vidro, Veneza tinha de importar todas as matérias-primas. Para poder atingir entre 1150° e 1200° C (cerca de 2000° F), os seus fornos, de maneira a fundir vidro, queimavam, por ano, cerca de 2200 pés cúbicos (3,3 milhões *board-feet*[29] ou 7 800 metros cúbicos) de madeira de amieiro ou de salgueiro, madeira essa que era trazida por água das florestas perto de Cervignano. Para a sílica, moinhos de água trituravam seixos dos rios Ticino e Ádige, a mais de 190 quilómetros. Para os fundentes, Veneza importava anualmente 10 000 sacos de cinzas de uma planta encontrada na Síria, no Egito e na Líbia. O manganês usado para tornar o vidro transparente vinha de minas no Piemonte, a noroeste de Milão. Cobre, prata, chumbo e estanho davam cor ao vidro. Os cadinhos de argila vinham de Valenza, a sul de Milão, e de Constantinopla. Lajes de pedra para os fornos e para as chaminés eram transportadas com muito custo desde Vicenza, a mais de 70 quilómetros.[30]

Um pouco mais longe, a mineração de ouro e de prata era particularmente destrutiva para o ambiente. Um perpétuo défice comercial europeu drenou o continente de moeda. Para cunhar as moedas que visavam comprar mercadorias orientais, os Italianos importavam prata e ouro. A prata era extraída de minas profundas no Tirol, na Boémia, na Silésia e nos Balcãs. A chuva e a neve lixiviavam produtos químicos tóxicos provenientes da escória e lançavam-nos em córregos e rios. Um grande número de robustas madeiras impedia que os poços das minas desabassem. Para evitar que as minas inundassem, os mineiros construíam elaborados maquinismos de madeira movidos por animais ou a água, o que, muitas vezes, exigia o redireccionamento de cursos de água. A madeira e o carvão vegetal acendiam os fornos que fundiam a prata a partir dos minérios. Paulatinamente, as florestas iam-se afastando das bocas das minas e, conforme a madeira local se esgotava, passavam a seguir rotas mais fáceis de transporte, como os rios. A desflorestação em redor das minas da Europa Central alarmou muitos, mas foi preciso esperar pelo século XVIII para que os Alemães concebessem medidas de conservação da natureza.[31]

Tal como era feita, a remoção da prata dos metais era um processo altamente tóxico. Os mineiros alemães desenvolveram duas técnicas eficazes para separar a prata. No século XV, eles (ou algum alquimista) descobriram a liquação, na qual os trabalhadores derretiam, repetidamente, o minério com chumbo, de molde a separar a prata do cobre. A rápida difusão desse novo processo aumentou a procura por chumbo, uma perigosa toxina que, ao derreter, é enviada para o ar para ser absorvida pelos solos e pelos seres vivos. Um século depois, os mineiros alemães começaram a utilizar mercúrio, que é extremamente tóxico, como amálgama para separar a prata, uma técnica simples, fácil e extremamente perigosa. Grandes minas de mercúrio abriram em Almadén, em Espanha, e Idrija, no que é hoje a Eslovénia, para fornecer mercúrio para as minas de prata na Europa e na América. A extração de minério de cinábrio carregado de mercúrio envenenou trabalhadores, os seus vizinhos e o ambiente. Na etapa final do método do amálgama, os trabalhadores ferviam o mercúrio, deixando a prata. O vapor de mercúrio envenena toda a gente e tudo aquilo que está próximo e a favor do vento, e permanece no ambiente em redor das fundições durante séculos após o fecho das minas.[32]

A extração de ouro em África causou mais estragos ambientais. Os reis, os chefes e as elites locais utilizavam geralmente escravos e mão de obra forçada ou contratada para a exploração mineira. As populações locais e os migrantes atraídos para os campos de ouro também costumavam minerá-lo por conta própria, pagando às elites pesados direitos de exploração por esse privilégio. Nem os escravos nem os mineiros livres se preocupavam muito com os danos ambientais. Trabalhadores extraíam areia ou saibro dos leitos de rios ou do fundo de poços abertos que poderiam ter entre 3 e quase 25 metros de profundidade. Raramente, restauravam escavações abandonadas. A exploração mineira exigia enormes quantidades de água, muitas vezes provenientes de cursos de água que haviam sido desviados, que levavam a areia e o saibro e deixavam o ouro, que era mais pesado. A técnica assoreou cursos de água, matou ou enxotou peixes e tornou a água impotável para os aldeões que viviam a jusante. Até certo ponto, as proibições religiosas e de costumes protegiam a terra e os recursos hídricos para as comunidades locais, embora não para aquelas a jusante.[33]

Até mesmo o comércio de especiarias afetou o ambiente a quase 6500 quilómetros de distância. A procura por especiarias na China, na Índia, no Levante e na Europa era grande, mas o fornecimento de cravo-da-índia, canela e noz-moscada não era elástico. A população local colhia-as de árvores selvagens que demoravam demasiados anos a crescer para valer a pena cultivá-las. A variedade de pimenta preta, por outro lado, expandiu-se ao ponto de satisfazer a procura. Os cultivadores trouxeram essa videira tropical de Malabar, a sua terra natal, e plantaram-na em florestas tropicais, ao longo da costa indiana, e em Sumatra e Java. A pimenta, como a maioria das outras mercadorias nos porões das galés italianas, enriqueceu os proprietários de terras, os governantes e os intermediários, e não os meeiros e trabalhadores que labutavam na sua produção.[34]

Os Genoveses na exploração e no império ibéricos

Cristóvão Colombo, o açúcar e os escravos talvez nunca tivessem chegado à Hispaniola se não fosse a Guerra de Chioggia, em 1381. Veneza derrotou Génova, bloqueou as rotas das especiarias, assumiu o comércio do açúcar de Chipre e, em 1489, fez da ilha uma zona franca. Depois, em 1453, os turcos otomanos conquistaram Constantinopla, extinguiram o antigo Império Bizantino e fecharam o Bósforo aos cristãos. Génova já não conseguia ter acesso às suas colónias do Mar Negro.

Génova batalhou para recuperar destas calamidades. A república virou-se para Ocidente em busca de oportunidades que substituíssem o comércio e os escravos perdidos. As nações fortes do Mediterrâneo ocidental não se deixavam colonizar. Os Genoveses tiveram de operar dentro dos impérios dos outros. Estabeleceram comunidades comerciais em Sevilha, Lisboa, Porto, La Rochelle, Southampton e Bruges, bem como em Salé e Safi, em Marrocos. Os Espanhóis achavam os Genoveses agressivos, oportunistas e gananciosos.[35] Um alcaide de Sevilha queixou-se ao rei de «não conseguir ser suficientemente inescrupuloso para lidar com eles»[36], mas as empresas e a banca genovesas moldaram economias em todo o Mediterrâneo ocidental e na Europa Ocidental.

Génova obtinha agora o seu açúcar na Sicília aragonesa e, possivelmente, na Córsega.[37] Aragão também trouxe cana-de-açúcar (sem escravatura agrícola) da Sicília para Valência, e Portugal estabeleceu uma indústria açucareira no Algarve, enquanto os mercadores genoveses controlavam o financiamento e o comércio.[38] Os Genoveses encontraram novas fontes de escravos nas Canárias e ao longo da costa africana, e venderam escravos muçulmanos, berberes e negros subsaarianos na Península Ibérica. No final do século XV, os escravos representavam mais de 10 % da população de Lisboa, Sevilha, Barcelona e Valência, e os seus números permaneceram altos no litoral do sul de Portugal e em Espanha por mais um ou dois séculos.[39]

O jovem Colombo foi um desses expatriados e oportunistas genoveses. Em 1476, fazia parte da tripulação de uma frota genovesa a caminho de Londres e da Flandres quando navios inimigos afundaram a galé em que se encontrava, ao largo da costa portuguesa. Agarrado a um remo, nadou até à costa e dirigiu-se para Lisboa. Lá, a família genovesa Centurione deu-lhe as boas-vindas e fez dele um agente comercial. Em breve, estava novamente a bordo de um navio genovês que se dirigia para Londres e para a Flandres. Com Lisboa como a sua nova base, viajou para Bristol, possivelmente para Galway, talvez para a Islândia, e para a Madeira e Guiné.[40]

Colombo seguiu o caminho de muitos genoveses que navegavam ao serviço dos monarcas ibéricos, que precisavam da sua experiência e do seu capital. O navegador genovês Lancelotto Malocello descobriu, em 1312, as Canárias para o rei D. Dinis de Portugal. A marinha portuguesa foi fundada em 1317, quando D. Dinis fez de Emanuele Pessagno (ou Manuel Pessanha) almirante hereditário a troco de este fornecer vinte capitães de galés genoveses. O filho de D. Dinis, D. Afonso IV, enviou, em 1341, uma expedição cartográfica às Canárias comandada pelo florentino Angiolino del Tegghia de Corbizzi e pelo genovês Nicoloso da Recco. Outro genovês, Antoniotto Usodimare, descobriu as ilhas de Cabo Verde, em 1456. Quando Henrique VII de Inglaterra decidiu juntar-se à corrida para encontrar uma rota para a Ásia por oeste, enviou, em viagens de descoberta em 1496 e 1498, Giovanni Caboto (John Cabot), nascido em Génova.[41]

Em Espanha e em Portugal, os Italianos forneceram não apenas os marinheiros, mas também grande parte do financiamento para a exploração e para o império ibérico (sendo os Fuggers, uma família alemã de magnatas da mineração de prata, a outra grande fonte de empréstimos). Os Italianos ajudaram a financiar as viagens de Colombo. O banqueiro florentino Giannotto Berardi e os comerciantes genoveses radicados em Sevilha emprestaram a Colombo o dinheiro que ele precisava de investir na sua primeira viagem. Dois dos mercadores, Francesco Pinelli e Francesco Rivaroli, estavam na altura também a financiar a conquista espanhola das Canárias. Pinelli, cuja família investiu na primeira e na segunda viagens, participou em ambas e permaneceu em Hispaniola depois do regresso de Colombo a Espanha. Quatro comerciantes genoveses forneceram a carga para a segunda viagem. Os Centuriones adiantaram-lhe dinheiro para a terceira. Rivaroli emprestou-lhe dinheiro para a sua quarta e última viagem, que levava oito genoveses, incluindo o capitão de um dos quatro navios.[42]

Os Genoveses iniciaram o comércio de escravos do Atlântico. Em fevereiro de 1494, Colombo enviou doze escravos da América aos seus credores Pinelli e Berardi. Pinelli, Berardi e Rivaroli eram mercadores de escravos que vendiam escravos guanches das Canárias e escravos muçulmanos capturados, em 1487, durante o cerco de Málaga (cuja rendição e posterior escravatura da sua população Colombo havia testemunhado). Em 1494, Bartolomeu, irmão de Colombo, formou uma parceria com Berardi para vender escravos das Américas. Quando Berardi morreu pouco depois, o seu executor testamentário, o florentino Américo Vespúcio, navegou, em 1499, a partir de Sevilha e trouxe de volta duzentos escravos das Américas. No entanto, a remessa de Colombo para Espanha, em 1495, de trezentos escravos (os que sobreviveram dos 500 que enviou) chocou a rainha Isabel, que considerava os habitantes das Américas como súbditos e potenciais cristãos. Isabel proibiu então a escravatura dos índios americanos. Os descendentes de Pinelli abandonaram o tráfico de escravos das Américas e passaram a investir, em vez disso, no tráfico de escravos africanos.

Com os índios escravizados e outros fracassos, Colombo caiu vertiginosamente em desgraça em 1500. Sempre com a mesma lábia de vendedor, conseguiu advogar a favor de lhe ser entregue o comando da sua última viagem exploratória à América. A descoberta de ouro em Hispaniola completou a reabilitação de Colombo, e ele acabou por morrer rico.[43]

Tecnologia, a busca por ouro e os inícios do império

Todo o empreendimento comercial e colonial europeu na América, em África, na Ásia e em todo o mundo só foi possível graças aos avanços da tecnologia dos transportes, um indispensável contributo para o capitalismo. Colombo nunca teria chegado à América com a capacidade de navegação das galés genovesas. As galés não conseguiam navegar à bolina. Para traçar um rumo, os navegadores medievais tinham poucos meios além das estrelas e de estimativas. Os Genoveses não se atreviam a aventurar-se para lá de Gibraltar, de Marrocos e de Inglaterra. Se a conceção dos navios e os conhecimentos de navegação tivessem estado à altura da navegação em mar aberto, eles teriam ido muito mais longe. Em 1291, dois irmãos Vivaldos partiram de Génova em galés bem equipadas para circundarem África e chegarem à Índia. Nunca mais se ouviu falar deles. A incapacidade de navegar contra o vento e contra as correntes ou de navegar em mar aberto pode muito bem ter impedido o regresso da expedição, tivesse esta conseguido chegar ao golfo da Guiné.

Os Portugueses, não os Italianos, deram os primeiros passos no sentido de um transporte marítimo mais rápido e fiável. As nações ibéricas ansiavam por recuperar para o cristianismo terras muçulmanas, especialmente os Estados islâmicos que ainda subsistiam em Espanha e as terras conquistadas pelos ameaçantes turcos. O ímpeto para a conceção de um novo navio veio depois de 1415, quando os Portugueses conquistaram Ceuta, em Marrocos, no estreito de Gibraltar, um porto seguro para as caravanas carregadas de ouro oriundas do Gana.[44] Quando, para desalento dos Portugueses, as caravanas passaram a dirigir-se para Tânger, eles decidiram chegar às regiões do ouro por mar.[45]

A exploração de rotas marítimas em direção a fontes de ouro distantes exigia navios capazes de navegar o oceano. Os Portugueses gizaram, então, a caravela, o primeiro navio oceânico capaz de ser manobrado contra o vento. Para transportar a carga e as provisões requeridas em viagens longas, modificaram a caravela um pouco à semelhança da mais espaçosa carraca. Para se defenderem ou atacarem piratas ou inimigos, as carracas carregavam muitos canhões. Os «castelos» erguidos na proa e na popa permitiam que os defensores varressem aqueles que abordassem o navio com tiros de mosquete ou fogo de canhão. A partir da carraca, evoluiu o poderoso galeão, na viragem do século XVI. Outras nações logo copiaram a conceção portuguesa, introduzindo melhorias da sua própria lavra. Na sua primeira viagem, em 1492, Colombo comandou uma carraca e duas caravelas.

O avanço das técnicas de navegação permitiu que os Portugueses navegassem com confiança mar adentro para aí apanharem os ventos e as correntes mais favoráveis. A bússola seca, o astrolábio náutico, o quadrante, a balestilha e uma cartografia melhorada (realizada por habilidosos cartógrafos como o irmão de Colombo, um criador de mapas radicado em Lisboa) permitiram viagens longe da costa, sob quaisquer condições climáticas e a sul da linha do equador, longe do avistamento da Estrela Polar.[46]

Fig. n.º 3: Pieter Bruegel, *o Velho*. «Three Caravels in a Rising Squall with Arion on a Dolphin», de *The Sailing Vessels*, 1561–1565. A caravela e a sua prima maior, a carraca, revolucionaram o comércio e a exploração oceânica. A quilha da caravela, o velame quadrado e as velas latinas triangulares tornavam-na extraordinariamente manobrável. Os seus deques elevados, chamados «castelos», permitiam a defesa contra abordagens, e os seus canhões davam-lhe um poder de fogo formidável. (Metropolitan Museum of Art 59.534.24. Doação de Alexandrine Sinsheimer, 1958)

As consequências foram nada menos do que revolucionárias. Os Portugueses conseguiam navegar praticamente em qualquer lugar mais depressa e de forma mais fiável do que qualquer outra nação marítima. Navio após navio aventurou-se para sul, ao longo da costa africana, apanhando atum e sardinha para financiar a exploração e a recolha de mercadorias pela costa africana, onde, para lá do Saara, virtualmente nenhum comerciante africano nativo ou outros haviam navegado.[47] Em 1471, exploradores alcançaram finalmente os rios que conduziam às áreas de mineração de ouro e capturaram o comércio de ouro das caravanas do Saara. Para proteger esse comércio extremamente lucrativo de piratas e concorrentes, o rei português D. João II enviou, em 1481, uma expedição, da qual Colombo foi um membro integrante, para construir São Jorge da Mina (Elmina), o primeiro forte e entreposto comercial europeu no golfo da Guiné. Assim, quando Colombo viu objetos de ouro entre os nativos de Hispaniola, aumentaram as suas esperanças de fundar uma nova Elmina, à sombra das minas de ouro existentes nas montanhas da ilha.[48]

À medida que os marinheiros que navegavam sob a bandeira portuguesa foram compreendendo os ventos alísios predominantes do nordeste da zona equatorial, desenvolveram a técnica volta do mar, uma manobra de navegação para noroeste em mar aberto, apanhando boleia nesses ventos de molde a regressar a casa. Longe do continente, descobriram, ou redescobriram, os grupos de ilhas da Madeira, dos Açores e de Cabo Verde. À semelhança dos Italianos, que haviam reclamado para si ilhas no Egeu e no Mediterrâneo oriental, de forma a protegerem as vias marítimas, dotarem-se de portos seguros e desencorajarem os rivais, Portugal chamou a si a posse das ilhas desabitadas da Madeira, dos Açores e de Cabo Verde, ainda que Espanha, a grande custo, tenha conseguido ficar com as Canárias.

Plantações de açúcar com escravatura racial

Nestas ilhas portuguesas, desenvolveu-se o sistema que inspirou as plantações do hemisfério ocidental, baseadas na escravatura racial. Para cimentar as suas pretensões em relação às ilhas atlânticas, Portugal teria de as colonizar, um projeto praticamente sem precedentes que os Portugueses iriam aprender por tentativa e erro.

Outras nações colonizadoras seguiriam o caminho gizado nas ilhas atlânticas de Portugal. Com ajuda, investimento e aconselhamento italianos, os ibéricos seguiram de perto o modelo mediterrânico. A colonização de ilhas isoladas e despovoadas apresentava desafios mais intimidantes do que a colonização de regiões há muito povoadas, com fontes próximas de alimento e abastecimento, mão de obra e rotas comerciais, como os Italianos haviam feito. Na Madeira, o rei D. João I aplicou o modelo feudal que os ibéricos tinham desenvolvido para voltar a colonizar, após a peste e a expulsão dos mouros, despovoadas extensões de terra. Dividiu as duas ilhas em três capitanias hereditárias e deu as duas na Madeira a dois portugueses e a de Porto Santo a um italiano (futuro sogro de Colombo), na condição de que estes povoassem as ilhas com colonos. As terras foram distribuídas de acordo com a posição social. Locatários foram contratados para se instalarem em grandes propriedades.

Os primeiros colonos chegaram à Madeira entre 1420 e 1425. A abundância de madeira, a água e a riqueza da terra ofereciam aos colonos a oportunidade de melhorarem em relação à situação que tinham em casa. A madeira e as abundantes colheitas de cereais que cresciam no fértil e vulcânico solo virgem da Madeira resultaram em exportações lucrativas para Portugal, que enfrentava uma escassez de ambas a coisas. Porém, como a ilha suportava poucos animais de criação cujo estrume pudesse fertilizar o solo, as colheitas, inicialmente abundantes, acabaram por decrescer.[49]

Os pequenos agricultores e locatários da Madeira precisavam de um produto substituto. Os comerciantes genoveses trouxeram a cana-de--açúcar.[50] Por volta de 1450, o açúcar era tão rentável que os Madeirenses o plantavam na maioria dos melhores solos da ilha e enviavam mais açúcar para a Europa do que alguma vez se vira. A Madeira carecia de mão de obra para dar resposta à procura. Os Genoveses sabiam o que fazer. Eles e outros trouxeram escravos guanches, marroquinos, berberes e africanos negros. As plantações de cana-de-açúcar permaneceram relativamente pequenas, assemelhando-se mais às suas precedentes cipriotas e sicilianas do que às enormes plantações americanas de uma era posterior. Florestas foram derrubadas para dar lugar a campos e para aquecer os dispositivos que ferviam o xarope da cana-de-açúcar. Um extenso sistema de valas de irrigação construídas por escravos, com base nos sistemas de irrigação mouros na Península Ibérica, levava água para os campos e para os engenhos de açúcar.[51] No início do século XVI, a falta de pastagens para os rebanhos levou novamente a que os campos infertilizados se exaurissem. A lenha provavelmente tornou-se escassa. A produção de açúcar caiu. Os Madeirenses substituíram os campos de cana-de-açúcar, passando a produzir o vinho generoso pelo qual ainda hoje a ilha é famosa, embora não tenham conseguido restaurar a fertilidade. Os proprietários de escravos alforriaram ou exportaram os seus escravos. Por volta de 1600, a Madeira parecia-se muito com qualquer outra província portuguesa.[52]

Os estrangeiros dominavam a economia da Madeira. Durante a época áurea do açúcar, os mercadores e os banqueiros genoveses e florentinos controlavam, direta ou indiretamente, 78 % do comércio de açúcar. Os Genoveses transportavam açúcar para os mercados mediterrânicos, enquanto os comerciantes portugueses, flamengos e franceses traziam açúcar para Antuérpia, para posterior distribuição pelo norte da Europa. Os Genoveses instalaram-se na Madeira, casaram-se com mulheres locais e adquiriram muitas das maiores propriedades. Colombo encontrava-se entre elas. Na qualidade de agente dos Centuriones e com o intuito de exportar açúcar para Génova, Colombo visitou a Madeira pela primeira vez em 1478. Casou-se com a filha do capitão de Porto Santo, o que lhe abriu caminho para ligações vitais à corte real e o tornou um dos maiores proprietários de terras da colónia.[53]

A rentabilidade da indústria açucareira da Madeira superou de longe as suas antepassadas mediterrânicas. A Coroa portuguesa, com problemas de liquidez, prestou muita atenção ao que se passava na Madeira e encorajou a plantação da cana-de-açúcar nas suas outras ilhas, mas os Açores estavam demasiado a norte e Cabo Verde tinha um clima muito seco. Também Espanha procurava obter receitas provenientes do cultivo do açúcar. Na década de 1490, genoveses e madeirenses plantaram cana-de-açúcar e importaram escravos para as ilhas Canárias, em Espanha, onde os Genoveses voltaram a quase monopolizar a produção e o comércio de açúcar. Na segunda década do século XVI, após o ouro se ter esgotado e de molde a alimentar a indústria açucareira, o governo de Hispaniola enviou às Canárias especialistas na construção de engenhos e procurou capital de investimento genovês.[54]

Por volta de 1480, os Portugueses descobriram outra ilha, São Tomé, ao largo da costa equatorial africana, naquilo que é hoje o Gabão. São Tomé mudou tudo. A Coroa portuguesa reconheceu o valor estratégico vital da ilha na rota que, a partir de Elmina e das principais costas de recolha de mão de obra escrava, os navios tomavam para apanhar ventos favoráveis de volta a Portugal, mas apenas a colonização poderia assegurar a possessão da ilha. Os primeiros relatos faziam com que São Tomé parecesse uma outra Madeira: uma grande ilha vulcânica, desabitada, fértil, com muitos cursos de água e densamente florestada. As plantações experimentais produziram a maior cana-de-açúcar que qualquer europeu havia visto. Foram feitos planos para colonizar a ilha sob o sistema de capitanias e para plantar cana-de-açúcar, de forma a atrair colonos e investidores.[55]

Contudo, os Portugueses rapidamente perceberam que São Tomé não era a Madeira e que seriam precisas medidas extraordinárias para que se pudessem estabelecer. Poucos colonos queriam instalar-se numa ilha a cerca de 6500 quilómetros. Quase todos os primeiros colonos da vaga de 1485 morreram de doenças tropicais, o que levou a uma interrupção temporária do empreendimento. Em 1493, a Coroa recorreu a medidas desesperadas e enviou uma expedição bem abastecida, constituída principalmente por condenados e por crianças retiradas de refugiados judeus, expulsos de Castela em 1492. Aqueles que sobreviveram à doença adquiriram imunidade, mas a falta de capital para engenhos de açúcar manteve a cana-de-açúcar como um produto secundário.[56] Em 1515, com os cofres cheios com o ouro da costa africana, o rei investiu em engenhos. Mais capital e comércio advieram dos colonos judeus, que tinham conexões com os judeus portugueses convertidos, os chamados cristãos-novos. Durante muitos séculos, os judeus tinham prosperado nos interstícios do comércio entre cristãos e muçulmanos, tendo estabelecido comunidades em redor do Mediterrâneo. Os cristãos-novos gozavam de ligações comerciais com todos os principais centros comerciais europeus.[57]

As operações de cana-de-açúcar de São Tomé logo se assemelharam às da América colonial mais recente. Escravos do continente africano forneciam de trabalhadores grandes plantações de açúcar, cujos ricos proprietários se encontravam ausentes, residindo em Lisboa. Alguns investidores e vários ricos proprietários de plantações eram congoleses negros, algo nunca visto senão nesta ilha. O Congo tinha um sistema semelhante de agricultura esclavagista, mas para cultivo de alimentos, não de açúcar para exportação.[58] A costa africana ocidental não tinha um solo adequado para o cultivo do açúcar, caso contrário, os próprios africanos poderiam ter entrado na produção de açúcar.[59] De forma a produzir um bem para o mercado internacional, os proprietários e os investidores montaram operações industriais em grande escala, dos campos de cana-de-açúcar aos engenhos, geridas por gestores profissionais e trabalhadas por centenas de escravos. Pela primeira vez, as plantações de cana-de-açúcar dependiam de mão de obra escrava tanto para as fases agrícolas quanto industriais da produção, e, também pela primeira vez, todos os escravos eram negros africanos. Amplamente ultrapassados em número, os Europeus controlavam os escravos com uma brutalidade limitada unicamente pela facilidade que os escravos tinham de escapar para as montanhas arborizadas do interior da ilha. No entanto, a minúscula população europeia enfrentou tantas e tão devastadores e mortais revoltas que, no final do século XVI, o *boom* açucareiro de São Tomé tinha chegado ao fim. A partir daí, o principal negócio da ilha foi o tráfico de escravos.[60]

São Tomé mostrou aos Europeus como colonizar. Como Barbara Solow demostrou, todas as potências europeias tiveram grandes dificuldades em atrair colonos para a América, poucos dos quais queriam cultivar produtos que trariam riqueza para a longínqua terra natal. Todas as colónias onde se praticava o trabalho livre falharam no que à obtenção de lucros substanciais dizia respeito, e a maioria falhou pura e simplesmente. Os colonizadores recorreram à escravatura para povoar as colónias e as tornar rentáveis. Por essa razão, os africanos superariam em número os europeus nas Américas até à década de 1840.[61]

A indústria açucareira de Hispaniola também passou por um ciclo de expansão e retração, mas em circunstâncias bastante diferentes. Colombo trouxe açúcar para Hispaniola, mas faltaram aí capital e perícia para a montagem de engenhos. Os colonos não estavam de qualquer das formas interessados nisso. Como Hernán Cortés disse, aquando da sua chegada em 1504: «Eu vim aqui para obter ouro e não para lavrar o solo como um camponês.»[62] Quando o ouro começou a escassear na década de 1510, as autoridades iniciaram explorações de cana-de-açúcar, com uma substancial participação genovesa. Os colonos afluíram então ao México, depois de Cortés ter conquistado os Astecas. Os povos tainos da Hispaniola morreram devido aos maus-tratos e às doenças levadas pelos Europeus. Para fornecer mão de obra aos produtores de açúcar, os traficantes de escravos invadiram as ilhas do Caribe e as Baamas. Novas plantações de açúcar no México e no Panamá exigiam também mão de obra. Entre 1527 e 1548, os traficantes de escravos capturaram, para cavar e para os engenhos, um milhão ou mais de habitantes da Nicarágua.[63] Mas a morte estava a reduzir as populações nativas em todo o lado. Logo em 1520, carregamentos de escravos começaram a chegar de África. Depois de 1535, comerciantes genoveses radicados em Portugal e na Andaluzia enviaram regularmente navios negreiros de São Tomé para as Caraíbas.[64]

A Coroa espanhola, contudo, nunca valorizou muito o açúcar, sobretudo após as conquistas do México e do Peru. Entretanto, Hispaniola definhava como água estagnada. Só depois das minas de prata continentais declinarem, séculos mais tarde, é que o açúcar aí regressou.[65]

Brasil

As viagens de Colombo ao serviço de Espanha criaram um potencial conflito com Portugal. Para protegerem os seus interesses e preservarem a paz, as duas nações assinaram, em 1494, o Tratado de Tordesilhas, que separava os dois impérios ao longo do meridiano, a meio caminho entre as ilhas portuguesas de Cabo Verde e as Antilhas espanholas. Em 1500, uma frota portuguesa que navega as rotas comerciais do Nordeste antes de virar para leste, em direção à Índia, tropeçou no Brasil, do lado português da linha. Além da exportação de alguns produtos tropicais, especialmente o pau-brasil, valioso pelo seu corante vermelho, o Brasil tinha apenas habitantes neolíticos sem ouro, prata ou mercadorias comercializáveis de interesse para Portugal, que negligenciou a sua reivindicação de imediato. Então, em 1555, huguenotes (calvinistas franceses) estabeleceram uma colónia naquilo que é hoje o Rio de Janeiro e chocaram Portugal ao colonizarem uma terra que este reclamava. A Coroa, mais uma vez, dividiu a terra em capitanias. Muito maiores do que as anteriores capitanias das ilhas, a maioria delas falhou, e a Coroa assumiu-as para si.

O Brasil seria a mãe das colónias das plantações americanas. Depois de expedições em busca de ouro e prata regressarem de mãos vazias, colonos em Pernambuco e, mais tarde, na Bahia, dos quais faziam parte cristãos-novos que haviam fugido para o Brasil para escaparem à Inquisição, estabeleceram uma indústria açucareira extraordinariamente lucrativa, o que acabou, ao mesmo tempo, por atrair mais colonos e pagar a Lisboa pela colonização com o lucro que sobrava. As concessões de terras transformaram-se em grandes plantações centradas em torno dos engenhos, que produziam açúcar de altíssima qualidade em terras baixas altamente férteis, num clima quente e húmido. Pequenos fazendeiros e locatários também cultivavam cana-de-açúcar, transformando-a em açúcar nos engenhos dos vizinhos que tinham produções maiores. No início do século XVII, os engenhos adotaram uma tecnologia muito mais eficiente, em que, antes da moagem, os trabalhadores passavam canas inteiras para a frente e para trás entre três rolos verticais, em vez de as cortarem em pequenos segmentos. Uma moagem mais eficiente criou a necessidade de um processamento mais eficiente do suco da cana antes que este se deteriorasse. O único e grande caldeirão foi substituído por um sistema com uma série de caldeirões de tamanho decrescente e aquecimento crescente. Os trabalhadores despejavam o suco cada vez mais concentrado de uns para os outros. No século XVII, a produção de açúcar do Brasil excedeu o valor do comércio de especiarias de Portugal.[66]

A escravatura das plantações era muito produtiva, terrivelmente brutal e ecologicamente muito pouco sustentável. Com a expansão da produção de açúcar, a procura de mão de obra aumentou. Para a produção de produtos em larga escala, a escravatura revelou-se mais eficiente e

Fig. n.º 4: William Clark. «Holeing a Cane-Piece», *Ten Views of the Island of Antigua*, Londres, 1823. Como é percetível nesta litografia, o cultivo da cana-de-açúcar era um negócio lucrativo que exigia uma grande quantidade de mão de obra arregimentada. Juntamente com o grupo que se encontra em primeiro plano, um outro trabalha um pouco mais longe, na colina perto do moinho de vento. Os trabalhadores em primeiro plano colocam estacas alinhadas com uma guia que servirão de referência para escavar buracos quadrados. O estrume dos animais confinados a um redil, à esquerda na imagem, será colocado nos buracos onde, depois, se plantará a cana-de-açúcar. O moinho de vento destinado à trituração da cana-de-açúcar revela uma influência tecnológica holandesa. (Cortesia da John Carter Brown Library)

mais rentável do que a mão de obra livre alguma vez foi. Os proprietários das plantações podiam organizar e disciplinar os seus trabalhadores, pôr um maior número deles a trabalhar por períodos de tempo mais longos e, com isso, produzir mais açúcar (ou, mais tarde, tabaco, cacau, café, algodão, arroz e índigo). Nunca tinha havido um sistema tão eficiente de extração de dinheiro do solo.[67]

Tais lucros tiveram um custo humano monstruoso. Os escravos índios forneceram mão de obra até que os bandeirantes (caçadores de escravos) e as doenças quase erradicaram os grupos nativos, muito para o interior. Na década de 1570, escravizar índios também se havia tornado ofensivo para a Coroa e para a Igreja. Os proprietários de terras começaram a comprar cativos africanos trazidos, da Madeira e de São Tome, em navios apinhados e mortíferos. Após um início mais lento, começaram a chegar aos milhares todos os anos. Quase metade de todos os africanos que sobreviveram à mortífera travessia para as Américas desceu do barco para a escravatura brasileira. Amplamente suplantados em número, os proprietários e os capatazes europeus recorriam à violência e ao terror para manterem o controlo sobre trabalhadores não livres. As condições dos escravos nas plantações eram tão severas e extenuantes que, na maioria das colónias de plantações europeias, as taxas de natalidade ficavam muito atrás das de mortalidade.[68]

Outro custo elevado do açúcar era o ecológico. Quem sofreu o maior impacto desse custo foi a húmida, fértil e ecologicamente rica mata atlântica, que originalmente se estendia por mais de 3200 quilómetros ao longo da costa brasileira e tão para o interior quanto as chuvas pudessem alcançar. A floresta havia suportado, durante vários milhares de anos, uma agricultura de queimadas (ou de corte e queima), o que reduziu a sua complexidade e biomassa, sobretudo após a chegada dos (pelo menos, a fazer fé na maioria dos relatos históricos) agressivos e canibais tupis, um milénio antes dos Portugueses. Os Portugueses trouxeram um grande número de biota não nativa. De Portugal, vieram gado vacum, citrinos, arroz, trigo e uvas para o ritual cristão. De África, plantas tropicais como inhame, banana, gengibre e quiabo. Os Tupis gostaram tanto de alguns cultivos que as bananas e a cana-de-açúcar se espalharam por grupos muito para o interior, que nunca tinham visto um europeu.

Nem os colonizadores nem a sua força de trabalho escravizada prestavam muita atenção à destruição ambiental. As florestas tropicais apresentam a ilusão de fertilidade, mas a agricultura esgotava rapidamente os solos tropicais. Os solos ao longo das planícies aluviais e dos rios mostraram-se muito mais férteis do que as terras altas, rapidamente exauridas. Os Portugueses utilizaram métodos nativos americanos e africanos para abrir clareiras, plantar o que tinham a plantar nas cinzas férteis e seguir em frente quando o solo começava a falhar. A política real encorajava a incineração de florestas. Uma vez que todas as árvores pertenciam à Coroa, os proprietários de terras podiam queimá-las, mas não as cortar para fins lucrativos. O aumento da produção de açúcar exigia combustível para os engenhos que as florestas tinham cada vez mais dificuldade em fornecer — sem falar na necessidade de madeira que dezenas de milhares de caixas utilizadas para transportar o açúcar para o exterior exigiam. Mas a floresta era enorme e diversificada, e durou muitos séculos. Nesse ínterim, os colonos não faziam outra coisa senão desperdiçar madeira.[69]

As minas de Potosí, Zacatecas e Minas Gerais

Os metais preciosos superariam o açúcar como a exportação mais lucrativa das colónias americanas. Tal como o ouro e a prata haviam financiado o império e o comércio italianos, também subsidiaram os impérios ibéricos, mas a uma escala mais grandiosa. A prata e o ouro americanos agilizaram a colonização europeia das Américas, pagaram pelo comércio com o Oriente, aceleraram a economia global ao inundarem os mercados de moedas e puseram a Europa no caminho do capitalismo industrial. Lisboa e Sevilha, contudo, não eram Veneza e Génova, com as suas lucrativas indústrias e instituições financeiras locais. A riqueza portuguesa e espanhola provinha quase completamente do comércio ou da extração de recursos, ou seja, da mineração do solo, das florestas ou dos minerais. A riqueza, poder e glória ibéricas declinaram juntamente com os seus impérios. Ao invés, os centros de finanças e de manufaturas cresceram em Antuérpia, Amsterdão e Londres. Ali, e não na Península Ibérica, iriam ocorrer as grandes transformações económicas da Revolução Industrial. Hoje, a prata e o ouro da América Latina praticamente desapareceram, mas os meios ambientes locais ficarão marcados durante muitas gerações vindouras.

A Elmina do Novo Mundo, pela qual Colombo tanto ansiava, não foi descoberta antes da sua morte, em 1506. Então, em 1545, os Espanhóis tropeçaram numa montanha de prata situada numa planície alta e desolada de Potosí, naquilo que é hoje Bogotá. Dois anos mais tarde, em 1547, encontraram uma colina de prata que se destacava como um «ponto central» nas altas e áridas planícies de Zacatecas, no México.[70] Esses dois lugares logo superaram em muito a produção de todas as outras minas de prata do mundo juntas. Quase dois séculos mais tarde, Portugal encontraria a sua própria Elmina, há tanto procurada, um rico depósito de ouro no Brasil. Entre 1550 e 1800, as Américas produziram 80 % da prata do mundo e 70 % do seu ouro.[71]

A prata de Potosí pingava em Espanha. Por volta de 1570, a prata de alta qualidade esgotou-se, e os espanhóis introduziram então o método do amálgama de mercúrio para separar a prata da pedra britada e reduzida a pó. Uma mina a céu aberto, em Huancavelica, no Peru dos dias de hoje, forneceu o mercúrio necessário. Tanto em Potosí quanto em Huancavelica, elementos recrutados nas populações locais escavavam, lado a lado, com trabalhadores assalariados livres. Os escravos africanos eram demasiado valiosos para serem utilizados nas minas.

As vidas humanas e o mundo natural foram sacrificados num altar de prata. Os vapores de mercúrio envenenaram o ar quer em Potosí quer em Huancavelica. Os problemas de saúde e a elevada mortalidade eram evidentes, e, paulatinamente, os índios começaram a abandonar a região para fugir a esse trabalho. Foram de tal monta os níveis de mercúrio absorvidos pelo solo que, hoje em dia, os residentes ainda sofrem de muitos problemas de saúde, sejam eles neurológicos, de desenvolvimento ou outros, diretamente atribuídos a essa infiltração de mercúrio no ambiente e na atmosfera. Na década de 1590, a mina a céu aberto em Huancavelica já não podia ser explorada. Os trabalhadores escavaram, de forma descoordenada, túneis que seguiam o veio de minério de cinábrio contendo mercúrio. As galerias não ventiladas que esses trabalhadores construíram dificultavam a extração do minério, a que acrescia o facto de o trabalho ali realizado ser muito pouco saudável, até que, no início do século XVII, peritos de Almadén abriram poços de ventilação. A escassez de mercúrio acabou, a seu tempo, por exigir importações de uma nova mina em Idrija, importações essas embarcadas via Veneza. Na década de 1630, após a introdução de um método aprimorado de extração de mercúrio do minério, a produção de Huancavelica aumentou, e a saúde dos mineiros melhorou.[72] Num raio de muitos quilómetros em redor de Potosí e de Huancavelica, as árvores e qualquer outro tipo de vegetação combustível desapareceram em fornos, fundições e refinarias, deixando no seu lugar montanhas despidas, vermelhas e erodidas.[73]

O colossal filão de Zacatecas, no México, erguia-se numa planície árida e despovoada. Sem mão de obra local para recrutar, os Espanhóis escravizaram índios (geralmente, chichimecas nómadas ou outros apanhados em «guerras justas»). Com o tempo, os Africanos haveriam de substituir os escravos índios e trabalhariam, lado a lado, com trabalhadores índios assalariados e livres, que se deslocavam desde o Sul em busca de trabalho. Em Zacatecas, o método do amálgama era utilizado em grande escala. Grandes campânulas metálicas colocadas por cima do amálgama incandescente capturavam a maior parte do mercúrio, que depois condensava e escorria pelas laterais para ser reutilizado. A ausência de cursos de água que corressem livremente e que providenciassem energia hidráulica forçou os trabalhadores a utilizarem a força muscular das mulas ou dos próprios escravos africanos para abastecerem de energia bombas e processos de refinação. Através de longos túneis, os mineiros carregavam às costas, laboriosamente, minério e escória até à superfície.

O impacto ambiental da mineração foi grande e duradouro. A cada ano, centenas de toneladas de mercúrio perdiam-se no ar e no solo, ou eram arrastadas rio abaixo, contaminando as reservas hídricas e as áreas ribeirinhas ao longo das margens dos cursos de água. Ainda hoje, o mercúrio, a prata e o ouro permanecem no solo em tal quantidade que há empresas que os extraem desde a década de 1920, libertando, nesse processo, mais mercúrio para o ar.[74] Os trabalhadores despojaram de vegetação encostas e desfiladeiros locais, já por si parcamente florestados, de molde a obter madeira para trabalhos de fundição e de amálgama, cozedura, maquinaria mineira e construção, embora a qualidade compacta da rocha exigisse pouco escoramento, poupando, desse ponto de vista, a necessidade da utilização de madeira no interior das minas. O sal para o processo do amálgama foi recolhido, através de trabalho recrutado, em salinas localizadas a leste. O mercúrio vinha da mina espanhola em Almadén, através de barco e de caravanas de mulas, mas nunca em quantidade suficiente, pelo que os mineiros também importaram algum de Huancavelica.[75]

Proveniente destas duas minas, entrou tanta prata no comércio mundial que refez as economias globais e ajudou a lançar as bases do capitalismo global moderno. Espanha cunhou inúmeros pesos, que serviram como unidade-padrão do comércio internacional até o século XIX. Espanha gastou a sua prata e o seu ouro com a mesma rapidez com que as suas frotas lhe traziam esses tesouros. Os pesos circulavam pela Europa, por todo o Mediterrâneo e seguiam para o Império Otomano, para a Pérsia e para a Índia, acabando geralmente o seu percurso na China, fundidos em lingotes de prata. À semelhança do que se passou com os antigos dracmas gregos ou com os ducados venezianos medievais, a cunhagem facilitava e acelerava o comércio longe do país que cunhava. Os pesos estimularam a produção de mercadorias, desde o açúcar até às finas porcelanas, e reforçavam a riqueza e o capital locais.

A longo prazo, contudo, Espanha não beneficiou disso. Mesmo que a América espanhola tivesse uma mentalidade mais comercial e menos feudal do que a Espanha-mãe, Espanha ansiava por prata mais do que por qualquer produto, acabando por negligenciar outras indústrias.[76] A economia do Império Espanhol continuou a ser notavelmente autossuficiente, exportando pouca coisa além de metais e de certos produtos como o valioso corante vermelho cochonilha. Os rebanhos de ovelhas que devoravam a paisagem mexicana produziam lã apenas para consumo doméstico.[77] Na própria Espanha, uma mentalidade feudal desvalorizava o comércio e a indústria. O principal produto de Espanha, a lã de merino, era matéria-prima para fusos e teares de outras nações. Espanha carecia completamente de estruturas capitalistas como companhias ou empresas, instituições bancárias e de crédito, ou de um sistema legal comercial que fizesse cumprir os contratos.[78]

Génova era o banqueiro de Espanha. A prata espanhola fluía para Génova e saía novamente para pagar produtos de toda a Europa e do Médio Oriente.

A prosperidade genovesa dependia menos das suas frotas e mais dos seus cofres bancários. Mas a banca atrelou o seu destino à prosperidade espanhola. A guerra constante levou Espanha à falência nove vezes, entre 1557 e 1666. Génova não podia suportar tais perdas. Quando as suas principais casas mercantis caíram, Génova não tinha nenhum império comercial em que se apoiar. Génova desceu do palco central da história e recuou para os seus bastidores.[79]

Foi então a vez de Portugal. Em 1690, um grupo de escravos brasileiro descobriu o mais rico depósito de ouro da América do Sul, nas imediações de Ouro Preto, naquilo que é hoje o estado de Minas Gerais. Logo, 450 000 imigrantes portugueses, trazendo consigo meio milhão de escravos africanos, afluíram em massa àquelas paragens. O ouro jazia no meio do saibro arenoso do leito dos cursos de água e na camada superior do solo. Africanos oriundos de regiões de ouro ensinaram os Portugueses a garimpar ouro. Ficar de pé imerso em água fria sob o quente sol tropical não era muito agradável, mas era mais saudável do que trabalhar em minas de prata.

Uma vez mais, a terra pagou um elevado preço ecológico. Depois dos cursos de água de Minas Gerais terem sido garimpados, os mineiros dragaram-nos. Represaram-nos então e redirecionaram-nos para lavar a camada superior do solo, separando, assim, o saibro mais leve do ouro mais pesado. Noutros locais, tal como o haviam feito em África, os escravos escavaram poços de forma a expor o saibro que continha ouro. Uma outrora densa floresta transformou-se numa paisagem lunar, com pilhas de saibro que se espalhavam por uma terra árida e esburacada pela erosão e por inundações. Warren Dean fez notar que o processo do amálgama de mercúrio foi utilizado em minérios de qualidade inferior, mas quais os efeitos ambientais e até que ponto eles se fizeram sentir ninguém sabe. Além disso, e com o intuito de abrir campos destinados ao cultivo de alimentos para os mineiros, novos pedaços da mata atlântica foram queimados. Conforme a agricultura esgotava os solos mais próximos, as caravanas de mulas viam-se obrigadas a trazer géneros alimentícios de distâncias cada vez maiores.[80] À semelhança de Espanha, Portugal também não desenvolveu a sua economia. A escravatura e a coerção marcaram a atividade económica portuguesa durante séculos. As políticas económicas beneficiaram as elites mercantis e militares, não a população em geral. O ouro, o açúcar e as especiarias passaram por Lisboa a caminho de outros lugares. Não houve nenhum desenvolvimento da indústria e da banca de forma a gerar e disseminar localmente riqueza. A agricultura portuguesa estagnou. O país permaneceu uma nação de camponeses até à década de 1990.[81]

Os impérios italianos foram construídos por comerciantes; os ibéricos, por cruzados. O capitalismo de monocultura, de investimento de capital em terra, maquinaria e mão de obra escrava não conduziu ao capitalismo industrial. Os produtores de açúcar portugueses nunca utilizaram a contabilidade de dupla entrada nem agiram como homens de negócios italianos.

Oitenta por cento do ouro brasileiro foi parar a Inglaterra, aliada e principal parceira comercial de Portugal. Em Inglaterra, e enquanto a indústria portuguesa definhava à míngua de capital, esse ouro estimulava o comércio, a banca e a indústria.[82] No norte da Europa, a história do lucro conheceria uma reviravolta inesperada.

3.

MARAVILHAS DO CARVÃO E DAS MÁQUINAS

Situada na fria e húmida costa ocidental da nação mais pobre da Europa Ocidental, a quase 2000 quilómetros a norte de Lisboa e mais de 1600 a norte de Génova, fica Glasgow, na Escócia, uma cidade que, em 1492, tinha 2500 habitantes. Exploradores e comerciantes genoveses e ibéricos navegaram por todo o mundo, mas raramente, ou mesmo nunca, atracaram nesse porto, que exportava arenque salgado.[1] Foi, no entanto, ali que, em 1765, um jovem fabricante de instrumentos chamado James Watt descobriu como controlar a energia térmica, colocando-a a uso de um tremendo poder industrial. Nenhuma experiência de Galileu, conduzida em Florença ou em Veneza, centros do capitalismo italiano, nenhum Jerónimo de Ayanz, atarefando-se em Sevilha ou em Lisboa, pontos fulcrais de comércio e de impérios, nenhum Christiaan Huygens, inventando em Amesterdão ou em Londres, haviam conseguido tal feito.

Watt, um jovem artesão sério e discreto, e que pensava e experimentava virtualmente nos limites da civilização europeia, levou a cabo uma revolta energética que redirecionaria o destino da própria terra. Em 2000, o químico holandês Paul Crutzen, vencedor do prémio Nobel, e Eugene Stoermer, da Universidade de Michigan, sugeriram pela primeira vez que vivíamos na época do «Antropoceno», cujo início remontaram precisamente a 1784, o ano em que Watt aperfeiçoou a sua máquina a vapor.[2] Depois de 1784, a combustão de carvão impulsionou, de forma cada vez mais crescente, a Revolução Industrial e ainda hoje impulsiona grande parte da economia mundial. No entanto, ela também acrescentou cerca de 800 mil milhões de toneladas de dióxido de carbono ao meio ambiente mundial, o que, segundo Crutzen e Stoermer, foi suficiente para aquecer o clima global.[3]

Quão absurdo é, à primeira vista, que uma cidade como Glasgow tenha fomentado as descobertas cruciais que viriam a impulsionado o capitalismo em direção à sua era industrial e à crise ambiental global. Ali, no estuário de Clyde, no fim da Muralha de Antonino, a civilização romana tivera apenas uma presença fronteiriça residual. Enquanto o capitalismo evoluiu a partir de raízes fincadas na Grécia e Roma antigas, passando pelas repúblicas italianas medievais até a ascensão dos grandes impérios globais ibéricos, Glasgow tinha ficado à margem da economia mundial. Além do comércio do arenque, Glasgow só podia orgulhar-se de um bispo e, depois de 1451, de uma universidade.[4]

Foi necessária uma notável confluência de desenvolvimentos no capitalismo de monocultura, no imperialismo, no comércio, na mineração, na manufatura e no incipiente capitalismo industrial, bem como uma nova força intelectual e moral na história mundial, o cristianismo protestante radical, para transformar Glasgow no trampolim para a espetacular ascensão de Watt ao sucesso, à riqueza e à fama. Nesta nova Glasgow próspera e expansiva, Watt fez amizade com Adam Smith, o grande teórico do capitalismo liberal, e com Joseph Black, o cientista que descobriu o dióxido de carbono e o calor latente. Dificilmente conseguir-se-ia imaginar um trio de responsáveis mais direto pelo nascimento do aquecimento global antropogénico.

Glasgow ancorava na extremidade de uma região que se estendia para sul, até Manchester e Birmingham, ambas as cidades hospedando o protestantismo radical e fomentando as inovações mecânicas que trouxeram o capitalismo industrial ao mundo. A partir das margens ocidentais da Grã-Bretanha, longe dos centros de poder, de finanças e de cultura de Londres, sopraram ventos tempestuosos de mudança económica, espalhando à volta do mundo céus enegrecidos e nublados pelo fumo do carvão.

Afastando-nos do centro ítalo-ibérico: o capitalismo holandês

Nenhum escocês estaria em posição de desenvolver uma máquina a vapor se os Países Baixos, e depois Inglaterra, não tivessem preparado o palco para a entrada da Escócia nos holofotes da industrialização. Os Holandeses trouxeram os principais motores da economia global da

Península Ibérica e de Itália para Amesterdão. Nos Países Baixos, construíram o primeiro sector industrial que dependia de energia eólica e de combustíveis fósseis e, nas Américas, espalharam a agropecuária intensiva e as plantações esclavagistas. Os Ingleses só fundaram colónias de sucesso depois de os Holandeses os terem precedido e lhes terem prestado uma assistência essencial. No século XVIII, quando a porta do Império Inglês se abriu para a pobre e debilitada Escócia, Glasgow conquistou finalmente o comércio com as plantações da América, o que permitiu que os habitantes de Glasgow financiassem as experiências de Watt.

Na época em que Colombo navegou, aos Holandeses e aos Ingleses faltava desenvolverem-se quase tanto quanto aos Escoceses. Em Amesterdão, viviam somente cerca de 8000 pessoas e em Londres cerca de 50 000.[5] O capitalismo e o império holandeses progrediram primeiro, emergindo de uma terra que tinha sido agraciada pela natureza com uma desafiante mistura de bênçãos e de maldições. No início da Idade Média, em parte para fugir ao feudalismo, as pessoas começaram, pouco a pouco, a entrar no frio, húmido, ventoso, plano e pantanoso delta, onde o indolente Reno, o Mosa, o Issel e o Scheide serpenteiam em direção ao Mar do Norte. Os glaciares da Idade do Gelo, os rios, os ventos e o mar tinham deixado uma grande variedade de solos e extensas terras turfosas propensas a inundações e a tempestades frequentes. Os senhores feudais nunca tiveram muito mais do que uma ténue presença na maior parte dos Países Baixos, porquanto os cereais que os sustentavam não prosperavam nesse clima frio e húmido. No entanto, esses rios proporcionavam rotas de transporte fáceis do oceano para o interior, e uma longa linha costeira dava acesso à lucrativa pesca de arenque, no Mar do Norte, e às rotas marítimas para o Báltico, Ártico e Atlântico.

Manter a água à distância fomentou a autonomia. Os agricultores escavavam valas para drenar os campos. Mas a turfa encolhe à medida que seca e se transforma em pântanos e lagos, pelo que esses agricultores construíam diques baixos de molde a manter a água afastada. A desflorestação nas bacias hidrográficas do Reno e do Mosa agravou o perigo de cheias. O lodo instalava-se nos cursos de água, elevando o nível das águas e forçando regularmente os habitantes das cidades a levantarem diques. Para prevenir inundações, marés altas e alagamentos, já por volta do ano 1000, aldeões trabalhavam juntos para construir e manter diques, comportas e canais. Os conselhos regionais de água coordenavam os esforços e geriam as despesas. Os canais também expandiram a rede de transportes. Repúblicas camponesas surgiram no Norte, enquanto os condes e bispos que governavam no centro e no Oeste encorajavam o aproveitamento de terrenos de cultivo por parte de aldeões relativamente autónomos em troca de contribuições militares. Represas para evitar a intrusão de sal nos rios ofereciam locais convenientes de encontro entre comerciantes vindos do mar e outros chegados do interior. Cidades surgiram junto de represas, nomeadamente, Amesterdão, no rio Amstel, e Roterdão, no Rotte. No século XVI, dificilmente a natureza teria reconhecido a sua obra. Restavam muito poucas partes dos Países Baixos que pudessem ser descritas como «naturais».

As tentativas de controlar a natureza deram origem a uma economia de mercado capitalista e a uma revolução agrícola. Os esforços e as despesas de criação e de manutenção de terras agrícolas só poderiam ser compensados se os agricultores produzissem bens de alto valor para o mercado. Os cereais importados do leste do Elba libertaram os agricultores que residiam próximo dos centros urbanos para se especializarem em culturas hortícolas e industriais de alto valor, e os agricultores que viviam mais afastados desses centros para fazerem manteiga e queijo. A existência de vários tipos de solo e a facilidade de transportes encorajaram a especialização agrícola. De forma a aumentar a produção, os agricultores começaram a fazer experiências com a rotação de culturas e com outros métodos inovadores. Compraram estrume de explorações leiteiras, excrementos humanos provenientes de cidades e desperdícios de fábricas de cerveja e de outras indústrias, e fertilizaram extensivamente os campos. Essas práticas agrícolas intensivas suportaram uma densificação da população.

Na constante batalha para manter as inundações longe das terras agrícolas, os Holandeses desenvolveram uma engenharia e uma tecnologia avançadas. Em 1408, o moinho de vento utilizado para moer cereais foi redesenhado para bombear água. Um século mais tarde, bem mais de 100 moinhos de vento estavam a drenar água dos campos holandeses. Custosos e complexos, os moinhos de vento exigiam capital e perícia. Os comerciantes urbanos investiram em moinhos de vento para drenar lagos e pólderes, de molde a criarem terras para arrendar ou vender a agricultores, originando assim um mercado fundiário que promoveu, ainda mais, a agricultura de capital intensivo e com fins lucrativos. A drenagem feita através de energia eólica conduziu a um maior investimento e a melhorias na agricultura, enquanto a rotação avançada de culturas e a adubação intensiva fizeram dos campos holandeses os mais produtivos da Europa.

O mar, sempre presente, convidava os Holandeses a pescar e a comerciar. As frotas pesqueiras holandesas dominaram a rica pesca do arenque no Mar do Norte. Os flamengos da região populosa a sul do Reno importavam lã inglesa crua, que um sistema doméstico transformava em finos tecidos que eram, posteriormente, vendidos aos comerciantes italianos nas feiras de Champagne. A chegada das primeiras galés genovesas a Bruges, em 1277, inaugurou uma fase de comércio marítimo mais barato com Itália. Bruges prosperou e poderia ter-se tornado a Veneza do Norte, não tivesse o seu porto sido assoreado por volta de 1500. Antuérpia assumiu, então, o papel de Bruges como capital financeira e comercial do norte da Europa. Carracas portuguesas cheias de açúcar e de especiarias e galeões espanhóis carregados com prata descarregavam em Antuérpia, não na Península Ibérica. No século XV, os Países Baixos fervilhavam já de atividade económica e encontravam-se entre as regiões mais urbanizadas do continente.

Por volta do 1600, mais de 16 000 navios hasteavam bandeiras holandesas, um número superior ao das bandeiras de todas as outras nações europeias combinadas. Com quase metade do comércio mundial a fluir para os portos holandeses, o porto de Amesterdão era uma floresta flutuante composta pelos mastros de milhares de navios de todas as nações europeias. Os Holandeses procederam a importantes inovações no que às formas e instrumentos de financiamento e de organização corporativa dizia respeito, mormente a sociedade anónima e a sociedade de responsabilidade limitada. Os salários elevados encorajaram as indústrias que acrescentavam valores significativos, e os produtos holandeses ganharam reputação pelos seus acabamentos e qualidade. As inovações técnicas holandesas atingiram o seu pico no século XVII, superando, nesta altura, todas as outras nações. Os salários elevados atraíam alemães pobres e valões, que construíram e dragaram canais e escavaram terrenos turfosos. A ausência de uma autoridade central forte encorajou a liberdade religiosa, visto que os Holandeses nunca tiveram a unidade política ou o poder para impor uma uniformidade calvinista. Políticas religiosas excecionalmente tolerantes atraíram imigrantes talentosos e qualificados. Mercadores judeus imigrados dos impérios ibéricos trouxeram consigo capital e conexões comerciais. Depois de 1685, milhares de refugiados huguenotes franceses, fugidos da revogação do Édito de Nantes, chegaram aos Países Baixos com capital e competências industriais.[6]

O comércio no estrangeiro alimentou a indústria a nível interno, incluindo muitas indústrias que, energeticamente, faziam um uso intensivo de combustíveis fósseis. Bens, prata e lucros que chegavam aos Países Baixos provenientes dos impérios ibéricos, depois, do holandês e, por fim, do inglês e do francês, forneceram capital para se investir na indústria doméstica. A energia abundante e barata incentivou as manufaturas. Enquanto outras nações dependiam da madeira como combustível, que não era de forma alguma inesgotável e tinha elevados custos de transporte terrestre, a energia térmica para a indústria e as famílias holandesas provinha dos turfosos terrenos locais ou do carvão que chegava a flutuar pelo Mosa, desde Liège, ou a partir do Mar do Norte, de Newcastle. Pela primeira vez na história, uma nação dependia principalmente de combustíveis fósseis (ou essencialmente fósseis, pois a turfa demora longos períodos a renovar-se). Os combustíveis fósseis sustentaram uma ampla variedade de lucrativas indústrias que faziam um uso intensivo de energia: refinarias de açúcar, indústrias cervejeiras, fábricas de tijolos e de telhas, de louça (famosas em Delft), fábricas de óleo de baleia, de vidro e de sal, e destilarias.

A energia eólica gratuita complementava os combustíveis fósseis baratos. A energia hídrica só é viável onde há grandes caudais de água e quedas em altitude (uma raridade num país plano), mas os moinhos de vento podiam ser colocados onde a necessidade era maior. Moinhos de vento industriais processavam tabaco e faziam papel para a próspera indústria de impressão. A construção naval prosperava utilizando a madeira de toros noruegueses, bálticos e alemães serrados em centenas de moinhos movidos a energia eólica. Os navios holandeses custavam um terço dos navios construídos em Inglaterra. Com energia barata disponível para a maioria dos fins, os Holandeses não tinham uma necessidade urgente de desenvolver uma fonte maior de energia a partir do vapor.

O capitalismo holandês teve um impacto dramático no ambiente, muito para lá da extensa engenharia hídrica empregada a roubar água ao mar e a mantê-lo afastado de terra. As fábricas de açúcar refinado de Amesterdão e a indústria de outras cidades emitiam tamanha quantidade do nauseabundo fumo do carvão que, por variadíssimas vezes, as autoridades invocaram a «enorme tristeza, a irritação e o desconforto insuportavelmente grandes sentidos pelos residentes», restringindo ou proibindo a queima de carvão.[7] Contudo, a pressão exercida pelos donos das refinarias junto dos dirigentes das cidades acabava por fazer estes últimos recuarem na sua decisão.

A indústria afetou meios ambientes longe dos Países Baixos. Em busca das passagens Noroeste e Nordeste para o Extremo Oriente, os exploradores holandeses descobriram, maioritariamente, gelo, mas também grandes grupos de baleias. Por causa do seu óleo, utilizado na iluminação, no fabrico de sabão, de velas e de lubrificante, as dóceis e enormes baleias-da-gronelândia logo começaram a ser mortas, aos milhares, por baleeiros holandeses e ingleses.[8] As enormes quantidades de madeira necessárias para a construção das frotas mercantes e navais holandesas, juntamente com breu e com outros produtos navais, chegavam das florestas da Rússia, da Polónia e da Escandinávia. Árvores situadas até 30 quilómetros de rios eram cortadas, transportadas em trenós sobre a neve e sobre solos congelados, e postas a flutuar rio abaixo para serem, depois, embarcadas rumo a serrações movidas a energia eólica, na costa holandesa.[9]

O apogeu da época áurea holandesa coincidiu com o ponto mais baixo da Pequena Idade do Gelo. Os padrões de vento favoreceram as armadas holandesas nas guerras com Inglaterra. Ventos fortes impeliram os navios holandeses para as ilhas das especiarias, mesmo quando mares mais tempestuosos aumentavam os riscos de navegação. A Pequena Idade do Gelo levou a que várias terras em todo o mundo padecessem de fome, tumultos e, por vezes, colapsos políticos e invasões. O acesso a fáceis meios de transporte e a dependência de vários países relativamente a alimentos importados, madeira e combustíveis fósseis permitiu aos Holandeses prosperarem, e os cereais armazenados possibilitaram-lhes lucrar com o infortúnio dos outros.[10]

Circunstâncias políticas e religiosas acenderam o rastilho da explosiva expansão do capitalismo, do comércio e do império holandeses, expansão essa que fraturou o sistema global ibérico e abriu caminho para que outras nações forçassem a sua entrada. Por meio de casamentos estratégicos, os Habsburgos haviam-se apoderado, em 1482, dos Países Baixos, juntamente com Espanha e a Áustria, em 1516. Políticas centralizadoras e pesados impostos afastaram os seus súbditos, conhecidos pela sua mentalidade independente. Veio, então, a Reforma Protestante, principalmente calvinista, e ateou fogo ao pavio. De Antuérpia a Groningen, amotinados invadiram igrejas e destruíram imagens «idólatras». Filipe II enviou um exército para defender a ordem e a ortodoxia católica, mas mais não conseguiu do que provocar uma verdadeira revolta, em 1566. Por volta de 1576, Filipe II descobriu que tinha sobrecarregado as suas finanças com a supressão da revolta holandesa, com as guerras contra os Turcos e contra os Franceses, com tensões com Inglaterra, com apoios aos católicos nas guerras religiosas francesas e com as exigências do vasto Império Espanhol. Quando declarou falência, mercenários que não haviam sido pagos saquearam Antuérpia. Mercadores, banqueiros e protestantes fugiram para Amesterdão. Nas décadas seguintes, a guerra fez transitar cerca de 850 000 pessoas da Flandres para a República Holandesa.[11] Com eles, desapareceu em grande medida o comércio e a indústria flamenga e a liderança de Antuérpia nos negócios e nas finanças. Com tréguas periódicas, a guerra holandesa arrastou-se durante 80 anos, quando, finalmente, Espanha reconheceu a independência holandesa.[12]

Os Holandeses tiveram a oportunidade de criar um império próprio quando uma calamidade abalou o grande Império Português, então no auge do seu poder e glória. Em 1578, D. Sebastião, um monarca que morreria sem descendência, conduziu o exército português à desastrosa Batalha de Alcácer-Quibir, em Marrocos, e pereceu juntamente com a maior parte da nobreza da nação. Após uma disputa, Filipe II assumiu juntamente a Coroa de Espanha e a de Portugal. Agora, os Holandeses encaravam Portugal como se este também fosse seu inimigo e lançaram-se contra ele. Aos Portugueses, faltavam a população, os navios, o poder naval, a riqueza e o poderio militar para administrarem e defenderem um domínio que se estendia do Brasil às Molucas.

À semelhança dos Genoveses, os Holandeses privatizaram os seus empreendimentos imperiais e comerciais ultramarinos. Em 1602, criaram a Companhia Holandesa das Índias Orientais (Vereenigde Oost-Indische Compagnie, ou VOC), que detinha o monopólio do comércio de especiarias e poder para estabelecer e administrar colónias e travar guerras. Em 1621, seguiu-se a Companhia Holandesa das Índias Ocidentais (West-Indische Compagnie, ou WIC), equivalente da VOC no oeste de África. A VOC conquistou a maior parte dos fortes comerciais portugueses no sul e no sudeste da Ásia, e, em 1641, a WIC conquistou grande parte da costa nordeste, produtora do açúcar do Brasil. Para assegurar o fornecimento de escravos para as plantações de cana-de-açúcar, a WIC apoderou-se de Elmina, de São Tomé e da Costa do Ouro e tornou seu o comércio de escravos no Atlântico.

Vieram, então, os primeiros grandes reveses holandeses. Em 1640, Portugal iniciou uma revolta contra o domínio espanhol e restabeleceu a sua independência. Em 1648, os Portugueses expulsaram os Holandeses de São Tomé, mas nunca reconquistaram o comércio de escravos do Atlântico ou as colónias asiáticas perdidas. Os Portugueses reconquistaram o Brasil em 1654, e Inglaterra tomou os Novos Países Baixos uma década mais tarde, deixando a WIC no controlo de apenas um punhado de possessões caribenhas. A WIC lucrou principalmente com o comércio de escravos durante o último século da sua existência.

Depois de Inglaterra, de França e de outras nações terem fechado as portas dos seus impérios, a economia holandesa estagnou. Confinados a mercados internos e alemães muito mais pequenos, que não conseguiam, de forma alguma, absorver a produção industrial dos Países Baixos, os comerciantes e governantes holandeses tornaram-se cautelosos e conservadores. Os conhecimentos técnicos foram sendo sugados conforme as oportunidades em casa se fechavam e outras nações passavam a contratar artesãos e trabalhadores holandeses, cuja perícia beneficiou economias estrangeiras. Amesterdão, como Génova antes o tinha sido, tornou-se o centro financeiro e bancário da Europa. Depois de uma desastrosa guerra, em 1780, com Inglaterra e após as Guerras Napoleónicas, a economia e o império holandeses entraram em colapso. A Revolução Industrial sucederia em Inglaterra, em França, na Alemanha, na Suíça e nos EUA, não nos Países Baixos.[13]

Os Ingleses seguem de perto na peugada dos Holandeses

Os Britânicos conseguiriam criar um império mais bem-sucedido, integrado e próspero do que qualquer predecessor, bem como uma indústria doméstica muito mais desenvolvida do que os Holandeses. Inglaterra seguiu os modelos italianos e holandeses de colonização e de implementação de um império, estabelecendo assentamentos costeiros em todo o mundo para, dessa forma, aceder ao comércio ou exportar metais preciosos ou recursos naturais, complementando isso com uma indústria doméstica orientada para a exportação. Inglaterra também privatizou o império e o comércio. Os Ingleses fundaram, em 1600, dois anos antes da VOC, mas com um décimo da sua capitalização, a Companhia das Índias Orientais, que detinha o monopólio do Leste. Os Ingleses dividiram as suas reivindicações americanas entre uma série de sociedades anónimas, proprietários privados e até mesmo entre os próprios colonos. A maioria dessas reivindicações faria a transição para colónias reais.

Em 1607, a Virginia Company estabeleceu com sucesso a primeira colónia inglesa, em Jamestown, na Virgínia, embora por pouco esse assentamento não tenha falhado. Os colonos originais quase morreram de fome. Várias doenças mataram prematuramente a maioria dos colonos. Uma revolta dos índios algonquinos praticamente exterminou-os numa guerra sangrenta, em 1622. Para desespero dos investidores, os Algonquinos nada tinham de valioso para negociar, nenhuma planta ou árvore valiosa crescia na Virgínia, as montanhas não tinham ouro, e o clima não favorecia as oliveiras, as videiras ou os bichos-da-seda que na Europa, à mesma latitude, prosperavam. Os habitantes da Virgínia voltaram-se para a agropecuária intensiva, praticada com mão de obra não livre. Em 1612, o colono John Rolfe desenvolveu uma variedade híbrida e comercializável de tabaco. Pouco tempo depois, cada colono estava a cultivar essa planta rentável e a exigir mais terra onde a cultivar e mais mão de obra para a trabalhar. Os colonos adquiriram ou tomaram para si as terras dos nativos, que eram em menor número e se encontravam menos bem armados. Como mão de obra, os colonos importavam servos ingleses, contratados na condição de aprendizes por um período de quatro a sete anos, servos esses que eram vendidos, comprados, maltratados e sobrecarregados com trabalho. No final do contrato, aqueles que conseguiam sobreviver aos maus-tratos criavam as suas próprias fazendas de tabaco. O sistema de contratos mostrou-se tão lucrativo e tão adequado à colonização que Inglaterra procurou fazer de cada nova colónia uma outra Virgínia. Colonos, na vizinha Maryland, fundada em 1634, também estabeleceram plantações de tabaco cultivadas por servos. As colónias em Barbados e noutras ilhas das Caraíbas seguiram igualmente o modelo da Virgínia.[14]

Como protestantes e declarados inimigos de Espanha, os Holandeses desempenharam um papel crucial no sucesso das primeiras colonizações inglesas. Durante uma dúzia de anos antes de fundarem a colónia de Plymouth, em 1620, os separatistas haviam encontrado em Leida refúgio para a perseguição de que eram vítimas. Veteranos ingleses da guerra holandesa contra os Espanhóis organizaram defesas na puritana Nova Inglaterra. Os Holandeses despachavam por barco, processavam e distribuíam a maior parte do tabaco inglês. Trouxeram escravos africanos, que, a partir de meados do século e a um ritmo crescente, substituíram os servos contratados. Alarmada com o domínio holandês do seu comércio colonial, Inglaterra imporia um sistema mercantilista que, nas décadas de 1650 e de 1660, deixaria os Holandeses de fora do seu império. Seguiu-se uma série de guerras. Em 1664, os Ingleses tomaram os Novos Países Baixos, até então uma colónia sob domínio da WIC, e renomearam-na Nova Iorque. No Oriente, Inglaterra conquistou à VOC o Ceilão e reclamou para si o comércio da Índia, ainda que o comércio de especiarias tenha permanecido holandês.

Um dramático triunfo dos Holandeses sobre Inglaterra, em 1688, daria, ironicamente, ao seu rival uma vantagem económica permanente. A coroação do católico Jaime II, em 1685, levantou a tenebrosa possibilidade de uma aliança inglesa com o rei católico Luís XIV, de França, contra os Holandeses. De forma a evitar esse desfecho, Guilherme III de Orange invadiu, em 1688, Inglaterra, tendo sido muito bem acolhido pelos protestantes ingleses. Jaime II fugiu, e o Parlamento concedeu a Coroa inglesa a Guilherme III e à sua esposa, Mary, irmã de Jaime. Infelizmente para os Países Baixos, o capital seguiu as melhores taxas de juro que transitaram de Amesterdão para Londres. Investidores holandeses construíram estradas e canais, e melhoraram as deploráveis infraestruturas inglesas. Imigrantes holandeses e huguenotes modernizaram a banca, as finanças e os seguros ingleses. O Banco de Inglaterra foi inaugurado em 1694.[15] Excelentes alunos, os Ingleses superariam os seus mestres holandeses.

Imigrantes holandeses trouxeram consigo novas técnicas agrícolas, culturas e plantas corantes como o pastel-dos-tintureiros. Impulsionaram a revolução agrícola inglesa, que já se encontrava em andamento desde que Henrique VIII havia apreendido e vendido as terras dos mosteiros e criado um mercado fundiário capitalista. O movimento de apropriação e vedação de terras também promoveu a agricultura capitalista, porquanto os latifundiários consolidaram na sua posse pequenas propriedades e passaram a lavrar antigas terras comuns. Esses desenvolvimentos encorajaram uma maior eficiência e uma maior orientação para a produção comercial.[16] As técnicas hortícolas holandesas tornaram possível o espantoso crescimento de Londres. Após 1650, uma pausa no crescimento populacional aliviou a procura por produtos agrícolas, enquanto o crescimento das cidades impulsionou a procura por carne. Os agricultores trocaram a terra arável pelo pasto, onde o estrume de grandes manadas de gado bovino fertilizava o solo. Inglaterra pôs fim à sua dependência das importações de muitos produtos de consumo e começou a exportá-los tanto para o continente quanto para as colónias. Muitos agricultores voltaram-se para as manufaturas domésticas para complementarem os seus rendimentos. A essas manufaturas, os engenhos de algodão iriam, mais tarde, buscar a sua mão de obra.[17]

Escravatura nas plantações dos europeus do Norte: racismo, violência e conservação

Os Holandeses instalaram os Ingleses no negócio das plantações. A oportunidade de Inglaterra se tornar um império chegou quando, depois de 1600, Espanha já não conseguia impor uma reivindicação exclusiva sobre o mar das Caraíbas. À semelhança de Portugal, Espanha não tinha nem a população nem os recursos necessários para governar e manter um vasto império americano contra determinados inimigos, inimigos esses que tanto as doenças tropicais quanto as fortificações tinham, até então, mantido à distância.[18] A colonização e a manutenção da maioria das ilhas das Grandes e das Pequenas Antilhas, bem como do continente americano ao norte da Flórida, haviam custado mais do que aquilo que verdadeiramente valiam para Espanha. Os Ingleses, os Franceses, os Holandeses e até mesmo os Dinamarqueses arrebataram essas ilhas tentadoras, e os Holandeses, os Ingleses, os Franceses e os Suecos lançaram empreendimentos coloniais no continente.

Como sempre, reivindicar uma ilha era mais fácil de fazer do que a tornar rentável. As colónias inglesas tentaram a fórmula da Virgínia de cultivar tabaco com servos contratados, mas o tabaco, o algodão e outros produtos revelaram-se pouco lucrativos. Em 1650, James Drax, um plantador dos Barbados, com ascendência e conexões holandesas, visitou o Recife, no Brasil holandês, estudou as complexas artes do cultivo e moagem da cana-de-açúcar e montou a primeira plantação lucrativa de açúcar nos Barbados. Quando os portugueses radicados no Brasil recuperaram essa colónia, em 1654, os proprietários de plantações e os comerciantes holandeses fugiram, juntamente com os judeus, que temiam, com boas razões para isso, o fim da tolerância religiosa holandesa. Desempenhando o papel que os Genoveses tinham assumido nos impérios ibéricos, os Holandeses e os judeus passaram a oferecer capital, conhecimentos técnicos, cana-de-açúcar e escravos às colónias caribenhas de todas as nações, na esperança de substituir o açúcar brasileiro perdido por refinarias de açúcar em Amesterdão, então praticamente inativas. Quando, quase de seguida, as políticas mercantilistas francesas e inglesas excluíram os Holandeses de todo o comércio, exceto do comércio ilegal e esporádico, estes estabeleceram plantações de cana-de-açúcar, de cacau e de tabaco nas suas próprias colónias, no Suriname e numa dúzia de ilhas.

As ilhas caribenhas produziriam uma imensa quantidade de açúcar, seriam responsáveis pela morte de um ultrajante número de africanos e dariam lucros colossais. A indústria açucareira foi o principal motor que impulsionou as mercadorias em torno do comércio triangular com a Europa e com África. De molde a saciar o infindável desejo de Inglaterra por sacarose, a indústria do açúcar alimentou a economia em mais rápido crescimento no mundo do século XVIII.[19] Em 1775, os Ingleses consumiam, *per capita*, em torno de 6,5 quilogramas de açúcar por ano, sete ou oito vezes mais do que os Franceses ou os Holandeses e quase tanto, no total, quanto o resto da Europa toda junta.[20]

Tal como nos Barbados, na Virgínia e em Maryland, os proprietários das plantações substituíram os servos contratados por escravos. Em 1619, corsários ingleses operando sob a bandeira holandesa venderam aos Virginianos cerca de trinta escravos africanos capturados aos Portugueses. No entanto, a Virgínia não fez a transição completa para uma colónia esclavagista senão na segunda metade do século, quando a qualidade e a quantidade de servos diminuíram e o aumento da expectativa de vida no insalubre clima da Virgínia tornou o investimento em escravos mais atrativo. As plantações coloniais do continente nunca foram tão grandes ou lucrativas como as operações das Índias Ocidentais e sustentaram um comércio de escravos muito mais pequeno.[21]

Os europeus do Norte transformaram quer a escravatura, que se tornou mais severa, quer as plantações, que se tornaram mais eficientes. Esses europeus não possuíam a história da contínua escravatura, tão comum entre os povos mediterrânicos dos tempos mais antigos, e nunca tinham conhecido uma agropecuária baseada em mão de obra escrava. Influenciados pelos ibéricos, cuja consciência racial surgiu da obsessão com as linhagens de sangue depois que Espanha e Portugal absorveram populações de mouros e de judeus convertidos, os Ingleses olhavam muitas vezes para os africanos subsaarianos como sub-humanos e bestiais. A escravatura caribenha era, sem exceção, tremendamente dura. À semelhança dos proprietários de plantações de São Tomé, o reduzido número de europeus levava a que estes procurassem intimidar os escravos com brutalidade, recorrendo a todo o tipo de violência.

O protestantismo da Reforma, ou calvinismo, dos Holandeses, dos Ingleses e, particularmente, dos rígidos Escoceses tornaram as plantações mais parecidas com fábricas. Após a união de Inglaterra e da Escócia, em 1707, escoceses famintos espalharam-se, aos magotes, pelo Império Inglês. Os proprietários de plantações empregavam-nos frequentemente como revisores de contas e capatazes. O tratamento severo dos escravos decorreu da atitude calvinista em relação ao arbítrio. Porque o livre-arbítrio humano levou ao pecado, os calvinistas procuravam suprimir as suas vontades e ser instrumentos da vontade de Deus, esperando, por sua vez, que os dependentes e servos fossem, à semelhança de uma máquina, instrumentos da vontade do seu senhor. (Sintomaticamente, no século XIX, alguns anticalvinistas afirmavam que os calvinistas viam os humanos como máquinas.)[22] Esta noção, juntamente com a aversão da Reforma ao desperdício e à ineficiência, transformou a plantação esclavagista em algo parecido com uma máquina ou uma fábrica, e, de facto, a eficiência e a produtividade das plantações inglesas excederam as de outras nações.[23] Um escocês escreveu que os capatazes escoceses eram «sem exceção mais cruéis e irascíveis para com os escravos» do que os outros. A esposa de um proprietário escocês de uma plantação afirmou que os escravos odiavam os capatazes escoceses mais do que quaisquer outros devido à sua «proverbial» fixação na ética e na economia do trabalho.[24] Os gestores de plantações ingleses e americanos *antebellum* melhoraram a eficiência por intermédio de uma contabilidade detalhada e mantiveram estatísticas individuais da produtividade dos escravos. A contabilidade estatística espalhou-se amplamente nas Índias Ocidentais.[25] As leis de propriedade inglesas moldadas pelo capitalismo também reduziram, tanto quanto possível, a condição humana dos escravos a engrenagens de uma máquina.[26]

As pessoas não são autómatos, claro está, e dificilmente passava uma década nas colónias de plantação de cana-de-açúcar sem alguma grande revolta de escravos, muitas vezes instigadas pelos escravos recém-chegados chocados com a quantidade de trabalho que lhes era exigido. Tal como em São Tomé, no Brasil e na Jamaica escravos fugidos juntavam-se em quilombos, comunidades formadas em montanhas e florestas do interior, a partir das quais atacavam e saqueavam plantações.[27] As ilhas pequenas, porém, não ofereciam tais refúgios.

Por outro lado, o moralismo calvinista e puritano desafiava o tratamento não-cristão dispensado aos outros e promovia a oposição à escravatura. Em 1596, traficantes holandeses trouxeram, com o intuito de serem vendidos, 130 africanos, provavelmente capturados aos Portugueses, para a cidade holandesa de Midelburgo. A cidade recusou a venda e libertou os escravos. Concebida como um veículo de justiça, de patriotismo e de lucros, a WIC baniu a escravatura, mas, depois de ter tomado o Brasil e perante a necessidade de pagar aos investidores, afrouxou essa política e nunca mais a mencionou.[28] Os puritanos da Nova Inglaterra e os quacres da Pensilvânia também rejeitaram a escravatura nas plantações, embora aceitassem escravos domésticos. Samuel Sewell, um puritano do Massachusetts, escreveu, em 1700, o primeiro tratado antiesclavagista do mundo. A assembleia (quacre) da Pensilvânia debateu, em 1712, uma petição de abolição e aprovou uma tarifa para desencorajar o comércio de escravos.[29] Os escoceses que regressavam das Caraíbas com criados domésticos escravizados forçaram a Escócia a enfrentar uma questão que, até então, fora distante e teórica. Depois de uma tíbia resposta inicial, as igrejas presbiterianas acabaram por condenar, em meados do século XVIII, a escravatura, e os juízes declararam que a lei escocesa a proibia. Em Inglaterra, o conde de Mansfield, um juiz escocês, decidiu, no famoso caso Somerset, de 1772, que o direito consuetudinário inglês não apoiava a escravatura.[30] Em França, pelo contrário, o princípio de que qualquer um, estando nesse país, era livre terminou em 1716; após isso, o estatuto de uma pessoa não mudava com a entrada em França.[31]

A natureza e a monocultura industrial

As monoculturas foram precursoras das fábricas do capitalismo industrial, na medida em que, de forma a produzir bens para o mercado, os capitalistas investiam em ativos de capital (instalações de processamento e «máquinas» escravas), recursos naturais (solo e sementes) e utilizavam energia (força escrava e animal, combustível e, por vezes, vento, água ou vapor). A monocultura como indústria colidiu de frente com a vontade humana, bem como com outra força com uma vontade própria — a natureza.

O capitalismo de monocultura transformou ambientes na Martinica francesa, em Guadalupe, em São Domingos (Haiti), na Louisiana, no Suriname holandês, nos Barbados ingleses, na Jamaica e em outras ilhas. Os Franceses reformularam as bacias hidrográficas para irrigar a planície mais seca de Cul-de-Sac, em São Domingos. No Suriname, os Holandeses construíram diques, drenaram terrenos para plantações e utilizaram canais para transportar a cana-de-açúcar dos campos para os engenhos.[32] Os proprietários das plantações introduziram plantas tropicais não nativas para alimentar tanto a sua força de trabalho escravizada quanto os animais. Bananas, inhame e outras plantas chegaram juntamente com o comércio de escravos. A erva da Guiné fornecia um alimento nutritivo e de rápido crescimento para o gado vacum. Os cocos terão sido, provavelmente, introduzidos.[33] O desenvolvimento, no início do século XVII, no Brasil, do engenho de três rolos e da bateria de caldeirões de processamento, possivelmente introduzidos por influência holandesa, melhorou a eficiência, aumentou a produção de cana-de-açúcar e exauriu, mais rapidamente, os solos e os combustíveis.[34] As ilhas mais pequenas onde se produzia cana-de-açúcar não dispunham nem das vastas e novas terras brasileiras para desbravar nem de enormes florestas que pudessem ser abatidas, pelo que, muito rapidamente, esbarraram nos seus próprios limites ambientais. A desflorestação provocou a erosão uniforme do substrato do solo em largas áreas e deu origem a múltiplos aluimentos, levando à extinção de plantas e de aves nativas.[35] A erosão assoreou o porto de Bridgetown, nos Barbados, nos anos 60 do século XVII.[36] Os donos de plantações nas ilhas tiveram de tratar das despesas relativas à importação de madeira de outras ilhas ou do continente sul-americano. Os proprietários ingleses responderam então com uma série de melhoramentos que fizeram dos Barbados um centro de inovação em matéria de conservação da natureza. Na década de 1660, a degradação dos solos tinha forçado os donos das plantações a aumentarem a sua força escrava encarregada de recolher o estrume das ovelhas e dos animais de tiro, e fertilizar os campos com ele. Os pequenos agricultores sem capital para plantarem cana-de-açúcar ganhavam bem a vida a criar animais para que o seu estrume fosse vendido aos proprietários das grandes plantações.[37] Os donos das plantações responderam ao esgotamento e erosão dos solos com a prática intensiva de plantação de cana-de-açúcar (ver Fig. n.º 4). Os escravos cavavam buracos com 60 ou 90 centímetros de diâmetro por 13 ou 15 centímetros de profundidade e rodeavam cada um deles com sulcos de terra. No meio, plantavam a cana envolvida em estrume. Os buracos da cana-de-açúcar diminuíam o escoamento e retardavam a erosão. À medida que a cana crescia, os escravos iam colocando mais esterco à volta das raízes, e, com o tempo, o esterco enchia os buracos até ao nível da superfície.[38] Conforme as florestas desapareciam das encostas e a escassez de combustível aumentava, os donos de plantações nos Barbados passavam a secar a cana triturada (bagaço ou desperdícios dos moinhos) ao sol e a utilizá-la como combustível para processar açúcar e melaço. Algumas décadas mais tarde, os proprietários adotaram o energeticamente eficiente «comboio jamaicano»[39], no qual um único fogo aquecia a bateria de caldeirões através de uma boca que passava, sucessivamente, por baixo de cada um deles (Fig. n.º 5). Nas ilhas coloniais, não foi desenvolvido nenhum método de reflorestação consistentemente eficaz, sobretudo porque os proprietários das plantações

Fig. n.º 5: William Clark. «Interior of a Boiling House», *Ten Views in the Island of Antigua, in Which are Represented the Process of Sugar Making*, 1833. O fabrico de açúcar era um processo complexo, que consumia muito capital, trabalho e energia. Para economizar combustível, um único fogo aquecia uma série de caldeirões de cobre que continham o suco da cana-de-açúcar, cuja qualidade e concentração ia crescendo com as sucessivas fervuras. Os escravos retiram a escuma dos caldeirões para uma tina que se encontra à sua frente e cujo líquido será transportado, posteriormente, para a destilaria. O escravo que está em primeiro plano extrai, com uma concha, o conteúdo do último caldeirão e despeja-o num tubo que conduz a uma cuba onde o açúcar seca. Dois europeus inspecionam o açúcar enquanto um homem com uma balança consulta o gestor da plantação. (Cortesia da John Carter Brown Library)

consideravam mais barato terceirizar as necessidades de madeira e de combustível.[40]

Para energia barata, os habitantes dos Barbados adotaram moinhos de vento, de provável conceção original holandesa, de forma a tirar partido dos ventos alísios. Como reclamava um escravo dos Barbados do século XVII: «O pior era o inglês a fazer tudo aquilo funcionar; fazia o negro trabalhar, o cavalo trabalhar, o burro trabalhar, a madeira trabalhar, a água trabalhar e o vento trabalhar.»[41] A Jamaica, uma potência açucareira desde que os Ingleses haviam tomado a ilha aos Espanhóis, em 1655, tinha, nas suas montanhas do interior, vastas florestas para combustível, mas nenhum vento confiável. Em 1768, um proprietário jamaicano de uma plantação foi um dos primeiros a adotar o motor a vapor de Watt, queimando madeira em vez de carvão, e os motores a vapor em breve alimentavam outros engenhos de açúcar.[42]

O tabaco na Virgínia e no estado de Maryland também depauperou o solo. À semelhança do Brasil, extensas terras não desmatadas permitiram aos colonos empurrar com a barriga o problema ecológico. Estabeleceram-se grandes plantações junto dos férteis leitos dos rios. Os proprietários mais pequenos e os agricultores lavravam os solos das terras altas, mais pobres e sujeitos à erosão. Grandes e pequenos proprietários de plantações cercaram e queimaram árvores, desfrutando de grande fertilidade durante cerca de uma década, quando chegou a altura de repetir o processo. Naquele clima quente, o gado não precisava de estábulos e vagava pelas florestas comuns, perdendo-se com isso o seu estrume fertilizante. Quando os rendimentos diminuíam, os colonos abandonavam os campos para que estes recuperassem a sua fertilidade e desbravavam novas áreas. Essa agricultura itinerante era sustentável enquanto a floresta não desmatada subsistisse. Após a Revolução, os agricultores das terras altas migraram para o Kentucky e para o Tennessee em busca de melhores terras. Depois de 1800, uma crise do solo, então completamente exaurido, desafiou todos os estados esclavagistas costeiros.[43]

No final do século XVII, os habitantes dos Barbados, juntamente com os seus escravos, colonizaram a Carolina do Sul e estabeleceram plantações de arroz e de índigo. Fundada em 1732, a vizinha Geórgia também cultivava arroz, índigo e, em ilhas marítimas ao abrigo de geadas, algodão. As monoculturas de arroz substituíram as regiões pantanosas, ecologicamente ricas. A longo prazo, o impacto ecológico da cultura do arroz foi, regra geral, brando, excetuando o gradual extermínio do periquito-da-carolina, que gostava de arroz. Navios negreiros trouxeram consigo doenças tropicais, especialmente a malária e a febre-amarela, bem como os mosquitos que as transmitiam. A doença encurtou a esperança de vida em todas as colónias do Sul e fez da costa da Carolina um cemitério para os Europeus, a quem faltava a imunidade e a resistência adquiridas pelos Africanos. A paisagem e o clima da Carolina separavam as raças, com os Africanos em plantações costeiras de arroz e os Europeus em pequenas propriedades, situadas em planaltos do interior relativamente livres de mosquitos. Grande parte do arroz alimentava a força de trabalho escravizada nas plantações de cana-de-açúcar.[44]

A Escócia procura alcançar os frutos do império

Os escoceses do século XVII pouco mais podiam fazer do que colar os seus rostos ao vidro e ficar as ver as outras potências europeias tomarem para si as ilhas caribenhas e plantarem colónias no continente americano. Embora a Escócia e Inglaterra tenham partilhado monarcas após 1603, continuaram a ser nações separadas. As políticas mercantilistas inglesas também deixaram os Escoceses de fora do seu império. Guerras e conflitos políticos e religiosos criaram uma disrupção na economia escocesa. Na década de 1690, os cultivos fracassados e a fome assolaram aquela terra. O catastrófico esquema de colonização de Darien de 1698–1700 arruinou a Escócia a tal ponto que ela não teve outra escolha senão aceitar, em 1707, a união com Inglaterra. Escoceses instruídos envolveram-se numa acesa discussão a respeito das soluções para a pobreza da nação. De forma a melhorarem a agricultura, pressionaram por avanços na ciência; na geologia, desdobraram-se em tentativas para localizar minerais valiosos e, na teoria política e económica, procuraram diagnosticar as causas dos males da nação. Dessa discussão nacional, surgiram grandes obras do Iluminismo escocês, entre elas o trabalho do amigo de Watt, Adam Smith, *Inquérito sobre a natureza e as causas da riqueza das nações*[45], talvez o produto mais influente saído dessa discussão.[46]

Com a mesma ânsia de não convidados que encontrassem uma entrada desprotegida que desse para um clube exclusivo, os enérgicos Escoceses espalharam-se, depois de 1707, por todo o crescente Império Inglês. Durante séculos, dezenas de milhares de escoceses emigraram em busca de oportunidades e para escapar à pobreza.[47] Agora, nos séculos XVIII e XIX, os Escoceses administravam, de um modo desproporcional, o Império Britânico, emigraram para as colónias e dominaram a navegação e o comércio. Com o seu sistema educativo superior, a Escócia também forneceu cirurgiões, administradores, botânicos, silvicultores e missionários.[48]

As plantações caribenhas queriam escoceses pela sua capacidade de trabalho, pelos seus talentos e pela sua boa educação. As universidades escocesas ofereciam melhor educação do que Oxford e Cambridge, e a escola de Medicina de Edimburgo não tinha rival em Inglaterra. Além disso, a Igreja Presbiteriana proporcionava uma excelente formação (embora não intencional) em contabilidade.[49] Muitos escoceses que chegavam às colónias como capatazes e guarda-livros de proprietários que se encontravam ausentes vieram, com o tempo, a possuir as suas próprias plantações.

O comércio triangular e o nascimento da máquina a vapor

Enquanto Glasgow lucrava com o Império Inglês, o palco estava montado para a máquina que marcou a época de Watt. O giro no sentido dos ponteiros do relógio das correntes e dos ventos em torno do Atlântico Norte formava um carrossel para o comércio, entregando os frutos do império à porta de Glasgow. Os ventos e as correntes do Golfo traziam navios da América colonial para os portos da Grã-Bretanha virados a oeste, Bristol, Liverpool e Glasgow.[50] Para satisfazer o crescente vício da Europa em nicotina, as plantações de tabaco de Chesapeake juntaram-se ao açúcar na impulsão do comércio triangular. Ali, no topo do triângulo, enquanto as refinarias de açúcar de Glasgow se multiplicavam, os habitantes da cidade apropriaram-se quase completamente do comércio do tabaco. Por volta de 1750, metade de todo o tabaco que entrava na Grã-Bretanha era escoado através de Glasgow. Em 1772, o tabaco perfazia 80 % das importações de Glasgow da América do Norte e das Índias Ocidentais combinadas. Os proprietários americanos de plantações de tabaco tornaram-se dependentes dos «senhores do tabaco» escoceses tanto para o comércio quanto para os empréstimos, comércio e empréstimos esses que os Escoceses controlavam de forma lucrativa, afastando uma poderosa classe de colonos americanos nas vésperas da Revolução.[51]

A família de Watt prosperou com o comércio do tabaco. Watt nasceu em 1736 em Greenock, o porto de Glasgow. O seu pai trabalhava num estaleiro naval e como fornecedor de mercadorias para os pescadores de arenque. Também fazia instrumentos de navegação, negociava tabaco e outros produtos, e construiu a primeira grua de Greenock, que descarregava navios de tabaco provenientes da Virgínia. O jovem James adorava mexer nas ferramentas do seu pai e destacava-se em matemática e em geometria. Depois de ser aprendiz de fabricante de instrumentos em Glasgow e Londres, regressou a Glasgow em 1756. Graças a um parente que tinha na faculdade, a Universidade de Glasgow contratou-o para limpar e reparar os instrumentos astronómicos de John Macfarlane. Macfarlane, um mercador, tinha-se estabelecido na Jamaica e feito uma «fortuna considerável», de 2600 hectares e quase 800 escravos. Ele próprio havia construído um observatório astronómico e, após a sua morte, em 1755, legou os seus instrumentos à universidade, que lhe havia conferido um mestrado em artes. A universidade contratou Watt para que este reparasse os danos provocados pelo sal na viagem para a Escócia.[52] Uma década depois, Watt contrairia dívidas adicionais para com o capitalismo de monocultura, quando banqueiros com interesses nas Índias Ocidentais o ajudaram a financiar a sua máquina a vapor.[53]

Num decisivo dia de 1763, a universidade deu a Watt um protótipo do motor a vapor de Thomas Newcomen para que Watt o reparasse. Ele pô-lo a trabalhar, mas, como os motores Newcomen não são facilmente adaptáveis a diferentes condições, não funcionou durante muito tempo até parar. No entanto, mesmo os motores a vapor Newcomen de maiores tamanhos consomem copiosas quantidades de combustível. Watt decidiu descobrir a origem da ineficiência e compreender os mistérios do calor e do vapor.[54]

O motor Newcomen foi projetado para minas. Os mineiros britânicos retiravam a água que se infiltrava, em profundidade, nas minas através de engenhosas máquinas alemãs de madeira movidas por cavalos ou por noras. Os cavalos não conseguiam, contudo, fornecer energia suficiente para drenar as profundas minas de estanho de Devon e da Cornualha, e os cursos de água locais eram poucos e de pequenas dimensões. No entanto, Inglaterra e a Escócia tinham abundantes suplementos de outra fonte de energia, o carvão. Levando em consideração recentes experiências feitas com vapor e calor, Thomas Savery, engenheiro militar de Devon, inventou, em 1698, uma bomba de água movida a vapor, sem partes móveis exceto válvulas. Embora barato e simples, o motor Savery exigia tanto carvão que a sua utilização só era prática em minas de carvão, onde o combustível barato era abundante. Além disso e visto que só conseguia elevar a água a cerca de 12 metros, esse engenho tinha de ser colocado numa posição bastante baixa, na própria mina ou em minas mais profundas, trabalhando em conjunto com outros motores Savery. Uma experiência com calor, realizada pelo huguenote Denis Pepin, inspirou Thomas Newcomen, serralheiro de Devon, a melhorar o projeto de Savery. Newcomen lutou contra desafios técnicos por uma década e meia. Em 1712, criou um projeto para uma máquina movida a pistões mais poderosa e versátil, a qual poderia ser instalada na superfície.[55] Então, e apesar de muitos esforços para melhorar o projeto de Newcomen, a tecnologia a vapor estagnou.

Watt consultou Joseph Black, um professor de Glasgow que também estava a estudar os mistérios do calor. Black tinha descoberto o «calor latente», a grande quantidade de calor extra necessária para transformar gelo em água ou água em vapor. Watt descobriu que a ineficiência do motor Newcomen derivava do uso do mesmo cilindro para aquecer e arrefecer o vapor. Em 1765, concebeu um condensador externo para arrefecer o vapor e criou um motor que era duas ou três vezes mais eficiente. Agora, para disponibilizar o aperfeiçoamento que havia concebido em prol da sociedade, precisava de investidores.[56]

Cultura religiosa, engenharia e capitalismo escocês

A cultura que ajudou a impulsionar a Revolução Industrial anglo-americana em direções que os Italianos e os Holandeses (ou indianos ou chineses) não seguiram configurou-se sob a duradoura influência do protestantismo calvinista, nas formas do puritanismo e do presbiterianismo. Watt descendia de orgulhosos presbiterianos *Covenanters* escoceses, militantes aliados dos puritanos de Inglaterra durante a Guerra Civil Inglesa, na qual o seu bisavô teria perdido a vida. O seu pai e o seu avô eram ambos destacados membros da Igreja da Escócia, ocupando posições de responsabilidade e de exemplaridade moral dentro do presbiterianismo. Greenock, a sua cidade natal, tinha a reputação de albergar intransigentes calvinistas e comerciantes sóbrios e austeros. Watt era um membro ativo da sua igreja em Greenock e durante toda a sua vida foi identificado como presbiteriano. Como não era incomum, as suas convicções afastavam-se da ortodoxia, mas as suas atitudes e o seu comportamento permaneciam profundamente ancorados nela.[57]

O forte e agressivo presbiterianismo calvinista escocês imbuiu a cultura da nação com um grave sentido de determinação e de moralismo. Visto que Deus não criara os humanos para que estes se servissem a si mesmos, todos tinham o dever moral de ser membros industriosos, produtivos e úteis da sociedade e de fazerem crescer os seus dons materiais, mentais e espirituais, conforme ensinava a Parábola dos Talentos de Jesus (Mateus 25: 14–30). «Crescimento» era um termo que se encontrava constantemente nos lábios presbiterianos — e seria essa a palavra central da primeira frase da *Riqueza das nações*, de Adam Smith. O desperdício abusava pecaminosamente dos dons de Deus. Os calvinistas acreditavam que a pobreza impedia que os homens usassem os seus talentos, talentos esses concedidos por Deus, para crescerem enquanto homens e beneficiarem a sociedade. Daí que a Universidade de Glasgow estivesse aberta aos filhos dos pequenos agricultores e dos artesãos, e que a Escócia tenha sido talvez a primeira nação a exigir uma educação universal, como John Knox, o fundador do presbiterianismo escocês, propôs.

Watt fez crescer os seus próprios talentos ao manter um «Livro de Desperdícios» onde registava as despesas e as fontes de desperdício, a fim de as evitar no futuro. Ele desdenhava a «ociosidade e a mera diversão» e ter-se-ia sentido «pouco inclinado», mesmo quando rapaz, «a envolver-se em brincadeiras turbulentas e em ociosidades sem nenhum propósito».[58] Como atividade paralela, Watt, por vezes, reparava e construía instrumentos musicais para o público, mesmo considerando a música «uma fonte de ociosidade» e tendo sido sempre muito relutante na contratação de pessoas que os tocassem.[59]

O desperdício de carvão e de vapor do motor Newcomen ofendeu a alma presbiteriana de Watt. A minimização do desperdício, de inspiração calvinista, e a maximização da economia nos funcionamentos, o crescimento e o uso dos talentos, não para gratificar o ego, mas para beneficiar o bem comum (tudo isso, elementos da proverbial ética protestante do trabalho), impulsionaram tanto os primeiros passos da ciência do calor quanto a Revolução Industrial. Investigadores protestantes da Reforma dominaram os primórdios da ciência da termodinâmica, entre eles Black e Watt, bem como o puritano inglês Robert Boyle, o huguenote Denis Pepin, o congregacionalista de Manchester James Joule, o presbiteriano escocês James Clerk Maxwell e o presbiteriano irlandês Lord Kelvin, da Universidade de Glasgow.[60]

Watt era o tipo de engenheiro escocês sisudo que se tornou um estereótipo do século XIX. Uma piada conhecida diz que, se alguém gritasse «Scotty!»[61] na casa das máquinas de qualquer navio britânico (ou na fictícia *Enterprise*, da série televisiva *O Caminho das Estrela*), haveria sempre alguém que responderia. Em 1894, Rudyard Kipling escreveu «M'Andrew's Hymn», uma homenagem à figura do engenheiro naval escocês e um dos seus poemas mais conhecidos, poema esse que faz a ligação entre os Escoceses, a engenharia e o calvinismo.

> Senhor, Tu fizeste este mundo sob a sombra de um sonho,
> E, ensinado pelo tempo, é assim que eu o vejo — mesmo com o Vapor.
> Da flange do engate à orientação do eixo eu vejo a Tua Mão, ó Deus —
> A predestinação do movimento sobre aquela biela.
> João Calvino poderia ter forjado o mesmo — tremendo, seguro, vagaroso —
> Sim, trabalhou-o na chama da fornalha — o meu «Institutio».[62]

Glasgow e Ulster, na Irlanda, marcavam o extremo ocidental de um crescente em toda a Europa onde o protestantismo calvinista predominava: a Irlanda do Norte, a Escócia, Inglaterra, desde o sul de Lancashire, passando por Birmingham, até à Ânglia Oriental, a Holanda, a região da Renânia, a Alsácia, passando pela Suíça (terra de Ulrico Zuínglio e de Calvino) e terminando num arco huguenote que atravessava o sul de França, passando por Montpellier até La Rochelle. A Revolução Industrial nasceu e espalhou-se ao longo desse crescente, onde um *éthos* religioso promoveu a melhoria dos métodos agrícolas, dos instrumentos financeiros e da tecnologia industrial. O núcleo relativamente urbanizado do crescente calvinista fomentou repúblicas e universidades. A mescla de calvinismo, cidades, autonomia e educação promoveu a inovação e a atividade económica. As frequentes guerras religiosas e a opressão levaram ondas de refugiados saídas da Reforma a iniciarem uma diáspora pela Europa protestante e através do Atlântico, para a puritana Nova Inglaterra, para a Nova Iorque holandesa, para uma colónia presbiteriana existente dentro da colónia de Nova Jérsia, para a Pensilvânia e para o sul dos Apalaches.[63]

Começa uma revolução nos transportes

Como em muitas outras conjunturas ao longo da história, a melhoria dos transportes desempenhou um papel central no nascimento do capitalismo industrial. Uma revolução nos transportes impulsionou a Revolução Industrial. Os fabricantes nunca poderiam ter adotado a máquina a vapor de Watt se, previamente, não tivessem acesso à água que transportava o volumoso e pesado carvão. À semelhança dos Países Baixos, a Grã-Bretanha gozava de um vantajoso acesso a vias marítimas. Nenhuma cidade britânica se encontrava a mais de 120 quilómetros do mar. Embora a linha de queda[64] restringisse o comércio a pequenos troços de rios escoceses, Inglaterra tinha inúmeras pequenas vias navegáveis. Contudo, elas não costumavam passar perto de minas de carvão.

Inspirados pelos Holandeses, os Ingleses começaram a construir eclusas e canais no século XVII. O clima e a geografia favoreceram a construção de canais. Chuvas abundantes caíam sobre as terras relativamente planas que se estendiam pela faixa de uma das suas regiões mais densamente povoadas, a que vai de York a Londres, a Birmingham e a Manchester. No final do século XVIII e início do século XIX, a construção de canais acelerou como resposta ao desejo dos centros industriais e urbanos de acederem a ferro e a carvão, cujos depósitos jaziam perto da superfície em praticamente toda a ilha. Em meados do século XIX, uma densa renda de canais de quase 6500 quilómetros cobria Inglaterra. Essa magnífica rede de transporte por água também ligava os fabricantes a um significativo mercado doméstico.[65] A combinação de infraestruturas hídricas e mercado doméstico deu à Grã-Bretanha uma enorme vantagem económica, contrastando essa realidade com a dos Países Baixos, que tinha infraestruturas hídricas, mas a quem faltava um mercado doméstico maior, e com França, com o seu grande mercado interno, porém com uma rede de transportes pobre.

O *boom* da construção de canais também chegou à Escócia, o que possibilitou a Watt usufruir de uma renda significativa enquanto supervisor de obras. Em 1768, foi contratado por alguns investidores para topografar o terreno e conceber um canal que traria carvão das Monklands para Glasgow, supervisionando posteriormente a sua construção. Em 1773, Watt voltou a ser contratado por investidores para supervisionar o levantamento do trajeto para o futuro Canal Caledoniano, que ligaria a costa leste escocesa, em Inverness, à costa oeste, em Corpach, evitando-se, assim, a longa e perigosa rota em redor do norte da Escócia.

A máquina a vapor de Watt e a indústria têxtil

Quer Watt quer a sua máquina a vapor rapidamente entraram no crescente sector fabril da Grã-Bretanha. As experiências de Watt com vapor necessitavam de um capital maior do que aquele que o supervisionamento de obras lhe proporcionava. Aqui, a próspera indústria britânica do ferro deu uma mãozinha. O primeiro grande investidor de James Watt foi John Roebuck, da Carron Iron Works, em Falkirk. Não tendo sido aceite em Sheffield e em Birmingham, por vir de uma família de dissidentes[66], Roebuck acabou por se licenciar pela Universidade de Edimburgo e pela de Leida, tornando-se um atarefado inventor e empresário. Roebuck fez a sua fortuna com um novo processo de fabrico de ácido sulfúrico, que vendia como sendo um produto eficiente para o branqueamento de tecidos. Sem dúvida inspirado pela indústria do ferro de Sheffield e Birmingham, e de forma a tirar partido dos depósitos de ferro não explorados da Escócia, montou as fábricas Carron. Virou-se para as minas de carvão de Bo'ness em busca de coque para as suas fornalhas. Quando sentiu necessidade de uma maior quantidade de água para fazer girar as suas noras e de mais potência do que a fornecida pelos motores Newcomen para drenar as minas, passou a interessar-se pelas experiências de Watt. Por volta de 1767, Roebuck começou a financiar as adicionais investigações de Watt e investiu na patente da sua máquina a vapor.[67]

Algo que ironicamente se transformou num golpe de sorte para Watt, as fábricas de ferro Carron, de Roebuck, não conseguiam produzir pistões e cilindros com a precisão necessária para a sua máquina a vapor. Então, em 1774, Roebuck experimentou dificuldades financeiras. Matthew Boulton, proprietário da fábrica Soho, em Birmingham, então a maior fábrica do mundo, aceitou a participação de Roebuck na patente de Watt como forma de pagamento de dívidas. As máquinas a vapor interessavam Boulton na medida em que as rodas de água da fábrica Soho enfrentavam uma regular escassez de água. Os trabalhadores de ferro de Birmingham eram muito mais qualificados do que os da fábrica Carron. Fortuitamente, em 1774, John Wilkinson, outro presbiteriano, inventou uma máquina de fresar canhões que conseguia fazer cilindros de motor mais precisos. Watt mudou-se para Birmingham como sócio de Boulton. A Boulton & Watt vendeu as suas primeiras máquinas a vapor em 1776, uma das quais bombeava água residual de volta para a água represada, de forma a alimentar as rodas de água da Soho, a primeira fábrica a utilizar energia a vapor.

As minas, não as fábricas, eram os principais clientes da Boulton & Watt. Boulton previu que o mercado de máquinas a vapor para as minas ficaria rapidamente saturado e instou Watt a desenvolver um modelo que fosse capaz de fornecer energia rotativa para a produção industrial. Watt concebeu uma máquina a vapor de duplo efeito que conseguia manter uma potência constante e depois, em 1784 (a data de Crutzen e Stoermer para o início do Antropoceno), um método para obter potência rotativa a partir do movimento linear de um pistão. Estas e outras melhorias fizeram com que a máquina a vapor se adequasse às fábricas, cuja maquinaria, de molde a assegurar um funcionamento suave e manter a qualidade do produto, exigia uma potência rotativa que se mantivesse a uma velocidade constante. As máquinas a vapor permitiram aos fabricantes localizar convenientemente as fábricas perto de mão de obra, de transportes e de serviços, ao invés de as estabelecerem em locais onde as quedas de água ou a ação do vento forneciam energia. As máquinas a vapor providenciavam a energia requerida mesmo quando períodos de seca ou de acalmia imobilizavam rodas de água ou moinhos de vento.

Encomendas para estas máquinas começaram a chegar muito rapidamente. Em 1800, quase 500 máquinas a vapor Boulton & Watt estavam instaladas.[68] A empresa também vendia motores nos Países Baixos, em França, nos Estados Unidos e nas Índias Ocidentais. No entanto, a cidade de adoção de Watt, Birmingham, comprou, antes de 1800, apenas duas máquinas (além das adquiridos pelas suas fábricas).[69] Apesar das negras nuvens do fumo de carvão das suas fábricas de ferro e de aço, a cidade tinha ainda pouca necessidade de energia a vapor, não lhe podendo, pois, ser imputado o título de berço da era do aquecimento global. A produção que tinha por base o vapor e o sistema fabril enraizaram-se primeiro em Manchester e no sul de Lancashire, na indústria têxtil do algodão.

A indústria inglesa do algodão surgiu como consequência do comércio com a Índia. No século XVII, os comerciantes europeus importavam tecidos indianos coloridos, dando assim início à moda dos têxteis de algodão. A Companhia das Índias Orientais, seguindo o precedente holandês e português, estabeleceu entrepostos comerciais fortificados e armazéns («feitorias») ao longo da costa indiana, principalmente em Calcutá, Madrasta e Bombaim. Os comerciantes ingleses davam ordem aos intermediários locais para que estes, fazendo uso do clássico sistema doméstico, obtivessem, de pequenos agricultores e de fiandeiros e tecelões da região, tecidos finamente acabados, ainda que em algumas cidades os tecelões semilivres trabalhassem em grandes manufaturas. O enorme e lucrativo comércio do algodão orientou cada vez mais a economia mongol para a exportação.[70] Com um número relativamente pequeno de pessoas radicadas nuns poucos enclaves costeiros, os Ingleses tornaram-se imperialistas quase por acaso. A desintegração do Império Mongol, no século XVIII, criou novas oportunidades. A instabilidade dinástica, um exército gigantesco e uma parasitária classe governante enfraqueceram a capacidade dos Mongóis de controlar, administrar e defender o seu vasto território. O rio de prata e de ouro das Américas que pagava pelas exportações indianas causou inflação e minou as finanças mongóis. Os funcionários da Companhia das Índias Orientais usaram a diplomacia, o suborno e os sipaios indianos para controlar os governantes locais e, lentamente, colocaram o subcontinente sob o domínio inglês. Além dos tecidos de algodão, a Índia, sob a ação da CIO, exportou sal, chá, café, madeiras de lei tropicais como a teca (excelente para a construção naval e mais resistente do que o carvalho ao caruncho e ao teredo), seda e, mais tarde, ópio e juta.[71]

Os Europeus encontraram mercados para o algodão indiano em todo o mundo, da China à América. Os Africanos trocavam escravos por ele. Os proprietários americanos de plantações vestiam os seus escravos com ele. Os Europeus descobriram também os prazeres deste tecido barato, leve e resistente que absorvia os corantes muito melhor do que a lã ou o linho e que, não tingido, era muito mais branco. Alarmadas, as indústrias da lã e do linho pressionaram os governos em Inglaterra, em França e noutros lugares para proibirem ou imporem tarifas sobre as importações de algodão. Inglaterra só permitia a sua produção para exportação.[72] Inglaterra produziu lã e tecidos de linho durante muitos séculos, mas nada sabia da produção de algodão. Fiar, tecer e tingir tecidos de algodão é um processo complexo e laborioso.[73] Duas ondas de refugiados religiosos estabeleceram a indústria algodoeira em Inglaterra. Em meados do século XVI, cerca de 50 000 protestante holandeses e flamengos fugiram para Inglaterra devido à revolta contra Espanha. Os colonos flamengos em Manchester e em Lancashire, antigos centros de produção de lã e de linho, importaram algodão mediterrânico e produziram o primeiro tecido de algodão em Inglaterra. No século XVII, cerca de 80 000 huguenotes imigraram, alguns deles por causa de renovados conflitos religiosos em França depois de 1620, mas a maioria devido à revogação do Édito de Nantes, em 1685. Juntamente com os refugiados protestantes alemães e valões, trouxeram conhecimentos técnicos, capital e as últimas modas.

Sem mecanização, a indústria algodoeira inglesa não poderia competir com a da Índia, onde os salários dos tecelões altamente qualificados eram menos (e em 1790 muito menos) do que um quarto dos salários dos tecelões ingleses e onde o algodão cru local era muito barato.[74] O sistema de patentes relativamente robusto em Inglaterra encorajou um grande número de pequenas invenções que vieram facilitar o trabalho de fabricação de tecidos de algodão e que conduziriam diretamente às fábricas mecanizadas. Os dissidentes (isto é, os puritanos e outros protestantes não-conformistas com a Igreja de Inglaterra) inventaram a maioria dessas melhorias. Lewis Paul, um descendente de huguenotes, desenvolveu a primeira máquina de fiação e de cardagem para os tediosos estágios da preparação. O presbiteriano John Kay, de Bury, em Lancashire, inventou vários melhoramentos na tecnologia de tecelagem, mormente a sua importante invenção de 1733, a lançadeira transportadora, que permitia que um único tecelão fizesse o trabalho de dois homens.[75] Para ajudar a sua mulher a fiar, James Hargreaves, um tecelão de Blackburn, em Lancashire, concebeu, em 1764, a máquina de fiar Jenny[76], uma máquina acionada por energia manual que se assemelha a uma roda de fiar com oito ou mais fusos. Em 1765, o fabricante de perucas presbiteriano Richard Arkwright, de Bolton, em Lancashire, trabalhou juntamente com um relojoeiro para arquitetar uma máquina que fiava um fio mais forte do que o da Jenny, mas que exigia mais energia do que aquela que uma pessoa era capaz de despender. Depois de a experimentar com a força de um cavalo, Arkwright acoplou-a a uma roda de água, daí o nome *máquina de fiar hidráulica*.[77] Com os seus requisitos de potência, a máquina de fiar hidráulica exigia um capital substancial para ser montada, embora muito pouca habilidade para ser operada. Arkwright construiu, em 1771, a primeira fábrica de algodão mecanizada, em Cromford, no Derbyshire, nas imediações do rio Derwent, a primeira de uma série de fábricas que tornaram Arkwright muito rico. Samuel Crompton, de uma influente família de dissidentes de Bolton, combinou elementos da máquina de fiar Jenny e da máquina de fiar hidráulica para, em 1779, criar a *spinning mule*, que produzia fios de melhor qualidade fosse a partir de que fibra fosse, adequada tanto para a urdidura como para a trama. A *spinning mule*, de Crompton, podia produzir em duas horas aquilo que levava dez horas a produzir à mão.[78]

Ao início, a indústria algodoeira indiana não tinha nada a temer dos moinhos de algodão. A qualidade dos têxteis feitos à máquina ficava muito aquém da dos têxteis feitos à mão na Índia. No entanto, nas Índias Ocidentais, nas treze colónias, nos impérios espanhol e português e em África, a consistente qualidade dos tecidos fabricados à máquina em Inglaterra acabou, até certo ponto, por conquistar esses mercados, apesar dos preços mais baixos dos produtos indianos. Após 1830, as máquinas alcançaram uma tal eficiência que as exportações inglesas acabaram por bater os preços dos têxteis indianos, pondo, assim, termo à indústria indiana de exportação de algodão. Em meados do século, os tecidos ingleses começaram a conquistar até mesmo uma parte significativa do mercado doméstico indiano. As exportações inglesas também acabaram com a antiga indústria algodoeira do Império Otomano. A maquinaria dominava agora o mundo dos têxteis.[79]

À semelhança dos Holandeses, os Ingleses retiravam energia gratuita da natureza. As noras alimentaram as primeiras fábricas têxteis. A transição para a energia a vapor foi lenta. As primeiras máquinas a vapor não conseguiam fornecer energia constante, especialmente se a carga mudava quando uma máquina era adicionada ou desconectada do eixo energético. Eram também propensas a parar subitamente. Ambos os problemas afetavam a qualidade do fio. Em 1782, Watt, de modo a suavizar o movimento e evitar paragens repentinas, adicionou um volante ao mecanismo, mas a energia hidráulica permaneceu mais barata e fiável. Os moinhos eram ainda pequenos em comparação com os estabelecimentos futuros e proliferavam nos muitos riachos e colinas do sul de Lancashire, no norte de Cheshire e noutros locais em Inglaterra e na Escócia onde a água se precipitava em declives acentuados.

A energia hidráulica tinha, no entanto, desvantagens. A seca era um problema recorrente. Em cursos de água com mais de um moinho, os moinhos a jusante recebiam água consoante as conveniências daqueles que se encontravam a montante. Por fim, os proprietários tinham de localizar os seus moinhos onde a água fosse suficiente e caísse de alturas suficientemente grandes, por norma, em locais remotos, longe dos mercados, das matérias-primas e da força de trabalho, onde cidades inteiras, incluindo alojamentos e edifícios para indústrias de serviços, tinham de ser construídas a partir do capital disponível. A mão de obra era um problema. Os empregadores precisavam de atrair trabalhadores em número suficiente para locais inconvenientemente situados longe das cidades. Uma greve ou um outro conflito laboral deixaria os proprietários impotentes para negociar ou para encontrar substitutos rapidamente.[80]

Essas questões tornavam a energia a vapor atrativa, pesem embora as suas limitações e o seu custo mais elevado. Manchester, com as suas excelentes conexões marítimas e de canais e com abundantes reservas de carvão, tornou-se «louca por máquinas a vapor»[81], como Boulton relatou a Watt, em 1781. Boulton e Watt venderam a sua primeira máquina a um moinho de algodão, em 1785.[82] Os moinhos têxteis de Manchester, que rapidamente se multiplicaram, eram quase inteiramente alimentados a vapor: os dois moinhos existentes nos anos 1880 passaram a 52, em 1802, e a 99, em 1830. As mesmas correntes oceânicas que traziam o algodão das Américas para Manchester levavam-no também para a Escócia. Em 1830, Glasgow tinha 61 moinhos têxteis alimentados a vapor. Fora da indústria têxtil, os moinhos movidos a vapor continuavam a ser raros. A energia hidráulica ainda emanava algum fascínio e a sua tecnologia continuou a progredir até meados do século XIX.[83]

A Revolução Industrial no estrangeiro

O capitalismo industrial começava agora a sua marcha pelo globo. Por intermédio de vários estratagemas e antes do final do século XVIII, os projetos cuidadosamente guardados da tecnologia têxtil britânica chegaram a França, à Alemanha, a Espanha e muitos outros lugares onde, como em Inglaterra, os têxteis eram há muito fiados e tecidos.[84] Durante uma proibição protecionista do algodão, protestantes suíços, alemães e alsacianos haviam fabricado e contrabandeado têxteis para França. Depois da proibição ter sido levantada, em 1759, eles estabeleceram moinhos na Normandia. Os moinhos têxteis também surgiram na Flandres francesa e na Bélgica, onde o carvão era abundante.

A primeira firma de estampados de algodão foi fundada em Mulhouse, na Alsácia, em 1746. Mulhouse desempenharia um importante papel na indústria do algodão e constituiria o núcleo de uma das mais relevantes zonas industriais de França. Mulhouse era então uma república calvinista independente afiliada à Suíça. Aninhada no rio Ill, entre montanhas, Mulhouse beneficiava de fáceis vias aquáticas de transporte para o Reno e para o Ródano, de campos para branqueamento de tecidos, de água limpa, de madeira abundante, da ausência de barreiras tarifárias e de acesso a casas comerciais suíças situadas em Basileia, em Genebra e em Neuchâtel. Em 1798, os Franceses forçaram uma relutante Mulhouse a integrar França, ainda que os proprietários de fábricas calvinistas tenham mantido o seu poder e independência locais por muito tempo. O estatuto de minoria entre tantos católicos acentuou a ética de trabalho calvinista de trabalho árduo, austeridade e investimento industrial.

As empresas de Mulhouse especializaram-se em desenhos e cores originais, mas precisavam de maiores remessas de tecido. As Guerras Napoleónicas bloquearam a importação de fio britânico barato e promoveram a construção de moinhos usando a abundante energia hidráulica da Alsácia, embora a tecnologia de fiação tenha permanecido primitiva.

Mulhouse e Manchester aprenderam e partilharam conhecimentos uma com a outra, e, em 1812, Mulhouse adotou a energia a vapor. Mais afastada das minas e dos portos do que a Normandia, Mulhouse pagava preços elevados pelo carvão e pelo algodão cru, pelo que privilegiava a qualidade, não a quantidade. Os seus têxteis expulsaram os Ingleses do mercado francês, e, em 1834, Mulhouse exportava já metade da sua produção. Os seus moinhos modernizaram-se e igualaram tecnologicamente os de Inglaterra em meados do século. A produção têxtil nacional francesa ficou em segundo lugar, perdendo, na década de 1840, apenas para a britânica.[85]

A Revolução Industrial alastrou-se aos Estados Unidos. Samuel Slater, antigo aprendiz numa fábrica Arkwright, em Derbyshire, juntou-se em Pawtucket, Rhode Island, a comerciantes com capital oriundo do comércio triangular e, em 1791, abriu o primeiro moinho de fiação movido a água do país, a que se seguiram outros pequenos moinhos que fiavam fios e que davam trabalho de tecelagem a trabalhadores locais. Quando a Lei do Embargo, de 1807, e a Guerra de 1812 interromperam as importações têxteis britânicas, os moinhos de Slater prosperaram e proliferaram. Slater seria também um dos primeiros fabricantes americanos a usar energia a vapor.[86]

Uma vez que Slater não tinha acesso a grandes quantidades de capital ou à tecnologia mais recente, as suas fábricas logo foram ultrapassadas. O bostoniano Francis Cabot Lowell, neto de um pastor puritano, importador de sedas chinesas e de chá e algodão indianos, e destilador de rum de melaço caribenho, regressou, em 1812, de uma visita pelos moinhos britânicos e construiu um tear mecânico aperfeiçoado. Com os seus sócios de Boston, construiu uma fábrica na vizinha Waltham, que, pela primeira vez, punha sob o mesmo teto todas as operações, desde o algodão cru até ao tecido acabado.[87] Após a morte de Lowell em 1817, os seus sócios encontraram uma localização no rio Merrimack com muito maior potencial hídrico e com ligações fáceis através de canais a matérias-primas e mercados. Nomearam a nova cidade fabril de Lowell, no Massachusetts, a primeira de uma série de cidades fabris situadas perto de cataratas, ao longo do Merrimack.[88]

Capitalismo industrial, capitalismo de monocultura e ambiente

A indústria têxtil do algodão teve consequências de grande alcance para o meio ambiente. Os moinhos de algodão eram a última fase de um processo de produção que começava nas plantações esclavagistas das Américas, plantações essas que forneciam muito mais algodão do que a primeira fonte europeia, o Mediterrâneo oriental, alguma vez poderia fornecer. As ilhas açucareiras produziram algumas plantações de algodão, sobretudo em contextos onde a mais valiosa cana-de-açúcar não crescia. As variedades de algodão cultivadas no continente não eram lucrativas até 1793, quando Eli Whitney, formado em Yale e oriundo de uma importante família puritana do Massachusetts, inventou o descaroçador de algodão (ou motor de algodão) que separava as fibras de algodão das suas sementes. Tornadas de repente muito lucrativas, as plantações de algodão multiplicaram-se pelo sul dos Estados Unidos ao longo de meio século, frequentemente em terras que pertenciam aos *Cherokees*, aos *Creeks* e aos *Choctaws*, que haviam sido removidos ou realojados. A produção americana passou de pouco mais de 680 toneladas, em 1790, para mais de 150 000 toneladas em 1830 e mais de 1 030 000 000 toneladas em 1860, quando o Sul cultiva dois terços do algodão do mundo. Cerca de 70 % iam para a Grã-Bretanha. Moinhos britânicos e franceses compravam cerca de 90 % do seu algodão aos Estados Unidos.[89]

A produção de algodão teve um grande impacto no meio ambiente, desde os campos de cultivo até aos moinhos. No negócio que era a monocultura de algodão, a força humana e a animal forneciam a energia, e o solo, a matéria-prima para o produto. No meio de um calor e de uma humidade sufocantes, os escravos limpavam as férteis terras baixas de densos matagais e de vegetação rasteira, depois aravam, plantavam, desbastavam, erradicavam ervas daninhas e parasitas, e colhiam algodão num exaustivo ciclo de um ano. O clima quente e húmido favorecia a proliferação de mosquitos africanos, não nativos daquelas regiões e transmissores da malária e da febre-amarela. O saneamento deficitário e os pés descalços contribuíam para a transmissão de parasitas como as lombrigas. Chuvas frequentes erodiam os solos expostos, especialmente nas encostas. Visto que a maioria dos solos do Sul era velha, os altos rendimentos iniciais rapidamente diminuíram, exceto nas ricas e aluviais terras baixas. A generosidade inicial dos solos virgens, mesmo a do solo mais rico, acabou, com o tempo, por dar lugar a rendimentos decrescentes, à erosão e à diminuição da fertilidade. As despesas de conservação da natureza e de fertilização não compensavam, quando, para oeste, terras não cultivadas continuavam a estar disponíveis. Quando, em 1865, a emancipação pôs fim ao trabalho escravo nas plantações e conduziu ao modelo de parceiros-produtores e de locatários, o sistema entrou em colapso. Os parceiros-produtores e os locatários já não podiam abandonar as terras exauridas e trocá-las por terras férteis recentemente desbravadas, e não dispunham de mão de obra para o fazer mesmo que quisessem. O Sul mergulhou numa espiral de pobreza, e o solo numa espiral de exaustão.[90] Os Britânicos, os Franceses, os Alemães, os Russos e os Japoneses procuraram então, seguindo o modelo americano, estabelecer monoculturas de algodão nas colónias africanas e asiáticas, no Brasil e na Ásia Central russa. Seguiu-se a exaustão e a erosão dos solos.[91]

O fim da indústria manufatureira de algodão produziu outros impactos ambientais. Os moinhos movidos a água afetaram as vias fluviais. Nos rios e cursos de água relativamente pequenos de Inglaterra, da Escócia e da Alsácia, os açudes interferiram com os percursos de peixes anádromos como o salmão, e as represas fizeram a água recuar em prados e campos. Açudes, represas e comportas interferiram com o tráfego fluvial. Múltiplos açudes num único curso de água causaram conflitos entre moinhos a montante e moinhos a jusante.[92] As cidades fabris precisavam de água potável, mas despejavam dejetos humanos e animais e resíduos industriais nos rios. As comunidades a jusante sofriam com epidemias de febre tifoide e de cólera. Nos dias dedicados ao tingimento, os corantes pintavam os cursos de água de cores vivas, ainda que numa era de corantes orgânicos estes não levantassem grandes problemas ecológicos ou de saúde.

O potencial hídrico da bacia hidrográfica do rio Merrimack era descomunal, ocupando sensivelmente a área combinada de todas as bacias hidrográficas de Inglaterra com capacidade para a produção de energia hidráulica.[93] Para assegurar um fluxo de água adequado e conveniente, os investidores extinguiram todos os outros direitos sobre a água e sobre os canais existentes em toda a bacia. Os investidores também represaram e controlaram os lagos a montante do rio, o lago Squam e o enorme lago Winnipesaukee. O rio corria quando as fábricas precisavam de energia e parava de correr quando as fábricas fechavam à noite. Foi manipulado da nascente à foz para funcionar como uma parte da maquinaria do fabrico de algodão. Enquanto recurso público, o rio desapareceu por trás dos interesses privados das corporações.[94]

Comércio e indústria, água e carvão, capitalismo e o ambiente

Os avanços na tecnologia e na técnica abriram o mundo ao capitalismo, ao império, a uma economia global em ascensão, a uma intensificação da utilização de recursos e a uma maior degradação ambiental. A porta de entrada para a riqueza e para o poder estava agora na costa atlântica da Europa, cujo acesso aos ventos e às correntes oceânicas abria muito mais oportunidades do que nos longínquos tempos em que o Mediterrâneo era o centro da economia ocidental. Portugal, Espanha, Holanda, França, Inglaterra, Escócia e mesmo a Dinamarca e a Suécia competiram e lutaram para dominar o comércio mundial. Os povos do noroeste da Europa trouxeram para o empreendimento imperial uma experiência diferente do capitalismo mercantil, uma mentalidade protestante e o oportunismo agressivo dos penetras atrasados para a festa. Os mesmos povos haveriam de criar um capitalismo industrial diferente de qualquer processo de fabrico que existira antes, nascido em regiões protestantes radicais e que, rapidamente, se espalharia pela Europa e pela América do Norte. Plantações e moinhos começaram a alterar paisagens um pouco por todo o mundo.

A Escócia tinha acabado de começar a usufruir dos benefícios do acesso ao império quando Watt nasceu. Em Glasgow, o dinheiro oriundo das monoculturas, as necessidades das minas, o Iluminismo escocês e a cultura presbiteriana juntaram-se numa mescla criativa. Desse meio, surgiu a eficiente e poderosa máquina a vapor de Watt. James Watt e o seu parceiro, Matthew Boulton, morreram ricos. Moinhos em mais de trinta indústrias — de têxteis, cereais, tinturaria, papel, ferro e outras — compraram a máquina a vapor rotativa da Boulton & Watt, com os moinhos de algodão constituindo o grosso dos clientes industriais. A patente de Watt sobre o condensador separado expirou em 1800, mas a sua firma continuou a vender máquinas a vapor, tidas como uma fonte de grandeza nacional, muito depois da sua morte, ocorrida em 1819, aos 84 anos. A expiração da patente desencadeou uma explosão dos até então reprimidos aperfeiçoamentos de engenharia das máquinas a vapor. O mais importante foi a máquina a vapor de alta pressão, que dispensava condensador, podia ser mais pequena e era portátil, a ponto de alimentar barcos e comboios. Nos anos 30 do século XIX, a Revolução Industrial já estava em pleno andamento. O capitalismo acelerou. Assim como os impactos ambientais globais. Um mundo muito para lá de tudo o que Boulton ou Watt alguma vez teriam imaginado estava a nascer.

4.

A ERA DO VAPOR E DO AÇO

Prosperidade e pobreza numa economia globalizada

Andrew Carnegie nasceu em 1835, na cidade de Dunfermline, do outro lado de Edimburgo, no estuário do rio Forth. As suas origens obscuras não faziam prever o seu futuro como o industrial mais rico do seu tempo. Durante uma carreira que abrangeu dois terços do século XIX, Carnegie passaria por ou tocaria quase todos os principais aspetos da evolução do capitalismo industrial, desde a sua infância passada em teares manuais e moinhos têxteis locais até à sua maturidade, na indústria pesada e em grandes corporações. As indústrias telegráfica, ferroviária e siderúrgica, nas quais Carnegie passou da pobreza a um homem imensamente rico, trouxeram à sua era um acrescido impacto ambiental, muito maior do que a industrialização anterior, por vezes chamada de Primeira Revolução Industrial. A mineração de ferro, de carvão e de vários metais que recentemente se havia descoberto serem úteis aumentou rapidamente, tal como aumentou a mineração de metais preciosos, o que manteve em movimento a engrenagem do comércio global. A industrialização criou uma nova procura por guta-percha e borracha, demanda essa satisfeita por vários impérios expansionistas europeus através de plantações em antigas florestas no Sudeste Asiático. E fornalhas de coque e fábricas de aço, como as da Carnegie Steel, escureceram os céus e os pulmões, e poluíram os rios.

William Carnegie, o pai de Andrew, pertencia à próspera comunidade de tecelões de linho de Dunfermline, que imigrantes flamengos ou holandeses haviam estabelecido na Edimburgo do século XVII.

O desenvolvimento do mecanismo de padronização Jacquard para teares, que produzia padrões intrincadamente apelativos, levou a que, por volta de 1825, a produção se deslocasse de Edimburgo para Dunfermline, devido às abundantes fontes de energia hidráulica que aí existiam para alimentar os moinhos de fiação. De qualidade e beleza excecionais, os damascos de linho da cidade constituíam uma importante exportação escocesa. Pelo menos metade dessa produção ia para os Estados Unidos.[1]

Essa época de ouro para os tecelões de Dunfermline terminou sem aviso quando as ligações comerciais globais que tanta fortuna lhes haviam trazido se evaporaram subitamente. Acontecimentos humanos e naturais, sem nenhuma ligação entre si — as aquisições chinesas de ópio, a política dos Estados Unidos, uma erupção vulcânica na Nicarágua —, paralisaram a economia global. Pessoas cujos rendimentos dependiam da produção e do comércio de mercadorias viram as suas vidas profundamente abaladas. Muitos migraram para escapar à pobreza.

A cadeia de catástrofes principiou nas revoluções que, no início do século, dividiram o Império Espanhol na América em repúblicas independentes. As novas nações nem sempre mantiveram a pureza da prata nos pesos que cunhavam. A China, que era onde a maior parte da prata das Américas havia quase sempre acabado, recusou os novos pesos e, em vez disso, começou a pagar pelo ópio indiano com letras de câmbio sacadas do Banco de Inglaterra. Pesos de prata mexicanos fluíam agora para os Estados Unidos, que também estavam cheios de ouro que Inglaterra pagava pelo algodão e por investimentos. Na década de 30 do século XIX, a remoção forçada de *Cherokees*, *Choctaws* e *Creeks* pôs no mercado vastas extensões de terra rica em algodão. A inundação de numerário (moedas de ouro e de prata) inflou uma bolha nos preços da terra, do algodão e dos escravos, e reduziu as reservas de numerário dos principais bancos. Pior ainda, depois de 1833 o governo federal depositou receitas de vendas de terras públicas em bancos estatal mal regulamentados que, por sua vez, começaram a emprestar mais notas de papel do que as suas reservas em numerário poderiam assegurar. A bolha e a moeda em circulação continuaram a inflacionar.

Enquanto isso, o Banco de Inglaterra sofreu uma crise de crédito. Em 1833, a abolição compensada da escravatura feita pela Grã-Bretanha em todo o seu império forçou o Parlamento a pedir emprestados milhões de libras para pagar aos antigos proprietários de escravos. As reservas de numerário do Banco de Inglaterra encolheram. Alarmados, alguns presidentes de bancos culparam os Estados Unidos, aumentaram as taxas de juro e passaram a aceitar apenas numerário de casas comerciais que negociassem com a América. Perante um novo escoamento de numerário, os bancos americanos aumentaram as suas taxas.

Depois, em 1835, o vulcão nicaraguense Cosigüina entrou em erupção. As cinzas lançadas para a atmosfera arrefeceram o clima do hemisfério norte durante três anos. Tanto os Estados Unidos quanto a Grã-Bretanha sofreram más colheitas.[2] De molde a comprar cereais, mais ouro e prata ingleses, saíram para o exterior. Para proteger as reservas cada vez mais reduzidas, o Banco de Inglaterra aumentou novamente as taxas de juro para um recorde de 6 %. O investimento empresarial congelou.

Para deflacionar a bolha especulativa, o governo americano emitiu, em 1836, a *Specie Circular*[3]. Essa lei definia o ouro e a prata, e não o papel-moeda, como único meio de pagamento por terras. Os preços das terras colapsaram. As receitas fiscais despencaram. Os Estados entraram em incumprimento nas suas obrigações. O preço global do algodão caiu abruptamente. As grandes empresas algodoeiras de Nova Orleães foram à falência. Sem reservas que cobrissem as suas notas, os bancos fecharam portas. O colapso da economia americana arrastou consigo a economia global.[4]

Os belos linhos de Dunfermline não tinham compradores. Para agravar os problemas dos tecelões, as melhorias tecnológicas estavam a tornar as suas competências obsoletas. Depois de 1830, as fábricas iniciaram um processo de instalação de teares de ferro fundido Roberts, muito melhores do que os projetos anteriores. Os teares manuais começaram a ficar arrumados a um canto, um pouco por todo o mundo. Os tecelões enfrentaram inúmeras dificuldades ou partiram. Em 1848, os Carnegies pediram dinheiro emprestado a familiares, viajaram para Glasgow e embarcaram num navio com destino à América. Estabeleceram-se perto de parentes, em Allegheny, na Pensilvânia, ao lado de Pittsburgh. Havia mais de um século que a região era um íman para os imigrantes escoceses. Pittsburgh era um centro manufatureiro em franca expansão, com excelentes vias de transporte fluvial para o interior do Oeste e com uma economia em rápido crescimento. Abundantes recursos naturais, ainda em grande parte não descobertos e não explorados, encontravam-se por todo o lado à mão de semear. Era um local com muito potencial e de enormes oportunidades.

Carnegie e o caminho de ferro

Um novo mundo de capitalismo industrial estava a surgir no meio dos bosques e das montanhas da Pensilvânia ocidental, porém, inicialmente, os Carnegies tiraram disso poucos benefícios. William Carnegie não gostava, ou talvez desdenhasse, de empregos fabris. Estabeleceu-se como tecelão, mas teve grandes dificuldades para vender as suas toalhas de mesa de linho. Deve ter-se sentido um fracassado. A vida tinha passado por si e deixara-o com habilidades inúteis e obsoletas. Morreu em 1855, com 51 anos.[5]

Por seu turno, o seu filho mais velho, Andrew — que tinha doze anos quando imigrou e dezanove quando o seu pai morreu — aproveitou com entusiasmo a multiplicidade de oportunidades oferecidas por uma nação que se lançava impetuosamente nos primeiros estágios da industrialização. À medida que Andrew Carnegie crescia, uma era do vapor e do aço ia deixando para trás o tempo dos moinhos têxteis. Em Pittsburgh, que havia um século não aparecia em nenhum mapa, o jovem Andrew Carnegie embarcou num foguetão económico no preciso momento em que ele estava a descolar. O foguetão levou-o mais alto do que a qualquer outra pessoa da sua geração.

A boa sorte acompanhou Andrew Carnegie sob duas perspetivas. Em primeiro lugar, imigrou em 1848, nas vésperas de uma expansão económica global. Nesse ano, fora descoberto ouro na Califórnia, por altura da sua anexação aos Estados Unidos, e a primeira grande corrida ao ouro do século começou. O mundo emergiu da escassez de numerário criada pela Depressão de 1837 e, aos solavancos, roncou para um futuro industrial. Nos cinquenta anos seguintes, entrou mais ouro na economia global do que nos 3000 anos anteriores. Até à década de 1880, houve, no Nevada e na Califórnia, corridas ao ouro quase constantemente; quarenta corridas ao ouro no Colorado, no Wyoming e em Montana; vinte e oito corridas ao ouro na Austrália, entre 1851 e 1894; cinco na Nova Zelândia, depois de 1857; uma na Colômbia britânica, em 1858, uma na Lapónia, em 1868, uma na África do Sul, em 1886, e uma na Rodésia do Sul (atual Zimbabué), em 1890; periodicamente, entre 1877 e 1900, houve corridas na Costa do Ouro; e houve também uma gigantesca corrida ao ouro no Klondike, Canadá, e no Alasca, depois de 1896.

Todo esse ouro mudou a economia global. Só o ouro da Califórnia contribuiu com 1,4 mil milhões de dólares. Em 1902, um repórter que cobria assuntos mineiros calculou que o ouro acrescentava cerca de 70 milhões de libras por ano. Em 1816, o Banco de Inglaterra tinha adotado o ouro como padrão único. Vários fatores levaram a que muitas outras nações, depois de 1870, seguissem o modelo de Inglaterra.[6] Contudo, o padrão-ouro causou problemas económicos, mormente porque expulsou de circulação a moeda de prata e causou deflação. Ainda assim, a economia mundial cresceu a um nível constante, se bem que à custa do horrível tratamento imposto aos povos nativos das regiões em que havia corridas ao ouro, de tremendas alterações sociais, da confusão provocada pelas corridas ao ouro e da destruição ambiental causada pela mineração hidráulica e pelo mercúrio.[7]

O segundo golpe de sorte de Carnegie foi emigrar para uma região de cultura escocesa, «a mais bem-sucedida colónia de cultura escocesa no hemisfério ocidental».[8] Embora os Carnegies preferissem o swedenborgianismo ao presbiterianismo, em temperamento e valores pouco se desviavam das normas culturais escocesas. Em Pittsburgh e nos seus arredores, vivia uma série de parentes, escoceses e escoto-irlandeses, que poderia ajudar Carnegie e a sua família.

No primeiro emprego de Carnegie, ele trabalhava doze horas por dia como bobinador num moinho têxtil pertencente a um seu colega escocês. O jovem Carnegie era um rapaz brilhante e sociável, tendo apenas uma educação básica, mas um enorme amor pela leitura e um inabalável desejo de autoaperfeiçoamento. Um escocês da empresa que fazia as bobinas contratou o rapaz para cuidar de uma máquina a vapor. Carnegie logo foi promovido a guarda-livros a tempo parcial, uma capacidade que ele havia desenvolvido em aulas noturnas. Um ano mais tarde, o gerente escocês de uma empresa de telégrafos contratou Carnegie como entregador de telegramas. Durante os seus tempos de folga, aprendeu a operar um telégrafo, o que o levou a um emprego como operador de telégrafo. Saiu-se tão bem que o superintendente da divisão escoto-irlandesa dos caminhos de ferro da Pensilvânia, Thomas Scott, o contratou, em 1853, como seu operador de telégrafo pessoal.[9]

Carnegie deixou para sempre o reino das bobinas e dos têxteis, e entrou no novo mundo do telégrafo e do caminho de ferro.

O espantoso telégrafo

Em Pittsburgh, uma cidade fundada havia não muito tempo, Carnegie testemunhou a alvorada da comunicação eletrónica moderna e dos transportes a vapor. «O General Robinson, a quem enviei muitas mensagens telegráficas, foi a primeira criança branca nascida a oeste do rio Ohio», recordou ele. «Vi a primeira linha telegráfica estendida do Leste para a cidade; e, numa data posterior, vi também a primeira locomotiva, dos caminhos de ferro de Ohio e Pensilvânia, trazida por canal desde Filadélfia e descarregada de uma chata na cidade de Allegheny.»[10]

O telégrafo parecia algo quase milagroso, porquanto as pessoas viam «máquinas inanimadas [...] mexerem-se e [...] ouviam-se de uma forma inteligível, fosse a que distância fosse, com enorme rapidez».[11] No que diz respeito à velocidade de comunicação, o impacto revolucionário do telégrafo equipara-se à importância que a primeira impressão de Johannes Gutenberg, em 1450, e a invenção da própria escrita tiveram para a história e para o desenvolvimento económico. O primeiro telégrafo elétrico resolveu um problema que os caminhos de ferro tinham. Conforme o tráfego ferroviário aumentava, a coordenação de comboios que se deslocavam em direções opostas exigia uma comunicação rápida entre estações, de forma que se prevenissem acidentes e se evitassem atrasos ainda mais inconvenientes para as composições que tinham de esperar por um outro comboio atrasado em relação ao seu horário. Os novos desenvolvimentos na ciência da eletricidade vieram permitir que os inventores aprendessem a transmitir eletronicamente códigos ao longo de fios. No final da década de 1830 e ao longo do decénio de 1840, a Grã-Bretanha adotou o sistema de dois fios de Cook e Wheatstone, no qual os impulsos eletrónicos faziam mover uma agulha na extremidade recetora que apontava para uma letra num mostrador. Em 1837, o americano Samuel F. B. Morse inventou, de forma independente, um sistema de fio único, mais simples e que usava impulsos curtos e longos («pontos» e «traços») como se de um código alfabético se tratasse.

Os Britânicos viam o telégrafo como um sistema de mensagens público, como o correio. Os serviços postais estatais absorveram as primeiras empresas de telégrafos em 1869. Os Americanos associaram o telégrafo aos caminhos de ferro privados e permitiram que um monopólio privado único, a Western Union, adquirisse através de compra todos os concorrentes, coisa que fez até ao final do ano de 1868. Ao longo do século XIX, e como consequência direta desse facto, quatro em cada cinco telegramas americanos tratavam de negócios, ao passo que, em Inglaterra, uma proporção semelhante de telegramas servia objetivos pessoais. A demanda empresarial incentivou as companhias americanas a levantarem linhas telegráficas muito antes dos caminhos de ferro, como testemunhou Carnegie em Pittsburgh. Em 1851, as linhas telegráficas ligavam todas as principais cidades da nação, de Boston a Nova Orleães e a St. Louis, sendo São Francisco também contemplada em 1861.[12] Tendo em conta o tamanho da América, com enormes distâncias a serem percorridas, as distintas regiões económicas e o mercado nacional, o telégrafo veio equalizar um pouco as diferenças regionais de preços, eliminando intermediários, possibilitando uma melhor gestão dos estoques e uma melhor acessibilidade a preços de mercadorias e a situações financeiras. As últimas notícias espalhavam-se rapidamente por toda a nação.[13]

Ao aproximar as pessoas (e os impérios), o telégrafo oleou as engrenagens do comércio global. As potências imperiais europeias levantaram linhas telegráficas para as suas colónias e ao longo delas — até 1865 e só na Índia, quase 27 500 quilómetros de linhas telegráficas. As capitais podiam obter informações relativas a colónias distantes e transmitir imediatamente as suas instruções. As políticas centrais tornaram-se mais eficazes, e a liberdade de ação local, mais limitada. Na guerra, o telégrafo contribuiu para a supressão, por parte de Inglaterra, da Revolta dos Sipaios (ou Rebelião) de 1857 e foi um fator crucial na Guerra Civil Americana, de 1861 a 1865. Motivos comerciais, não de interesse nacional, estimularam, após 1866, a instalação bem-sucedida de cabos transatlânticos. Os cabos telegráficos subaquáticos ajudaram a estabilizar os preços internacionais e a expandir o comércio.[14]

Enquanto o telégrafo prestava um serviço essencial às economias capitalistas, a sua construção e operação desencadearam grandes avanços na organização industrial. O telégrafo exigia um capital significativo, emprego assalariado, contabilidade e uma supervisão rigorosamente coordenada de operações a grande distância, muito para lá de tudo o que qualquer empreendimento capitalista alguma vez exigira na história da humanidade.[15]

O telégrafo e o ambiente: cobre

Com o telégrafo, a humanidade deu o primeiro passo em direção à adoção mundial da eletricidade como energia destinada a fins comunicacionais e a muitos outros processos industriais, com os consequentes impactos ambientais que daí advieram. A «rede de fios»[16] (como o irmão de Morse lhe chamou), através da qual Carnegie enviava impulsos elétricos quando o seu dedo batia na tecla, requeria recursos naturais de todo o mundo.

Os telégrafos precisavam de fios de cobre para transportar os sinais elétricos. Graças à crescente produção de cobre no País de Gales, a Grã-Bretanha era, em 1800, o maior produtor do mundo e, em 1856, fornecia metade do cobre mundial. A sociedade pagou um preço ambiental elevado. O fumo produzido pelas fundições continha dióxido de enxofre, um gás venenoso, encontrando-se, por vezes, também presente ácido fluorídrico e metais pesados como o arsénio. Esse fumo matou a vegetação que se encontrava nas proximidades das fundições, sendo que esses resíduos, ao revestirem a vegetação que os animais comiam, se acumularam em ecossistemas e corpos.[17] Em 1862, um observador ressaltava: «A região colada a Swansea [País de Gales], que se encontra sujeita à influência direta e concentrada do fumo proveniente da fundição do cobre, é inteiramente desprovida de vegetação; as encostas não têm sobre si uma folha de erva, estão convertidas numa massa de fragmentos de cascalho e pedras.» As águas residuais prejudicaram a pesca do salmão. Mesmo finda a extração mineira, permaneceram montanhas de cobre tóxico e de escória de arsénio.[18] No final do século XIX, a produção de cobre diminuiu na Grã-Bretanha, aumentando então na América Latina, particularmente no Chile (que seria, a curto trecho, o maior produtor mundial) e em Cuba.

Os Estados Unidos extraíam o seu próprio cobre. Depois que a descoberta de ouro em terras *Cherokee*, nos Apalaches, levou à remoção forçada desta tribo na década de 1830, os garimpeiros de ouro encontraram, em 1843, veios de cobre no sudeste do Tennessee. A quantidade e a qualidade do minério pagavam amplamente o seu carregamento para fundições em Boston e em Swansea. Em 1850, a ferrovia chegou a Cleveland, no Tennessee, percorrendo um caminho que antes se fazia através de uma estrada de tábuas com mais de 50 quilómetros. O carvão vegetal das florestas montanhosas alimentava meia dúzia de fundições que forneciam cobre à indústria de Cleveland, isso até que a Guerra Civil pôs fim à produção. Com o seu elevado teor de enxofre, o minério do Tennessee exigia que fosse ustulado a elevadas temperaturas, processo esse em que o minério era empilhado no topo de uma pira de lenha à qual se ateava fogo. Cada pira produzia, talvez, mais de 450 000 toneladas de gás sulfúrico. Além dos danos na vegetação e nos pulmões, a madeira necessária para ustular e o carvão vegetal para as fundições esvaziaram de árvores as montanhas circundantes. Nos anos 70 do século XIX, a escassez de madeira encerrou uma era de produção do pós-guerra.[19]

No Michigan, encontrava-se o maior depósito de cobre nativo do mundo, com massas de metal puro tão grandes que podiam ir até 15 × 6 × 3 metros.[20] A descoberta de outras jazidas de minério, ainda que de qualidade inferior, e a abertura de eclusas que contornavam as cataratas de Sault Ste. Marie, entre os lagos Superior e Huron, levaram, na última metade do século, a um aumento na produção. Depois de outras minas serem abertas no Oeste, os Estados Unidos passaram a produzir mais cobre do que qualquer outro país. De forma a reduzir o volume enviado para as fundições, os mineiros do Michigan esmagavam, nas próprias minas, as rochas que continham o minério. Para concentrar o cobre, copiosos caudais de água lavavam intensivamente a rocha esmagada, transportando no seu fluxo, rio abaixo ou para um lago, a «areia que sobrava do processamento do minério». Como o minério era relativamente puro, as fundições não produziam o perigoso fumo sulfúrico. À medida que a tecnologia de fundição melhorou, e de forma a extraírem os resíduos de cobre que ainda se encontravam nessas areias, as empresas passaram a recuperá-las e a reprocessá-las, despejando as areias mais finas de volta nos lagos. Por cada tonelada de cobre retirada da rocha do Michigan, trinta e duas toneladas de areia e dois terços de tonelada de escória permaneciam nos locais de britagem. Os metais pesados tóxicos dos resíduos têm vindo a lixiviar a água e o meio ambiente desde então.[21]

As primeiras fundições de cobre americanas em Baltimore e em Boston situavam-se longe das minas do Tennessee e do Michigan. Em 1848, foi fundada, em Pittsburgh, uma firma de organização vertical que combinava minas, fundições e fábricas de produção e laminação. Outras fundições logo se seguiram no oeste da Pensilvânia, mas a cidade de Detroit, fundada pela mentalidade inovadora dos oriundos da Nova Inglaterra e localizada nas rotas de transporte do cobre, fundia, por volta do ano de 1861, 40 % do cobre americano.[22]

O telégrafo e o ambiente: eletricidade

Até serem substituídas pelos dínamos na década de 1890, as baterias criavam a eletricidade que transportava pontos e traços ao longo de muitos quilómetros. As baterias funcionavam através da imersão de zinco, cobre e, por vezes, mercúrio em ácidos ou soluções de sulfato de zinco e sulfato de cobre, sendo as pilhas colocadas em recipientes de teca revestidos com uma tinta marítima feita de borracha e de nafta. Um enorme número de baterias alimentava os fios telegráficos. Só em Londres a Central Telegraphic empregava 20 000 pilhas. O ácido precisava de ser mudado duas vezes por semana, sendo presumivelmente despejado no curso de água mais próximo. Os vapores impregnavam os postos de telégrafos.[23]

O zinco para as baterias (e para a indústria, após o desenvolvimento, em 1837, da galvanização) provinha de minas. O minério de zinco era geralmente encontrado com chumbo e, por vezes, com um pouco de prata ou de cobre, pelo que, frequentemente, as fundições de zinco e de chumbo se situavam próximas umas das outras. O zinco de Inglaterra vinha de antigas minas de chumbo, localizadas ao longo dos montes Peninos, bem como de minas menos ricas situadas no Sudoeste, no País de Gales, em Shropshire, na Escócia e na Ilha de Man. No século XVIII, foi desenvolvido um processo que permitia que o zinco fosse fundido a partir do entulho de minas de chumbo. Os mineiros padeciam de problemas de saúde crónicos devido à inalação de pó de sílica nos poços das minas.[24] A fundição produzia um venenoso gás de dióxido de enxofre e nocivos vapores de chumbo. As minas e as fundições de zinco na Silésia, na Bélgica, na Suécia, na Hungria, em França, em Espanha e noutras partes da Europa superaram, em meados do século, as de Inglaterra.[25]

Por falta de perícia e de capital, os Americanos não fundiram quase nenhum zinco antes de 1850; após isso, a produção aumentou nas minas de Nova Jérsia e na Pensilvânia. Em meados da década de 1850, os quacres da Pensilvânia desenvolveram uma maneira mais barata de fundir zinco, usando antracite. A produção aumentou.[26] A oeste, na área sem sedimentação glaciar[27] de Illinois-Wisconsin e no Cinturão de Chumbo do Missouri, os mineiros encontraram o maior depósito mundial de galena, uma fonte de chumbo e de zinco. Depois de 1799, apareceram as primeiras fundições de chumbo em Potosí e em Herculaneum, no Missouri.[28] Após 1820, sulistas com rudimentares conhecimentos de mineração trouxeram escravos para a área sem sedimentação glaciar mencionada e cavaram cerca de 2000 poços de mineração. Henry Rowe Schoolcraft denunciou a porcaria ambiental. Ele viu-se: «serpenteando por poços, por entre montes de cascalho, de espato e de outro lixo que se ia, continuamente, acumulando nas minas, onde já pouco chão restava para a passagem segura de um viajante, viajante esse que estava em constante perigo por causa de escavações mal assinaladas e da possibilidade de cair em poços».[29] Os Estados Unidos exportavam chumbo em 1841, ocupando, em 1845, o primeiro lugar na produção global, se bem que a produção dessa zona tenha decaído, porque a madeira utilizada como combustível nas fundições havia acabado em 1842.

Grandes quantidades de zinco jaziam nas profundezas das minas de chumbo do Missouri, minas essas que, após a Guerra Civil, em conjunto com os depósitos existentes numa outra região rica em chumbo do sudoeste do Missouri, ofuscariam a produção do pré-guerra.[30] Na segunda metade do século XIX, outras minas de chumbo e de zinco haveriam de abrir no oeste americano, juntamente com a enorme jazida de Broken Hill, na Austrália. A extração e a fundição de minérios de chumbo e de zinco conduziram a uma contaminação generalizada por arsénio e minerais residuais como o cádmio, que, lado a lado com o zinco e o chumbo, migraram para os solos e para a água e se bioacumularam nos animais, nos peixes e nos crustáceos que as pessoas comem. Os mineiros despejavam os resíduos nos cursos de água, que, por sua vez, contaminavam os campos, matando o gado e os peixes, o que levantou a ira (e processos judiciais) dos agricultores que tinham as suas explorações a jusante.[31]

O telégrafo e o ambiente: isolamento

Os fios e os cabos de cobre necessitam de isolamento elétrico, o qual era fornecido por árvores tropicais no Brasil e nas colónias do Sul da Ásia e do Sudeste Asiático. Em 1847, Werner von Siemens, um alemão, revestiu um cabo telegráfico com guta-percha, um produto proveniente de uma árvore nativa do Sudeste Asiático, em vez de o fazer com algodão ou com cânhamo envoltos numa camada de alcatrão. Desde 1656 que os Europeus conheciam a guta-percha como uma substância dura e parecida com a borracha, mas à qual faltava a resiliência e a elasticidade desta última. Em 1832, um trabalhador malaio ensinou a William Montgomerie, um cirurgião escocês da Companhia das Índias Orientais, como imergir a guta-percha em água quente, de molde a torná-la maleável, antes de a transformar em objetos úteis, um processo que seria promovido por Montgomerie na Europa. Colónias britânicas, holandesas, francesas e espanholas localizadas no Sudeste Asiático e na Tailândia forneciam guta-percha em bruto que as fábricas europeias transformavam em produtos que precisassem de ser impermeáveis ou resistentes ao ácido, objetos que hoje em dia seriam de plástico. Após a descoberta de Siemens, a guta-percha passou também a revestir os fios dos telégrafos.

Ao contrário da borracha, que é extraída sem necessidade de matar a árvore, a guta-percha reside no seu durame. Grupos de trabalhadores enfrentavam sanguessugas, insetos, tigres e cobras para poderem alcançar as pequenas matas de guta-percha, situadas nas profundezas da selva; construíam, então, plataformas para derrubar árvores que podiam ter entre quatro e cinco metros de altura, faziam incisões nos troncos e drenavam lentamente o látex, a maioria do qual permanecia inacessível no tronco da árvore agora morta. Uma árvore de mais de dezoito metros rendeu cerca de 310 gramas de látex. Em 1900, só os cabos submarinos haviam exigido um total de cerca de 27 000 toneladas de guta-percha, para as quais talvez tenham sido derrubados 88 milhões de árvores. Embora as plantações de guta-percha tivessem começado a aparecer na viragem para o século XX, apenas a adoção generalizada da telegrafia sem fios, depois de 1900, impediu o extermínio dessa árvore.[32]

A borracha era outro excelente isolante usado na manutenção da temperatura ambiente, ainda que amolecesse com o tempo quente e endurecesse e rachasse com o frio. Em 1839, Charles Goodyear, do Connecticut, aperfeiçoou a vulcanização da borracha com enxofre e calor. O processo tornou a borracha adequada para isolamento elétrico, bem como para tecidos resistentes a intempéries, correame, certos equipamentos médicos, mangueiras, juntas e, após o desenvolvimento por parte do escocês John Boyd Dunlop, em 1888, da primeira versão funcional, pneus pneumáticos.[33]

A procura por borracha aumentou rapidamente. Durante todo o século XIX, as árvores selvagens da Amazónia, no Brasil, forneceram toda a borracha do mundo. Dezenas de milhares de trabalhadores endividados enfrentaram cobras, malária, doença de Chagas e leishmaniose para extraírem a borracha. No pico da sua produção, a borracha representava 40 % das receitas de exportações do Brasil. Em 1830, a Grã-Bretanha importou 220 quilogramas; em 1857, mais de 9000 quilogramas e quase 59 000 quilogramas em 1874, quando a sua aplicação à cablagem telegráfica se tornou comum. Depois de 1900, os Ingleses e os Holandeses estabeleceram com sucesso plantações de borracha, trabalhadas por mão de obra cúli no Sudeste Asiático, o que expandiu drasticamente a produção de borracha e a tornou disponível a baixo custo. As plantações de borracha logo se espalharam na Indochina francesa e na Libéria. Essas monoculturas de borracha tiveram impactos ambientais relevantes. Substituíram grandes extensões de florestas nativas, fizeram diminuir a biodiversidade e causaram uma significativa erosão.[34]

Industrialização e imperialismo

As colónias do Sudeste Asiático desempenharam, assim, um papel vital na industrialização. As mais antigas, as Índias Orientais holandesas, haviam crescido, a partir de pequenos empreendimentos sob a liderança da VOC, até que os problemas financeiros da empresa levaram o governo holandês a assumir o controlo, em 1800. A VOC governara unicamente sobre as partes das ilhas que obtinham lucros, mas o governo expandiu continuamente a sua zona de controlo. Estabeleceu também infraestruturas de desenvolvimento, incluindo estradas transitáveis em todas as condições meteorológicas, serviços postais, telégrafos e ferrovias, e encorajou o extenso cultivo do açúcar, do café, do chá, do ópio, do algodão, do tabaco, da borracha e do óleo de palma, desenvolvendo posteriormente minas de estanho e campos de petróleo.[35]

A Malásia do século XIX permaneceu na sua maioria não-colonizada, com exceção feita à região de Singapura e a alguns entrepostos comerciais da EIC[36] e da VOC. Milhares de chineses imigraram, fugindo da guerra e da pobreza mais profunda, esperançosos de lucrar com produtos florestais como a guta-percha. Os Chineses dominaram o comércio, a mineração de estanho e a agricultura de monocultura, mas dizimaram uma ecologia florestal que uma exploração muito menos intensiva mantivera praticamente incólume durante séculos. Inglaterra contentou-se com estabelecer protetorados e com intervir, ocasionalmente, para assegurar a estabilidade. No final do século XIX, os receios de uma colonização alemã levaram a Grã-Bretanha a alargar o seu controlo e a substituir economicamente os Chineses. A procura industrial europeia por estanho havia aumentado muito para lá da capacidade das fontes europeias, maioritariamente minas situadas na Cornualha. A importância estratégica das minas de estanho na Malásia britânica e nas Índias Orientais holandesas cresceu. Fosse ela chinesa, britânica ou holandesa, a verdade é que uma tíbia governação havia encorajado uma exploração irresponsável do estanho e que visava o lucro imediato, deixando para trás, depois dos minérios se esgotarem, encostas esburacadas e erodidas, enquanto as florestas tropicais desapareciam pelas chaminés das fundições. Tão destrutivas do ponto de vista ecológico como as outras, as minas a céu aberto multiplicaram-se no final do século XIX. A mineração hidráulica assoreava rios, e cidades a jusante eram frequentemente inundadas.[37]

Carnegie, contudo, opor-se-ia ao imperialismo. Acreditava que, mais do que beneficiar, este prejudicava os negócios. Após a Guerra Hispano-Americana de 1898, Carnegie fez campanha contra o imperialismo americano. Derrotado, virou os seus esforços para a guerra britânica contra os bóeres, na África do Sul, com o mesmo insucesso. Carnegie nunca deixaria de pressionar os presidentes republicanos para que estes concedessem a independência às Filipinas.[38]

O maravilhoso caminho de ferro

Foram os caminhos de ferro que empregaram Carnegie como operador de telégrafo. O rápido crescimento dos caminhos de ferro, mais do que o próprio telégrafo, elevou quer Carnegie quer a economia mundial a novos patamares. No âmbito terrestre, os caminhos de ferro equivaleram ao avanço que as caravelas e as carracas portuguesas representaram para o comércio oceânico. Sem transportes marítimos e terrestres baratos e fiáveis, o capitalismo industrial morreria à míngua de recursos e mercados.

Os caminhos de ferro foram a dádiva da energia a vapor. As máquinas a vapor haviam inspirado sonhos de transportes movidos a vapor. As máquinas a vapor móveis tiveram, no entanto, de esperar pelo término do monopólio da patente de Watt e pelos avanços na metalurgia. Em 1802, Richard Trevithick, um engenheiro de minas da Cornualha, projetou um motor a vapor de alta pressão pequeno o suficiente para alimentar uma carruagem ou um barco. Pouco tempo depois, as locomotivas transportavam já carvão das minas de Coalbrookdale, do sul do País de Gales, de Newcastle e de Leeds, para zonas portuárias ou mercados. George Stephenson e o seu filho Robert, de Newcastle, projetaram as primeiras locomotivas para os caminhos de ferro públicos. A locomotiva Rocket, de 1829, uma conceção de Robert para os caminhos de ferro de Liverpool e de Manchester, revolucionou o transporte ferroviário. O público começou a circular nos seus comboios logo no ano seguinte, empolgando-se com a alucinante velocidade de pouco mais de 48 quilómetros por hora.

A imaginação popular acolheu o caminho de ferro com muito mais entusiasmo do que alguma vez o fizera relativamente aos canais. Os canais ainda tinham a sua importância, mas os caminhos de ferro eram mais rápidos, se bem que mais caros, e as linhas férreas podiam ser colocadas onde a água era insuficiente ou os declives demasiado íngremes para os canais. Assim como a mania inglesa da construção de canais se havia espalhado pelo continente e pelos Estados Unidos, uma fúria semelhante espalhou-se em relação aos caminhos de ferro. De uma forma surpreendentemente rápida, a Bélgica havia dado início à sua industrialização em 1817, tendo o rei e o governo holandês (que governaram a Bélgica até 1830) dado a John Cockerill, um industrial de Lancashire, capital para construir uma siderurgia de organização vertical perto de uma mina de carvão. Cockerill construiu a primeira locomotiva a vapor do continente e, em 1835, levantou o seu primeiro caminho de ferro.[39] Em meados do século, o governo belga tinha construído a rede ferroviária mais densa da Europa, o que facilitou em muito o rápido desenvolvimento industrial num Estado que era rico em carvão. Em breve, também os Alemães projetariam e construiriam locomotivas. Outras nações europeias seguiram-nas a um ritmo mais lento. Fora da Europa, a Grã-Bretanha começou a levantar ferrovias na Índia. Na segunda metade do século, os Europeus construíram linhas férreas em possessões coloniais em África e na Ásia. Outras nações asiáticas e latino-americanas estavam, no final do século, a construir caminhos de ferro com apoio e equipamentos de engenharia europeus ou americanos.

Vivendo num país grande, escassamente povoado e com governos fracos ou ineficazes, os Americanos construíram ferrovias num rompante eufórico, sem planeamento ou regulamentação central, muitas vezes perigosas e, por vezes, até mesmo desnecessárias. Em 1825, de forma a transportar carvão ou cantaria, algumas companhias começaram a construir linhas férreas nas minas, sendo os vagões puxados por cavalos ou por locomotivas inglesas. Os caminhos de ferro de passageiros apareceram quatro anos mais tarde. Pouco depois, os Americanos estavam a produzir as suas próprias locomotivas, locomotivas que nessa nação densamente arborizada queimavam geralmente madeira ao invés de carvão. Em 1840, os Estados Unidos possuíam mais quilómetros de linha férrea (quase 5400 quilómetros) do que toda a Europa junta (não chegavam aos 3000 quilómetros), um fosso que só aumentou, com mais de 48 000 quilómetros de trilhos por volta de 1860, apenas nos Estados Unidos. Filadélfia, que não dispunha de vias fluviais para o Oeste,

Fig. n.º 6: Utagawa Kuniteru. Ilustração de uma locomotiva a vapor circulando na linha férrea de Takanawa, em Tóquio, 1873. O caminho de ferro transformou as economias e a vida quotidiana em todo o mundo. A conclusão dos caminhos de ferro de Takanawa, em 1872, marcou o início da industrialização do Japão. A via-férrea fascinou o público e foi frequentemente retratada na arte. (Metropolitan Museum of Art JP3270. Oferta de Lincoln Kirstein, 1959)

em franco desenvolvimento, emergiu como o principal eixo ferroviário, sobretudo depois de os caminhos de ferro da Pensilvânia terem, em 1854, ligado através das montanhas Filadélfia a Pittsburgh.[40]

A máquina a vapor também começou a substituir a antiga tecnologia de navegação à vela. Os barcos a vapor podiam navegar rio acima, em períodos de calmaria ou contra um vento desfavorável. Em 1807, Robert Fulton projetou e construiu com sucesso o primeiro barco a vapor comercial, alimentado por um motor Boulton e Watt, realizando uma viagem de aproximadamente 200 quilómetros pelo rio Hudson, de Nova Iorque a Albany, término do canal Erie. A inigualável rede de rios navegáveis da América transformou-se em vias de comércio. Na década de 50 do século XIX, mais de 700 grandes barcos a vapor serviam as imensas bacias hidrográficas dos rios Mississippi, Missouri e Ohio.[41]

Algumas décadas depois de Fulton, os navios a vapor começaram a percorrer com regularidade os mares. Não dependendo já das correntes oceânicas e dos ventos, navegavam por rotas muito mais curtas e rápidas. A sua adoção foi lenta, porquanto esses barcos tinham de carregar a sua própria fonte de energia, que era pesada e volumosa, e reabastecer no final de cada viagem. Esses inconvenientes incentivaram o desenvolvimento de motores mais eficientes e a utilização da mais energética antracite, um tipo de carvão de carbono quase puro que queima a temperaturas muito elevadas e muito lentamente, que deixa poucas cinzas e quase não produz fumo. Os depósitos de antracite, no entanto, raramente existem perto de vias navegáveis. A Grã-Bretanha e outras potências coloniais tiveram de enviar carvão para estações de carvão estrategicamente colocadas. Até ao final do século, a maior parte dos navios a vapor de longo curso tinha mastros e velas como energia auxiliar, a fim de poupar combustível e de se prevenir contra a escassez de carvão.[42]

O impacto do transporte a vapor na economia global foi monumental. Nos Estados Unidos, os comboios e os barcos a vapor reorganizaram a economia. Várias regiões do país especializaram-se economicamente. Os Estados esclavagistas do Sul produziam algodão para as fábricas da Nova Inglaterra e da Grã-Bretanha. Os cereais dos Estados do Centro-Oeste alimentavam o Sul e as cidades em crescimento do Leste. Muito do cereal americano e a maior parte do seu algodão iam também para a Grã-Bretanha. O caminho de ferro e os barcos a vapor ligaram quase todos os americanos à economia de mercado. Comerciantes que antes olhavam para o outro lado do Atlântico em busca de mercados voltavam agora cada vez mais o seu olhar para o interior.[43]

Fig. n.º 7: Currier & Ives. «The Progress of the Century», 1876. Comemorando um século de mudanças desde a independência americana, esta litografia ilustra a forma como a industrialização transformou dramaticamente a vida quotidiana. A prensa movida por uma corrente de couro e uma roldana alimentadas por uma máquina a vapor imprimem livros e jornais a baixo custo, expandindo a literacia. O telégrafo ocupa o centro do palco, enquanto uma porta aberta enquadra a vista de uma locomotiva a vapor, de um barco a vapor e de um moinho movido a vapor, todos emblemas de uma nova era da civilização movida a vapor. Na fita do telégrafo, citações da Bíblia e de Daniel Webster exaltam o cristianismo e a preservação dos Estados Unidos na Guerra Civil. (Metropolitan Museum of Art 63.550.377. Doação de Adele S. Colgate, 1962)

Vapor e aço

Os caminhos de ferro da Pensilvânia seria o caminho de Carnegie para a indústria do aço. Nada promoveu tanto a expansão e a inovação na indústria do ferro e do aço quanto a ferrovia. Pesadas locomotivas de ferro puxavam vagões com armações de ferro e pneus de aço e percorriam dezenas de milhares de quilómetros de carris de aço sobre pontes e viadutos de ferro. Mas a procura ferroviária era apenas a primeira de uma lista em rápida expansão de novas e crescentes necessidades industriais. Os motores a vapor passaram a trabalhar para escavadoras a vapor, cilindros a vapor, tratores a vapor e outras ferramentas industriais movidas a vapor. Após a década de 1830, os construtores navais fizeram experiências com cascos de ferro e componentes de navios e, no final do século, abandonaram quase por completo a madeira, que era utilizada na maioria dos navios. Utensílios, ferramentas e maquinaria em ferro fundido proliferaram na vida quotidiana da Europa e da América. Os usos domésticos para produtos de ferro e de aço também se multiplicaram, transformando a vida e o trabalho. As estruturas de ferro das camas, bem como as suas molas, também de ferro, dissuadiam os insetos. Fogões, utensílios e engenhocas de ferro invadiram as cozinhas. A maquinaria agrícola de ferro revolucionou a agricultura e diminuiu a dependência em relação a trabalhadores. Motores a vapor moviam equipamentos agrícolas como debulhadoras. No final do século, tratores a vapor arrastavam-se pelos campos americanos. A produtividade agrícola aumentou rapidamente. Para satisfazer a procura, a produção industrial de ferro e de aço teve de crescer. Nascia uma nova Idade do Ferro.

Sempre pronto a agarrar novas oportunidades, Carnegie complementou as suas funções como operador telegráfico pessoal de Scott, atuando também como seu secretário e assistente. Junto com o trabalho, surgiram algumas oportunidades de investir em negócios de bastidores entre a Pensilvânia, as suas firmas de construção, fabricantes de carruagens-cama e outras empresas com as quais fazia negócios. Conforme Carnegie aprendia o negócio e assumia uma responsabilidade cada vez maior, foi promovido a superintendente da divisão de Pittsburgh, cargo anteriormente ocupado por Scott, que, entretanto, havia sido promovido a vice-presidente. Carnegie tinha vinte e quatro anos.[44]

Carnegie não poderia ter tido melhor educação empresarial do que o escritório de uma companhia ferroviária. Os caminhos de ferro foram as primeiras grandes empresas do mundo, maiores do que as companhias telegráficas, e, mais tarde, as grandes empresas haveriam de copiar os seus métodos. Eles dominaram o capitalismo industrial maduro, a Segunda Revolução Industrial. Cada companhia ferroviária enfrentou uma complexidade de organização, de controlo e de financiamento muito superior a qualquer empreendimento anterior na história da humanidade. As empresas tinham de angariar capital para a construção das linhas férreas, para os direitos de passagem, para o material circulante, para os terminais, para as bilheteiras, para as instalações logísticas, para os entroncamentos ferroviários e para rotundas de locomotivas; assegurar tudo; contratar e supervisionar engenheiros, bombeiros, guarda-freios, condutores, carregadores, chefes de estação, empregados de escritório, vigias, agulheiros, trabalhadores, mecânicos e operadores de telégrafos, poucos dos quais, nos primeiros tempos, haviam alguma vez trabalhado num regime de horário fixo a troco de um salário; contratar gestores assalariados de nível médio e de nível superior, advogados e contabilistas muito antes de qualquer escola profissional os ter formado; nivelar vias, colocar carris, construir pontes e abrir túneis dos quais dependiam vidas, assegurar a sua reparação e, quando necessário, substituí-los; comprar locomotivas, vagões de carga e carruagens de passageiros; manter os comboios completamente lotados, abastecidos, lubrificados e inspecionados; ter comboios disponíveis sempre que necessário e fazê-los cumprir os horários; evitar que os comboios colidissem ou que interferissem uns com os outros; e publicitar e angariar passageiros e clientes para o transporte de mercadorias. As inovações em contabilidade e em finanças ocorridas nas décadas de 1850 e de 1860 tornaram-se, no decénio de 1880, padrão para todas as companhias ferroviárias. Em poucas décadas, os cargos profissionalizaram-se de acordo com os padrões da indústria. As melhorias organizacionais promoveram caminhos de ferro mais eficientes e possibilitaram locomotivas e carruagens maiores e mais pesadas, melhores carris e uma tecnologia em constante aperfeiçoamento. Mais comboios passaram a circular mais depressa e com mais segurança. Após 1861, os benefícios da cooperação convenceram as empresas americanas a padronizarem equipamentos e bitolas, de modo que passageiros e frete pudessem deslocar-se de comboio para qualquer lugar sem laboriosos e dispendiosos transbordos. Nisto seguiram o exemplo da Grã-Bretanha, cuja Lei Gauge, de 1846, padronizou as bitolas ferroviárias.[45]

A Pensilvânia classificou-se entre os melhores caminhos de ferro da América. A companhia utilizou uma contabilidade detalhada dos custos, investiu em melhorias de capital e manteve as suas linhas em bom estado de conservação. A educação empresarial que Carnegie ali recebeu foi-lhe muito útil durante a Guerra Civil Americana. A posição estratégica da Pensilvânia como transportadora para a frente de guerra da Virgínia manteve as suas linhas ocupadas e lucrativas. Carnegie lidou de forma admirável com a difícil gestão do fluxo de soldados, dos recursos para a indústria e do material de guerra. Essa experiência tornou-o ainda mais preparado para se lançar por conta própria.[46]

A nova Idade do Ferro

Em 1862, Carnegie deu os seus primeiros passos fora das ferrovias, entrando então no negócio do ferro e do aço. Com o intuito de substituir pontes de madeira inadequadas ou envelhecidas por pontes de ferro forjado, Carnegie, três engenheiros e dois antigos patrões organizaram a Keystone Bridge Company. Em 1864, investiu na recentemente criada Union Iron Works, investimento esse destinado à construção de uma fábrica de laminação que fornecesse ferro à Keystone. Um ano mais tarde, foi presidente da empresa. No final da guerra, Carnegie era um homem rico. Saiu da Pensilvânia e partiu numa viagem de um ano pela Europa.[47]

Na Europa, Carnegie fez alguns desvios para inspecionar fundições de ferro, incluindo uma paragem em Birmingham. A indústria siderúrgica de Birmingham era, desde o século XVIII, um centro de inovação industrial, constituindo, por conseguinte, o local indicado para observar as mais recentes tecnologias e técnicas. Próxima de minas de ferro e de carvão, no Black Country, a cidade tinha acesso a abundantes jazidas de carvão vegetal, a água limpa, a meios de transporte para Manchester, Bristol e Londres, e à mão de obra dos densamente povoados condados vizinhos. Um antigo reduto puritano, Birmingham, cuja falta de um senhor local ou de um foral da cidade havia atraído dissidentes após a Restauração, manteve-se sempre livre de guildas, fomentando uma economia industriosa, efervescente e inovadora.[48] Os quacres, que eram proprietários de talvez metade das fundições de ferro inglesas, introduziram muitas inovações.[49] Os quacres Abraham Darby e o seu filho, radicados em Coalbrookdale, a oeste de Birmingham, aperfeiçoaram, entre 1705 e 1750, o uso do coque para fazer ferro de qualidade. A prática foi-se espalhando ao longo do século XVIII, à medida que os preços do carvão vegetal subiam.[50] Por causa de muitas outras melhorias e descobertas que foram, gradualmente, acontecendo, a qualidade e a quantidade do ferro inglês aumentaram. Em meados do século XIX, a Grã-Bretanha produzia mais ferro do que qualquer outra nação.[51]

Depois que Abraham Darby III, juntamente com John Wilkinson, construiu, em 1781, uma ponte de ferro pioneira, perto de Coalbrookdale, a sua construção proliferou para aquedutos de canais e, depois, para pontes ferroviárias. Em 1797, foi construído um moinho têxtil com colunas e vigas-mestras de ferro, o que permitiu que sobrasse uma maior área útil e que janelas maiores fossem abertas. A década de 30 do século XIX assistiu ao aparecimento de decorações e balaustradas de edifícios de ferro fundido, e, na década de 1850, as fachadas de edifícios de ferro fundido tornaram-se populares.

Os Americanos foram lentos a adotar as inovações britânicas. Os produtores de ferro utilizavam métodos tradicionais e, ao invés de coque, dependiam do abundante carvão vegetal. A procura por ferro num país com tanta madeira permaneceu baixa. As primeiras máquinas industriais americanas eram feitas de madeira, não de ferro. Os moinhos têxteis da Nova Inglaterra importavam a maior parte do ferro de que necessitavam e raramente possuíam máquinas a vapor.[52] Uma rápida transição para a indústria do ferro começou por volta de 1840. No Lehigh Valley, a norte de Filadélfia, encontrava-se a maior concentração mundial de antracite. Depois de 1825, uma rede de canais e, posteriormente, de caminhos de ferro passou a ligar as minas a mercados em Maryland, em Nova Iorque e a outros mercados da costa leste, que não dispunham de outra fonte próxima de carvão.[53] A produção de ferro espalhou-se rapidamente no leste da Pensilvânia e mais a nordeste. O número existente de máquinas a vapor na América passou de cerca de 100, em 1832, para mais de 900 seis anos mais tarde. Os moinhos da Nova Inglaterra, com vista a uma maior e mais fiável potência, adicionavam agora às suas fontes de energia as máquinas a vapor.

O carvão e o vapor promoveram a rápida disseminação de grandes empresas industriais. Em 1830, a maior parte das grandes fábricas americanas fabricava têxteis. Vinte e cinco anos mais tarde, fábricas movidas a carvão, do Maine a Maryland, estavam a fabricar uma grande variedade de ferramentas, acessórios, utensílios, máquinas agrícolas e muitos outros artigos. Em Pittsburgh, a abundância de carvão tornou as máquinas a vapor tão económicas que, quando Carnegie era jovem, os moinhos têxteis, as fundições de ferro, uma fábrica de vidro e uma fábrica de máquinas a vapor funcionavam a vapor. Na década de 50 do século XIX, narra Alfred D. Chandler, professor de História Económica, «o rendimento e a tecnologia de produção das fábricas americanas eram, de facto, tão impressionantes que o governo britânico começou a enviar especialistas para estudarem as técnicas industriais americanas».[54]

Debaixo de Pittsburgh, havia uma enorme camada de hulha, um carvão mais macio e fumarento do que a antracite. Nos anos 1840, altura em que os Carnegies chegaram, as diversas indústrias de Pittsburgh concentravam-se cada vez mais no ferro. Fornos em forma de colmeia, para transformar carvão em coque de alto teor carbónico, proliferavam e enchiam de fumo os vales do planalto Allegheny. A maior parte do coque vinha para as fornalhas de Pittsburgh através dos muitos rios da região ou de comboio. Em 1867, um visitante inglês fez uma descrição famosa «do mais impressionante espetáculo que alguma vez contemplámos» do topo de uma colina com vista para Pittsburgh:

> Todo o espaço situado entre as colinas se encontrava preenchido com o mais negro dos fumos, de onde as chaminés escondidas enviavam línguas de fogo, enquanto das profundezas do abismo subia o barulho de centenas de martelos a vapor. Haveria momentos em que nenhuma chama seria visível; mas logo o vento forçava as cortinas de fumo a afastarem-se, e toda a extensão negra ficava vagamente iluminada por opacas espirais de fogo [...]. Se alguém quiser apreciar um espetáculo [impressionante] [...] basta [subir] por uma longa colina até Cliff Street, em Pittsburgh, e [olhar] de cima para o inferno com a tampa retirada.[55]

As descobertas de enormes depósitos de ferro em Ohio, as Montanhas de Ferro do Missouri e um dos depósitos de ferro mais ricos do mundo nas formações em redor do lago Superior possibilitaram o envio de minério de ferro, por barco e ferrovia, para fábricas nos jazigos carboníferos do oeste da Pensilvânia.[56]

Os Americanos começam a produzir aço

Carnegie desempenhou um importante papel na ascensão da indústria americana do aço. Depois do seu passeio pela Europa, Carnegie voltou aos seus investimentos em companhias telegráficas, na empresa de carruagens-cama Pullman e na Keystone Bridge, que estava então a fornecer ferro para a construção da ponte Eads, em St. Louis, a primeira a atravessar o Mississippi. Depois de 1870, viajou frequentemente para Londres e para Nova Iorque para vender títulos de dívida de ferrovias e de pontes. Os Europeus, à procura de bons investimentos, adquiriram grandes quantidades de títulos de companhias ferroviárias americanas. Em Nova Iorque, as necessidades de financiamento dos caminhos de ferro deram origem a bancos de investimento que aperfeiçoaram todos os modernos instrumentos financeiros, incluindo o *marketing* e a especulação. A Bolsa de Valores de Nova Iorque assumiu a sua forma moderna. Um grande e sofisticado mercado de capitais tinha crescido em Nova Iorque, mercado esse que, após a Guerra Civil, estava em condições de financiar tanto o caminho de ferro como a indústria.[57] Carnegie encontrava-se no meio de todo esse processo e ia construindo a sua fortuna com sucessivos negócios feitos a partir de informações privilegiadas.[58]

Em 1872, Carnegie, de regresso a Pittsburgh, desfez-se lentamente de todos os seus investimentos, excetuando o ferro. Uma taxa alfandegária de 1870 que incidia sobre o aço importado fez do aço americano um investimento atrativo. O negócio de ferro de Carnegie expandiu-se e tornou-se mais lucrativo. O maior talento de Carnegie enquanto homem de negócios era a sua capacidade de atrair e manter excelentes gestores e engenheiros. Ele próprio pouco sabia a respeito da fabricação de ferro, embora todas as suas viagens à Europa desde meados da década de 1860 incluíssem visitas a siderurgias e encontros com os seus proprietários.[59]

Uma dessas visitas, realizada em 1872 à fábrica de aço de Henry Bessemer, em Sheffield, impressionou fortemente Carnegie. Na base dos Peninos, pouco mais de 110 quilómetros a norte de Birmingham, Sheffield havia-se posicionado, já desde finais do século XVIII, como a principal siderurgia do mundo. Havia muito que a cidade fabricava, com importado ferro sueco de alta qualidade, talheres de aço. Bessemer, descendente de huguenotes, desenvolveu, em 1855, um processo que envolvia insuflar ar através de ferro-gusa fundido numa enorme tina de boca estreita, ou conversor, para queimar carbono. O aço Bessemer tornou-se o melhor da Grã-Bretanha. As companhias ferroviárias logo perceberam que o seu aço produzia carris de qualidade superior. Os carris de aço Bessemer custavam o dobro dos de ferro, mas duravam muito mais tempo.[60]

A procura americana por carris de aço disparou após a Guerra Civil, de forma que se substituíssem os carris de ferro, desgastados sob o pesado tráfego da guerra, e se construíssem ferrovias transcontinentais pelo Oeste até à costa do Pacífico. Para satisfazer a procura, as siderurgias britânicas multiplicaram-se, do País de Gales a Lancashire e a Glasgow. A necessidade americana de carris era tão grande que as importações de aço permaneceram elevadas, mesmo após a taxa alfandegária de 1870. As siderurgias americanas fizeram experiências com o processo de Bessemer. Alexander Lyman Holley, nascido no Connecticut, adaptou o processo de Bessemer às condições americanas, tornando-o mais barato e muito mais eficiente, sacrificando, contudo, a qualidade pela quantidade. Holley projetou onze das primeiras treze fábricas de Bessemer nos Estados Unidos.[61]

Os caminhos de ferro americanos compravam rodas de aço em Sheffield até aparecer um concorrente alemão no negócio do aço, Alfred Krupp, um protestante calvinista de Essen, na região do Ruhr, na Prússia.[62] O pai de Krupp, Friedrich, um pequeno fabricante de ferro, tinha aproveitado a ausência de concorrência britânica durante as Guerras Napoleónicas para desenvolver o cadinho de aço. Alfred aperfeiçoou o processo, adotando, mais tarde, muitas inovações inglesas e instalando as primeiras fábricas com o processo de Bessemer no continente. No final da década de 1870, Alfred Krupp produzia carris, eixos de transmissão ferroviários, hélices para navios, eixos de engrenagens, peças de locomotivas e artilharia de aço. Krupp inventou um método para produzir rodas ferroviários sem soldadura e vendeu grandes quantidades dessas rodas no mercado americano em rápida expansão. Com o intuito de comprar minas de ferro, deslocou-se por toda a Europa, integrando-as, posteriormente, em modelos de organização vertical. Inovadora e globalmente competitiva, a Krupp era, na década de 1880, a maior empresa privada da Europa.[63]

Os caminhos de ferro alargaram as fronteiras do capitalismo industrial

Não foi apenas estimulando a indústria siderúrgica que as ferrovias promoveram o progresso do capitalismo industrial. De uma forma mais visível nos Estados Unidos e na Rússia, as redes de rotas de transportes terrestres que elas estabeleceram expandiram o alcance do capitalismo industrial e aceleraram a exploração de recursos remotos. Nos Estados Unidos, as terras secas, despidas de árvores e quase sem rios do oeste do Mississippi foram um desafio para que os Europeus se estabelecessem e desenvolvessem. As linhas ferroviárias serpenteavam desde Chicago até às planícies. O capitalismo e a disrupção ambiental seguiram-nas, ainda que na Rússia as fragilidades do sistema ferroviário tenham limitado o seu impacto económico e ambiental.

O caminho de ferro quase levou o bisonte-americano à extinção. As fábricas utilizavam correias de couro para transmitir energia dos cabos aéreos para a maquinaria que estava no chão. O gado bovino nos Estados Unidos, na América Latina, na África do Sul, na Índia e na América do Sul fornecia a maior parte do couro. Os taninos para o curtimento vinham de carvalhos e da planta da cicuta espalhados um pouco por todo o mundo, o que conduziu, em meados do século, à destruição dos bosques americanos de cicuta.[64] Por volta de 1871, alguém em Londres ou na Alemanha concebeu um processo para curtir pele de bisonte. Surgiu assim um mercado para a pele de um animal que não exigia nenhum investimento para ser criado, e, tal como a depressão de 1873, isso libertou um exército de desempregados que procuravam formas de ganhar dinheiro. Durante a década seguinte, os caçadores mataram quase todos os bisontes dos provavelmente 10 milhões que ainda percorriam as Grandes Planícies e despacharam as peles para leste, por via-férrea, para serem curtidas ou exportadas.[65]

O caminho de ferro transformou as pradarias das Grandes Planícies em pastagens primeiro para vacas e, depois, em campos de trigo. Os criadores de gado do Texas precisavam de uma forma de levar os seus rebanhos para os mercados. A abertura de terminais ferroviários em Abilene, no Kansas e noutras cidades atraiu a esses lugares as grandes conduções de gado da década de 1870. Os vagões ferroviários traziam os animais para Chicago, onde grandes empresas de embalagem de carne utilizavam «linhas de desmontagem» (modelos da linha de montagem de Henry Ford) para abater o gado de forma rápida e eficiente. Vagões-frigoríficos, recentemente concebidos, transportavam carne bovina produzida a baixo custo para destinos em todo o país.[66]

Sem subsídios governamentais, as ferrovias transcontinentais não poderiam ter atravessado centenas de quilómetros de planícies e de montanhas, onde não havia clientes com capacidade financeira. O governo federal deu milhares de hectares de terras públicas à maioria das companhias transcontinentais, que as venderam depois a agricultores. Os agricultores que compraram as parcelas produziam uma imensa quantidade de cereais, precisando do caminho de ferro para os levar ao mercado. As ferrovias despachavam os cereais para os silos de Chicago. Ali, grandes empresas de moagem transformavam-no em farinha e expediam-no, por comboio, para consumidores em todo o país.[67]

Além do abate de gado e da moagem de cereais, Chicago fomentou as manufaturas. Os caminhos de ferro precisavam de carga que enchesse os vagões vazios nas suas viagens para as planícies. Era muito difícil encontrar mão de obra local nas planícies escassamente povoadas, e, por essa razão, os agricultores compravam avidamente segadoras e outras máquinas da fábrica de Cyrus McCormick, em Chicago. A desflorestação do Wisconsin alimentou as serrações de Chicago, que enviavam madeira destinada a casas e celeiros a agricultores que viviam em pradarias sem árvores. A Montgomery Ward e a Sears Roebuck enviavam aos agricultores catálogos cheios de bens de consumo, todos fabricados ou armazenados em Chicago e despachados por via-férrea. Para atender a tudo isso, um vasto sector bancário cresceu na cidade. Imigrantes afluíam em massa a uma cidade que oferecia muitas oportunidades. A população oficial de Chicago cresceu vertiginosamente de 4470 pessoas, em 1840, para 2 185 283, em 1910.[68]

Também a Rússia queria ferrovias que possibilitassem o acesso aos recursos da sua imensa e remota fronteira siberiana. Moscovo sonhava em se tornar o empório comercial Este-Oeste para «o negócio da seda, do chá e das peles para a Europa e das manufaturas e de outras transações para o Extremo Oriente».[69] O governo construiu ferrovias por todo o interior da Sibéria e, graças a investidores franceses e britânicos, levou--as até ao Pacífico. O caminho de ferro Transiberiano ligou recursos a centros industriais em crescimento. Atravessou grandes bacias hidrográficas, conectando os rios da Sibéria a uma rede nacional de transportes. Incentivou o estabelecimento, que já era parcialmente espontâneo, de russos europeus que fugiam da pobreza e de oportunidades limitadas. Atraiu inúmeras expedições geológicas para mapearem a riqueza mineral da Sibéria. A sua construção estimulou a indústria siderúrgica russa, particularmente nos Urais, ainda que as zonas situadas do lado este dependessem do aço americano. A longo prazo, contudo, uma conceção pobre, uma má gestão, entraves políticos e burocráticos e insuficientes capacidades frustraram as ambições russas no que ao desenvolvimento da Sibéria dizia respeito. A exploração mineira e a indústria não conseguiram florescer na Sibéria. A nível ambiental, o impacto mais óbvio foi a desflorestação levada a cabo tendo em vista a obtenção de combustível para as ferrovias, a construção e as necessidades dos novos colonos, juntamente com os incêndios florestais cada vez mais frequentes e provocados por faíscas provenientes dos motores dos comboios.[70]

O aço Carnegie

Carnegie construiu o seu gigantesco negócio do aço a partir das suas relações com as vias-férreas. Em 1872, Carnegie fundou a Edgar Thomson Steel Works, assim nomeada, sem subtileza alguma, segundo o presidente dos caminhos de ferro da Pensilvânia. De maneira que pudesse negociar as melhores tarifas de frete, preservando, ao mesmo tempo, a sua independência em relação aos caminhos de ferro da Pensilvânia, Carnegie iniciou, no ano seguinte, a construção do projeto de Holley de uma nova fábrica de aço de última geração, localizada entre o transporte fluvial, no rio Monongahela, e o transporte ferroviário, na ferrovia B&O.[71] Os projetos e as eficientes inovações de Holley permitiram que a fábrica produzisse mais carris e mais baratos do que qualquer outra empresa. O arranjo e distribuição do espaço facilitou ao máximo a entrada das matérias-primas na fábrica, organizando os edifícios de acordo com as necessidades de produção. Holley engendrou uma forma de aprisionar a alta temperatura do conversor de Bessemer para reduzir o consumo de carvão. De acordo com o projeto, a fábrica tinha de produzir aço de forma contínua.[72]

Em 1873, Jay Cooke foi à falência ao construir a sua linha transcontinental, a Northern Pacific. A falência da ferrovia arrastou consigo o sistema bancário americano, e os efeitos espalharam-se pela Europa. Ao vender os seus investimentos não siderúrgicos remanescentes, muitas vezes com prejuízo, e convencendo os banqueiros de que ele e os seus sócios eram homens de negócios sérios e não especuladores, Carnegie conseguiu prosseguir a construção da sua nova fábrica de aço. A siderurgia Thomson começou a produzir carris em 1875. Como a sua fábrica havia sido concebida para produzir continuamente aço, Carnegie, à medida que a depressão se aprofundava, praticava preços baixos. Carnegie pagava bem aos seus trabalhadores, de forma a obter deles um bom trabalho e a manter os sindicatos à distância. A desastrosa violência laboral de 1877 não afetou a fábrica de Carnegie.[73]

Carnegie estava à frente da concorrência. Foi sempre o primeiro a mecanizar e a inovar. Ele percebeu que a conclusão das ferrovias transcontinentais levaria a uma diminuição da procura de carris. No início da década de 1880, uma desaceleração económica diminuiu a aquisição de carris. Carnegie comprou, em 1883, as financeiramente aflitas fábricas Homestead, localizadas nas proximidades, e converteu a sua produção de carris numa unidade de produção de armações de aço, instalando fornos Siemens-Martin, que produziam um aço melhor e de forma mais fiável do que o processo de Bessemer.

Carnegie resistiu à depressão de 1893 e ao decréscimo das encomendas de carris melhor do que a maioria das outras empresas siderúrgicas e emergiu como o maior produtor de armações de aço do país. Todas as soluções que as cidades americanas adotaram para enfrentar os problemas resultantes de um rápido crescimento exigiam aço: linhas ferroviárias aéreas, metros e essa invenção americana, o arranha-céus. A estrutura de aço do arranha-céu permitia paredes finas e leves e muitas, muitas janelas. Em 1890, Carnegie adicionou ao seu império a fábrica Duquesne, a mais moderna do mundo. No final do século, as quatro fábricas de Carnegie produziam mais de metade do aço fabricado pela Grã-Bretanha e mais do que a produção combinada da Alemanha, Bélgica e França.[74]

Os resultados globais do capitalismo industrial

Conforme se disseminava pelo mundo, o capitalismo industrial tomava várias formas. Unicamente na Grã-Bretanha e nos Estados Unidos, o capitalismo industrial cresceu, quase inteiramente, a partir da iniciativa e do investimento privados, com algum incentivo governamental, mas sem investimento ou supervisão direta do governo. Em todos os outros lugares, o Estado desempenhou um papel bastante mais ativo.

Em França, apesar dos esforços do governo e de outras entidades para se construir uma base industrial, roubando tecnologia britânica e contratando técnicos britânicos, a industrialização fabril não arrancou. França não dispunha de grandes depósitos de carvão de fácil acesso. Protegidos da concorrência agrícola internacional por taxas elevadas, os camponeses agarraram-se às pequenas propriedades que haviam conquistado durante a Revolução e não as mecanizaram ou consolidaram. A agricultura capitalista não se desenvolveu. Os camponeses permaneceram nas suas terras e não migraram para as cidades, o que providenciaria uma reserva de mão de obra. Empregando trabalhadores alemães católicos, Mulhouse tornou-se um pequeno motor da industrialização francesa. Quando a depressão de 1837 se abateu sobre os mercados têxteis, as principais famílias calvinistas da cidade diversificaram as suas atividades e investiram na fabricação de linhas de costura, papel de parede, máquinas têxteis, máquinas a vapor, turbinas, ferrovias, locomotivas, corantes e produtos químicos, e, mais tarde, automóveis, energia elétrica, instituições bancárias, petróleo e plásticos. Para tirar proveito da abundante energia hidráulica de que dispunham, estabeleceram fábricas na encosta oeste dos Vosgos, em Belforte, que haveria de se tornar um centro industrial quando a Alemanha anexou a Alsácia, após a Guerra Franco-Prussiana de 1871.[75]

A industrialização alemã teve as suas origens no século XVI, na Renânia, onde refugiados religiosos flamengos e holandeses, com ligações comerciais e acesso a capital holandês, estabeleceram uma indústria têxtil. Pouco competitivos no mercado de massas devido aos custos de transporte, produziam lãs e sedas de alta qualidade para os mercados alemão e russo. A indústria mecanizou-se e liderou os sectores económicos alemães durante a primeira metade do século XIX. A industrialização da Renânia preparou o caminho para a indústria pesada da região do Reno-Ruhr, rica em carvão. Uma união aduaneira alemã, fundada nos anos 1830, a construção de ferrovias iniciada na década de 1850, financiada por capital privado, mas dirigida por funcionários do governo, e a unificação alemã, em 1871, promoveram a industrialização. O carvão do Ruhr era bom para coque, porém o ferro era importado. Uma elite comercial e industrial protestante empregava uma força de trabalho católica alemã e polaca. Um poderoso aparelho militar alemão estimulou enormemente a produção de ferro e de aço. Inundado por financiamento militar abundante, Krupp tornou-se um grande inovador industrial. A Alemanha ajustou o trajeto do Reno, canalizando-o, e fazendo dele pouco mais do que um enorme canal para atender ao comércio e à indústria da nação, especialmente para trazer barcaças carregadas de ferro para as fábricas. Isso alterou o fluxo do rio e forçou a Suíça, a montante, e os Países Baixos, a jusante, a regularizarem também o Reno.[76]

Algumas nações industrializaram-se para evitarem tornarem-se colónias ou caírem na dependência económica da Europa Ocidental e da América. Humilhada pela derrota na Guerra da Crimeia, a vasta e profundamente rural Rússia começou a modernizar-se. De molde a poder importar artigos de luxo para a classe aristocrática, e sabendo que a sua economia dependia da exportação de cereais, de madeira e de ferro para o Ocidente, o governo russo criou bancos, contratou engenheiros do Ocidente e aumentou as taxas alfandegárias, visando a construção de uma rede ferroviária e de indústrias de carvão, de ferro e de aço que servissem essa economia. Investidores franceses e britânicos, que esperavam com isso obter grandes retornos, forneceram a maior parte do capital de desenvolvimento, à semelhança do que também faziam nos Estados Unidos e nas suas colónias. A tradição da industrialização patrocinada pelo governo continuou sob o domínio comunista. Com medo de uma invasão das nações capitalistas industrializadas, os líderes soviéticos impulsionaram a indústria pesada através do primeiro Plano Quinquenal, de 1928. Isolados da economia mundial, e de forma a poderem comprar equipamentos e tecnologia, os Soviéticos pagaram pela industrialização espremendo o campo em busca de cereais para vender no exterior (e, virtualmente, qualquer coisa que fosse vendável). A Grande Depressão complicou tanto o plano que o governo acabou com os *kulaks*, coletivizou camponeses relutantes e ignorou as fomes causadas pela seca. A região de Donetsk, na Ucrânia, rica em carvão, onde o industrial galês John Hughes fundaria a primeira cidade siderúrgica, em 1869, constituiu o coração industrial da União Soviética, alimentada pela maior e mais poderosa represa hidroelétrica da Europa, represa essa que, posteriormente, tornou possível a estratégica indústria do alumínio da região. Outros grandes projetos de industrialização ocorreram em Magnitogorsk, na bacia de Kuznetsk, na Sibéria, e em Estalinegrado.[77]

O Japão, de igual modo, abraçou a industrialização patrocinada pelo Estado. Como o Japão não dispunha de carvão de coque ou de ferro, o impacto ambiental da industrialização japonesa espalhou-se por todo o leste asiático. Conscientes daquilo que a Guerra do Ópio havia feito à China, os Japoneses alarmaram-se em 1853, quando o comodoro americano Matthew Perry chegou com navios de guerra e exigiu que o Japão se abrisse ao comércio internacional. O imperador Meiji assumiu o poder em 1868, desmantelou o sistema feudal e centralizou o poder. Quando o capital privado falhou em investir na industrialização, o governo assumiu-a. Incapaz de controlar as suas próprias tarifas alfandegárias até 1911, devido a tratados desiguais, o Japão exportava tecidos de seda e de algodão para pagar pelo carvão e pelo minério de ferro que utilizava para aumentar o seu poderio militar. Em 1914, mais de 16 000 quilómetros de linhas ferroviárias ligavam, numa intrincada malha, as ilhas montanhosas. Surgiu, então, um sistema específico no qual sociedades *holding*, controladas por famílias, governavam sistemas verticalmente organizados de empresas financeiras e industriais monopolistas. A capacidade industrial e os conhecimentos técnicos desenvolveram-se rapidamente. As vitórias japonesas sobre a China, em 1894–1895, e sobre a Rússia, em 1904–1905, prepararam o terreno para, no século XX, o Japão ter políticas externas, imperialistas e económicas mais agressivas.

O aço e as mudanças ambientais

O negócio siderúrgico de Carnegie ilustra as consequências ambientais das indústrias siderúrgicas de todas as nações. O impacto ambiental

Fig. n.º 8: John Vachon. A maior mina a céu aberto do mundo, Hull-Rust-Mahoning, perto de Hibbing, Minnesota, 1941. Um buraco no solo com mais de quatro quilómetros de comprimento, mil e duzentos metros de largura e mais de cento e vinte metros de profundidade representa o grande preço ambiental que a era do vapor e do aço cobrava. (Library of Congress 2017813485. Farm Security Administration — Office of War Information Photograph Collection)

de Pittsburgh estendeu-se muito para lá dos seus vales cheios de fumo. Para obter ferro de boa qualidade, Carnegie percorria mais de 1600 quilómetros até à cordilheira Mesabi, no Minnesota. John D. Rockefeller tinha comprado minas que se encontravam em dificuldades financeiras nos recentemente explorados depósitos de ferro da cordilheira Mesabi, conseguindo o controlo da ferrovia para o lago Superior e dos navios de minério nos Grandes Lagos. Em resposta, Carnegie comprou minas e ameaçou construir o seu próprio caminho de ferro e a sua própria frota. Ele e Rockefeller chegaram a um acordo muito favorável para Carnegie, para quem o minério de ferro de Mesabi fluía agora com exclusividade.[78] A cordilheira Mesabi pagou um preço exorbitante. Os seus minérios, encontrando-se quase à superfície, favoreciam a mineração a céu aberto. A mineração a céu aberto reduzia os desperdícios, uma vez que assim era mais fácil para as empresas mapear as várias qualidades de minério e combinar minérios de baixa e de alta qualidade de forma a obter-se um produto comercializável, além de isso implicar menos resíduos minerais. Os métodos a céu aberto também permitiam a extração de minério que nas minas com galerias teriam de ser deixados nas jazidas. Por fim, os carris podiam conduzir diretamente aos buracos e permitir o carregamento direto da escavadora a vapor para o vagão ferroviário. No entanto, os enormes buracos estéreis deixados pelo método causaram grandes prejuízos à terra, às bacias hidrográficas e aos ecossistemas.[79]

Não podia haver aço sem carvão. As minas de carvão do oeste da Pensilvânia, que forneciam energia e coque para as fábricas, produziam poluição atmosférica, e a drenagem dos ácidos das minas e dos resíduos prejudicou gravemente a drenagem do alto Ohio. Ocasionalmente, as minas de carvão pegam fogo e ardem a temperaturas muito elevadas, mas lentamente, durante décadas ou, talvez, séculos. De vez em quando, as minas colapsam, por vezes, tragicamente, com mineiros no seu interior, e criam sumidouros por cima delas. Em 1959, os mineiros da mina Knox cavaram, ilegalmente, um túnel sob o rio Susquehanna, e o teto da mina desabou. Milhões de litros de água precipitaram-se para o seu interior e, antes que o buraco fosse tapado, afogaram-se doze mineiros.

As coisas correm melhor com coque

Produzir carvão para coque cria subprodutos utilizáveis como gás de iluminação e alcatrão de hulha. Em Inglaterra e, no final do século, nos Estados Unidos e no continente, todas as grandes cidades construíram redes de canalizações para, de forma mais limpa, canalizar gás com vista à iluminação de ruas, de casas, de salas de exposições e indústrias, e alimentar processos industriais como a fundição de ferro e de aço. O gás era conveniente, limpo e mais seguro do que os fornos e as lareiras.

O alcatrão de hulha levou à indústria química moderna. A sua complexidade química fascinou os químicos do início do século XIX. A indústria têxtil britânica foi o catalisador. As fábricas produziam muito mais têxteis do que aqueles que os trabalhadores, que utilizavam produtos naturais, podiam processar. Eles lavavam os tecidos em detergentes alcalinos (processados a partir de cinzas) e água desmineralizada, «acidificada» com ácido lácteo de leite azedo para neutralizar o álcali; posteriormente, os tecidos eram colocados ao sol para corar, passados por goma e tingidos de azul.[80] Os produtos químicos podiam ser produzidos por encomenda e atuavam muito mais depressa do que os processos naturais. John Roebuck, patrocinador de James Watt, havia feito a sua fortuna ao desenvolver um método mais eficiente de produção de ácido sulfúrico para branqueamento de tecidos. O cloro extraído do sal, processo descoberto em 1785, tornou-se um eficiente, ainda que nocivo, agente de branqueamento. O pó branqueador feito a partir de cloro, do escocês Charles Tennant, e produzido a partir de 1799 permitia um branqueamento sem vapores desagradáveis.[81]

Químicos que investigavam o alcatrão de hulha libertaram os processadores têxteis de um outro produto natural, os corantes orgânicos. Os corantes orgânicos, derivados de várias plantas, de madeiras e de um inseto (a cochonilha), provinham, na sua maioria, de terras tropicais distantes. O abastecimento dependia de colheitas bem-sucedidas. Difíceis e laboriosos processos produziam corantes de qualidade e cor pouco fiáveis. Em 1856, enquanto tentava sintetizar o quinino do alcatrão de hulha, o estudante universitário londrino William Henry Perkin criou o primeiro corante de anilina. Os corantes de anilina eram mais baratos, podiam ser feitos numa maior gama de cores, eram mais fáceis de aplicar em ambientes industriais e as suas cores eram muito mais resistentes do que os corantes naturais. Após Perkin comercializar com sucesso a sua descoberta, empresas químicas que fabricavam corantes sintéticos proliferaram em Inglaterra, em França, na Renânia e em Basileia, entre elas, gigantes corporativos como a Ciba-Geigy, a Sandoz, a BASF e a Bayer. Como o alcatrão de hulha tinha também aplicações medicinais, muitas dessas empresas produziam produtos farmacêuticos, tendo algumas, mais tarde, se tornado, exclusivamente, companhias farmacêuticas.[82]

Os produtos químicos utilizados para fazer corantes a partir do alcatrão de hulha produziram resíduos nocivos que se espalhavam pelo ar e pela água. Em Inglaterra, a ventilação dos vapores provocados por esse processo resultou em ácido clorídrico, que matou árvores, sebes e culturas, e feriu animais e pessoas que se encontravam na direção do vento. Os protestos daí resultantes levaram à Lei dos Alcalinos, de 1863. Em Basileia e na Alemanha, o despejo de efluentes, particularmente arsénico, em cursos de água originou uma grande oposição, sobretudo após um grande incidente de envenenamento ocorrido em Basileia, em 1864, prejudicar terrivelmente a pesca. Em sua defesa, os proprietários das fábricas afirmaram, não sem o seu quê de verdade, que não havia nenhuma evidência direta que ligasse a poluição atmosférica à saúde humana e que desde os primórdios da civilização que os humanos despejavam resíduos nos rios, porquanto estes se regeneravam à medida que corriam.[83]

Reconhecendo o preço social e ambiental do capitalismo industrial

Por volta de 1870, quando o capitalismo industrial entrou na Segunda Revolução Industrial, o século de liderança britânica na inovação e na mecanização, que havia começado com James Watt, estava a terminar. Principiou um século de domínio da Alemanha e, depois, da América. Carnegie cavalgou a crista da onda até ao século XX.

A consciência de Carnegie não o deixou descansar e desfrutar da sua fortuna. A cultura protestante calvinista imbuiu-o de uma visão moralista das responsabilidades dos ricos para com uma sociedade justa. A sua própria ascensão, de filho de um tecelão pobre a poderoso capitalista, convenceu-o de que a autodisciplina, o autodidatismo e a automotivação conduziriam, inevitavelmente, ao sucesso. Contudo, ele sabia muito bem o papel que a sorte tinha desempenhado na sua vida. Logo em 1868, Carnegie havia começado a tirar para si breves notas sobre a riqueza, chamando a essa recolha «a pior espécie de idolatria» e imaginando como poderia «gastar os lucros anuais para fins de beneficência».[84] Em 1889, muito mais rico e preeminente, Carnegie publicou o ensaio «Riqueza», ou «O Evangelho da Riqueza». Nele, defendeu que a comunidade, mais do que o indivíduo, produzia grande riqueza privada. Por conseguinte, os ricos tinham o dever moral de usar as suas fortunas para melhorar a sociedade.[85] Quando Carnegie se reformou como o homem mais rico do mundo, depois de vender o seu negócio de aço a J. P. Morgan, em 1901, empenhou-se em dar o seu dinheiro. Construiu bibliotecas, fez donativos a universidades e criou um fundo de ajuda para trabalhadores feridos e sobreviventes de vítimas de acidentes fatais.[86] Lançou-se no ativismo contra o imperialismo e em prol da paz. A Primeira Guerra Mundial, onde os avanços ocorridos na indústria siderúrgica, na tecnologia e na indústria química causaram horríveis matanças, foi para ele um choque brutal. Carnegie morreu em 1919. O mundo em que tinha prosperado e que havia ajudado a moldar também estava a morrer. A sociedade e a cultura estavam a mudar. O negócio do aço estava a mudar. O próprio capitalismo estava a mudar.[87]

5.

PRESERVANDO RECURSOS

Capitalismo industrial e limites ao crescimento

Em meados da década de 1860, enquanto Andrew Carnegie fazia os seus primeiros investimentos no negócio do ferro, polímatos de ambos os lados do Atlântico publicaram livros que abalaram a confiança de um complacente público de que o progresso da civilização industrial--capitalista poderia ser sustentado. Em 1864, em Nova Iorque, o editor Charles Scribner publicou *Man and Nature*; *or*, *Physical Geography as Modified by Human Action*, de George P. Marsh. Um ano mais tarde, em Londres, a Macmillan and Co. trouxe à luz *The Coal Question*: *An Enquiry Concerning the Progress of the Nation, and the Probable Exhaustion of Our Coal-Mines*, de W. Stanley Jevons. Os humanos, claro está, sempre extraíram recursos do solo e das pedras, ainda que o tivessem vindo a fazer com uma crescente eficiência ao longo dos milénios, mas Marsh e Jevons defendiam que a capacidade sem precedentes do capitalismo industrial de extrair recursos naturais ameaçava esgotá-los, privando as gerações futuras dos seus benefícios. Conversas num tom preocupado começaram a circular pelos corredores do poder, e notícias apreensivas encheram os jornais a respeito daquilo a que, nos finais do século XX, se chamaria de limites ao crescimento. Durante séculos, talvez mesmo durante milénios, os pensadores haviam chamado a atenção para a destruição, causada pela sociedade, de um ou outro recurso crucial, na maioria das vezes florestas, mas Marsh e Jevons utilizaram, pela primeira vez, o persuasivo argumento de que os humanos ameaçavam destruir as bases materiais da civilização, «que estavam a matar a galinha dos ovos de ouro», nas palavras de Jevons.[1] Marsh propôs soluções. Jevons sugeriu o uso moral dos lucros enquanto estes durassem.

O livro de Marsh teve enormes consequências políticas nos Estados Unidos. *Man and Nature* fez soar os sinais de alarme que deram origem ao movimento americano de conservação da natureza e florestação. O trabalho de Jevons suscitou comissões governamentais e novas pesquisas, atualmente é um clássico da economia dos recursos naturais. As obras de Marsh e Jevons anunciaram o nascimento de um novo movimento internacional, liderado por homens e mulheres que, com surpreendente frequência, tinham, como eles, raízes protestantes calvinistas ou, pura e simplesmente, protestantes. O movimento pela conservação dos recursos fundiu-se com outras causas que surgiram nas décadas de 1850 e de 1860, incluindo o saneamento urbano, a redução da poluição, os parques urbanos e os parques nacionais que, juntos, viriam a produzir o ambientalismo do século XX. No entanto, poucos ambientalistas questionaram seriamente o próprio capitalismo industrial. Muito pelo contrário, procuraram corrigir ou amenizar os seus problemas, buscando manter a galinha saudável, feliz e a pôr ovos de ouro para sempre.

Man and Nature: os limites ecológicos da natureza

No livro *Man and Nature*, Marsh sustentava que os colonos americanos e europeus estavam a repetir os erros da Antiguidade. Em viagens que havia feito à bacia do Mediterrâneo, tinha procurado lugares que os manuscritos antigos descreviam como exuberantes, com vastos cursos de água e muito arborizados, para encontrar apenas terrenos rochosos áridos e estéreis, queimando sob o calor do sol. Uma sequência histórica apresentou-se então para ele: os habitantes haviam derrubado as florestas, deixado as cabras e as ovelhas a comer erva nas encostas das colinas, e ficado a assistir à erosão do solo e à secagem das nascentes e dos cursos de água. «O funcionamento das causas postas em ação pelo homem», observou ele, «conduziu a face da Terra a uma desolação quase tão completa como a da Lua.»[2]

Desde a década de 40 do século XIX que Marsh vinha a falar e a escrever sobre o rápido recuo das florestas da América. Se as pessoas continuassem a negligenciar as florestas e os solos, os Estados Unidos e as colónias europeias acabariam por se assemelhar àquelas lúgubres paisagens mediterrânicas. No período relativamente curto da colonização europeia, advertiu ele, «grandes, e [...] por vezes irreparáveis, danos haviam já sido feitos [...]»[3]. As pessoas assumiram que a natureza conseguiria recuperar-se de qualquer mal que lhe fosse imposto. Marsh chocou os seus leitores com a ideia de que os seres humanos causavam a destruição permanente da fertilidade e dos recursos da natureza, e advertiu que o declínio assinalava a pobreza futura.[4]

Marsh percebeu como a mudança ambiental na América se encontrava ligada ao capitalismo industrial. Para alimentar as pessoas e as fábricas da Europa, as florestas americanas recuaram para dar lugar a pastagens e campos para alimentos, algodão e tabaco.[5] A procura industrial dizimou peixes, mamíferos e aves. Marsh observou que «todos os processos da agricultura e da indústria mecânica e química» matavam os peixes.[6] À escala mundial, o comércio e a indústria tiravam, desenfreadamente, aquilo de que precisavam e desperdiçavam o resto:

> A terrível capacidade destrutiva do homem é notavelmente exemplificada na caça de grandes mamíferos e de pássaros para a obtenção de produtos específicos e de uso valioso, sendo isso acompanhado pelo desperdício total de enormes quantidades de carne e de outras partes do animal. O gado selvagem da América do Sul é chacinado pelo seu couro e chifres, que valem milhões; o bisonte-americano é-o pela sua pele ou pela sua língua; o elefante, a morsa e o narval, pelas suas presas; os cetáceos e alguns outros animais marinhos, por causa do seu óleo e das suas barbas; a avestruz e outras aves de grande porte, pela sua plumagem [...]. A grande procura por óleo e por barbas de baleia para fins mecânicos e de manufatura estimulou, no presente século, a perseguição da «maior das criaturas vivas» a tal ponto que ela agora quase desapareceu por completo de muitas das principais zonas de pesca, sendo que noutras o seu número decresceu radicalmente.[7]

No que ao mundo natural dizia respeito, o capitalismo industrial estava a devastar quase tudo aquilo em que tocava.

The Coal Question: os limites da natureza ao crescimento

Contrariamente à extensa análise global de Marsh, a investigação de Jevons estendeu-se apenas às reservas britânicas de carvão. No entanto, também ele concluiu que os humanos ameaçavam esgotar os recursos naturais. Ele observou «que o carvão que felizmente possuímos em excelente qualidade e quantidade é a principal mola da moderna civilização material». O seu calor impulsionava motores e processos industriais, alimentava lareiras e cozinhava alimentos. A sua química produzia uma enorme variedade de corantes coloridos e de substâncias úteis.[8] Tudo aquilo que fazia da Grã-Bretanha grande e poderosa — a sua indústria do ferro e do aço, as suas manufaturas, a sua tecnologia industrial, os seus transportes, a sua indústria química e o seu poderio imperial — derivava de veios de carvão praticamente inesgotáveis que se encontravam sob a terra verde e agradável. Jevons argumentou, no entanto, que, quando o carvão, que era facilmente extraído, se esgotasse, o custo da mineração aumentaria. Outras nações com reservas de carvão grandes e acessíveis — Jevons mencionou repetidamente a Pensilvânia — teriam uma vantagem económica. A Grã-Bretanha regrediria a uma economia pré-industrial.

Poderia a redução dos desperdícios e a melhoria da eficiência prolongar a era de grandeza nacional? Não, defendeu Jevons. Uma maior eficiência reduz o custo da queima de carvão e leva a um maior consumo de carvão, não a um menor. A máquina a vapor de James Watt era muito mais eficiente do que um motor Savery ou um Newcomen. A redução dos custos do combustível libertou capital para a expansão dos negócios e para um acréscimo de máquinas a vapor, que adicionavam combustão de carvão. Uma maior eficiência incentivou igualmente a aplicação da energia a vapor a novos fins, tais como caminhos de ferro e navios a vapor. Esses fatores, multiplicados também pelo crescimento populacional e pelo aumento das receitas nacionais, fizeram com que a procura por carvão aumentasse drasticamente.[9] Jevons acrescentou que, uma vez que qualquer nação poderia também fazer uso de motores eficientes, a melhoria da eficiência não conferia à Grã-Bretanha nenhuma vantagem competitiva. O princípio de que uma maior eficiência energética conduz a um maior consumo de energia é chamado de paradoxo de Jevons. A Grã-Bretanha, previu Jevons, estava a aproximar-se daquilo que poderia hoje ser chamado de «pico do carvão». Dentro de aproximadamente um século, a era de poder e de prosperidade britânica terminaria. «Estamos agora em plena manhã da nossa prosperidade nacional», advertiu ele, «e estamos a aproximar-nos do meio-dia.»[10] A Grã-Bretanha não possuía grandes reservas de qualquer potencial substituto. Considerando as alternativas de queimar rapidamente as reservas de carvão do país ou moderar o uso de energia para fazer o carvão durar, concluiu: «Temos de fazer a importantíssima escolha entre uma breve grandeza ou uma contínua mediocridade mais prolongada»[11] — queimar ou desaparecer.

The Coal Question, escrito por um jovem autor desconhecido, provocou um sobressalto nacional. John Stuart Mill citou-o na Câmara dos Comuns do Parlamento. O chanceler do Tesouro e futuro primeiro-ministro William Gladstone leu o livro e correspondeu-se com Jevons. O Parlamento criou uma comissão nacional para investigar as alegações de Jevons. A sua conclusão de que a Grã-Bretanha continuaria a ser, num futuro previsível, líder mundial na produção de carvão acalmou os receios. *The Coal Question* caiu em descrédito, até que veio o dia, algumas décadas mais tarde, em que a previsão de Jevons se tornou realidade.[12]

Dois caminhos para a questão do limite dos recursos

Embora estes profetas da desgraça ambiental tenham ambos alertado para a escassez de recursos e para o declínio civilizacional, a verdade é que Marsh e Jevons vieram de mundos muito distintos que moldaram o seu juízo crítico de formas muito diferentes. Nascido em 1801 em Woodstock, Vermont, Marsh cresceu no ambiente austero, mas culto, da casa de um advogado e político federalista educado em Dartmouth. O seu avô havia servido na Guerra Franco-Índia, no Connecticut, e mudara-se para Vermont em 1772. Coronel da milícia durante a Revolução, ocupou os cargos de vice-governador e de juiz após a guerra. Marsh também se formou no Dartmouth College e exerceu advocacia. Em 1843, foi eleito representante Whig[13] no Congresso, onde ajudou a criar a Smithsonian Institution.

Em Vermont, Marsh viu em primeira mão como a Revolução Industrial havia causado uma devastação ambiental semelhante à do Mediterrâneo. Os agricultores cortavam e queimavam árvores para vender as cinzas a fábricas locais de potássio. Os fabricantes ingleses importavam o potássio para o transformar em sabonete para lavar a lã da qual eram feitos os novelos. De forma a obterem rendimentos mais constantes, os agricultores introduziram, em 1810, carneiros de raça merina, que se alimentavam agora nas encostas verdes, mas já sem árvores, daquelas paragens e cuja lã era vendida a moinhos têxteis da Nova Inglaterra. Em 1825, meio milhão de ovelhas pastavam nas vertentes nuas de Vermont. As chuvas corriam sem entraves pelas encostas despidas, fazendo riachos e rios transbordar e alagando pontes e moinhos. A erosão assoreou cursos de água e estragou o *habitat* de peixes e de aves. Nos dias secos de verão, as vertentes sem árvores coziam ao sol. As nascentes e os cursos de água secaram.[14] Demasiado dependente das indústrias extrativas, o futuro de Vermont parecia sombrio.

Marsh temia que os colonos nos novos Estados ocidentais seguissem o mesmo caminho rumo à degradação ambiental e à pobreza. Desde 1847 que ele advogava uma gestão mais cuidadosa dos solos e um maior cuidado com os terrenos arborizados. Enquanto embaixador junto do Império Otomano, Marsh viajou para inspecionar os solos mediterrânicos e a sua agricultura. Regressando a Vermont em 1854, deu sequência ao seu serviço público, mesmo quando investimentos fracassados numa companhia ferroviária corrupta de Vermont o levaram à falência. Marsh foi o autor de um relatório estatal sobre viveiros de peixes e serviu como comissário estatal dos caminhos de ferro. Em 1861, foi nomeado embaixador em Itália, cargo que ocupou até à sua morte, ocorrida em 1882. Tarefas menos exigentes deram-lhe tempo para apurar as suas observações de Vermont e do Mediterrâneo no livro *Man and Nature*.[15]

Em contrapartida, William Stanley Jevons nasceu e foi criado no encardido coração urbano do mundo do carvão e do ferro. O seu avô, um fabricante de pregos na região conhecida como Black Country, perto de Birmingham, veio para Liverpool em 1798, como agente de uma empresa de pregos. Tornou-se um próspero e independente comerciante de ferro. Jevons nasceu em Liverpool em 1835. Tal como Marsh, cresceu numa família culta e abastada. A tragédia financeira seguiu-se ao rebentar de uma bolha de especulação ferroviária. A construção do caminho de ferro foi interrompida, e a procura por ferro caiu a pique. O negócio da família Jevons faliu em 1848. O declínio das finanças familiares interrompeu os estudos de Jevons no University College, em Londres. Em 1853, conseguiu um emprego na Austrália, como contrastador na Casa da Moeda do Reino Unido, estabelecida após a corrida ao ouro de 1851. O abundante tempo livre de que dispunha permitiu que Jevons investigasse e publicasse sobre uma variedade de assuntos, desde a política ferroviária até à meteorologia e ao saneamento urbano de Sydney. Em 1859, regressou para completar o seu bacharelato e o seu mestrado no University College, de Londres, e foi contratado pelo Owens College, em Manchester.

Numa tentativa de dar à economia uma sólida base matemática e dessa forma explicar ciclos económicos como aquele que havia destruído o negócio da sua família, Jevons publicou importantes trabalhos nos campos da lógica, da economia e da teoria científica. Em *The Coal Question*, Jevons trouxe a estatística e a matemática para lidar com o tópico, acaloradamente debatido, de saber se o abastecimento britânico de carvão fixava ou não limites ao crescimento económico. Em 1876, foi nomeado professor de Economia Política no University College, em Londres. Cinco anos depois, renunciou para se dedicar na íntegra a um grande trabalho sobre economia. O desejo de Jevons era criar uma economia racional, uma espécie de máquina económica liberal ou libertária que funcionaria sem intervenção externa. Em 1882, um afogamento acidental, enquanto nadava, interrompeu a sua vida, aos 46 anos, três semanas após a morte de Marsh.[16]

Raízes puritanas dos limites dos recursos naturais como uma questão social e moral

No entanto, apesar destas diferenças, Marsh e Jevons partilharam uma herança puritana que moldou as suas análises e soluções. A família de Marsh era uma convicta partidária do calvinismo congregacional, ainda que ele próprio se tenha desviado da crença calvinista ortodoxa. «O último dos puritanos», como a sua esposa lhe chamava, Marsh não abraçou nem rejeitou a religião dos seus antepassados.[17] Os antepassados puritanos presbiterianos de Jevons tinham trocado o calvinismo pelo unitarismo. Havia ministros unitaristas em ambos os lados da família de Jevons. Como não-anglicano, e por isso excluído de Cambridge e de Oxford, Jevons obteve os seus graus académicos no secular University College e ensinou no também secular Owens e, mais tarde, no University College. Embora bastante religioso, raramente frequentou a igreja na sua vida adulta.[18]

Os ideais e os valores de Marsh carregavam a marca da ambição dos fundadores puritanos da Nova Inglaterra de construir uma sociedade piedosa, equitativa, justa e sustentável. Para tanto, os governos coloniais concediam terras às cidades, não a indivíduos. De forma a banir a pobreza, as cidades dividiam a terra equitativamente (embora não igualmente). Os ministros pregavam a importância da supressão do eu perante o bem comum e o dever moral de se ser sóbrio, industrioso e útil aos outros. Os puritanos partilhavam com os presbiterianos uma forte ética de gestão, o dever calvinista que temos para com Deus de aumentarmos as nossas próprias posses. Os agricultores praticavam um tipo de agricultura sustentável. Porque as árvores eram essenciais para combustível e madeira, e de forma a garantir recursos para as gerações futuras, as cidades e colónias da Nova Inglaterra regulavam a quantidade de madeira dos agricultores.[19]

Além do mais, a teologia calvinista promovia uma visão espiritual da natureza, o valor religioso das ciências naturais e um pensamento protoecológico.[20] O mundo natural era um palco para a glória de Deus. O calvinismo ensinava uma versão profunda da providência de acordo com a qual Deus dirige a mais pequena molécula num universo intrincadamente interligado. Toda a natureza é um reflexo da sabedoria, da bondade e da existência de Deus, e é onde Deus se torna mais próximo e comunica connosco.[21]

O moralismo puritano, o pensamento ecológico e o pragmatismo impregnaram o livro *Man and Nature* e emprestaram às suas passagens um carácter de sermão. Para Marsh, os humanos tinham rompido a teia da criação que ligava os elementos da natureza ou, em termos modernos, haviam provocado a disrupção dos ecossistemas. «O Homem é, em toda a parte, um agente disruptor. Onde quer que ele ponha o pé, as harmonias da natureza são transformadas em discórdias. As proporções e os ajustamentos que asseguram a estabilidade das disposições existentes são destruídos. As espécies vegetais e animais indígenas são exterminadas e substituídas por outras de origem não autóctone, os produtos de geração espontânea são proibidos ou restringidos, e a face da terra ou é completamente posta a descoberto ou é coberta com um novo e antinatural cultivo de formas vegetais e com espécies de vida animal estranhas àqueles lugares.»[22]

Marsh não atribuiu, *per se*, as responsabilidades ao capitalismo industrial (o Mediterrâneo pré-industrial tinha, afinal de contas, sofrido problemas semelhantes), conquanto tenha condenado as corporações sem escrúpulos por causarem «a decadência da moralidade comercial» e a «corrupção» do governo e da justiça.[23] Ao invés, Marsh pôs a culpa na falta de responsabilidade moral individual e denunciou «a dívida que a prodigalidade e a dissipação das gerações anteriores impuseram às suas sucessoras», que enfrentavam agora «a necessidade de restaurar as perturbadas harmonias da natureza [...] cumprindo assim o mandamento da religião e da sabedoria prática de fazer uso deste mundo sem dele abusar».[24] «Durante demasiado tempo, o homem esqueceu-se de que a terra lhe foi dada unicamente para seu usufruto, não para que a consumisse por completo e, muito menos, para que, perdulariamente, desperdiçasse os seus recursos», predicava ele.[25] O «Homem» tinha sido um mau administrador.

Marsh defendia que devíamos recuperar «terras devastadas pela improvidência ou pela malícia humanas» e «trabalhar juntamente com a natureza na reconstrução do tecido danificado, que a negligência ou o estouvamento dos antigos locatários havia tornado insustentável».[26] Como é que isso seria feito? Marsh idealizou a cidade da Nova Inglaterra como o modelo de uma comunidade democrática e moral de comedidos locatários da terra. Há um único parágrafo no seu longo e compendioso trabalho que aflora o potencial das obras governamentais, embora algumas passagens dispersas reconheçam o trabalho de restauração ou de proteção florestal que os governos municipais, locais e nacionais haviam feito. Quanto aos Estados Unidos, Marsh comenta repetidamente a fraqueza dos governos estatais e nacionais em proteger e preservar as terras públicas, atribuindo aos indivíduos a responsabilidade da prática da conservação da natureza.[27]

The Coal Question era mais um apelo unitarista à razão do que um sermão evangélico congregacionalista. Enquanto a epígrafe de *Man and Nature* citava o pastor da Congregação do Connecticut Horace Bushnell, a epígrafe de *The Coal Question* transcrevia Adam Smith. Sob a influência do Iluminismo, o presbiterianismo inglês tinha evoluído para um unitarismo que misturava racionalismo e moralismo puritano. Como unitarista, Jevons valorizava o poder da razão, acreditava no dever que tinha de melhorar moralmente o mundo, simpatizava com aqueles que não pensavam de uma maneira padronizada e respeitava a consciência individual. Os seus trabalhos em lógica e economia refletiam o seu interesse pelas questões sociais. Estudante em Londres entre 1851 e 1853, Jevons fez longas caminhadas pelos bairros pobres e pelas zonas industriais da cidade. Surtos de cólera levaram-no a ler os apelos que Charles Dickens fizera em relação a uma reforma sanitária e social, problemas que comummente se considerava estarem relacionados. Jevons voltar-se-ia para as questões sociais no final da sua vida. As suas publicações incluíram *The State in Relation to Labor*, de 1882, e *The Posthumous Methods of Social Reform*, de 1883. Como unitarista urbano que era, Jevons deu muito mais atenção aos problemas sociais do que Marsh.[28]

Os principais economistas liberais e utilitaristas contemporâneos partilharam as raízes dissidentes ou as crenças unitaristas de Jevons. A economia britânica de mercado desenvolveu-se, de uma forma bastante segura, a partir dos ideais unitaristas e de culturas religiosas não padronizadas. A maioria dos unitaristas vinha de famílias dissidentes, mas muitos anglicanos e judeus adotaram o respeito dos unitaristas pela consciência individual, pela racionalidade fria e pela universalidade. Entre os principais predecessores e pares económicos de Jevons, contavam-se Adam Smith, professor de Filosofia Moral na Universidade de Edimburgo e um presbiteriano atraído pela religião racional; o economista e homem de negócios huguenote Jean-Baptiste Say; o filósofo utilitarista Jeremy Bentham, que havia retirado o seu modelo filosófico «o maior bem para o maior número» dos escritos do ministro unitarista Joseph Priestly; David Ricardo, filho de imigrantes judeus sefarditas oriundos dos Países Baixos e convertido ao unitarismo, e John Stuart Mill, filho de um pastor presbiteriano escocês que se tornou racionalista.

A preocupação moral sobressai claramente em alguns passos de *The Coal Question*. Na introdução à segunda edição, Jevons discute o dever moral dos Britânicos para consigo próprios e para com a posteridade enquanto a sua vantagem relativamente ao carvão estava no seu auge. Jevons observou «que toda a estrutura da nossa riqueza e da nossa refinada civilização está construída sobre uma maioritária base de ignorância, de pauperização e de imoralidade. Mas que estamos agora sob a temível responsabilidade de, em plena fruição da riqueza e do poder que o livre comércio e o pródigo uso que fazemos dos nossos recursos nos estão a conferir, não devermos omitir nenhuma medida prática. Se deixarmos passar este período sem que haja da nossa parte esforços muito mais extensos e sistemáticos do que aqueles que estamos agora a empreender, sofreremos uma justa retribuição». Jevons acrescentou ainda: «Não devemos pensar em interferir na livre utilização da riqueza material que a Providência colocou à nossa disposição, sendo que os nossos deveres consistem inteiramente na sua aplicação séria e sábia. Por um lado, poderemos gastá-la num crescente luxo, ostentação e corrupção, e por isso deveremos ser culpabilizados. Por outro lado, poderemos gastá-la no melhoramento da condição social e moral das pessoas e na redução do fardo das gerações futuras. Mesmo que os nossos sucessores se venham a encontrar numa posição menos feliz do que a nossa, não nos culparão disso.» Jevons concluiu com a reflexão de que, à medida que a prosperidade nacional se aproximava de seu auge, «mal começámos a pagar as dívidas morais e sociais a milhões dos nossos compatriotas que temos de pagar antes da noite cair».[29] Com o grande poder proporcionado pelo carvão, vinha uma grande responsabilidade social.

O conservacionismo antes de *Man and Nature* e *The Coal Question*: o solo

Embora Marsh e Jevons tenham desencadeado um grande movimento em prol da conservação dos recursos naturais, a preocupação com o declínio dos recursos tinha já uma longa história. Os agricultores, em particular, havia muito que se debatiam com a diminuição da fertilidade dos solos. Em todo o mundo, os agricultores de cada sítio foram desenvolvendo métodos para manter ou restaurar os solos, isso, claro está, se eles fossem os proprietários ou tivessem algum controlo sobre as suas terras. Os donos de grandes propriedades ou os latifundiários que se encontravam ausentes das suas terras exigiam frequentemente a produção de certos géneros alimentícios ou de certas quantidades, o que desincentivava a conservação dos solos.

Uma verdadeira ciência agrária surgiu na Europa do século XVI. O interesse renascentista em obras sobre agricultura da Antiguidade Clássica desencadeou a moda dos manuais agrícolas para cavalheiros ou agricultores nobres, na maioria das vezes, novas versões dos clássicos. No século XVI, autores huguenotes começaram a escrever manuais agrícolas baseados cada vez mais na ciência e experiência, tais como os livros escritos por Bernard Palissy em 1563 e 1580, por Charles Estienne e Jean Liébault em 1572 e por Olivier de Serres em 1600.[30] A ciência agrária huguenote atravessou o canal quando, em 1594, Sir Hugh Plat publicou a primeira obra de química agrícola inglesa, que discutia Palissy. Ao mesmo tempo, «enriquecer» o solo tornou-se um ato moral no calvinismo inglês. «Crescimento» tinha uma conotação ligada à gestão de algo que visava o lucro até que, em 1606, o clérigo calvinista Samuel Gardiner deu ao termo um cunho religioso.[31] Crescimento tornou-se uma palavra de ordem para o dever moral de nos melhorarmos a nós mesmos e às nossas posses. O termo passou a significar especificamente uma maior produtividade agrícola por meio da experimentação e da ciência. Foi uma época de grande otimismo em relação a acabar com a escassez e a fazer com que as zonas que haviam sido devastadas passassem a produzir, apesar de aqueles a quem cabia a tarefa de melhorar a produção agrícola desconsiderarem as práticas e os conhecimentos tradicionais e justificarem a apropriação e vedação de terras comuns.[32] Depois, em 1798, Thomas Robert Malthus, um clérigo anglicano educado numa escola dissidente de Lancashire e tutelado por um unitarista, publicou *An Essay on the Principle of Population*. Nesse livro, Malthus previa que a população acabaria por superar os recursos alimentares e afirmava que a natureza limitaria o crescimento populacional.[33] Conseguiriam os recursos alimentares acompanhar a curva ascensional da população? Aqueles a quem cabia a tarefa de melhorar a produção agrícola ainda não tinham provado isso.

Em resposta a Malthus, as ciências da química e da botânica progrediram. Depois de Alexander von Humboldt ter relatado que os agricultores peruanos utilizavam o guano das aves marinhas para tornarem rentáveis os campos áridos, Humphrey Davy investigou as propriedades do guano e publicou, em 1813, um livro que descrevia como as plantas precisavam de certos químicos para prosperar, particularmente o azoto e o fósforo, que o guano possuía em abundância. Na Alemanha, o químico agrícola Justus Liebig, publicou, em 1840, um livro amplamente traduzido e divulgado que destacava o azoto, o potássio e o fósforo como elementos essenciais para o crescimento das plantas. Os Alemães lideravam agora o campo da agricultura científica. Estabeleceram, em 1852, na Saxónia, a primeira estação de investigação agrícola financiada com dinheiros públicos, estação essa que inspiraria muitas mais na Alemanha, na Áustria, em Itália, no Japão e nos Estados Unidos.[34]

Davy e Liebig provocaram uma corrida ao guano no Pacífico, onde enormes quantidades de excrementos cobriam ilhas isoladas que haviam sido, durante milénios, lar apenas de aves marinhas. De forma a extraírem os excrementos fósseis, mão de obra trabalhava em regime de escravatura ou de quase escravatura no meio de nuvens de vapores de amoníaco. A Grã-Bretanha, a Holanda, a Alemanha e os Estados Unidos importavam o guano. Para os proprietários das monoculturas americanas, o guano parecia poder resolver as suas insustentáveis práticas agrícolas. Agricultores e proprietários de plantações passaram a depender de um aditivo que tinha de ser comprado e que eles próprios não possuíam. Tais insumos externos, combinados com a mecanização, prefiguraram a ascensão da agricultura industrial.[35]

A ciência, o conservacionismo e a crise agrícola do capitalismo industrial

O desejo de Marsh de salvar os agricultores era amplamente partilhado tanto na Europa quanto na América. Como cães que perseguissem a própria cauda, assim agiam agora aqueles que procuravam promover melhoramentos agrícolas. A antiga necessidade de aumentar a produção da terra de forma a alimentar mais pessoas levou os agricultores a mergulharem profundamente no sistema de mercado de troca do capitalismo do século XIX. Uma produção cada vez maior exigia um investimento de capital cada vez maior. A maior produção fez baixar os preços, o que, por sua vez, encorajou uma produção cada vez maior para pagar pelos investimentos e para se obter lucros, o que, por seu turno, impôs aos solos exigências insustentáveis.

A Grã-Bretanha liderou esse caminho. Os agricultores britânicos, que eram a inveja e o modelo para os Estados Unidos e para os países continentais, tinham conseguido, até 1850, níveis de produção bastante elevados. Para atingirem esse marco, apropriaram-se e vedaram as terras comuns, dividindo-as em parcelas privadas mais eficientes, melhoraram os seus estoques, desenvolveram novas técnicas de drenagem das terras e adicionaram-lhes grandes quantidades de guano importado, nitrato (para nitrogénio), gipsite, cal, fosfatos e potassa (para potássio). As terras eram altamente produtivas, sim, mas era tanto o capital investido que os onerosos alimentos ingleses passaram a exigir proteções tarifárias. A revogação das Leis dos Cereais, em 1848, expôs a agricultura britânica à concorrência internacional. Navios cada vez mais velozes traziam uma enorme quantidade de cereais americanos e canadianos que se juntaram ao trigo russo e fizeram baixar os preços, levando, na década de 1870, ao colapso dos preços do trigo. A farinha e a carne e derivados que eram produzidos em massa em Chicago também afetaram os mercados globais. O desenvolvimento do transporte refrigerado permitiu que a carne e os produtos lácteos provenientes das Américas e da Australásia fluíssem por todo o mundo. A paisagem rural britânica mudou. À medida que a agricultura se tornava mais mecanizada e as explorações agrícolas maiores, a procura por mão de obra diminuiu. As aldeias foram-se esvaziando. Sendo a carne de vaca mais rentável do que os cereais, as pastagens expandiram-se consoante as terras aráveis diminuíam.[36]

Os agricultores americanos em terras mais antigas também se debateram com problemas. Quando o realojamento dos índios abriu as terras a oeste de Nova Iorque e na região dos Grandes Lagos, os agricultores da Nova Inglaterra deslocaram-se para oeste e passaram a enviar abundantes fluxos de cereais de volta para leste. Agricultores em solos antigos e desgastados do Leste especializaram-se em horticultura ou abriram os bosques e os campos a explorações de gado leiteiro que serviriam as emergentes cidades industriais. Após a Guerra Civil, as ferrovias transcontinentais trouxeram milhares de agricultores para as Grandes Planícies. Os caminhos de ferro transportavam de volta o produto do seu trabalho para as fábricas de Chicago. A tecnologia da maquinaria agrícola evoluiu ano após ano. Praticar a agricultura em campos grandes e planos, onde a mão de obra era escassa, tornou-se mais fácil, mas levou os agricultores a endividarem-se. A mecanização melhorou as estreitas margens de lucro, mas a maior produção levou, inevitavelmente, a uma queda dos preços dos produtos. Haver alimentos mais baratos significava pessoas mais bem alimentadas, mas também endividou os agricultores e expulsou as pessoas das terras tanto nos Estados do Leste como na Grã-Bretanha.

Os agricultores e os proprietários de plantações do Sul também estavam em apuros. Após a Guerra Civil, o modelo de parceiros-produtores e de locatários substituiu o sistema de monocultura e amarrou os agricultores negros a lotes específicos de terra. Os agricultores já não podiam abandonar os campos exauridos e mudar-se para outros recentemente desbravados. Os grandes proprietários exigiam que os parceiros-produtores e os locatários cultivassem algodão, ao invés de praticarem uma agricultura rotativa com cultivos menos lucrativos ou de deixarem as terras em pousio. Os rendimentos diminuíam à medida que os preços caíam. Os agricultores responderam plantando mais algodão. Os agricultores brancos endividaram-se e juntaram-se às fileiras dos locatários e dos parceiros-produtores. A pobreza do Sul aprofundou-se, e o esgotado solo sulista entrou em erosão.[37]

Os agricultores encontraram várias formas de reagir a essa situação. No continente europeu, onde os agricultores eram em grande número e o sector agrícola considerado mais importante para as economias, a maioria das nações respondeu às dificuldades dos agricultores com tarifas de proteção. Ingleses e americanos fundaram periódicos especializadas em agricultura e formaram cooperativas agrícolas locais, que ofereciam aos agricultores orientações e os punham a par das mais recentes inovações no campo das ciências agrárias. A Grã-Bretanha e os Estados Unidos investiram na investigação e na educação. Em 1842, a Grã-Bretanha estabeleceu, em Edimburgo, o seu primeiro laboratório químico agrícola e organizou instituições de ensino para informar os agricultores ou os seus filhos dos mais recentes avanços da ciência.[38] Na América, os habitantes da Nova Inglaterra e os seus compatriotas do Oeste procuraram apoiar a agricultura através de institutos científicos e profissionais. Criaram disciplinas de ciências agrícolas. Fizeram lóbis para a criação, em 1861, do Departamento de Agricultura e da Divisão de Florestas. Fizeram campanha pela concessão de terras para faculdades estatais orientadas para o ensino da mecanização da agricultura. Montaram a primeira estação experimental agrícola americana, no Connecticut, um modelo para outras que seriam estabelecidas sob patrocínios estatais e nacionais.[39]

O conservacionismo antes de *Man and Nature* e *The Coal Question*: madeira e combustível

A preocupação de Marsh com a conservação da floresta expressava uma outra preocupação mais antiga. A desflorestação tinha alarmado autores e autoridades em muitas épocas e lugares. Os governantes pré-industriais japoneses, chineses e indianos lidaram com a questão com métodos e sucesso muito variados. O controlo local das florestas preservava a madeira para construção e combustível. Os governantes preservavam as florestas para prevenir a erosão e conservarem fontes de madeira.[40] Os aristocratas europeus preservavam os bosques como *habitat* para caça.[41]

A preocupação militar foi uma forte motivação para a florestação estatal. A Veneza do século XVI plantou florestas governamentais, visto que o seu poder e a sua riqueza dependiam de frotas mercantes e navais fortes.[42] Para abastecer as suas armadas e os seus navios mercantes no Mediterrâneo, no Mar Vermelho e no Oceano Índico, os turcos otomanos supervisionavam, de forma apertada, a utilização da madeira, o corte de árvores e os carregamentos nas florestas das costas da Anatólia e do Mar Negro.[43] A poderosa marinha de guerra espanhola dependia das florestas existentes no norte de Espanha. Em 1547, e de molde a beneficiar a marinha, Carlos V emitiu o primeiro édito de conservação e expansão das florestas. Filipe II, após a pesada perda de navios na derrota da Armada Invencível, em 1588, burocratizou a florestação espanhola.[44] A seu tempo, porém, Espanha e outras potências europeias acabaram por externalizar as suas necessidades de madeira. No século XVIII, Espanha construiu navios em Cuba, rica em florestas, enquanto Portugal se voltou para o Brasil. Grande parte da madeira naval de Inglaterra provinha do Báltico, da América do Norte e da Índia. Os Holandeses, quase sem florestas próprias, importavam madeira do Báltico e da Alemanha, e teca das Índias Orientais holandesas.[45]

Nos finais do século XVII, a preocupação em assegurar um abastecimento adequado de madeira para as marinhas inspirou dois marcos da florestação: *Sylva: or, A Discourse on Forest Trees*, de John Evelyn, escrito em 1664, e *Ordonnance*, de 1669, de Jean-Baptiste Colbert, ministro do rei Luís XIV, de França. A inexistência em Inglaterra de extensas áreas florestais pertencentes à Coroa e os direitos dos seus proprietários impediram que as propostas de Evelyn entrassem em vigor.[46] Inicialmente ineficaz, o decreto de Colbert, ao lançar as bases para uma futura lei florestal, colocou França num caminho que faria a florestação francesa granjear o respeito internacional. Durante a Revolução Francesa, o Estado tomou posse das florestas da Igreja e da nobreza, às quais os sucessivos governos franceses aplicariam os métodos e as regras de florestação. Em 1824, França estabeleceu uma influente escola florestal em Nancy.[47] No século XIX, a Alemanha tornou-se o outro líder na florestação científica. No rescaldo de guerras destrutivas, os Estados alemães procuraram inventariar e gerir racionalmente os seus recursos, incluindo as florestas. O controlo local parecia muito pouco sistematizado e demasiado ineficiente para maximizar os retornos económicos. Como soldados prussianos num desfile, nas racionalizadas florestas alemãs as monoculturas silvícolas eram dispostas em filas, para serem depois colhidas e replantadas com um rendimento sustentado previsível. Outras nações acabaram por contratar silvicultores alemães para as suas próprias florestas e escolas florestais.[48]

A florestação na Índia britânica e nos Estados Unidos

O caminho estava preparado para a entusiástica receção de *Man and Nature*. Tanto o Império Britânico quanto os Estados Unidos enfrentaram os problemas ecológicos que os colonos e as corporações privadas, ignorantes das práticas locais de gestão da terra, causaram em paisagens novas e desconhecidas. Essa questão apareceu primeiro nas ilhas, onde os colonos rapidamente desbarataram as suas ricas, mas limitadas, florestas, contudo, foram as autoridades britânicas na Índia, não nas ilhas, que estabeleceram um modelo de florestação científica. Uma rede de botânicos e médicos militares nas colónias chamou a atenção em relação à desflorestação e às suas consequências: dessecação, inundações e erosão. Os Escoceses desempenhariam nisso um papel fundamental, graças à sua Faculdade de Medicina da Universidade de Edimburgo. Edimburgo havia modelado o seu currículo médico a partir do programa da Universidade de Leiden, no qual a história natural constituía uma parte importante do ciclo de estudos. Cirurgiões formados em Edimburgo inundaram o exército, a marinha e os serviços coloniais, e formaram uma rede de cientistas naturalistas. Os diplomados escoceses por Edimburgo fundaram muitos dos primeiros jardins botânicos do império.[49]

Os diplomados escoceses por Edimburgo também lideraram a campanha que produziu o Serviço Indiano de Silvicultura. O influente botânico e médico escocês Hugh Cleghorn preocupou-se com o efeito que a desflorestação indiana tinha sobre o caudal dos rios e a sua dessecação. Por volta de 1850, o seu relatório sobre a destruição das florestas indianas chamou a atenção do conde de Dalhousie, um escocês que foi governador-geral da Índia, entre 1848 e 1856, e cujas ações facilitaram a criação do Departamento Indiano de Florestas. Do ativismo e da defesa dessa causa levados a cabo por Cleghorn, o governo britânico, que, depois de 1857, havia retirado à Companhia das Índias Orientais a administração da Índia, estabeleceu um Departamento Florestal inteiramente dedicado à Índia em 1864, ano em que Marsh publicou *Man and Nature.*

Cleghorn recrutou o alemão Dietrich Brandis para se juntar a si na Comissão de Conservação das Florestas. Brandis nomeou para posições de chefia diplomados de programas franceses e alemães, que trouxeram consigo a sua desconfiança profissional em relação ao controlo tradicional que os camponeses faziam das florestas. A florestação científica patrocinada pelo Estado para a obtenção de rendimento sustentado havia chegado ao Império e cilindrara as tradições e as práticas locais, tal como tinha acontecido em França e na Alemanha.

E, no entanto, não exatamente da mesma maneira como tinha acontecido na Europa. Brandis, Cleghorn e muitos outros silvicultores indianos leram *Man and Nature* e começaram a compreender a importância ecológica das florestas indianas, juntamente com os seus usos comerciais e de outras naturezas. Tanto Cleghorn quanto Brandis se correspondiam com Marsh. «Levei o seu livro comigo nas minhas viagens ao longo da encosta norte do Himalaia, e para Caxemira e para o Tibete», escreveu Cleghorn a Marsh.[50]

A par de Marsh, houve um outro fator que atenuou a influência germano-francesa na florestação indiana. A liderança do Serviço Indiano de Silvicultura era continental, mas a sua base era maioritariamente escocesa. Os Escoceses trouxeram consigo uma versão de uso múltiplo da silvicultura, juntamente com uma desconfiança em relação à ganância e ao egoísmo dos interesses comerciais, que eles procuraram excluir das florestas. A florestação escocesa começou no século XVII, quando grandes terratenentes escoceses plantaram florestas para melhorar as suas terras. As florestas serviam muitos propósitos além do da madeira. As árvores embelezavam as propriedades. Criavam *habitats* para a caça. Os proprietários preservaram os bosques desbastados e fizeram experiências com árvores não nativas, plantando milhões delas nas colinas nuas das Terras Altas. Os proprietários mais pequenos imitavam os maiores. Assim, cresceu um quadro de silvicultores experientes. Depois que um exame de serviço civil foi instituído para o Serviço Indiano de Silvicultura, a percentagem de escoceses diminuiu. Não obstante isso, os aspirantes britânicos a silvicultores faziam o curso de florestação em Nancy, trabalhando depois sob as ordens de um silvicultor certificado numa propriedade escocesa, antes de partirem para a Índia. Com a necessidade de se adaptarem a condições florestais muito diversas, os silvicultores da Índia desenvolveram uma florestação híbrida. Também Brandis sabia muito bem que a florestação não poderia ter sucesso se tivesse a oposição da população local. As plantações florestais regulamentadas de estilo alemão ou francês raramente apareceram na Índia.[51]

O livro *Man and Nature*, de Marsh, também inspirou aqueles que dominaram o desenvolvimento da silvicultura profissional nos Estados Unidos, sendo que a maior parte desses homens não se encontrava, à semelhança de Marsh, a mais de uma geração de distância de uma qualquer igreja congregacional da Nova Inglaterra. Franklin B. Hough observou a queda alarmante na área florestal de Nova Iorque, enquanto o livro de Marsh confirmava e reforçava o seu sentimento de crise.[52] Em 1880, foi nomeado primeiro chefe da nova Divisão de Silvicultura do Departamento de Agricultura.[53] Nathaniel Egleston, um pastor congregacionalista ordenado, sucedeu-lhe em 1883.[54] O silvicultor prussiano Bernhard Fernow sucedeu a Egleston em 1886, seguido, uma dúzia de anos mais tarde, por Gifford Pinchot. Pinchot supervisionou a passagem desta divisão a Departamento Florestal em 1901 e, com a transferências das reservas florestais para o seu controlo, a Serviço Florestal em 1905.[55]

Os silvicultores americanos seguiram a liderança da Silvicultura Imperial Britânica, dos Franceses e dos Alemães, adaptando essa liderança às condições americanas. Pinchot proveu o seu novo Serviço Florestal com silvicultores formados em novas escolas florestais americanas. A silvicultura profissional tinha agora variantes alemãs, francesas, escocesas, indianas e americanas, distintas entre si tanto na generalidade quanto em pequenos pormenores. Partilhavam a influência do ideal prussiano de uma silvicultura eficiente e científica, praticada sob a gestão de um governo central que visasse fins lucrativos e o bem comum, mas evoluíram para versões mais flexíveis e ecologicamente mais informadas, servindo propósitos mais amplos.[56]

O aparecimento do movimento de conservação da vida selvagem

A preocupação de Marsh com a indiscriminada destruição da vida selvagem pelas sociedades capitalistas foi amplamente partilhada. O rápido desaparecimento do búfalo e do pombo-migrador chocou os Americanos, já conscientes do declínio da vida selvagem. Com grande eficiência, os caçadores profissionais entregavam enormes quantidades de caça a comerciantes locais e urbanos. Outros caçadores procuravam pássaros com plumas valiosas para adornar os chapéus de senhoras elegantes, levando, ao fazê-lo, à quase irradicação de muitas espécies de aves de grande porte. Os caçadores desportivos, receando que restasse pouca coisa à qual atirar, fizeram campanha para acabar com a caça profissional e regulamentar a caça desportiva. Após a viragem do século, os Estados começaram a aprovar regulamentos de caça. A caça desportiva e a recolha de troféus britânica na África do Sul também suscitaram alarme. No século XX, os Ingleses criaram reservas de caça em todas as suas colónias da África Oriental, a maioria das quais resultaria em parques nacionais. A Grã-Bretanha instituiu leis de caça que tendiam a segregar brancos, negros e caça. Quer nos Estados Unidos quer no Império Britânico, a aplicação das leis tinha um financiamento insuficiente e era, muitas vezes, ineficaz, mas essas leis estabeleceram precedentes. O legado em África era complexo, envolvendo a conservação da vida selvagem, a glorificação do caçador e da caça, a desconfiança dos povos locais e o imperialismo.[57]

Aliviando a crise social e ambiental das cidades industriais

Marsh e Jevons viam com apreensão o voraz apetite do capitalismo industrial por recursos naturais, mas nenhum deles comentou o facto de o responsável pelo fluxo de desperdícios que saía ser a corrente de recursos que entrava. O público, porém, estava cada vez mais preocupado com o ar e a água envenenados e com as cidades que, paulatinamente, se iam tornando inabitáveis. Surgiu uma coligação que juntaria os defensores da conservação da natureza e dos parques no movimento ambientalista do século XX.

As cidades foram sempre sujas e propensas a acolher doenças e epidemias, e havia séculos que os Londrinos respiravam fumo de carvão[58], mas as cidades industriais marcaram uma nova e negra era. Manchester ganhou a bem merecida reputação de ser a cidade mais suja e insalubre da Grã-Bretanha. Manchester situa-se nas margens de um rio, na cabeça de um estuário, no centro de uma cadeia montanhosa semicircular, os Peninos, uma das regiões mais chuvosas de Inglaterra. A descida de todo esse fluxo de humidade para o mar oferecia uma grande variedade de excelentes locais para a produção de energia hidráulica, fornecendo água limpa e doce para o processamento e tingimento de têxteis. Minas próximas enviavam carvão para Manchester através dos primeiros canais modernos de Inglaterra. À medida que as máquinas a vapor movidas a carvão proliferavam, um fumo negro e pesado enchia o anfiteatro natural dos Peninos. Uma densa névoa formava-se em torno das partículas de carvão. A fuligem e o fumo enegreciam as chuvas. A iluminação a gás aliviava a escuridão e diminuía ligeiramente a necessidade de queima de carvão, mas o gás era um subproduto do fumarento processo de transformar carvão em coque. Os operadores de fornos de coque despejavam o alcatrão, seu subproduto (inútil até meados do século), nos rios, onde, misturando-se às cinzas provenientes das máquinas a vapor, obstruía e conspurcava a água.[59]

Os operários viviam nos bairros mais lúgubres e sujos, a uma curta distância das fábricas, fábricas que se aglomeravam perto de cursos de água para transporte, energia e água para uso industrial. Especuladores privados levantavam barracões habitacionais mal ventilados de péssima qualidade. O fumo negro do carvão e os vapores provenientes dos processos industriais privavam os moradores de ar limpo. Muitas pessoas residentes em zonas próximas experienciavam o mesmo pesadelo sanitário. O governo municipal procurava fornecer água suficiente (e suficientemente limpa). Os resíduos orgânicos também apresentavam desafios. Dejetos humanos acumulavam-se em fossas sanitárias privadas. De uma forma regular, ainda que espaçada, serviços camarários recolhiam os dejetos, vendendo a cidade, com lucro, esses detritos a agricultores que os usavam como fertilizantes, evitando assim a construção de um dispendioso sistema de esgotos.

As cidades não conseguiam funcionar sem cavalos que puxassem carroças, alimentos, mercadorias e forragem para os animais. Os cavalos largavam pelas ruas prodigiosas quantidades de urina e de esterco, e quando morriam permaneciam no meio da rua, no mesmo lugar onde haviam caído, até que os serviços da cidade os removessem e os despejassem nos rios. As doenças eram galopantes. As taxas de óbitos e de mortalidade infantil de Manchester eram várias vezes superiores à média nacional. A tuberculose, uma doença de habitações apinhadas de gente, alastrou-se. Epidemias varriam regularmente Manchester. A cólera, uma doença que tinha a sua origem na Índia e que era transmitida pela água, chegou à Grã-Bretanha em 1832 e matou milhares de pessoas.

Aqueles que podiam dar-se a esse luxo mudaram-se para a periferia da cidade, zonas mais limpas e saudáveis, e tinham água canalizada e sanitas. Por motivos monetários e de moralismo, a cidade foi-se concebendo dessa maneira. No início do século, os unitaristas liberais assumiram o governo da cidade e governaram até à chegada do sufrágio universal masculino, em 1881. De molde a manter os impostos baixos, eles vendiam *night soil* (excrementos humanos) aos agricultores, pagando dessa forma o sistema de distribuição de água, mas precisavam de manter a água canalizada e as sanitas afastadas dos bairros operários, para que os seus excrementos pudessem ser recolhidos. Atribuíam a pobreza, a doença e a imundície aos maus hábitos e à falta de higiene dos trabalhadores católicos irlandeses.

Aqueles que visitavam as novas cidades industriais condenavam com horror o ar negro e cheio de fumo, e os fétidos, imundos e sobrelotados bairros operários, que contrastavam, de forma tão chocante, com as agradáveis zonas da classe média e com as belas mansões dos proprietários de fábricas na periferia da cidade. Levou muito tempo, no entanto, para que as autoridades locais percebessem que esses eram problemas que precisavam de ser corrigidos. Mesmo então, dúvidas e divergências a respeito de quais os problemas a abordar, como identificar as causas e como remediar esses problemas, atrasaram a ação durante décadas. Com a propagação do capitalismo industrial a outras nações, os seus cidadãos viram-se igualmente inundados de resíduos humanos, animais e industriais, também eles asfixiavam com falta de ar e vomitavam com a água insalubre. Os Americanos partilhavam da angústia dos Britânicos perante a pobreza e as doenças urbanas e, de igual forma, também eles punham as culpas nas falhas morais dos imigrantes.

A culpa pelas doenças passou lentamente do carácter moral dos indivíduos para causas ambientais, coisas que médicos e engenheiros poderiam abordar mais facilmente. Teorias de que o «miasma» ou os maus cheiros causavam doenças levaram as cidades a responder com medidas para drenar pântanos maláricos e a remover cavalos mortos, alimentos em decomposição e dejetos humanos. Percebeu-se que a água limpa era, de alguma forma, a chave. A ascensão do liberalismo de mercado livre impediu que as cidades inglesas angariassem fundos para grandes projetos de infraestruturas, dependendo, por isso, de empresas privadas de água. Surtos de doenças e epidemias assustaram as cidades, levando-as a assumir a tarefa de fornecer água potável. Nos Estados Unidos, muitas cidades acederam a água que existia a montante ou construíram reservatórios municipais, aquedutos e sistemas de distribuição de água, de forma que se fornecesse água limpa e saudável. Os reservatórios precisavam de ser suficientemente afastados para armazenar água limpa, mas perto o suficiente para canalizar facilmente água para a cidade, o que levou a que as cidades comprassem e inundassem aldeias e terras agrícolas. Para as cidades cuja água local era suja ou turva, os Escoceses inventaram o primeiro sistema municipal de filtragem por areia, aplicado em Paisley no ano de 1804, ao passo que, três anos depois, Glasgow instalou o primeiro sistema de filtragem de água conectado aos canos de distribuição da cidade.

Em Inglaterra, foi Londres que assumiu a liderança quando, em 1855, o Dr. John Snow demonstrou meticulosamente que todas as vítimas de cólera num bairro londrino bebiam do mesmo imundo poço. As autoridades encerraram os poços contaminados, e a cidade obrigou as empresas de abastecimento de água, que forneciam água vinda de trechos poluídos do Tamisa, a passarem a extrair água mais limpa a montante.[60] Em 1840, com os estudos de Edwin Chadwick sobre saúde pública, ocorreu um ponto de viragem. A sua «ideia sanitária» propunha o fornecimento canalizado de água limpa e pura a todas as casas, isso complementado com sanitas ligadas à rede de esgotos. A «ideia sanitária» influenciou as autoridades de saúde pública em todo o mundo. No espaço de 100 anos, todas as grandes cidades modernas forneciam água a casas e empresas, e levavam os dejetos humanos para os esgotos.[61]

O que fazer com os dejetos colocava um outro problema. Os trabalhos de Louis Pasteur e de Robert Koch convenceram as autoridades médicas da veracidade da teoria microbiana. No final do século, os engenheiros sanitários também perceberam que a teoria microbiana sugeria formas de tratar os esgotos antes de os despejar em cursos de água, porém, o custo e a consciência de que os benefícios só reverteriam a favor dos não-contribuintes a jusante diminuiu a aceitação da tecnologia. Em algumas cidades, a decisão inicial de poupar dinheiro combinando águas pluviais e esgotos sanitários num único sistema acabaria por dificultar o tratamento dos esgotos, porquanto uma precipitação significativa acabava, muitas vezes, por sobrecarregar o sistema.[62]

A cidade industrial e o nascimento do movimento dos parques

A crescente sujidade das cidades industriais inspirou um movimento para proporcionar aos trabalhadores acesso à natureza e ao ar puro. Aqueles que dispunham de meios para o fazer viajavam e passavam férias em zonas rurais ou em recantos naturais fora das cidades. A tecnologia tornou a natureza mais próxima. Os barcos a vapor e os caminhos de ferro chegavam a regiões que se encontravam muito afastadas das cidades sobrepovoadas, e na América esses meios de transporte levaram a que a popularidade do turismo de natureza crescesse exponencialmente.[63] No sentido de tornar a vida urbana mais agradável e mais saudável, o início do século XIX assistiu a inúmeras tentativas de repensar e redesenhar a cidade. Os parques constituíam uma forma de dotar as cidades de ar puro, proporcionando, em simultâneo, espaços de recreação e edificantes influências morais do mundo natural de Deus. Os primeiros parques urbanos da Grã-Bretanha começaram como parques reais que os seus proprietários, gradualmente, foram abrindo, primeiro, às classes altas e, depois, à classe média. Na década de 30 do século XIX, a natureza tornou-se um atrativo comercial. Um empreiteiro construiu o Regent's Park para aumentar o valor dos terrenos circundantes, cuja venda acabou por pagar o parque. Outros empreiteiros copiariam a estratégia, como no Prince's Park, em Liverpool. Inicialmente reservados àqueles que adquiriam casas próximas, os parques abriram ao público quando os fundos públicos substituíram as subscrições privadas para despesas de manutenção. Em 1829, John Claudius Loudon, um jardineiro paisagista escocês, iniciou uma campanha em prol da construção de parques com financiamentos públicos que culminaria com a criação, em 1844, do Victoria Park, nos populosos bairros degradados do leste de Londres. Industriais conscienciosos doaram terras para melhorar as condições de vida dos trabalhadores. Outros Victoria Parks surgiram um pouco por toda a Inglaterra.[64]

A cidade de Birkenhead, um subúrbio de Liverpool do outro lado do Mersey, construiu o primeiro parque totalmente financiado com fundos públicos. A cidade contratou Joseph Paxton, o arquiteto que havia concebido o Prince's Park. Paxton transformou 50 hectares de um terreno sem qualquer tipo de atrativo, pantanoso e alagadiço, situado no sopé de uma colina arenosa, num pequeno Éden de bosques, clareiras, caminhos sinuosos e vistas panorâmicas. Gratuito para o público, o parque abriu portas em 1847. A ideia de parques financiados com dinheiros públicos espalhou-se por toda a Europa. Em 1850, um antigo congregacionalista do Connecticut, Frederick Law Olmsted, visitou o Birkenhead Park. De volta aos Estados Unidos, participou, em 1853, com um projeto inspirado no parque de Birkenhead, num concurso de design para a futura construção de um parque público na cidade de Nova Iorque. Ganhou, e esse projeto tornou-se a base do Central Park, que inspiraria dezenas de outros parques públicos em cidades americanas, de Boston a São Francisco.

Os parques não eram a única forma de levar a natureza às pessoas. Os proprietários de fábricas conceberam comunidades-modelo com abundantes espaços verdes. Os donos dos primeiros moinhos britânicos tiveram não só de construir os moinhos em locais geralmente remotos, perto de quedas de água, mas também de edificar residências, escolas, igrejas, lojas e oficinas para os trabalhadores dos moinhos e para os trabalhadores dos serviços. As cidades tinham de ser suficientemente apelativas para atraírem trabalhadores. Muitos proprietários eram dissidentes que procuravam criar, em torno dos seus moinhos, comunidades felizes, harmoniosas e morais. Foi nesse espírito que David Dale construiu uma cidade industrial-modelo em New Lanark, na Escócia, conhecida na década de 1790 como a maior empresa britânica de fiação, gerida com um paternalismo esclarecido. Influenciado pelos unitaristas de Manchester, David Owen comprou New Lanark em 1799, onde os seus esforços para melhorar a condição dos trabalhadores, através da educação e da requalificação, o tornaram influente no seio do socialismo britânico.[65] Uma abordagem diferente inspirou os industriais protestantes de Mulhouse, na Alsácia. Em 1853, com o intuito de construírem uma cidade industrial-modelo, formaram a Société mulhousienne des cités ouvrières. De molde a encorajar a poupança, aos trabalhadores não era dada a opção de arrendarem, mas sim de comprarem as suas unidades habitacionais, com um plano de pagamento faseado. Com base nas influentes *Dwellings of the Labouring Classes*[66], de 1850, do arquiteto Henry Roberts, cada uma das quatro unidades existentes em cada quadrúplex tinha o seu próprio jardim em duas das suas laterais, um pouco do campo na cidade. O modelo Mulhouse inspirou epígonos em toda a Europa Ocidental.[67] Muitos industriais americanos também construíram cidades empresarias-modelo.[68] Para as classes média e alta, a melhoria dos transportes urbanos promoveu os subúrbios com muitos espaços verde. Um dos primeiros e mais influentes subúrbios contruídos na América foi concebido por Olmsted para a zona de Riverside, perto de Chicago.[69]

Por volta da viragem do século XX, os urbanistas começaram a pensar de forma mais holística. A sociologia sugeria que a conceção planeada do ambiente da cidade poderia resolver problemas sociais. O movimento *City Beautiful*, nos Estados Unidos, e o planeamento urbano e o movimento *Garden City*, na Grã-Bretanha, visavam refinar as cidades industriais, transformando-as em melhorados e inspiradores ambientes de felicidade, e restaurar a harmonia entre os indivíduos, a sociedade e a natureza. A noção de que a cidade planeada da era industrial exigia sobre si um novo pensamento tornou-se extremamente popular, da América à Europa e ao Japão.[70]

Em breve, os parques deixariam para trás os seus cenários urbanos. Marsh tinha imaginado uma espécie de parque cujo objetivo prefigurou o dos parques nacionais: «[...] Algum tipo de região extensa e facilmente acessível do solo americano deveria permanecer, tanto quanto possível, na sua condição primitiva, sendo, simultaneamente, um museu para a instrução do estudante, um jardim para a recreação do amante da natureza e um refúgio onde árvores nativas, humildes plantas que gostam de sombra e peixes e aves e animais de quatro patas possam habitar e perpetuar a sua espécie, no gozo de uma proteção tão imperfeita como aquela que as leis de um povo cioso de restrições lhes possa proporcionar.»[71] Por pura coincidência, em 1864, ano da publicação de *Man and Nature*, o governo federal criou Yosemite, na Califórnia, o primeiro parque que visava, precisamente, a conservação das belezas naturais. *Man and Nature* inspirou mais diretamente a criação, entre 1875 e 1895, do enorme Adirondack State Park, cuja função era preservar tanto a sua beleza como a sua vital bacia hidrográfica.[72] Em 1872, os Estados Unidos criaram o primeiro parque nacional em todo o mundo, Yellowstone. A ideia do parque nacional popularizou-se com celeridade nas nações protestantes, sendo, eventualmente, seguida pelo estabelecimento de parques na maioria das nações. Parques nacionais surgiram um pouco por todo o Império Britânico. Na Europa, foi a Suíça que criou o primeiro, mas a escassez de paisagens pouco habitadas forçou as nações europeias a criarem menos parques ou a criarem parques que incluíssem cidades e sítios culturais, além das belezas naturais.

Conservacionismo

Durante a tumultuosa era que decorreu entre a década de 1880 e meados da década de 1910, cidadãos, industriais e governos tentaram resolver os problemas que acompanharam o triunfo global do capitalismo industrial. A visão ofensiva de industriais desfrutando de grande riqueza enquanto os seus trabalhadores viviam no meio da imundície, da sordidez e de uma terrível poluição provocou o aparecimento de movimentos políticos e de revolucionárias soluções socialistas e anarquistas. As classes média e alta esperavam que a melhoria das condições dos pobres trouxesse benefícios significativos e impedisse a radicalização. De forma a minar o movimento socialista, a Alemanha e outros países fizeram aprovar leis de assistência social. A poluição, no entanto, era um desafio muito mais difícil de resolver. As Smoke Abatement Leagues apareceram em meados do século na Grã-Bretanha e, mais tarde, nos Estados Unidos. Na Alemanha, a crescente insatisfação com as cidades enfumaçadas inspirou um número reduzido de cidadãos e levou a uma débil ação política, muito por causa de uma fé descabida numa resposta governamental forte e eficaz. Entre os obstáculos que bloqueavam o caminho para céus mais limpos, encontravam-se as dificuldades técnicas e os custos associados à redução do fumo, os ainda pouco seguros dados médicos relativamente ao perigo do fumo para a saúde, a influência económica dos industriais, o facto de os trabalhadores temerem pelos seus empregos e as difíceis questões dos incêndios domésticos e do fumo produzido pelo tráfego dos caminhos de ferro. Muitos industriais «resolveram» o problema do fumo com chaminés mais altas nas fábricas, uma bênção local, mas uma maldição para quem se encontrava a favor do vento.[73]

O pico do capitalismo industrial, ocorrido por volta de 1900, foi acompanhado de preocupações em relação à base dos recursos que o sustentavam. A Grã-Bretanha redescobriu *The Coal Question*, não porque o carvão inglês se tivesse esgotado, mas porque a previsão de Jevons de que a produção de carvão da América superaria a britânica se havia tornado realidade. Como Jevons percebera, o relativo declínio da Grã-Bretanha como líder mundial na produção de energia foi um sinal do declínio que ainda estava para vir.

Os Americanos releram *Man and Nature* e temeram que um declínio absoluto, e não relativo, dos recursos ameaçasse a futura grandeza da América.[74] No final da década de 1880, houve um movimento que ganhou força no combate à corrupção política perpetrada pelas grandes corporações, à agitação laboral, à poluição e ao rápido recuo das florestas. Uma série de presidentes criados no seio do presbiterianismo — Benjamin Harrison, Grover Cleveland, Theodore Roosevelt e Woodrow Wilson, além do unitarista William Howard Taft — procurou governos que colocassem o bem comum acima do enriquecimento privado.[75] A par de legislação antimonopólios, das primeiras entidades reguladoras à escala nacional e de leis laborais para crianças e mulheres, os presidentes começaram, em 1891, a criar reservas florestais, reservas que, depois de 1905, passaram a ser geridas pelo Serviço Florestal em prol do interesse público. O escritor e ativista escoto-americano John Muir popularizou os parques nacionais e influenciou a sua propagação entre 1890 e 1920, parques esses supervisionados, após 1916, pelo Serviço Nacional de Parques. Ao mesmo tempo, os cientistas começaram a pensar de acordo com a ecologia, que é a ciência das ligações recíprocas entre os seres vivos e o seu ambiente.[76] O pensamento sistémico influenciou Pinchot, que trabalhou em estreita colaboração com Roosevelt, de forma a divulgar uma solução geral para a sobre-exploração dos recursos naturais, a qual ele englobou sob o termo «conservacionismo». Roosevelt divulgou amplamente o conceito e tornou-o central na sua política. No respeitante aos recursos, o conservacionismo tornou-se central no pensamento americano e, cada vez mais também, no discurso internacional.[77]

A conservação da vida selvagem atingiu nessa era um enorme crescendo. Logo nas décadas de 1860 e 1870, surgiram sociedades de proteção de aves na Grã-Bretanha, em França, na Alemanha e noutros locais, seguidas, em 1886, pela Audubon Society, nos Estados Unidos. A Grã-Bretanha e a Alemanha estabeleceram reservas naturais, enquanto Roosevelt criou mais de cinquenta refúgios para a vida selvagem. Para proteger as aves migratórias, doze nações europeias assinaram, em 1902, a Convenção Internacional para a Preservação das Aves Úteis à Agricultura, e os Estados Unidos e o Canadá firmaram o Tratado das Aves Migratórias, em 1916. Após uma conferência de 1900 sobre a preservação da vida selvagem africana, foi criada, em 1903, a Society for Preservation of the Wild Fauna and Flora of the [British] Empire. A Ligue Suisse pour la Protection de la Nature foi fundada em 1909, o que levou à criação, em 1914, na cidade de Berna, da Comissão Consultiva para a Proteção Internacional da Natureza.[78] As primeiras leis estatais americanas que regulavam as épocas de caça, as licenças de caça e pesca e os limites de captura seriam aprovadas e multiplicadas nas décadas seguintes.[79]

O conservacionismo tornou-se uma causa internacional no período entre guerras. Surgiram inúmeras organizações locais, nacionais e internacionais cujo intuito era fazer lóbi e aconselhar. As nações aprovaram regulamentos, leis e tratados. Foram fundadas organizações locais, regionais e imperiais de conservação da vida selvagem. O presidente Franklin Roosevelt fez do conservacionismo um tema central do *New Deal*, encarnado no Departamento Civil de Conservação da Natureza. A sua administração promoveu políticas que visavam a conservação dos solos (especialmente durante o grande desastre ambiental americano conhecido como *Dust Bowl*), o incremento da proteção das florestas e da vida selvagem, e novos parques nacionais orientados para a natureza selvagem.[80] A liderança política americana no que ao conservacionismo concernia desvaneceu-se após a morte de Roosevelt, em 1945. A União Internacional para a Conservação da Natureza foi criada em 1948, na Europa, não nos Estados Unidos.[81]

O enfraquecimento do capitalismo industrial ocidental

Os conservacionistas nunca desafiaram o capitalismo industrial em si mesmo. A vida sem ele tornou-se impensável. O conservacionismo significava apenas corrigir os problemas ambientais que a industrialização havia causado. O capitalismo industrial era a galinha dos ovos de ouro de Jevons, ainda que fosse uma galinha asmática e coberta de fuligem. De certeza que tudo o que o animal precisava para pôr ovos para sempre era de um pouco de ar fresco, de uma boa esfregadela e de um pedaço de revigorante espaço verde.

O capitalismo industrial havia esbarrado nos limites do seu crescimento. É verdade que os laboratórios e as oficinas continuavam a despejar cá para fora maravilhas tecnológicas. Os aristocratas europeus ainda se empertigavam como pavões nos turbulentos anos que antecederam a Primeira Grande Guerra. Não obstante, a corrida imperialista para arrebatar os últimos pedaços de terra não-colonizados que ainda restavam estava quase no seu fim, deixando apenas o relativo tédio de ter de governar. As infraestruturas ferroviárias europeias e americanas estavam instaladas, e o fenomenal crescimento da indústria siderúrgica americana abrandou. A produção americana e britânica de carvão atingira o seu ponto mais alto. Extremamente autoconfiantes e otimistas cinquenta anos atrás, a ciência, a arte e a música ocidentais pareciam, no final do século, menos seguras de si. Curiosas anomalias intrigavam os físicos. Os artistas abandonaram uma estética nascida no início da Renascença. Sinfonias e óperas germânicas arrastavam-se por intermináveis horas de presunção autocomplacente.[82]

O caminho pela frente encontrava-se toldado por um forte sentimento de descontentamento e por uma violência reprimida. Abruptamente, o século XX pôs de lado a Era Vitoriana e, com ela, as suas esperanças de um mundo ordeiro e moral. Anarquistas, socialistas revolucionários e nacionalistas procuraram promover as suas causas com violência e assassinatos. A Teoria da Relatividade, de Albert Einstein, de 1905, mostrou como os eternos quadros de referências externas eram ilusões. Novos movimentos artísticos — o cubismo, o fauvismo, o expressionismo — rejeitaram as convenções da arte do século XIX. Os compositores abandonaram a tonalidade e o ritmo tradicionais. Sigmund Freud iluminou os cantos mais sombrios da mente, provando que era mentira a alardeada racionalidade ocidental.

O capitalismo industrial continuou obstinadamente a carburar por mais várias décadas, ao longo de duas guerras mundiais terrivelmente destrutivas e mortais e uma Grande Depressão, durante a qual a galinha quase parou, por algum tempo, de pôr ovos de ouro. Mas o seu tempo estava a acabar. Depois de 1945, os grandes impérios europeus desmoronaram-se com uma surpreendente rapidez. As máquinas a vapor desapareceram em museus. As chaminés fabris, uma a uma, pararam de fumegar. Mas, com o novo século, uma nova versão do capitalismo ganhou vida, uma versão que promovia o consumo em vez da produção e que trouxe consigo novos e mais ameaçadores problemas ambientais.

6.

COMPRE AGORA — PAGUE DEPOIS

A década de 1920 e a ascensão do automóvel

Em 1899, quando encomendas de rolamentos de rodas começaram a chegar de uma nova indústria que estava a ganhar vida no centro-oeste americano, Alfred P. Sloan era o jovem presidente da Hyatt Roller Bearing Company em Newark, Nova Jérsia, empresa que fabricava com exclusividade um rolamento patenteado. Os fabricantes de automóveis queriam algo melhor para os seus carros do que os oleosos eixos dos vagões. Na altura, centenas de mecânicos construíam à mão, para um mercado muito restrito, cerca de 1500 automóveis por ano. Difíceis de pôr a funcionar, pouco fiáveis e mal-adaptados às terríveis estradas rurais dos Estados Unidos, os automóveis eram um brinquedo caro para os ricos. No entanto, trinta anos após ter negociado a sua primeira dúzia de rolamentos para automóveis, Sloan era presidente da General Motors, ano em que a empresa vendeu 1 482 000 carros.[1]

Sloan envolveu-se no fabrico de automóveis precisamente no momento em que uma popular revolução nos transportes estava prestes a começar. A partir da década de 1880, os rápidos avanços na tecnologia dos motores de combustão interna, juntamente com o aparecimento de alternativas a vapor e elétricas, incentivaram inúmeros mecânicos e engenhocas na Alemanha, em França, em Itália, na Grã-Bretanha e nos Estados Unidos a montar motores em viaturas modificadas. Ao mesmo tempo, as bicicletas, os tróleis e os elétricos tinham ajudado as pessoas a acostumarem-se à ideia de veículos com propulsão própria. Mas, para que o carro se tornasse um meio de transporte popular, os fabricantes precisavam de produzir grandes quantidades a baixo custo. Nesse aspeto, os Americanos destacaram-se. Em 1895, Charles e Frank Duryea fundaram a Duryea Motor Wagon Company, em Springfield, no Massachusetts, a primeira empresa a produzir veículos idênticos, tendo vendido no ano seguinte 13 unidades.[2] Em 1902, em Lansing, no Michigan, Ransom E. Olds foi o primeiro fabricante de automóveis a utilizar uma linha de montagem, produzindo em massa o Oldsmobile. Em 1908, o antigo engenheiro-chefe de Thomas Edison, Henry Ford, projetou o bem construído, fiável e robusto Modelo T. As linhas de montagem produziam o Modelo T a um custo tão baixo que até os agricultores podiam comprá-los. Em 1920, metade dos automóveis do mundo eram Fords. Dois anos mais depois, a Ford vendeu dois milhões do Modelo T. Antes da produção terminar, em 1927, a Ford tinha construído um total de quinze milhões de veículos. Em 1929, 60 % das famílias americanas possuíam um carro, um número muito maior do que o de qualquer outra nação — um carro registado por cada cinco americanos.[3] Nunca antes na história um único produto, com tanto poder de mudar a vida e a paisagem, se tornara tão omnipresente tão rapidamente.

Para incitar os consumidores a comprarem esse enorme fluxo de veículos e a continuarem a comprá-los, foram necessárias técnicas de venda criativas. O principal inovador dessas técnicas não foi Ford, mas Sloan. O foco que pôs em incitar os consumidores a comprarem os seus produtos pôs a GM na vanguarda de um novo estágio do capitalismo, o capitalismo de consumo. Sloan exemplifica também a transição dos dias dos grandes magnatas da indústria — ou barões ladrões, como alguns lhes chamavam —, muitas vezes de origem protestante calvinista, como Andrew Carnegie ou John D. Rockefeller, para a era dos gestores e investidores na aquisição de empresas, poucos dos quais teriam uma educação calvinista. Por último, os automóveis representaram uma transição energética revolucionária do carvão para o petróleo, juntamente com uma série de novos problemas ambientais.[4]

Outro sinal do que haveria de ser o futuro, a GM era uma sociedade *holding*, não um fabricante como a Ford Motor Co., e o seu fundador, William C. Durant, era um vendedor, não um mecânico ou um engenhocas como Ford. Um bem-sucedido vendedor de charutos e depois um agente de seguros em Flint, no Michigan, Durant estava à procura de oportunidades de investimento quando comprou uma pequena empresa de carruagens que havia concebido um inovador sistema de suspensão. Durant foi pioneiro numa estratégia de negócios que combinava produtos padronizados em grande quantidade, propriedade ou controlo de fornecedores-chave e uma rede nacional de concessionários. Em 1906, a Durant-Dort Carriage Company era o maior produtor de carruagens do país. Alguns investidores pediram a Durant, em 1904, que ajudasse uma construtora de automóveis que estava nas lonas, a Buick. Durant pouco sabia de carros, mas, de repente, teve a visão de um futuro em que as carruagens não tinham cavalos. Assumiu, então, o controlo da Buick, que em breve seria a maior fabricante de automóveis. Usando a estratégia empresarial da Durant-Dort, fundou a General Motors em 1908 como uma *holding* destinada a comprar em grandes quantidades acessórios de automóveis a fabricantes e a importantes fornecedores, desenvolvendo paralelamente uma rede de concessionários. Financeiramente sobrecarregado, Durant perdeu o controlo da GM quando os mercados se contraíram em 1910, recuperando-o em 1916 para voltar a perdê-lo em 1920, durante a recessão do pós-guerra.[5]

Tal como Durant, Sloan não era nem mecânico nem um engenhocas. Nasceu em 1875, em New Haven, no Connecticut, filho de um importador de café e de chá e neto de um pastor metodista, licenciou-se em Engenharia Elétrica pelo Instituto de Tecnologia de Massachusetts [MIT]. Um amigo rico do seu pai conseguiu-lhe um emprego como desenhador numa empresa em que era acionista, a Hyatt Roller Bearing Company. Em 1899, o pai de Sloan e um outro investidor compraram a Hyatt e fizeram de Sloan o presidente. Durant comprou a Hyatt em 1916, e rapidamente Sloan tornou-se um consultor muito próximo dos presidentes da GM. Em 1923, o próprio Sloan foi nomeado presidente da GM.

Sob a orientação de Sloan, a GM tornou-se a maior empresa industrial do mundo. Ao contrário de Durant, o vendedor que arriscava com um sorriso nos lábios, Sloan, o engenheiro sem humor, dirigiu a GM como uma máquina bem oleada com muitas peças interconectadas. Coordenou as empresas de componentes da GM de modo que estas utilizassem as mesmas peças e os mesmos fornecedores de carroçarias. Em 1921, Sloan estruturou as divisões de automóveis da GM, a Chevrolet, a Pontiac, a Oldsmobile, a Buick e a Cadillac para produzirem veículos de preço e luxo variáveis. Dirigia as operações gerais, mas permitia aos homens sob a sua autoridade um grande espaço de manobra para que estes fizessem uso do seu melhor julgamento. Os departamentos da GM encontravam-se coordenados, porém, descentralizados, um ato de difícil equilíbrio no qual Sloan se destacava.

Sob a égide de Sloan, a GM transformou o negócio automóvel. Em 1919, e de molde a proporcionar financiamento a potenciais clientes, o diretor financeiro da GM organizou a General Motors Acceptance Corporation (GMAC). A Sloan se deve a criação, em 1920, da General Motors Research Corporation (GMRC), tendo ficado o engenheiro e inventor Charles Kettering responsável pela sua direção.[6] As inovações de Sloan em *marketing* representaram uma mudança no foco da maximização da produção para o aumento do consumo. Com a GMAC, os consumidores não precisam de economizar o preço total de um veículo antes de o comprar, podendo, paralelamente, adquirir novos carros com muito mais frequência. A ideia de Sloan de uma gama de marcas, desde o barato Chevrolet ao luxuoso Cadillac, permitiu à GM segurar clientes conforme estes envelheciam e enriqueciam. Sloan gastou generosamente em publicidade. Em 1924, a GM comprou mais espaço publicitário do que qualquer outra empresa. Sloan percebeu que o mercado automobilístico estava a mudar. Porque de ano para ano o estilo utilitário e a cor (preto) do Modelo T mal conheciam mudanças, os compradores podiam adquirir um Ford usado mais barato e que mal diferia de um novo. Em 1925, a GM introduziu mudanças anuais de estilo e passou a escolher para os seus carros as cores vivas da tinta de esmalte Duco, desenvolvida pela GMRC. As mudanças anuais dos modelos e das opções de cores incitaram o desejo dos consumidores pelo modelo mais recente, mais na moda e tecnicamente mais avançado, que pudesse diferenciar os seus carros dos dos seus vizinhos.

A Ford Motor Company permaneceu mais do século XIX do que do século XX. O foco de Henry Ford na produção em massa de um único item de alta qualidade refletia o pensamento da revolução industrial. Ford foi lento a aceitar a chegada do capitalismo de consumo. Recusou-se, com base em princípios morais, a proporcionar financiamentos que colocassem as pessoas em dívida ou a publicitar um produto prático e bem concebido cujas qualidades ele sentia que deveriam falar por si mesmas. O Modelo T perdeu quota de mercado para a GM. Quando, em 1927, as vendas da GM superaram as da Ford, esta parou, pura e simplesmente, de produzir o Modelo T, encerrou durante um ano a enorme fábrica Rouge, de forma a reequipá-la, e introduziu o melhorado Modelo A, agora numa variedade de estilos e cores de carroçaria. Passou a apostar mais em publicidade, e, em 1929, a Ford começou a oferecer alguma forma de financiamento.[7]

Sloan conduziu a GM à vanguarda da transição do capitalismo industrial de James Watt e de Andrew Carnegie para o capitalismo de consumo de Ray Kroc e de Jeff Bezos, onde, na qualidade de maior organização industrial do mundo, dominou com sucesso durante meio século. O capitalismo de consumo é uma versão turbinada do capitalismo. A sua premissa é vender cada vez mais bens e serviços a um ritmo cada vez mais rápido, acelerando a velocidade com que o dinheiro passa pelas mãos dos consumidores. Nascido depois de 1870, atingiu a sua plena maturidade na década de 1920, nos Estados Unidos, onde os consumidores gastaram, em 1922, 56,2 mil milhões de dólares e 74,3 mil milhões de dólares cinco anos depois.[8] Uma vez que a produção e a utilização de quantidades crescentes de bens de consumo exigiam a extração de mais energia e a exploração de mais recursos naturais, obrigando a que se desembaraçassem de volumes cada vez maiores de desperdícios, o capitalismo de consumo mudou para sempre a relação dos humanos com o seu planeta.

Uma breve história do consumo

Para que fique claro, o capitalismo de consumo não é sinónimo de consumismo, que tem uma longa história. Os primeiros consumidores foram os das primitivas sociedades agrícolas que acumularam mais riqueza do que a necessária para a sua subsistência. Os consumidores adquiriam então artigos raros ou de prestígio junto de comerciantes, artesãos ou escribas, construíam grandes e imponentes estruturas e, de forma a impressionarem os seus rivais ou a melhorarem a sua aparência, compravam servos e serviços que expressassem a sua glória e o seu poder. No entanto, nenhum deles era ainda um consumidor moderno. Excetuando comidas e bebidas requintadas, as pessoas adquiriam muito poucas coisas que fossem usadas e deitadas fora. Ocasionalmente, em algumas épocas, as pessoas da classe mercantil ou da classe alta acompanhavam as últimas e efémeras tendências da moda em vestuário. Regra geral, contudo, raramente na história as pessoas procuraram artigos por uma questão de novidade. Os compradores queriam objetos especiais, vestuário e estruturas que durassem e que permanecessem nas suas famílias como objetos de valor.

O desejo por certos bens de consumo lançou as bases para os impérios e para a ascensão do capitalismo ocidental. No mundo antigo, desenvolveu-se um vibrante comércio hemisférico de bens de luxo como o açúcar, as especiarias, as sedas chinesas e o algodão indiano. A queda de Roma rompeu essas ligações comerciais com a Europa Ocidental e com a Europa do Norte, até que as Cruzadas reavivaram o interesse pelos exóticos produtos de luxo. A procura por esses bens atraiu os Portugueses para África, para a Índia e para a Ásia Oriental, onde encontraram o vasto e dinâmico comércio do Império Ming. Sedas e porcelanas chinesas juntaram-se, nos porões dos navios europeus, ao algodão, ao açúcar e às especiarias do sul e sudeste da Ásia. Com a ascensão dos impérios holandês e inglês, os Europeus aprenderam a desfrutar da novidade de bens de consumo desconhecidos. Coloridos algodões indianos, tabaco, chá, café e chocolate entraram, primeiro lentamente e depois completamente, na vida dos europeus de todos os estratos sociais. O consumismo seguiu as rotas comerciais. Os colonos europeus nas Américas consumiam vinho da Madeira e vinho do Porto, chá, açúcar, chocolate, café e artigos manufaturados na Europa. Os Africanos desejavam as armas europeias e o algodão indiano.[9]

O consumo feminino constituiu-se como um motor oculto para a transição do século XVIII rumo ao capitalismo industrial. A maioria dos produtos do imperialismo e da industrialização alimentava a procura na esfera doméstica, tipicamente feminina. Para a cozinha, havia chá, café, açúcar, produtos da revolução agrícola e porcelanas; para a costura, alfinetes e agulhas; e para as roupas e tecidos, botões, drapeados, roupa de cama, algodão, índigo e outras fibras e corantes. A mecanização da fiação tornou mais fácil a tradicional produção têxtil feita pelas mulheres em casa, isso até que o trabalho fabril a substituiu. É claro que no século XVIII os homens também procuravam artigos de consumo como roupas elegantes (com muitos botões), sapatos afivelados, perucas empoadas ou coloridas e tabaco. No entanto, a procura feminina estava por detrás de uma grande parte do consumismo que o comércio, o império e as manufaturas satisfaziam.[10]

A ânsia por novos produtos estrangeiros pôs em marcha a Revolução Industrial. Na sua busca por imitar a dispendiosa porcelana chinesa, Josiah Wedgwood, amigo de James Watt e de Matthew Boulton, industrializou o fabrico de cerâmica. As restrições à importação de algodão deixaram por satisfazer desejos do consumidor e contribuíram para o arranque da mecanização da produção de algodão.

A América liderou o caminho ao mudar a sua base económica para a produção em massa, ao criar instituições de consumo de massa e ao desenvolver métodos para atrair o desejo das massas. Em 1800, a maioria das pessoas na Europa e nos Estados Unidos fazia as suas próprias roupas, cultivava a sua própria comida e construía as suas próprias casas, celeiros e mobiliário, mas um século mais tarde muito poucas pessoas faziam tudo isso. A maioria comprava artigos necessários ou desejados em lojas. Em meados do século XIX, aquele verdadeiro templo ao consumo que são os grandes armazéns, fizeram o seu aparecimento em Paris e nas principais capitais europeias. Nos Estados Unidos, contudo, esses grandes armazéns espalharam-se, depois da década de 70 do século XIX, tanto pelas maiores cidades quanto por cidades mais pequenas. Os grandes armazéns não eram meras lojas rurais repletas de montes de coisas, mas uma revolução no *marketing*. Anteriormente, e no sentido de desencorajar furtos, os lojistas mantinham os artigos atrás de um balcão e exibiam-nos quando solicitado. Os clientes compravam exatamente aquilo que tinham ido comprar. Os grandes armazéns exibiam artigos, onde os potenciais compradores os podiam ver e inspecionar. Vitrinas atrativas chamavam a atenção e encorajavam a aquisição impulsiva de mais artigos do que aqueles que os clientes tinham, primeiramente, a intenção de comprar. Uma vez que essas grandes lojas ganhavam dinheiro com a quantidade e não com a margem de lucro, os preços praticados podiam ser mais baixos do que num armazém ou numa loja generalista das pequenas vilas. Os grandes armazéns patrocinavam eventos quer dentro quer fora da loja (como o desfile do Dia de Ação de Graças do Macy's, em Nova Iorque), decoravam grandes montras com exposições que mudavam sazonalmente e projetavam interiores concebidos para deleitar e atrair visitantes. Para os consumidores americanos que viviam em quintas e em pequenas cidades, Montgomery Ward inventou, em 1869, o catálogo de vendas por correspondência, um grande armazém contido entre capas. Juntando-se Sears, Roebuck, as duas empresas de Chicago fizeram, até ao final do século, um gigantesco volume de negócios por correspondência.[11]

O capitalismo industrial estava a dar lugar ao capitalismo de consumo. Os fabricantes haviam-se tornado proficientes na produção de mercadoria barata e abundante. O transporte tinha-se tornado tão pouco oneroso que a enxurrada de bens de consumo chegou aos confins da nação ou, muitas vezes, do mundo. No final do século XIX, os produtos manufaturados eram tão abundantes que os industriais se confrontaram com mercados saturados. A produção ultrapassara o consumo. Controlar a produção para igualar o consumo causou desemprego, diminuição do consumo e estagnação da economia. A economia industrial-capitalista contraiu-se regularmente, em 1819, 1837, 1857, 1873, 1882, 1893 e 1907.

Fig. n.º 9: Vista interior da loja de retalhos da Marshall Field & Company, localizada na State Street e na Washington Street, em Chicago, por volta de 1900. Os grandes armazéns significaram o nascimento do capitalismo de consumo. Palácios virtuais do consumo, esses espaços atraíam os clientes para o seu interior através de elaboradas montras. Lá dentro, bens de consumo expostos de forma convidativa induziam os clientes a comprar, frequentemente mais do que pretendiam. (© Chicago History Museum / TopFoto/Fotobanco.pt)

Surgiram várias formas para incentivar o consumo, que culminariam na década de 1920, nos Estados Unidos.

O triunfo da GM assentou em muitos fatores, todos eles traços distintivos do capitalismo de consumo, incluindo a financeirização, o endividamento dos consumidores, a transição para o petróleo, a pesquisa empresarial, a obsolescência planeada e a publicidade. Enquanto sociedade *holding*, a GM participou na tendência para a financeirização do capitalismo. Na financeirização, as empresas e os investidores veem maiores lucros em ações financeiras, como a compra e venda de empresas, do que em investir diretamente no comércio ou na produção. No topo das hierarquias empresariais, gestores como Sloan tornaram-se mais comuns e mais poderosos, e os inventores, os empresários, os mecânicos e os engenhocas passaram a rarear cada vez mais. O eterno ciclo de consumo crescente do capitalismo de consumo dependia apenas em parte do aumento constante dos rendimentos por ele produzidos. A dívida depositou mais dinheiro nas mãos dos compradores, e a GMAC foi apenas um dos muitos métodos utilizados para vender coisas e endividar os clientes, processo que começou a surgir na década de 1920. Ao mesmo tempo, os Estados Unidos iniciaram a sua segunda grande transição energética, do carvão para o petróleo, transição essa que a indústria automóvel impulsionou mais do que qualquer outra. Unicamente o petróleo poderia fornecer as imensas quantidades de energia que o interminável ciclo de produção e consumo exigia. Por sua vez, a GMRC prefigurou uma nova ênfase na pesquisa e no desenvolvimento de novas substâncias e maquinaria financiadas por empresas, oficializando e acelerando as atividades anteriormente realizadas principalmente por engenhocas de garagem e inventores de vão de escada. Mais, ao fazer com que os modelos mais antigos parecessem obsoletos ou fora de moda, a promoção pela GM de novas aquisições por parte dos consumidores espelhava o crescente uso da obsolescência planeada como técnica de venda de novos produtos — o infindável ciclo do capitalismo de consumo de comprar e deitar fora. Por fim, os gigantescos gastos da GM em anúncios publicitários refletiam a importância vital da publicidade para o funcionamento e para o crescimento do capitalismo de consumo. Para tornar as coisas absolutamente claras, a Grande Depressão de 1929 mostrou como, quando os gastos dos consumidores abrandavam, o capitalismo de consumo colapsava como um balão a esvaziar-se.

Concentrando e coordenando o capitalismo de consumo

A financeirização surgiu para promover a eficiência e a racionalização das indústrias. Billy Durant organizou a General Motors com os mesmos métodos utilizados por financiadores como J. P. Morgan que remodelaram a economia capitalista global no período entre 1850 e os anos 1930. No final do século XIX, o excesso de produção ameaçava os lucros. Para regular a competição e garantir lucros, os investidores compravam empresas concorrentes. Nos Estados Unidos, a consolidação empresarial atingiu o auge no final da década de 1890, onde, muitas vezes através do *trust*, um instrumento financeiro legal utilizado pela primeira vez pela Standard Oil, de John D. Rockefeller, uma onda de fusões pôs vários milhares de empresas sob o controlo de menos de duzentas. A criação por J. P. Morgan da *holding* U. S. Steel criou a maior corporação do mundo e a primeira corporação de milhares de milhões de dólares. Morgan adquiriu as empresas de Andrew Carnegie em 1901, permitindo que Carnegie se reformasse e doasse a sua enorme fortuna a causas filantrópicas, e, com o objetivo de racionalizar a indústria, associou a Carnegie Steel a várias concorrentes. Entre 1880 e 1920, as receitas financeiras passaram de 2 % para 4 % do produto interno bruto [PIB]. Durant observou de perto as estratégias de financiadores como Morgan e começou a comprar e a vender empresas na bolsa. A compra da Buick colocou-o no caminho da fundação da General Motors.[12]

Consolidações e expansões empresariais como as que Morgan e Durant conceberam explodiram nos Estados Unidos na década de 1920, quando as receitas financeiras saltaram de 4 % para 6 % do PIB. As grandes empresas corporativas começaram mesmo a tomar conta da Main Street. Cadeias de lojas proliferaram em todo o tipo de negócios. As cadeias de lojas permitiam uma economia de escala e atraíam clientes com publicidade a nível nacional. As pessoas compravam roupas ou sapatos em cadeias de grandes armazéns, arranjavam os seus medicamentos em cadeias de farmácias, assistiam aos últimos filmes em cadeias de cinemas, comiam em cadeias de restaurantes e ficavam em cadeias de hotéis. Dezenas de milhares de supermercados A&P e Kroger espalharam-se por todo o país. A Montgomery Ward, a Sears e a J. C. Penney abriram centenas de lojas para alimentar e complementar os seus negócios de vendas por correspondência. Grandes armazéns construíram filiais em comunidades próximas, mesmo quando a empresa Federated Department Stores comprou muitos armazéns locais. Para encherem as prateleiras de todas essas lojas, investidores bancários como a Lehman Brothers e a Goldman Sachs facilitaram ou impulsionaram a fusão de pequenos fabricantes de produtos de consumo com gigantes como a Colgate-Palmolive-Peet, a General Mills e a Borden's.[13]

O sector financeiro lançou as bases para a financeirização e a consolidação. As bolsas de valores, como as fundadas em Amsterdão, Londres e Nova Iorque nos séculos XVII, XVIII e início do século XIX, facilitaram o acesso das empresas ao capital, criaram um mercado de ações e separaram a propriedade da gestão. Financiados de forma privada para fins lucrativos, bancos comerciais associados surgiram, no início do século XIX, um pouco por toda a Europa Ocidental, passando a disponibilizar uma outra fonte de capital. Multiplicaram-se de um modo particularmente rápido nos Estados Unidos.[14] À medida que a fiabilidade e a velocidade das comunicações melhoravam, com tarifas postais baratas, telégrafos, cabos transoceânicos, telefones e comunicações sem fios, apareceram centros financeiros globais em Londres e Amesterdão e, depois de 1870, em Nova Iorque.[15] O capital movia-se com uma crescente facilidade por todo o mundo, procurando os melhores retornos do investimento. A financeirização pode ser extremamente lucrativa para os investidores, mas frequentemente não faz nada para desenvolver a economia ou para promover políticas empresariais inovadoras. Foi por isso que enormes somas de capital inglês saíram para o exterior, mesmo quando a inovação industrial inglesa ficou atrás da alemã e da americana.[16]

Financiando o desejo com o endividamento dos consumidores

A GM criou a GMAC, porque percebeu que as pessoas não poderiam tornar-se clientes até terem dinheiro no bolso para gastar. Para que mais dinheiro chegasse, mais rapidamente, aos potenciais consumidores, as pessoas teriam de ter acesso a mais dinheiro do que aquele que tinham nos seus bolsos, nas suas bolsas ou nas suas contas bancárias. Na década de 1920, o crédito fácil atraiu quase toda a gente para a órbita do capitalismo de consumo.

A onda de empréstimos sem precedentes dos consumidores americanos durante a década de 1920 dependia das instituições necessárias que banqueiros e investidores, de ambos os lados do Atlântico, tinham vindo a criar. Sem elas, apenas as classes mais prósperas podiam pedir emprestado. Um século antes, os credores haviam começado a arriscar empréstimos aos menos ricos. As instituições de crédito aumentaram em número e passaram a oferecer serviços bancários ao consumidor. Conforme as companhias de seguros se foram tornando mais comuns, em meados do século passado, os seguros de vida tornaram-se uma forma popular de economizar. Surgiram vários precursores dos bancos de poupança e crédito e das cooperativas mutualistas bancárias, onde os trabalhadores podiam guardar as suas poupanças e pedir empréstimos para grandes compras, como casas. Comerciantes, intermediários e vendedores também concediam crédito (muitas vezes, com juros usurários) àqueles que nunca haviam entrado num banco ou que eram demasiado pobres para serem contemplados por empréstimos bancários.

Fabricantes e retalhistas arranjaram novas formas de financiar a compra de bens duradouros, começando nos Estados Unidos, onde as pessoas tendiam a endividar-se com muito mais frequência do que na Europa. Planos de pagamento de mobiliário em prestações apareceram em 1807. Na década de 50 do século XIX, as pessoas podiam comprar equipamento agrícola e pianos em prestações. Quando em 1856 a Singer Sewing Machine Company ofereceu planos de pagamento em prestações, as vendas triplicaram.[17] Depois de 1900, o número de retalhistas e de empresas de vendas por correspondência que transacionavam produtos mediante pagamentos em prestações aumentou rapidamente.[18] Mais ou menos na mesma época, apareceram empresas de financiamento de compras que forneciam empréstimos a prestações para a aquisição de grandes bens de consumo, algo que, uma década mais tarde, se estenderia aos automóveis.[19] A produção em massa de carros exigia vendas em massa, coisa que os bancos não financiariam, de modo que, em 1916, a Maxwell Motor Company ofereceu, pela primeira vez, planos de pagamento em prestações. A maior e mais importante empresa de financiamento, a GMAC, fundada em 1919, levou, no espaço de uma década, a maioria das outras empresas de financiamento de compras à falência.[20] Em 1920, cerca de um quarto dos Americanos tinha comprado algo através de planos de pagamento em prestações, geralmente eletrodomésticos, frigoríficos, rádios, fonógrafos, roupas e automóveis. Uma década mais tarde, os Americanos compraram a prestações bens de consumo no valor de 7 mil milhões de dólares.[21] A maioria daqueles que compravam através de planos de prestações, com as suas taxas de juro desfavoráveis, tendia a ser mais pobre e menos capaz de contrair dívidas, mas os planos tornaram possível possuírem-se rádios ou roupas que, de outra forma, estariam para lá das suas possibilidades.[22]

A década de 1920 viu nascer uma nova forma de seduzir as pessoas a consumir, endividando-se: as chapas de débito, as antepassadas dos cartões de crédito. No final do século XIX, os grandes armazéns ofereciam crédito a clientes de confiança. Na viragem do século, e de molde a agilizar as transações, esses grandes espaços emitiam fichas de metal redondas e numeradas aos clientes, fichas essas que, no entanto, podiam ser roubadas ou utilizadas por pessoas não autorizadas. Em 1928, o Grande Armazém Filene's, em Boston, emitiu para os seus clientes pequenas chapas de débito que tinham gravadas em relevo informações identificativas. Outras lojas seguiram esse exemplo, com cada chapa de débito válida apenas para o comerciante que as havia emitido. Na década de 1930, alguns bancos fizeram experiências com cartões bancários, mas não conseguiram, com alguma margem de lucro, superar os problemas da prevenção de fraudes, do célere pagamento aos comerciantes e rastrear compras de um grande número de clientes, que podiam, basicamente, obter empréstimos à vontade. Após a Segunda Guerra Mundial, esses obstáculos seriam por fim ultrapassados, aparecendo então o primeiro cartão de crédito universal, o Diners Club.[23]

Potenciando o consumo: revoluções energéticas

O petróleo alimentou a ascensão global e o triunfo do capitalismo de consumo. Os Estados Unidos, na década de 1920, e a Europa, após a Segunda Guerra Mundial, fizeram a transição do carvão para o petróleo. Em grande parte, o petróleo substituiu o carvão porque é muito mais simples de produzir, processar, transportar e vender. Depois de um poço ser perfurado, o petróleo flui por si só ou então é bombeado sem necessitar praticamente de mão de obra, ao contrário do carvão. O petróleo necessita de pouca mão de obra para ser armazenado e transportado, especialmente através de oleodutos, mais uma vez por oposição ao pesado e volumoso carvão, tão problemático de transportar, armazenar, entregar aos clientes e usar. O carvão é também um combustível impraticável para alimentar muitas formas de transporte. Por fim, a combustão de gasolina não produz cinzas, fuligem ou grande sujidade. Os campos petrolíferos não requerem uma grande força de trabalho que ameace entrar em greve e paralisar a economia.[24] O aquecimento a petróleo libertou os proprietários de casas e os homens da manutenção do trabalho de colocar à pazada o carvão nos fornos. Essa transição do carvão para o petróleo ajudou a produzir *booms* económicos sem precedentes na década de 1920, o mesmo acontecendo depois de 1945. Os preços do carvão não podiam ser separados do custo da mão de obra e subiam com o aumento dos salários. Os aumentos salariais tinham menos impacto no preço relativamente estável do petróleo. O crescente fosso entre o aumento dos salários e a estabilidade dos preços da energia fez com que mais rendimentos ficassem disponíveis para que os trabalhadores os gastassem em consumos vários.[25]

A era do petróleo começou com o querosene, que os químicos aprenderam a extrair do petróleo na década de 1850. O querosene substituiu o dispendioso óleo de baleia e aliviou enormemente a pressão da caça que recaía sobre esses enormes animais. Para abastecer uma refinaria de Pittsburgh que produzia querosene, Edwin Drake perfurou com sucesso o primeiro poço moderno, em Oil Creek, perto de Titusville, na Pensilvânia, em 27 de agosto de 1859.[26] Os presbiterianos escoto-irlandeses locais perfuraram ou investiram em milhares de poços na região. Um desses investidores foi Andrew Carnegie, que investiu os seus lucros em ferro e aço.[27] Rockefeller percebeu que poderia obter lucros mais constantes na refinação de petróleo do que nos arriscados ciclos de altos e baixos da perfuração e produção. Começou, então, a comprar refinarias em Cleveland, Ohio, o porto mais próximo dos campos petrolíferos da Pensilvânia. Na esperança de tornar a indústria petrolífera mais racional, eficiente e proactiva, Rockefeller aperfeiçoou o *trust* como instrumento legal para comprar concorrentes e os integrar na sua Standard Oil Company. Os magnatas do petróleo que ele afastou do negócio espalharam-se por todo o país e passaram a explorar campos petrolíferos concorrentes na Califórnia, no Texas, em Oklahoma e noutros lugares. A superabundância de petróleo saciou a sede crescente da nação por derivados de petróleo.[28] A produção global de petróleo também se expandiu à medida que foram descobertos ou explorados campos na Rússia, na Galícia, no Canadá, nas Índias Orientais Holandesas (Indonésia), na Pérsia (Irão), no México e na Venezuela.

Nada serviu tanto como símbolo e catalisador da grande transição energética do século XX do carvão para o petróleo como o automóvel. Os carros que a Ford, a GM e outros fabricantes de automóveis produziam em quantidades imensas funcionavam com a potente energia emanada por uma nova forma de combustível: a gasolina. Refinarias destilavam a gasolina a partir do petróleo, do qual ela não constitui senão uma pequena fração. Até ao desenvolvimento do motor de combustão interna, a perigosamente infamável gasolina tinha tão poucos usos práticos que, muitas vezes, as refinarias a despejavam em rios durante a noite. O rápido crescimento da indústria automóvel pôs pressão no até então limitado fornecimento de gasolina. Os engenheiros da Standard de Indiana, uma das empresas criadas pela dissolução, promovida por leis *antitrust*, da Standard Oil em 1911, descobriram como «craquear» petróleo e mais do que duplicaram a rentabilidade da gasolina extraída de cada barril de petróleo. Novos e enormes campos petrolíferos descobertos no Texas e no oeste americano evitaram uma crise de combustível.[29] Sem a rápida expansão da indústria petrolífera que bombeava, transportava, refinava e vendia gasolina a estações de serviço em todas as cidades e cruzamentos do país, a era do automóvel da década de 1920 nunca teria acontecido.

A eletricidade era outra revolução que estava em andamento. Há algo de genial a respeito dela. Se excetuarmos a sua portabilidade limitada, a eletricidade tem inúmeras vantagens sobre outras formas de energia. Pode ser produzida por praticamente qualquer forma de energia — combustível orgânico, fóssil ou nuclear, calor ou luz solar, movimento do ar ou da água. Limpa, não poluente, silenciosa e mais segura do que as alternativas, pode ser armazenada em baterias ou transmitida instantaneamente de um local para outro. As linhas de alta tensão podem, de uma forma simples e fácil, ser reduzidas a usos de baixa potência. Pode alimentar motores de praticamente qualquer tamanho e pode produzir luz, calor e som. Em circuitos, permite operações lógicas extraordinariamente complexas em computadores e outros dispositivos. Por último, a eletricidade fica instantaneamente disponível através de um interruptor.

A energia elétrica só lentamente se tornou um desejo do consumidor. As empresas foram as primeiras a utilizá-la. A eletrificação libertou a maquinaria da dependência de correias de distribuição ligadas a cabos aéreos. Na indústria de metais, a eletricidade galvanizava um metal sobre outro ou purificava metais como o alumínio. Os motores elétricos faziam funcionar elétricos e elevadores, tornando possíveis os arranha-céus. O telefone do escoto-americano Alexander Graham Bell, de 1876, e a lâmpada de Edison, de 1878, multiplicaram-se em empresas e cidades. O historiador da energia Vaclav Smil descreve a rapidez com que Edison agiu para dar bom uso à sua invenção:

> Uma lâmpada duradoura era apenas o começo: nos três anos que se seguiram à sua divulgação, Edison registou quase 90 novas patentes para filamentos e lâmpadas, 60 relacionadas com máquinas magneto ou dinamoelétricas, 14 para sistemas de iluminação, 12 para distribuição de eletricidade e 10 para [...] contadores e motores elétricos. A primeira central elétrica, construída pela empresa de Edison, radicada em Londres, no Viaduto Holborn, começou a distribuir energia em 12 de janeiro de 1882. A central elétrica de Pearl Street, em Nova Iorque, encomendada em 4 de setembro do mesmo ano, foi a primeira central termoelétrica americana. Um mês após a sua abertura, transmitia energia a cerca de 1300 lâmpadas na zona financeira da cidade e, um ano mais tarde, mais de 11 000 lâmpadas estavam a ela ligadas.[30]

Em breve, cidades de todo o mundo recebiam eletricidade e compravam milhares de lâmpadas. A partir das redes elétricas urbanas, cresceram as redes nacionais e internacionais.

Por volta de 1920, os Americanos, subitamente, consideravam as lâmpadas elétricas essenciais para as casas, não apenas para as empresas e para a iluminação pública. Os agricultores penavam no escuro até que, em 1935, a Rural Electrification Agency, um organismo criado pelo *New Deal*, levou, até mesmo a eles, luz e eletricidade.[31] As pessoas haviam-se tornado agora consumidoras de eletricidade. Na década de 1920, nos Estados Unidos, os bens elétricos de consumo multiplicaram-se rapidamente. (Os consumidores europeus estavam consideravelmente mais atrasados. Os Americanos geravam mais de metade da eletricidade mundial em 1929.)[32] Máquinas de lavar roupa, frigoríficos, rádios, fonógrafos, fogões de aquecimento e fogões de cozinha, ferros de engomar e aspiradores de pó raramente apareciam nos lares de 1914, sendo que, em 1930, eles eram já comuns nas casas urbanas da classe média.[33]

O petróleo e a energia elétrica permitiram que regiões, como a Califórnia, que não dispunham de carvão barato e acessível contornassem completamente a era do carvão. Com abundantes reservas petrolíferas e energia hidroelétrica da Serra Nevada, a Califórnia passou por cima do carvão como fonte de energia diretamente para o petróleo, para o gás e para a eletricidade.[34]

O fantástico plástico do capitalismo de consumo

O petróleo gerou uma reserva ainda maior de substâncias não encontradas na natureza do que o alcatrão de hulha. Investigadores em laboratórios empresariais de pesquisa como a GMRC descobriram esse novo mundo de materiais artificiais. No início do século XX, os químicos aprenderam a partir as longas cadeias de moléculas do petróleo em cadeias mais curtas. Depois da Primeira Guerra Mundial, os Estados Unidos apreenderam e venderam os ativos e as patentes das anteriormente dominantes empresas químicas alemãs e passaram, desde então, a controlar a indústria química global. Na década de 1920, as empresas americanas lançaram no mercado uma enxurrada de produtos feitos a partir desses compostos artificiais. As vastas reservas de petróleo e de gás da América deram um incentivo natural à descoberta e venda dessas substâncias.[35]

O primeiro plástico comum à base de petróleo foi a baquelite, uma invenção do químico belgo-americano Leo Baekeland, que começou a produzi-la em 1909. Podia moldar-se a baquelite em praticamente qualquer forma, era resistente à água e ao calor e duradoura. Na década de 1920, podia ser encontrada em aparelhos telefónicos, em caixas de rádios, em discos de telefones e botões, em isoladores e painéis elétricos, em cabos de faqueiros de prata, em conjuntos de produtos de higiene pessoal. Os automóveis usavam baquelite nas ignições, nas velas de ignição, nas tintas, nos terminais das baterias, nos cinzeiros e nos volantes. A produção americana de baquelite e de outras resinas sintéticas passou de 725 toneladas em 1921 para quase 15 000 000 de toneladas em 1929. Em 1940, o acrílico, a melamina, o vinil, o *nylon* e o neopreno juntaram-se ao desfile dos plásticos.[36]

Na década de 1920, os químicos da GM inventaram outros compostos que, com o tempo, haveriam de ter um impacto ambiental significativo. Em 1921, Thomas Midgley Jr., um engenheiro da GMRC, descobriu que a gasolina com chumbo resolvia o problema do bater das bielas do motor, que diminuía a eficiência e danificava os motores. Outra assinalável conquista de Midgley foi o desenvolvimento, em 1928, do *freon* de clorofluorcarboneto para frigoríficos, levado a cabo pelo Departamento de Refrigeração da GM. O *freon* veio substituir os químicos tóxicos, inflamáveis e explosivos então em uso. A GM fez um contrato com a Du Pont para a produção dos dois produtos químicos. Apesar da sua experiência com produtos perigosos, a Du Pont teve no início sérias dificuldades para conseguir produzir, em segurança, a mortalmente venenosa gasolina com chumbo, sendo que no processo, e até que a empresa adotasse procedimentos de produção suficientemente seguros, a substância envenenou e matou cinco funcionários da Du Pont e dois da GMRC.[37]

Até à década de 1920, os utensílios domésticos comuns eram fabricados a partir de alguma coisa passível de ser encontrada na natureza. Inúmeros artigos de consumo continham produtos de origem animal (lã, seda, couro, penas, cornos, carapaças de tartarugas, barbas de baleia ou marfim) ou de origem vegetal (madeira, algodão ou linho). A baquelite e os plásticos que na sua esteira proliferaram libertaram o capitalismo de consumo dos limites da natureza. O mundo natural nunca poderia ter fornecido matérias-primas suficientes para alimentar a necessidade de perpétuo crescimento do capitalismo de consumo. Infelizmente, esses produtos sintéticos não apodrecem nem se decompõem, persistindo antes no ambiente durante décadas ou mesmo milénios. Os produtos químicos que os originaram eram tóxicos, cancerígenos ou nocivos. Um gás de escape produzido pela gasolina com chumbo é uma neurotoxina, e o *freon* destrói o benéfico ozono estratosférico. Os produtos artificiais de consumo escondem uma série de problemas para os humanos e para o mundo natural.

Como levar as pessoas a adquirirem aquilo que já possuem

O capitalismo de consumo depende de compras constantes de bens de consumo. No entanto, um consumidor só precisa de um automóvel, de um rádio, de um fogão, de um forno, de um frigorífico, de um aspirador, de um ferro de engomar ou de qualquer outro dos muitos bens duradouros. Mesmo com facilidade de acesso ao dinheiro, a saturação do mercado adivinhava-se no início da década de 1920. Sloan, mais uma vez, descobriu uma solução. O Chevrolet da GM não tinha conseguido competir com o Modelo T da Ford, por isso, em 1923, designers e engenheiros redesenharam o aspeto do carro e corrigiram várias falhas mecânicas. Agora, mais estiloso do que o utilitário e somente-em-preto Modelo T, o carro vendeu. Sloan percebeu isso. Um carro era o bem de consumo mais caro que a maioria das pessoas possuía, e elas valorizavam o facto de isso poder indicar sucesso, prestígio e estatuto. Rapidamente, a GM colocou à disposição todos os seus carros numa variedade de cores vivas e com estilos e características que mudavam anualmente. No passado, apenas avanços técnicos como a ignição elétrica, de Charles Kettering, tinham o poder de tornar obsoletos os outros modelos de carros. Com as mudanças anuais de estilo, a GM tinha encontrado um incentivo eficaz para levar os consumidores a substituírem veículos com ainda muitos anos de vida pela frente. Outros fabricantes adotaram a estratégia da GM. Henry Ford abandonou o Modelo T pelo mais elegante e colorido Modelo A e, em 1933, aquiesceu a mudanças anuais de estilo. A ideia pegou noutros sectores. Muitos produtos, desde máquinas de lavar roupa e frigoríficos até rádios e candeeiros, logo começaram a aparecer segundo o popular e aerodinâmico estilo *Art Déco*.[38]

Conseguir levar os consumidores a substituírem bens a que intrinsecamente faltava estilo pressupunha o desenvolvimento de produtos que falhassem. Aqui, a General Electric Company [GE], de Edison, era a líder. Fundada em 1889, a GE enfrentou, após a expiração da patente da lâmpada de Edison, em 1894, uma forte concorrência. A GE controlava ou comprava patentes estratégicas para manter ao largo os fabricantes americanos de lâmpadas elétricas. Para se defender das medidas *antitrust*, a GE melhorou a tecnologia das lâmpadas e baixou os preços, de forma que, na década de 1920, a lâmpada se tornou, pela primeira vez, um verdadeiro produto de consumo de massas. A GE promoveu agressivamente as suas nos anos 20, mas, dado que todas as casas já se encontravam iluminadas, os proprietários não tinham necessidade de comprar mais. Em 1924, a GE aproveitou o caos do pós-guerra e a desconfiança instalada entre as empresas de iluminação europeias para criar a Phoebus S. A. da Suíça, um cartel que determinou quotas, preços e qualidade. A Phoebus estabeleceu a vida útil-padrão de uma lâmpada em 1000 horas, uma redução de cerca 20 %, o que exigia que os proprietários de lâmpadas substituíssem as lâmpadas com mais frequência. A obsolescência planeada tinha chegado.[39]

A obsolescência planeada tornou-se uma tática comum durante a Depressão. A maioria dos americanos e dos europeus queria manter o seu nível de consumo no mesmo patamar ou em patamares superiores aos de antes. Com menos rendimentos, tinham de comprar bens mais baratos.[40] De molde a tornar os produtos mais baratos, os fabricantes utilizavam muitas vezes materiais mais baratos na produção. Materiais mais baratos antecipavam o dia em que os consumidores teriam de substituir os produtos. O que começou como uma estratégia para impulsionar a economia tornou-se uma prática permanente.[41]

Ainda mais lucrativo para um fabricante seria algo que se tornasse obsoleto assim que fosse utilizado — um produto descartável. Tais artigos apareceram também na década de 1920. O primeiro desses artigos foi a máquina de barbear com uma lâmina descartável, em vez de ser afiada ou amaciada no assentador para reutilização. King Camp Gillette inventou uma máquina de barbear com uma lâmina descartável que atraiu sobre si muito pouca atenção, isso até obter um contrato para, durante a Primeira Guerra Mundial, fornecer ao exército máquinas de barbear e lâminas. Visto que os soldados puderam conservar as suas máquinas depois da guerra, Gillette ficou, de súbito, com milhares de clientes que regularmente deitavam fora as suas lâminas usadas. Em breve, Gillette estaria a vender centenas de milhões de lâminas em todo o mundo.[42]

A guerra também trouxe produtos descartáveis para as mulheres. A Kimberly-Clark desenvolveu uma folha absorvente de celuloide para servir de filtro das máscaras de gás e para ligaduras e, quando a guerra terminou, tinha um grande estoque. Em 1920, a empresa comercializou o material sob a designação de Kotex, o primeiro penso higiénico descartável e barato para mulheres. Quatro anos mais tarde, a empresa desenvolveu, a partir do mesmo material, um lenço descartável a que chamou Kleenex, promovido, então, como removedor de maquilhagem. Apercebendo-se de que as mulheres utilizavam o Kleenex para assoar o nariz, a Kimberly-Clark passou a comercializá-lo como lenço descartável. Seguiram-se outros fabricantes com os seus próprios produtos descartáveis. A Johnson & Johnson introduziu, em 1924, o penso rápido. A Modess lançou, em 1927, um penso higiénico mais confortável, e, em 1934, a Tampax comercializou o primeiro tampão.

A sociedade do usar-e-deitar-fora havia nascido.

Criando o desejo: publicidade, a propaganda do capitalismo de consumo

«A publicidade é um dos órgãos vitais de todo o nosso sistema económico e social. É certamente o órgão vocal através do qual a indústria entoa os seus cânticos de sedução», disse o presidente (e ex-secretário do Comércio) Herbert Hoover à plateia presente na reunião nacional de publicitários de 1930.

> O objetivo da publicidade é criar desejo, e dos tormentos do desejo surge, de imediato, uma procura adicional, e é a essa procura que nos agarramos para aumentar a produção e a distribuição. É através dos estimulantes da publicidade que administramos que espicaçamos a letargia da velha lei da oferta e da procura até conseguirmos transformar as pequenas empresas caseiras em produções em massa. A partir da difusão alargada de artigos e de serviços, reduzimos os custos e, dessa forma, passamos a fazer parte da força dinâmica que cria padrões de vida mais altos.[43]

Hoover aponta aqui uma componente essencial do capitalismo de consumo. Apesar de tudo o que a consolidação empresarial, o crédito fácil, a revolução energética, os materiais artificiais e a obsolescência planeada fizeram para aumentar os gastos dos consumidores e acelerar a economia, o capitalismo moderno de consumo não conseguiria funcionar sem um poderoso agente de propaganda — a publicidade — que enfraquecesse as barreiras culturais e morais em relação aos gastos em itens desnecessários ou autoindulgentes. A publicidade floresceu com a impressionante expansão, na década de 1920, dos meios de comunicação social: filmes, revistas de grande circulação, música, discos e rádio. Os meios de comunicação social e a publicidade fizeram mais do que promover produtos. No período entre guerras, pintaram uma imagem sedutora de uma sociedade de consumo, muitas vezes chamado «estilo de vida americano» ou «sonho americano».[44]

A publicidade não era de modo algum nova nos anos 1920, mas a transição do capitalismo industrial para o capitalismo de consumo transformou-a nessa década. Os *media* e a publicidade moderna cresceram com a revolução industrial britânica. A contribuição da publicidade americana consistiu em fazer mais do que simplesmente anunciar a disponibilidade de um produto de molde a encorajar o seu consumo.[45] As agências de publicidade modernas apareceram nos Estados Unidos em 1877. Os anúncios impressos começaram a complementar o texto com ilustrações. O crescimento da produção de sacos de papel e de embalagens de cartão permitiu o acondicionamento de muitos artigos anteriormente vendidos em barris ou em caixas muito grandes, facultando aos consumidores produtos frescos e limpos e com uma qualidade consistente. Sacos e caixas convidavam os fabricantes a imprimirem neles textos e imagens distintivas que promoviam o produto ao mesmo tempo que proporcionavam uma imagem pública a uma empresa sem rosto. Depois de 1900, a publicidade americana tornou-se mais sofisticada, à medida que os avanços na impressão e na fotográfica permitiam ilustrações cada vez mais nítidas e elaboradas. Pesquisas psicológicas e de mercado começaram a afetar os materiais publicitários.

O governo dos EUA recrutou agências de publicidade para apoiarem o esforço da Grande Guerra, tornando explícita a conexão entre publicidade e propaganda. Os métodos desenvolvidos por essas agências foram tão eficazes que moldaram não só a publicidade do pós-guerra, mas também a propaganda de condenação ao Perigo Vermelho, de 1919, e a propaganda nazi de Joseph Goebbels. Por vezes, os anúncios combinavam propaganda comercial e política, como os anúncios da GM da década de 1930, da autoria de Sloan, que incluíam mensagens anti-*New Deal*.[46]

Depois de 1920, a publicidade tornou-se mais generalizada. Em relação à percentagem do produto interno bruto, os gastos americanos em publicidade excederam os de qualquer outra nação. Representando normalmente entre 2 e 2,5 % do PIB dos Estados Unidos em tempo de paz, as despesas com publicidade atingiram, na década de 1920, um máximo histórico de 3 % do PIB.[47] As receitas de publicidade dos jornais mais do que quadruplicaram entre 1914 e 1929. Este fluxo de dinheiro injetado na publicidade conferiu aos donos dos meios de comunicação social enormes quantidades de capital para que pudessem expandir-se e alcançar toda e qualquer pessoa na sociedade, exceto os mais pobres e geograficamente isolados. O propósito dos meios de comunicação passou de informar, entreter ou persuadir para vender. Os *media* estavam a crescer de uma forma absolutamente incontrolável.[48]

A publicidade também se tornou mais persuasiva. Anúncios exploravam inseguranças e vaidades em prol de produtos de higiene pessoal, como artigos de maquilhagem, sabonetes, elixires bucais, desodorizantes e champôs. Os anúncios incitavam o desejo de parecer mais próspero ou sofisticado, mostrando imagens de homens ou mulheres em trajes formais examinando frigoríficos, aspiradores de pó ou carros. Os anúncios conseguiam promover a vontade das pessoas de se sentirem ou parecerem mais atualizadas e modernas por usarem os últimos estilos ou tendências da moda, ou podiam apresentar novos produtos. Alimentavam uma vaga aspiração de conforto e de conveniência, especialmente através de produtos descartáveis. Uma campanha publicitária bem-sucedida transformava algo que ninguém pensara alguma vez precisar num bem necessário, fosse um segundo carro, uma extensão telefónica ou um champô.[49]

A propaganda comercial empresarial encontrou uma séria resistência cultural. As agências de publicidade americanas descobriram que as técnicas desenvolvidas para os Estados Unidos nem sempre funcionavam tão bem no estrangeiro. Os publicitários europeus e australianos admiravam os métodos americanos, porém, convencidos de que seriam menos eficazes na cultura dos seus próprios países, adiaram a sua adoção por mais uma geração.[50] Por outro lado, como a economia europeia não recuperou da guerra tão rapidamente como a americana, mostrando sinais de fraqueza mesmo antes de 1929, as pessoas tinham menos rendimentos disponíveis. Por último, quando comparados com os mais pequenos e fragmentados mercados nacionais da Europa, os Estados Unidos possuíam um enorme mercado, o que tornou os meios de comunicação social e a publicidade de massas muito mais fáceis e lucrativos.

O capitalismo de consumo fez incursões nos impérios europeus. Os filmes americanos, por exemplo, encontraram público em todo o mundo. No entanto, atitudes culturais e raciais afetaram a política imperial de tal modo que deixaram os povos colonizados sem recursos para

Fig. n.º 10: O seu marido voltaria a casar-se consigo? 1921. Este anúncio, no Harper's Bazaar, ao sabonete da Palmolive usava novos métodos de venda. Os sabonetes pouco variam nas suas fórmulas, pelo que os fabricantes utilizam técnicas de *marketing* para criar uma imagem para o seu produto. Este anúncio tira partido da insegurança das mulheres. A imagem de um casal bem vestido sugere ao leitor que mulheres ricas e sofisticadas usam Palmolive. Uma gravura fora do texto de uma beldade «egípcia», sensual, com os seios desnudados e muito branca chama a atenção para os óleos de palma e azeitona do sabonete. (Duke University Libraries)

adquirirem muitos bens de consumo. Tivessem as atitudes e as políticas sido diferentes, as colónias poderiam ter sido um mercado muito maior para os produtos das metrópoles. Em África, no sul e leste da Ásia, na Rússia e na América Latina, o carácter importado do consumismo tornou-o simultaneamente atrativo e estranho, pelo menos até alguém encontrar uma forma de o tornar localmente adequado no âmbito cultural.[51]

Mesmo nos Estados Unidos, surgiu uma séria resistência cultural à propaganda empresarial. A publicidade competia com a família, a religião, as escolas e outras instituições semelhantes na propagação dos valores do consumismo. Havia muito que os ideais protestantes e republicanos americanos promoviam os valores da abnegação, do empreendedorismo, da sobriedade, da poupança e da comunidade, condenando o egoísmo, o orgulhoso amor-próprio, o desperdício, a avareza e a ganância. Tais valores não vendem produtos de consumo. A publicidade e o entretenimento das massas promovem o prazer, a autogratificação, o entretenimento, o consumo e o indivíduo.[52] Thorsten Veblen, Sinclair Lewis, Vance Packard, David Riesman, John Kenneth Galbraith e outros analistas e intelectuais criticaram veementemente o rumo que a moderna sociedade de consumo americana estava a tomar.

Ironicamente, foi o protestantismo americano que, sob muitos aspetos, abriu o caminho para a propaganda de consumo moderna, ajudando, possivelmente, a fazer dos Estados Unidos o bastião do capitalismo de consumo que tem vindo a ser há tanto tempo. No início do século XIX, uma onda de revivalismo religioso varreu o país. Os pregadores desse reavivamento focaram-se enormemente em incitar experiências religioso-emocionais em indivíduos, que por esses meios alcançavam a salvação. A missão profundamente individualista do evangelismo carecia da base paroquial comunitária das denominações protestantes que haviam controlado a vida religiosa colonial. Para alcançar e salvar os pecadores, os pastores desse revivalismo religioso utilizavam o que havia de mais moderno na tecnologia e técnicas de comunicação. As tipografias religiosas usaram a mais recente tecnologia para inundar o país com propaganda religiosa, através de opúsculos, panfletos, livros devocionais, revistas e jornais, cada um deles contendo textos e ilustrações destinados a persuadir os leitores da sua verdade. No século XX, de molde a divulgarem a sua mensagem, os evangelistas rapidamente tiraram partido das novas tecnologias como a rádio e, posteriormente, a televisão. Os publicitários limitaram-se verdadeiramente a seguir o caminho aberto pelo revivalismo religioso.[53]

Paisagens do capitalismo de consumo

O capitalismo de consumo ampliou depressa os impactos ambientais humanos. Para começar, os automóveis transformaram a vida e a paisagem como nenhum outro bem de consumo. Eles expulsaram animais e pessoas de estradas e ruas. Hoje, muitas vezes, as cidades restringem os automóveis a favor dos peões, das bicicletas e dos transportes públicos, mas há um século as pessoas acolheram os carros de braços abertos. Ao contrário dos cavalos, os carros não enchiam as ruas da cidade com 16 a 23 quilos de estrume todos os dias, não deixavam resíduos onde procriavam moscas que espalhavam doenças, não precisavam de cuidados e de alimentação quando não estavam a ser usados, não morriam nas ruas e não se assustavam e disparavam a correr incontrolavelmente rua abaixo.[54] Cavalos e carroças eclipsaram-se das cidades e das quintas e, nos Estados Unidos, tinham praticamente desaparecido na década de 1940. Também os peões tinham de desaparecer. Rápidos, manobráveis e silenciosos nos seus pneus de borracha, carros e camiões mataram centenas de incautos, especialmente crianças. Nunca ninguém tivera necessidade de aprender a olhar antes de sair do passeio e atravessar a rua. Multidões de peões cruzavam as ruas onde queriam, desviando-se, conforme avançavam, dos lentos veículos puxados por cavalos. Sob pressão dos clubes automobilísticos, as vilas e cidades fizeram aprovar leis de trânsito que asseguravam que as pessoas cediam aos carros o direito de serem os donos das ruas, em vez do contrário.

Além disso, e uma vez que os políticos americanos haviam vencido as eleições com a promessa de manter baixo o preço dos bilhetes dos transportes públicos municipais, estes, cronicamente subfinanciados, encontravam-se sempre lotados e num péssimo estado de conservação. Os Americanos abandonaram os elétricos e os comboios urbanos. À medida que vilas, cidades e subúrbios se expandiam, os urbanistas passaram a projetá-las para facilitar o tráfego automóvel. As ruas dos subúrbios foram alargadas. As casas passaram a dispor de garagens. Já não ligadas a linhas de elétricos ou a estações de comboios, as cidades espraiaram-se num padrão logo apelidado de «periferia urbana». O comércio e a indústria juntaram-se ao êxodo da cidade. Residências unifamiliares independentes surgiram em torno das principais cidades americanas. Em 1922, 135 000 famílias residentes nos subúrbios de 65 cidades dependiam já de carro para se deslocar para o trabalho.[55] As classes alta e média brancas escaparam das multidões e da poluição das cidades deslocando-se para zonas exteriores com ar e água mais limpos, uma tendência que acelerou após a guerra.[56] As vias-rápidas levaram mais pessoas a trocar os transportes públicos por carros. Los Angeles cresceu quase inteiramente em virtude de tais desenvolvimentos.

A zona rural americana também mudou. Os proprietários de automóveis desejavam conduzir para fora das cidades, mas as horríveis estradas das zonas rurais americanas impediam que muitos deles usufruíssem de um prazenteiro passeio de domingo. Para manterem os impostos baixos, as autoridades locais construíram estradas que apenas eram boas para os cavalos e as carroças dos agricultores transitarem. Condutores e clubes automóveis exigiam estradas melhores. Na década de 1920, os lobistas ligados ao sector automóvel conseguiram que o Congresso, através de fundos federais, projetasse e custeasse um sistema de autoestradas pavimentadas. O sistema rodoviário basicamente subsidiou a indústria de camiões, cujos veículos pesados tinham andado a destruir a maioria das estradas. Os camiões competiam com os caminhos de ferro, cujas políticas e preços praticados eram supervisionados pela Interstate Commerce Commission, que não tinha autoridade reguladora sobre o transporte rodoviário. Os caminhos de ferro perderam o negócio do transporte de mercadorias para os camiões, que eram mais rápidos e tinham uma maior flexibilidade, podendo entregar os artigos de porta a porta, embora fossem relativamente ineficientes em longas distâncias. Os caminhos de ferro continuaram a registar um relativo declínio até às medidas de desregulamentação que sobre eles recaíram, em 1980.

As cidades do norte e, em muito menor grau, do sul da Europa espraiaram-se quase tanto quanto as cidades americanas. Entre 1921 e 1931, por exemplo, a população de Londres passou de 7,5 para 8,2 milhões, mas a sua área urbana duplicou, isso à medida que as pessoas com rendimentos mais modestos seguiram as classes mais ricas que antes haviam fugido do congestionado centro da cidade para os subúrbios. O termo «periferia urbana» foi cunhada para Londres em 1934.[57]

A maior densidade populacional verificada na Europa e no Japão encorajou transportes alternativos que não o automóvel. Em 1929, uma equipa de estudo da GM concluiu que o mercado automóvel alemão estava dezoito anos atrasado em relação ao americano. As ruas estreitas, sinuosas e apinhadas das cidades europeias desencorajavam o tráfego automóvel, e o número de proprietários de carros *per capita* permaneceu significativamente mais baixo do que nos Estados Unidos. As bicicletas continuavam populares. Além disso, os líderes militares fizeram pressão para que nações como a Alemanha e França investissem em redes ferroviárias eficientes para a movimentação de tropas e mantimentos em tempos de guerra, o que acabou por beneficiar os comboios de passageiros. Por outro lado, na década de 1930, a Alemanha nazi projetou e construiu o sistema rodoviário *Autobahn*, concebido unicamente para automóveis e que dava aos Alemães a oportunidade de porem o pé no acelerador ou de empreenderem viagens de lazer. Os urbanistas da Grã-Bretanha e do Japão também começaram a avançar na conceção de melhores redes rodoviárias. Ainda assim, a posse generalizada de automóveis teve, *grosso modo*, de esperar pelo regresso da prosperidade, que se verificou após a Segunda Guerra Mundial.[58]

A mecanização da agricultura também mudou drasticamente as paisagens rurais. Quando, durante a Grande Guerra, apareceram os pequenos e polivalentes tratores de combustão interna, os agricultores americanos adotaram-nos entusiasticamente em todos os lugares, exceto nos Estados do Sul, minados pela pobreza, os quais dependeriam de mulas até depois da Segunda Guerra Mundial. O número de cavalos nas quintas caiu para menos de metade, entre 1918 e 1940. Em 1915, os agricultores dispensavam sensivelmente 38 milhões de hectares para alimentação animal, cerca de um quarto da superfície cultivável. Em 1960, quando a transição da energia animal para a mecânica se encontrava completa, menos de dois milhões de hectares suportavam a alimentação de animais. Os agricultores podiam dedicar mais terras a culturas, sendo que uma parte dos lucros delas tirados foi destinada à compra de tratores e de insumos externos como combustível, lubrificantes, peças sobressalentes e pneus. A produção agrícola aumentou, e os preços dos alimentos caíram. Os geradores e a chegada da eletricidade proporcionados pelo *New Deal* incentivaram, depois de 1935, a compra de maquinaria elétrica que acabaria por poupar na mão de obra, especialmente máquinas de ordenha, que 12 000 agricultores possuíam já em 1910 e 175 000 em 1940.[59]

O número decrescente de animais de criação privou os agricultores da utilização do seu estrume para fertilização, algo que foi acompanhado de outras mudanças. Em 1911, os químicos alemães Fritz Haber e Carl Bosch foram bem-sucedidos na primeira síntese, a uma escala industrial, de amoníaco, uma fonte de nitrogénio. Após a guerra, os produtos fertilizantes foram, pouco a pouco, fazendo a sua entrada no mercado, mas os agricultores norte-americanos recuaram perante o seu preço e só depois de 1945 é que adotaram amplamente o uso de fertilizantes de nitrogénio. Nesse ínterim, para fertilizar os seus campos, os agricultores apoiaram-se num outro insumo externo, superfosfatos derivados de ossos, menos eficazes, mas custavam um terço.[60] As empresas químicas e o Serviço de Guerra Química fizeram experiências com gás venenoso como inseticida, experiências essas que, excetuando alguns casos, falharam. O gás lacrimogéneo cloropicrina foi comercializado como fumigador, e o paradiclorobenzeno ganhou ampla aceitação contra as brocas-do-pessegueiro nas quintas e contra as traças nas residências. A pulverização de gás por via aérea também se revelou bem-sucedida na desinfestação de culturas. No final da década de 1930, um químico da empresa química suíça Geigy (mais tarde, Ciba-Geigy) descobriu o inseticida diclorodifeniltricloroetano (DDT), e um outro químico, este da empresa alemã IG Farben, descobriu os organofosfatos, uma classe que incluía pesticidas como o paratião e o malatião, assim como gases neurotóxicos como o sarin. Estes pesticidas encontraram uma aplicação generalizada após a guerra.[61]

Saciando o apetite do capitalismo de consumo por recursos naturais

A facilidade de acesso ao dinheiro, a obsolescência planeada e a propaganda resolveram, com uma boa margem de lucro, o problema da superprodução em massa e fizeram o capitalismo de consumo funcionar. O dinheiro circulava mais rapidamente na economia. Quando os consumidores compravam algo, o dinheiro passava para os bolsos dos empregados de balcão, dos trabalhadores das fábricas, dos gerentes, dos proprietários, dos investidores e de mais uma série de gente que tinha agora dinheiro para consumir. A genialidade do capitalismo de consumo foi acelerar o ciclo. O consumo gerava empregos, salários e padrões de vida mais elevados.

O meio ambiente pagou um preço exorbitante por essa prosperidade. A aceleração da economia aumentou também a taxa de consumo dos recursos naturais. A produção de bens de consumo exigia energia e matérias-primas. Após a sua aquisição, os bens de consumo duradouros, de automóveis a ventoinhas elétricas, continuam a consumir matéria-prima e energia. O rápido aumento da produção exigiu grandes quantidades de recursos naturais.

As duas maiores indústrias do *boom* dos Loucos Anos Vinte, a automobilística e a imobiliária, exigiam ambas aço, o que, por sua vez, requeria mais minério de ferro, carvão e coque. O *boom* da construção incluiu a construção das três estruturas mais altas do mundo, o Manhattan Trust Building, o Chrysler Building e o Empire State Building, todos concluídos entre 1930 e 1931. Só o Empire State Building implicou a utilização de 58 000 toneladas de aço. O ar das prósperas cidades produtoras de aço era negro.[62]

Os automóveis requeriam também borracha para pneus, tubos, fios e juntas de culatra. No início da década de 1920, os Americanos possuíam 85 % dos automóveis do mundo e utilizavam 75 % da borracha mundial, oriunda principalmente das colónias britânicas, holandesas e francesas do Sudeste Asiático. O Império Britânico produzia 77 % da oferta global de borracha. Depois de, em 1922, e de forma a controlar o seu preço, a Grã-Bretanha ter restringido as exportações de borracha, os fabricantes americanos de pneus e de automóveis procuraram produzir borracha por sua própria conta. Em 1926, Henry Ford estabeleceu a plantação de borracha Fordlandia, na floresta tropical amazónica, no Brasil, que se revelaria um dispendioso desastre devido a problemas laborais, doenças tropicais e a um fungo nativo que atacou as monoculturas da borracha. Harvey Firestone, da Firestone Tire and Rubber, desenvolveu, com maior sucesso, uma enorme plantação de borracha na Libéria, uma nação fundada por escravos americanos libertados.[63]

A prosperidade exigia oceanos de petróleo. Todos os veículos a motor precisavam de produtos petrolíferos para operar — óleo de motor, lubrificante e combustível. Numa altura em que a iluminação elétrica estava a diminuir a procura por querosene, o automóvel foi uma dádiva divina para a indústria petrolífera. Pouco antes da Grande Guerra, e por razões práticas e de economia a este do Suez, as marinhas de todo o mundo passaram do carvão para o óleo combustível. Os motores de combustão interna ganharam os ares em 1903, quando os irmãos americanos Wright pilotaram com sucesso o primeiro avião motorizado. A projeção de aeronaves avançou rapidamente. Na década após o fim da Primeira Guerra Mundial, aviões cruzavam o Atlântico, o Pacífico e todos os continentes habitados. Em 1925, o globo era já atravessado por rotas aéreas comerciais.

Os Estados Unidos tinham abundantes reservas de petróleo em variadíssimos e enormes campos petrolíferos. Na Europa, Baku e a Roménia tinham campos de petróleo, porém, com a tecnologia então existente, não havia campos petrolíferos exploráveis na maior parte do resto da Europa.

O petróleo nas Índias Orientais Holandesas fez da Royal Dutch Shell uma das mais importantes companhias petrolíferas mundiais. A British Petroleum controlava o petróleo na Pérsia. Apesar destes campos e de outros na Venezuela, no México e na península arábica, os Estados Unidos produziam, em 1929, sete em cada dez barris de petróleo do mundo e quase todo o seu gás natural.[64]

Embora o petróleo tenha muitas vantagens em relação ao carvão, é mais seguro manusear o carvão, e este não origina grandes problemas ambientais quando derramado e raramente explode (excetuando o gás ou o pó de carvão nas minas). Desde o início que o petróleo provou ser perigoso e complicado de extrair e de transportar. Cada descoberta de petróleo encorajava uma corrida de prospetores ansiosos por começarem o mais cedo possível a extrair petróleo e a enriquecer. A perfuração e a produção eram geralmente apressadas e descuidadas e, por vezes, feitas com pouco capital. A vegetação, o solo, as estruturas e os homens em redor dos primeiros campos petrolíferos encontravam-se completamente tingidos de preto pelo petróleo, e os cursos de água brilhavam com arcos-íris oleosos. Em novos campos, o petróleo podia explodir com os equipamentos de perfuração e «jorrar» incontrolavelmente durante dias ou semanas. O gás natural num poço de petróleo que jorrava naturalmente podia explodir numa chuva de gotículas de petróleo a arder, transformando as pessoas em tochas humanas e incendiando as torres de perfuração e os edifícios feitos de madeira. As lâmpadas de querosene, os fogões a lenha e o fumo ameaçavam inflamar vapores e gases. O petróleo acumulado em pequenos reservatórios infiltrava-se nas águas subterrâneas e envenenava o solo. O petróleo derramava-se quando os trabalhadores o transferiam de e para vagões, vagões-cisterna ferroviários, navios, barcos e refinarias e, novamente, na sua transmissão para os clientes. Os oleodutos vazavam. Por último, os clientes tinham de se desfazer do petróleo velho e dos derivados de petróleo usados que, por norma, iam parar aos esgotos e daí seguiam para os cursos de água.[65] O petróleo e os seus derivados contêm muitos químicos tóxicos e cancerígenos, inicialmente pouco conhecidos. Os trabalhadores das refinarias e os habitantes das cidades ligadas à exploração petrolífera apresentavam elevadas taxas de cancro. A adição de chumbo à gasolina suscitou uma forte indignação por parte da comunidade médica, protestos esses que caíram em saco roto durante décadas. Por fim, as emissões de gases produzidas pelos tubos de escape não suscitaram grandes preocupações até ao final da Segunda Guerra Mundial.

A outra grande nova fonte de energia da época, a eletricidade, é muito mais limpa de transferir e de utilizar, mas, muitas vezes, não de produzir. As empresas de serviços públicos alimentavam as redes elétricas com carvão e, posteriormente, com gás natural, o que aumentava os problemas ambientais da poluição atmosférica e da eliminação das cinzas do carvão. Onde o carvão era escasso e a topografia permitia, como na Califórnia e no Japão, as barragens acionavam geradores. A América gerava, em 1929, um terço da energia hidroelétrica mundial.[66] Nas décadas de 1920 e de 1930, os Estados Unidos iniciaram uma onda de construção de barragens nos estados do Oeste, que duraria até à década de 1970 e inspiraria inúmeros imitadores em todo o mundo. Começando com a barragem Hoover, o governo federal começou a construir enormes barragens e, na década de 1930, ergueu simultaneamente as cinco maiores barragens do mundo. A par de uma tremenda quantidade de energia elétrica, as barragens providenciavam um abastecimento fiável de água às cidades, à irrigação e à navegação. No Vale do Tennessee, elas também serviram como controlo da erosão. As barragens não causadoras de poluição originaram, por outro lado, muitos outros problemas ambientais. Engoliram vilas e quintas em Estados colonizados, provocaram disrupções nos caudais dos cursos de água, alteraram a temperatura da água, diminuíram ou mataram espécies nativas de peixes e de crustáceos e bivalves, submergiram *habitats* em zonas húmidas e bloquearam a desova de peixes anádromos como o salmão. No árido oeste, a evaporação perdeu muita da sua preciosa água e concentrou minerais e sal.[67]

O problema dos resíduos

A gargantuana entrada de recursos naturais na produção em massa de bens de consumo do capitalismo de consumo correspondeu, no outro extremo, a uma monstruosa saída de desperdícios. Os consumidores compravam bens novos e deitavam fora os usados, aqueles que tinham saído de moda, que já não eram desejados ou que eram descartáveis, itens esses que tinham de ir parar a algum lado. As fumegantes chaminés das fábricas que trabalhavam para acompanhar a procura enchiam o ar de sufocantes nuvens negras. Os canos de esgoto despejavam os resíduos industriais e domésticos em rios, ribeiros e portos.

O fluxo de lixo e de detritos cresceu rapidamente. A produção americana *per capita* de resíduos sólidos aumentou, entre 1920 e 1940, 15 %. Conforme os consumidores se mudavam dos compactos centros das cidades para os vastos subúrbios, cuja extensão dificultava a implementação de políticas centralizadas, a recolha do lixo tornou-se mais difícil e dispendiosa. Os camiões do lixo tinham de viajar maiores distâncias para poderem despejar as suas cargas. Ao mesmo tempo que os vagões abertos e os camiões arrastavam para longe o entulho, o vento espalhava lixo e pó. Identificar um local onde despejar detritos suscitava problemas práticos e políticos. Cidades mais ricas e com um maior poder político localizavam as suas lixeiras nas povoações mais pobres e vulneráveis. As lixeiras a céu aberto saíam baratas, mas atraíam vermes, tresandavam, contaminavam as águas subterrâneas e, por vezes, incendiavam-se. Na década de 1920, algumas autoridades deram início à prática de enterrar resíduos mistos. Os modernos aterros sanitários, chamados de «depósitos controlados», surgiram primeiro na Grã-Bretanha, na década de 1920. Nos Estados Unidos, eles foram adotados por algumas cidades na década de 1930. Em 1935, a General Electric introduziu um triturador elétrico de lixo para pias domésticas, o Disposall, que enviava os desperdícios da cozinha para rios e ribeiros.[68] Muitas cidades e subúrbios construíram incineradoras, uma solução que se tornou mais popular no final da década de 1930. Supostamente modernas, higiénicas e relativamente isentas de poluição, apareceram incineradoras na Grã-Bretanha, na Alemanha, em França e nos Estados Unidos.[69]

A perigosa poluição industrial da água chamou cada vez mais a atenção no período entre guerras. Um relatório de 1923 identificava 248 fontes de abastecimento de água contaminadas por resíduos industriais. A produção de novos produtos químicos a partir do petróleo enviou novos resíduos para os cursos de água. A mistura de resíduos nas fontes de abastecimento de água alarmou os técnicos, que, ainda assim, os acharam difíceis de analisar ou avaliar como perigosos para a saúde pública. Consequentemente, as soluções para o problema da poluição industrial da água tiveram de aguardar pelo fim da Segunda Guerra Mundial. Em contrapartida, o conhecimento da conexão entre dejetos humanos e doenças levou a que, tanto na Grã-Bretanha quanto nos Estados Unidos, um número crescente de cidades e de vilas construísse estações de tratamento de esgotos.[70]

Quando o capitalismo de consumo para

O capitalismo de consumo americano alimentou o maior *boom* económico do mundo. Infelizmente, o colapso do mercado de ações, em 1929, alarmou de tal forma os consumidores que muitos decidiram esperar para fazer grandes compras. As despesas com bens duradouros foram interrompidas. Os estoques cresceram. As encomendas às fábricas caíram. Trabalhadores perderam o emprego. Os gastos dos consumidores diminuíram. Os bancos faliram. As dívidas não saldadas de muitos consumidores levaram à retoma de carros e de bens duradouros e a execuções hipotecárias de propriedades imobiliárias que já não encontravam compradores.[71] Começou um círculo vicioso de espiral descendente que durou quatro anos, até que grande parte da economia americana quase parou. Os consumidores gastaram um quarto em mobiliário e um quinto em rádios e instrumentos musicais daquilo que tinham gastado no auge da prosperidade da década de 1920. A produção de aço em 1932 foi apenas de 12 % da sua capacidade total, e em 1933 a produção automóvel cifrou-se nuns meros 35 % relativamente aos níveis de 1929.[72] O colapso da economia americana retirou muitos dos esteios em que se apoiava a fraca economia europeia, que entrou em recessão em algumas nações e desacelerou em todas.

O capitalismo de consumo assemelha-se a uma espécie de vasto esquema Ponzi. Requer um crescimento constante para sobreviver. Se o consumo alguma vez parar ou abrandar, o sistema económico global tropeça e cambaleia. Após apenas uma década de crescimento sem precedentes, os Loucos Anos Vinte desfizeram-se na Grande Depressão. Conforme a produção industrial declinava para uma pequena fração da sua capacidade, as chaminés das fábricas deixavam de deitar fumo e os céus clareavam. A natureza teve uma década de tréguas da insaciável fome do capitalismo de consumo por recursos naturais. Depois, uma outra guerra, ainda mais destrutiva e global do que a última, fez a economia mundial rugir de novo. O regresso da produção fabril na Segunda Guerra Mundial trouxe de volta os salários regulares. Uma atmosfera completamente empestada de fumo parecia um preço razoável a pagar pela segurança económica.

A combinação moderna da produção em massa e do consumo em massa chama-se fordismo, mas talvez fosse melhor nomeá-la sloanismo, em homenagem ao verdadeiro autor do sistema. A administração de Sloan levou a GM ao topo da produção automobilística nas décadas de 1920 e de 1930. Defensor do individualismo consumista e um eterno desconfiado em relação às exigências da comunidade, Sloan deu dinheiro à ala conservadora que fazia oposição ao *New Deal*. Conseguiu, de alguma maneira, desviar as questões que surgiram no pós-guerra relativamente à forma como havia lidado com os interesses da GM na Alemanha nazi, que foi sempre ou excessivamente otimista ou perturbadoramente cooperante. Permaneceu ao leme da GM quando a prosperidade regressou após a guerra, reformou-se em 1956 e morreu em 1966. Nessa altura, porém, a GM estava a tornar-se cada vez mais conservadora e fossilizada. Quando o capitalismo de consumo se estabeleceu de novo nos Estados Unidos, nas décadas de 1940 e de 1950, e na Europa, nas décadas de 1950 e de 1960, uma geração emergente, que crescera em tempos de prosperidade, denunciaria um planeta já saqueado e poluído. A GM lutaria por ir ao encontro dos desafios de um mundo em mudança.

7.

PÉ A FUNDO NO ACELERADOR

O capitalismo de consumo invade tudo

Los Angeles, na Califórnia, cresceu com o capitalismo de consumo. Fundada pelos Espanhóis em 1781, LA era minúscula até à chegada do caminho de ferro e à descoberta de petróleo no final do século XIX. A terra era barata e constituída maioritariamente por planícies, o clima era quase sempre agradável, e encantos naturais como praias a perder de vista e as montanhas de San Bernardino chamavam pelos colonos. Um aqueduto construído em 1913 e que roubou água aos agricultores do vale de Owens, a leste da Serra Nevada, proporcionou à cidade água suficiente para crescer. A indústria cinematográfica de Hollywood publicitou amplamente LA nas décadas de 1920 e de 1930. Durante a Depressão, milhares de trabalhadores, maioritariamente sulistas evangélicos conservadores, chegaram em busca de trabalho.[1] Graças à indústria bélica e às bases militares criadas para apoiar a guerra no Pacífico e, mais tarde, a Guerra Fria, Los Angeles desenvolveu-se rapidamente durante e depois da Segunda Guerra Mundial. Muitos ex-militares que tinham passado por Los Angeles ou sido destacados para lá ou para San Diego, um pouco mais a sul, decidiram permanecer na zona. Na era do pós-guerra, a cidade voltou a atrair milhões de pessoas. Entre 1945 e 1970, LA foi o epítome do capitalismo de consumo do pós-guerra, com os seus arquitetos protestantes não calvinistas, e os seus impactos ambientais fizeram sentir-se mais do que em qualquer outro lugar.

A ascensão de LA acompanhou a expansão da indústria automóvel. O fim do serviço de elétricos depois da Segunda Guerra Mundial tornou quase imperativo ter-se um automóvel. Surgiram novos serviços, como cinemas, igrejas e bancos *drive-in*, que não requeriam que se saísse dos veículos. Os restaurantes *drive-in*, onde empregados das cadeias de *fast food* recebiam as encomendas que as pessoas faziam nos seus carros, trazendo-lhes depois a comida, haviam aparecido na década de 1930. A moderna indústria de *fast food* nasceu em 1948 na periférica cidade de Anaheim. Os irmãos Maurice e Richard McDonald, filhos de imigrantes irlandeses, abriram, em 1948, um restaurante *drive-in* sem empregados e que dispunha de um *menu* barato, mas muito limitado (hambúrgueres a apenas 15 cêntimos), e de um trabalho de cozinha simplificado e não qualificado. O McDonald's servia comida para ser comida à mão, servida em pratos e em copos de papel descartáveis, dispensando assim talheres e loiça, que poderiam partir-se ou ser roubados. O negócio prosperou. Começaram a vender *franchises*.

Um vendedor de máquinas de batidos de leite, Ray Kroc, filho de imigrantes checos, ficou impressionado com o número de máquinas que vendeu aos McDonald's. Em 1954, comprou os direitos de *franchise* do seu próprio restaurante. Tal como William Durant, um vendedor agressivo e bem-sucedido, Kroc vendeu, durante as duas décadas seguintes, milhares de *franchises* McDonald's por todo o país. Determinado a gerir o negócio de acordo com as suas próprias ideias, comprou a parte dos irmãos McDonalds em 1961. Kroc concentrou-se no *marketing* para crianças, sabendo que com elas viriam os adultos. Os anúncios eram exibidos durante os programas de televisão infantis. Um palhaço, Ronald McDonald, tornou-se a mascote da empresa em 1965. Um pequeno parque infantil, projetado por um antigo designer da Walt Disney, foi anexado a novos restaurantes. À medida que as cadeias de restaurantes de *fast food* saturavam os Estados Unidos, o McDonald's procurou novos mercados no estrangeiro. Kroc reformou-se em 1974, mas os seus restaurantes continuaram a multiplicar-se até estarem presentes hoje em bem mais de cem países, em todos os continentes habitados. O tremendo sucesso da cadeia McDonald's inspirou, quase imediatamente, imitadores do seu modelo de *fast food*. Burger King, Wendy's, Kentucky Fried Chicken, Dunkin' Donuts, Carl's Jr., Taco Bell e muitos, muitos outros se seguiram, e empresários de muitas indústrias copiaram o sistema de *franchise* de Kroc. Os anúncios a empresas franchisadas tornaram-se omnipresentes na televisão, na imprensa e, eventualmente, na Internet. Conforme os sistemas de vias-rápidas cresciam, os *franchises* espalharam-se ao longo de estradas e de autoestradas, invadindo posteriormente os centros das cidades. Sob a violenta investida da sua publicidade e dos seus produtos uniformemente fiáveis, muitas empresas independentes em muitas cidades e vilas perderam os seus negócios ou fecharam portas.[2]

Em 1970, o capitalismo de consumo havia capturado quase tudo na sociedade americana e estava em trânsito dos Estados Unidos para o resto do mundo. Da *fast food* aos alimentos processados e embalados nas prateleiras dos supermercados, a comida tornou-se, como o sabonete ou o desodorizante da década de 1920, um item embalado, publicitado, barato, rápido e facilmente adquirível. Os impactos ambientais encontravam-se ocultos, mas eram enormes. Cada *franchise* de *fast food* exigia grandes quantidades de hambúrgueres, de pão, de batatas fritas, de condimentos, de *milkshakes* ou de qualquer alimento em que o *franchise* se tivesse especializado, e tudo isso com uma qualidade, sabor e preço consistentemente fiáveis. Os agricultores tinham de produzir animais e cereais em quantidades que satisfizessem os grandes grossistas, o que significava a produção em massa de carne utilizando hormonas, antibióticos e animais engordados com cereais que tinham pesticidas e herbicidas e que comiam sempre as mesmas variedades de trigo. As quintas e os ranchos cresceram à medida que os preços das matérias-primas caíam. E assim aconteceu em toda a economia americana. A década de 1960 seria uma era conscientemente consumista, como nenhuma anterior.

O capitalismo de consumo do pós-guerra antes de 1970

O emergente capitalismo de consumo fez o mundo em que Kroc prosperou. A Segunda Guerra Mundial tinha impulsionado a economia e a moral americanas. Contudo, no Japão, no leste asiático, na União Soviética e na Europa, habitantes em estado de choque enfrentariam a tarefa, que demoraria décadas a estar concluída, de reconstrução das suas cidades e das suas economias devastadas pela guerra, após a qual o capitalismo de consumo os conquistaria também. O programa de ajuda americano, que inspiraria a Guerra Fria e conhecido como Plano Marshall, enviou milhares de milhões de dólares de subvenções e empréstimos para fortalecer as economias da Europa Ocidental e do leste da Ásia. Mais importante, porém, começando com as políticas do *New Deal* da administração Franklin Roosevelt, nos Estados Unidos e, depois de 1945, em todas as democracias do mundo, foi a regulamentação por parte do governo dos mercados e das grandes empresas e a instituição dos sistemas de assistência social. Essas políticas mantiveram fluxos de dinheiro a circularem pelos bolsos dos consumidores.

Os Aliados não-comunistas fizeram acordos cruciais para promover o livre comércio, acreditando que o protecionismo e o colapso económico haviam alimentado a ascensão do fascismo e causado a Segunda Guerra Mundial. De molde a promover o desenvolvimento dos países mais pobres, os Acordos de Bretton Woods, de 1944, criaram o Banco Mundial e o Fundo Monetário Internacional. O Acordo Geral sobre Pautas Aduaneiras e Comércio, de 1947, construiu o enquadramento internacional dentro do qual a economia capitalista global tem vindo a crescer desde então. Começou, assim, um crescimento económico estável que durou até à década de 1970, sem grandes recessões económicas.

O mundo estava a mudar rapidamente. A Europa permaneceu diminuída ao lado do grande colosso americano. Tinham sido necessários cinco séculos para que as nações europeias construíssem os seus impérios ao redor do globo. Bastaram cinco décadas para que eles colapsassem quase completamente. Duas guerras terrivelmente sangrentas e destrutivas, a expulsão dos Europeus das suas possessões asiáticas levada a cabo pelo Japão e a fragilidade das economias europeias do pós-guerra minaram o respeito pelo poder europeu. Em todo o sul global, novas nações cheias de um otimismo esperançoso procuraram modelos através dos quais pudessem desenvolver as suas próprias economias e instituições.

Enquanto algumas dessas novas nações sofreram com o caos e a corrupção, outras mantiveram-se estáveis e prósperas. A maioria das economias pós-coloniais continuou a depender de indústrias extrativas (mineração, plantações de monocultura, madeira), muitas vezes propriedade de empresas estrangeiras. O desenvolvimento económico e a participação no capitalismo de consumo global têm vindo a aumentar de forma constante, embora desigual.

A ansiedade em relação à Guerra Fria e a corrida ao armamento nuclear ensombraram esse período, mas, regra geral, prevaleceu um clima de otimismo. As mudanças sociais pairavam no ar, juntamente com a esperança e com a sensação de que um mundo melhor era cada vez mais possível. O otimismo e a fé no futuro encontraram expressão visível num *baby-boom* mundial e no súbito e rápido aumento das taxas de fertilidade que durou de meados da década de 40 a meados dos anos 60.[3] O jovem e enérgico presidente John F. Kennedy parecia personificar o esperançoso dinamismo idealista do início da década de 1960, quando um poder e uma prosperidade americanos sem precedentes faziam com que qualquer coisa parecesse ao seu alcance. Nos Estados Unidos, a igualdade racial fez os maiores avanços num século. O Movimento dos Direitos Civis dos negros nos Estados Unidos inspirou acontecimentos tão memoráveis como a Marcha sobre Washington, em 1963, e o Verão da Liberdade, em 1964, e legislação tão marcante como a Lei dos Direitos Civis, de 1964, e a Lei do Direito de Voto, de 1965. A história da nação em matéria de injustiças raciais parecia estar finalmente nos seus últimos capítulos. Lyndon Johnson sucedeu a Kennedy em 1963. Em 1964, proclamou o objetivo de uma Grande Sociedade da qual o racismo, a pobreza, a ignorância e a poluição seriam finalmente banidos. Seguiu-se uma legislação relevante e histórica que abordava todos esses problemas.

Esse clima de vibrante otimismo transvazou as democracias industrializadas. Na União Soviética, após a morte de Estaline, ocorrida em 1953, Nikita Khrushchev libertou muitos prisioneiros políticos. A economia soviética cresceu rapidamente, e a disponibilidade de produtos de consumo nas prateleiras aumentou, ainda que eles permanecessem de baixa qualidade e em pouca quantidade. Embora Khrushchev tenha perdido o poder em 1964, a desestalinização alastrou-se a outros países do Pacto de Varsóvia. A Checoslováquia comunista afrouxou gradualmente as restrições e o controlo, o que conduziu às reformas liberais de Alexander Dubček e à efervescência cultural da Primavera de Praga de 1968. Na China, após o desastre do Grande Salto em Frente de Mao Tsé-Tung, Mao procurou, através da Revolução Cultural, recuperar o poder que disputava então contra emergentes fações opostas no seio do Partido Comunista. Mao aproveitou o idealismo dos jovens para erradicar supostos elementos burgueses pró-capitalistas infiltrados no partido e que ameaçavam a revolução.

Esta era também assistiu ao pico da confiança euro-americana na lógica do Iluminismo e na superioridade das suas próprias instituições. Sem dúvida que a ciência e a tecnologia ocidentais deslumbraram o mundo com os seus sucessos e conquistas, isso enquanto os líderes dos países pobres em toda a parte invejavam o poder e a prosperidade que a industrialização havia trazido. À medida que a Guerra Fria se intensificava, os Estados Unidos e a União Soviética viram-se numa disputa existencial por influência global. A cultura americana, especialmente a música (*rock and roll* e *rhythm and blues*, particularmente) e o entretenimento (*e. g.*, o Rato Mickey), infiltrou-se em culturas em quase todos os lugares, mesmo por trás da Cortina de Ferro, na Europa Oriental comunista, e na União

Soviética. Contudo, a putativa lógica científica do socialismo marxista exerceu, em todo o lado, uma inegável atração sobre os intelectuais. Para rebaterem essa ideia, os Estados Unidos enfatizaram a hostilidade do comunismo em relação à religião e a tendência para o autoritarismo, e contrapuseram a democracia constitucional, os direitos humanos e o capitalismo de mercado livre como princípios do «Mundo Livre». A política externa norte-americana foi completamente inconsistente nesta questão, pois os presidentes americanos estavam muitas vezes dispostos a sacrificar os dois primeiros se isso preservasse o último. No entanto, tanto as nações livres quanto as comunistas expressaram uma grande confiança no poder dos sistemas racionais.

O *New Deal* e a Segunda Guerra Mundial aceleraram ao máximo o crescimento económico da América, pelo que, quando a guerra terminou, o capitalismo de consumo voou com estrondo pela pista como um carro de corrida alimentado a combustível de elevadas octanas. O *New Deal* teve muitos efeitos económicos importantes. Os novos programas implementados e o apoio dado pelo governo aos sindicatos levaram os salários e a produtividade a aumentarem e as horas de trabalho a diminuírem. O governo federal investiu de forma massiva em infraestruturas, incluindo estradas, pontes, edifícios governamentais, enormes barragens hidroelétricas, eletrificação das zonas rurais, conservação e controlo de cheias. A tributação progressiva e programas sociais como a Segurança Social reduziram a desigualdade dos rendimentos. Durante os trinta anos seguintes, os rendimentos individuais dos americanos de todas as camadas sociais cresceram aproximadamente na mesma proporção, sem que isso tenha implicado um significativo aumento na desigualdade dos rendimentos. Por último, novas entidades e novos programas reduziram os riscos económicos para todos, de investidores a agricultores e proprietários de casas. A *G. I. Bill*[4] financiou um enorme salto no crescimento da educação, na aquisição de casa própria e noutros benefícios. Por outro lado, o investimento que o governo federal fez em tempo de guerra pagou por muita da nova capacidade produtiva, e fê-lo a tal ponto que, entre 1940 e 1945, o estoque de ativos aumentou mais de metade (só o número de ferramentas mecânicas duplicou), sendo que tudo era agora mais novo, mais moderno e mais produtivo do que o estoque de ativos privados do pré-guerra. Acresce a isso o facto de as exigências da produção bélica terem obrigado as empresas a aprender a operar de forma mais eficiente. No século que decorreu entre 1870 e 1970, os Estados Unidos passaram a dominar o globo em tecnologia e inovação. A fuga da Europa para a América, durante as décadas de 1930 e de 1940, de talentos científicos, técnicos e culturais beneficiou os Estados Unidos mais do que qualquer outra nação, de modo que, quando a paz regressou, a nação permaneceu como o centro (quase) incontestado da inovação científica e tecnológica.[5]

A guerra impulsionou as empresas químicas. Os tempos de paz encontraram essas empresas apetrechadas com novas fábricas, produzindo novos produtos químicos e procurando mercados civis para esses produtos. Novos plásticos e novas fibras artificiais, saídos dos laboratórios de pesquisa das empresas, foram desenvolvidos em produtos de consumo. O plástico, a miraculosa substância da época, foi utilizado em todo o tipo de produtos. As empresas químicas também desenvolveram e comercializaram, junto dos agricultores e do público em geral, uma variedade de novos e poderosos inseticidas. Os químicos empresarias criaram centenas ou mesmo milhares de novas substâncias químicas, as quais as empresas comercializavam de forma agressiva como corantes e para uma miríade de outros usos industriais e de consumo.

O consumo de tecnologia eletrónica também cresceu rapidamente. Pouco depois da sua invenção, no final da década de 1940, os transístores substituíram as válvulas termiónicas em televisões, rádios e outros artigos eletrónicos de consumo. Agora, menores e economicamente mais acessíveis, estes dispositivos proliferaram na vida quotidiana. Os computadores do tamanho de uma sala da IBM, desenvolvidos a partir dos seus progenitores dos tempos de guerra, atulharam as caves climatizadas de bancos e de universidades, enquanto pequenos computadores acompanhavam os astronautas ao espaço na década de 1960. A ARPANET (Advanced Research Projects Agency Network of the U. S. Department of Defense), a antepassada da Internet, começou a ganhar forma no final da década de 1960, acolhendo o primeiro *e-mail* em 1971. A medicina também deu passos rápidos em técnicas cirúrgicas (transplantes de órgãos e cirurgias de coração aberto), em antibióticos, em vacinas (contra a poliomielite, a encefalite, a gripe, o sarampo, a papeira e a rubéola), na radioterapia, na terapia com radioisótopos, na quimioterapia e em contracetivos hormonais (a pílula). Com generosos investimentos governamentais e militares, a tecnologia aeroespacial deu passos tão rápidos que, em 1970, centenas de enormes Boeing 747 voavam por todo o mundo e as naves espaciais Apollo levavam homens à Lua. Os satélites artificiais revolucionaram a astronomia, a meteorologia, as comunicações e o reconhecimento da Terra.[6]

Apesar das inovações e das invenções, o *boom* americano do pós--guerra assemelhava-se muito ao *boom* dos anos 20. Milhões e milhões de consumidores compravam os mais recentes (ou recentemente acessíveis) produtos de consumo, de televisões a secadores de roupa e a aparelhos de ar condicionado. Jovens recentemente enriquecidos compravam carros e casas. Os subúrbios espraiaram-se por antigas terras agrícolas em torno de todas as grandes cidades. Cidades e Estados construíram estradas para que os habitantes dos subúrbios se movimentassem e deslocassem para os seus empregos nos centros das cidades. O governo federal investiu fortemente na construção de estradas, incluindo a extensa rede de autoestradas interestatal, após 1956. Os governos locais e os caminhos de ferro eliminaram a maior parte dos transportes públicos, excetuando os autocarros. Fora dos centros das cidades mais antigas, a vida diária dependia de carros. Os negócios orientados para o automóvel multiplicaram-se, desde estações de serviço a *franchises* de *fast food* como o McDonald's. Surgiram centros comerciais e grandes lojas com muito espaço destinado a parques de estacionamento. As cidades perderam uma fatia da sua base tributária à medida que a classe média se mudava para os subúrbios. As empresas abandonaram os centros das cidades e voltaram a abrir em zonas comerciais ao longo das principais estradas dos subúrbios ou em parques industriais rodeados por um mar de lugares de estacionamento. Para a GM, esta foi a sua era dourada.

Havia uma larva na maçã da prosperidade do pós-guerra, crescendo lentamente, longe da vista, até aparecer em triunfo no final da década de 1970. As regulações e o ativismo governamental do *New Deal* (para não falar do aparente sucesso da experiência soviética no início dos anos 30) alarmaram de tal forma alguns líderes empresariais abastados, entre os quais Alfred Sloan, que eles começaram a desenvolver uma rede de propaganda destinada a promover um governo fraco e impostos baixos.[7] Os anúncios das empresas promoviam o individualismo e equiparavam o consumo às liberdades democráticas.[8] Os milionários industriais de sectores como o petróleo, o gás e o tabaco, e que temiam a ameaça que as regulações constituíam em relação aos lucros, começaram a despejar dinheiro em seitas fundamentalistas e evangélicas, as quais, no início do pós-guerra, cresceram em influência cultural e política à escala nacional. Essas igrejas promoviam a salvação individual e não as melhorias sociais.[9] Os milionários e as empresas foram criando, ao longo de décadas, um sistema, cada vez mais denso e tentacular, de fundações, de institutos, de equipas de especialistas e de organizações noticiosas destinado a influenciar a opinião pública, os órgãos legislativos, os políticos e os tribunais. A Guerra Fria, retratada como uma disputa da liberdade temente a Deus *versus* o comunismo ateu, permitiu que os homens de negócios embrulhassem o capitalismo numa bandeira e lhe dessem uma cruz para segurar ao alto.[10] O seu maior triunfo estava ainda reservado para o futuro, após esta era de crescimento americano.

Capitalismo e propaganda para o consumo

A sofisticação e o poder do sistema de promoção de vendas do pós-guerra avançaram a passos largos. Para facilitar mais do que nunca as compras aos consumidores que não dispunham de dinheiro, o Diners Club introduziu, em 1950, o primeiro cartão de crédito universal. Seguiram-se muitos cartões similares de bancos, companhias petrolíferas e outras empresas. Para simplificar as compras dos consumidores dependentes do automóvel, surgiram centros comerciais em todo o país, especialmente nos novos e vastos subúrbios. Nos anos 60, aqueles que iam às compras podiam adquirir o que pretendiam no conforto de centros comerciais climatizados, cujo design permitia aos lojistas influenciar subtilmente os compradores e encorajar compras não planeadas.

Com a rápida disseminação da televisão nos lares americanos, difusão essa feita à custa da rádio, do cinema e da imprensa, a política de propaganda comercial entrou numa nova era de poder e de influência. As redes de televisão americanas eram privadas e dependiam inteiramente das receitas de publicidade. Enquanto o entretenimento chamava a atenção dos telespectadores, os anúncios tentavam vender-lhes produtos. Ao mesmo tempo que exploravam as possibilidades das imagens e das pequenas narrativas, as agências de publicidade ainda utilizavam métodos mais antigos de vendas.[11] O poder do novo meio revelou-se numa famosa campanha publicitária de cigarros. Estando a ficar para trás comparativamente a outras grandes empresas tabagísticas, a Philip Morris iniciou, em 1954, uma campanha publicitária televisiva para a marca Marlboro, que tinha então uma quota de mercado de apenas 1 %. A campanha enfatizava a masculinidade, e as vendas subiram abruptamente. Uma década mais tarde, a agência de publicidade Leo Burnett acertou em cheio quando mudou os anúncios para cenas de verdadeiros *cowboys* no Rancho 6666, no oeste do Texas. Ao som da música do filme *Os Sete Magníficos*, os espectadores assistiram a *cowboys* que fumavam enquanto montavam a cavalo, agrupavam gado, descansavam junto a uma fogueira e pescavam. Ajustando-se às culturas locais existentes noutros lugares, essa campanha publicitária fez da Marlboro a marca de cigarros mais vendida do mundo — tudo sem proferir uma palavra em relação às características do produto. «Venha para a terra da Marlboro», diziam os anúncios, e milhões de fumadores compareceram.[12] Apesar dessa demonstração dos seus poderes de persuasão, a publicidade televisiva não podia fazer milagres. Nenhuma publicidade, por muita e muito boa que fosse, conseguiria convencer os consumidores a comprar o mal-afamado Ford Edsel. (Talvez devessem ter mostrado um *cowboy* a fumar e a conduzir um).

Ainda assim, a publicidade televisiva era tão eficaz que os políticos, os partidos políticos e os propagandistas governamentais passaram a usar os seus métodos. Os políticos e os agentes políticos descobriram o poder da televisão em 1952, quando as primeiras convenções políticas foram televisionadas. Perceberam que os eventos que suscitavam entusiasmo nos corredores das convenções não funcionavam, muitas vezes, em televisão e passaram a encenar as futuras convenções mais para as câmaras de televisão do que para os delegados. Esse foi também o ano em que Richard Nixon salvou momentaneamente a sua carreira política com o seu televisionado «Checkers Speech», no qual se defendeu de alegações de corrupção. Um verdadeiro momento da verdade foi o primeiro debate presidencial transmitido ao vivo na televisão, em 26 de setembro de 1960, entre os candidatos Richard Nixon e John F. Kennedy, que muitos acreditam ter sido fundamental para a eleição de Kennedy. Lyndon Johnson não tinha o carisma de Kennedy e dependia fortemente da publicidade negativa para ganhar a Casa Branca em 1964. Como muitas vezes as pessoas referiam nos anos 60, as campanhas vendiam os políticos ao público como se de marcas de sabão se tratasse. Em 1968, Nixon voltou a concorrer à presidência. Conforme relatado no *bestseller* apropriadamente intitulado *The Selling of the President*, de 1968, da autoria de Joe McGinnis, Nixon contratou Roger Ailes para arquitetar a sua imagem mediática. Ailes foi tão bem-sucedido que seria contratado por Ronald Reagan, por George H. W. Bush e pelo canal por cabo Fox News, que dava então os seus primeiros passos. Ailes tornou-se um poderoso consultor dos *media* conservadores e um mestre da propaganda de direita.[13]

A televisão era também emblemática de um novo tipo de empresa, a empresa de serviços, modelo que cresceria em tamanho e em influência depois de 1970. As empresas de radiodifusão ofereciam a sua

Fig. n.º 11: Uma família reúne-se em torno de um aparelho de televisão na década de 1950. Em 1960, rara era a casa americana que não tinha televisão, talvez o mais poderoso dispositivo de propaganda do capitalismo de consumo alguma vez inventado. Tal como estas crianças, a maior parte da geração ocidental do pós-guerra cresceu sob o brilho frio de seu tubo de raios catódicos. (© ClassicStock / Alamy Stock Photo /Fotobanco.pt)

programação como um meio para publicidade. De molde a vender anúncios publicitários, os jornais e as redes de rádio haviam preparado o caminho como fornecedores de informação, de entretenimento e de persuasão política. Nenhum deles tinha sobre o público o poder que as imagens em movimento num ecrã de televisão exerciam, mais próxima do cinema do que da leitura. E, até à ascensão da televisão por cabo, na década de 1980, a televisão era gratuita para o telespectador. Os anúncios passaram de apresentar descrições informativas dos produtos para vender estatuto, sexo e imagem.

A geração do pós-guerra nos países desenvolvidos de todo o mundo foi a primeira a crescer em frente a um ecrã da televisão. Mais profundamente do que qualquer geração anterior, os jovens absorveram completamente os valores do capitalismo de consumo. Mesmo nas décadas de 1960 e de

1970, quando acreditavam estar a rechaçar a cultura de consumo, mais não faziam do que promover os seus valores: o individualismo como estilo de vida, a liberdade individual para «se encontrarem a si mesmos» ou «realizarem o seu potencial» e a autogratificação através das drogas e do sexo. A contracultura era fácil de comercializar e entrou rapidamente na cultura de consumo. Moldou o estilo, o entretenimento e muito mais. No século seguinte, e no concernente à publicidade e à propaganda política consumista, a televisão cederia a primazia a um novo meio, a Internet. A Internet estaria tão livremente disponível como a televisão dos primeiros tempos, num dispositivo pequeno o suficiente para ser carregado em bolsos e carteiras de senhora, nunca muito afastado do seu proprietário — o grande sonho dos anunciantes.

Transições energéticas mundiais

O petróleo, o líquido que faz funcionar o capitalismo de consumo, tinha destronado agora o carvão em todo o mundo. A Europa Ocidental e o Japão seguiram o exemplo precoce dos Estados Unidos. A proporção de petróleo no consumo energético total da Europa subiu de 23 % em 1955 para 60 % em 1972, ao passo que no Japão saltou de 7 % em 1950 para 70 %, vinte anos mais tarde. A procura global por petróleo em 1972 foi cinco vezes e meia maior do que em 1949. Validando o argumento de Jevons de que utilizar o mais dispendioso carvão daria uma vantagem competitiva às indústrias estrangeiras, a Grã-Bretanha, com muito carvão, mas (ainda) sem petróleo, acabou por, relutantemente, substituir o carvão pelo petróleo, mais barato, na maior parte das suas necessidades energéticas.[14]

As descobertas de enormes campos petrolíferos deram perfeitamente para acompanhar a procura. Geólogos localizaram novos e gigantescos campos de petróleo em Ghawar, na Arábia Saudita, em 1948, em Daqing, na China, em 1959, na Sibéria Ocidental em 1960, em Prudhoe Bay, no Alasca, Estados Unidos, em 1968 e no Mar do Norte em 1969.[15] Estes juntaram-se a inúmeros campos mais pequenos recentemente descobertos em todo o mundo. A produção no mundo não-comunista aumentou de 8,7 milhões de barris por dia, em 1948, para 42 milhões de barris por dia, em 1972. A produção americana continuou a expandir-se, mas grandes descobertas no estrangeiro levaram a que, no período análogo, a sua quota na produção mundial baixasse de 64 % para 22 %.[16]

Os gigantescos campos petrolíferos do Médio Oriente estavam praticamente às portas da Europa Ocidental, o que permitiu aos Europeus, que em 1948 obtinham 77 % do seu petróleo no hemisfério ocidental, comprar, alguns anos mais tarde, 80 % do petróleo que utilizavam ao Médio Oriente.[17] Havia, no entanto, um problema. A ascensão do nacionalismo árabe preocupou a Europa. O controlo do canal do Suez, pelo qual transitavam dois terços do petróleo utilizado pela Europa, era vital. De forma a pagar pela nova barragem de Assuão, que as nações ocidentais se haviam recusado a financiar, o Egito apoderou-se do canal em 1956. A Síria, numa extremada posição política, fechou o oleoduto principal à Europa durante 24 horas.[18] Preocupada com o seu vulnerável fornecimento de energia, a Europa virou-se para os superpetroleiros que os construtores navais japoneses tinham recentemente desenvolvido e que podiam, de forma rentável e eficiente, transportar petróleo para a Europa contornando África. O superpetroleiro, um enorme avanço na tecnologia dos transportes, tem sido, desde então, vital para transportar produtos petrolíferos baratos para todo o mundo.[19]

Globalização do capitalismo de consumo

Outro desenvolvimento ocorrido nos transportes facilitou o crescente triunfo do capitalismo de consumo: o navio porta-contentores. Após a Segunda Guerra Mundial, de forma a minimizarem as perdas em relação ao transporte de mercadorias, que era agora maioritariamente feito por camiões, os caminhos de ferro americanos tinham começado a «carregar às cavalitas» atrelados de camiões em vagões-plataformas. Em 1955, Malcolm McLean da McLean Trucking viu também uma boa oportunidade de negócio no transporte marítimo de atrelados de camiões e comprou o controlo de uma companhia de navegação. No entanto, em vez de rebocar para dentro e para fora dos seus navios os atrelados de camiões, desenvolveu a ideia de desmontar as rodas e os eixos de rodagem e içar, por intermédio de uma grua, os atrelados sem rodas, ou os contentores, para bordo dos navios. A McLean's Land-Sea Service lançou ao mar o primeiro navio porta-contentores em 1956. Não só os navios porta-contentores eram extremamente eficientes, como o carregamento e o descarregamento de mercadorias se tornava muito mais rápido e barato. Os engenheiros da McLean redesenharam os contentores de modo que conseguissem suportar o peso dos outros contentores empilhados em cima deles, bem como para se agarrarem firmemente uns aos outros, características que também permitiam que os guindastes de pórticos os prendessem e içassem facilmente durante o carregamento e o descarregamento. De forma a promover a estandardização do sector, McLean levantou, em 1963, a patente do design do contentor.[20]

O navio porta-contentores transformou o comércio internacional. O isolamento geográfico do Japão já não o impedia de se tornar um grande exportador. A Coreia do Sul, Taiwan, a Malásia, Singapura e as Filipinas rapidamente seguiriam os passos do Japão, com a China a juntar-se ao grupo no final do século.[21] Para se reduzir os custos de transporte, os navios cresceram em tamanho, até chegarem ao ponto de, no início do século XXI, cada navio transportar mais de 15 000 contentores.

O capitalismo de consumo não chegou à União Soviética e aos seus aliados europeus do Leste, mas o consumismo chegou. Lá para trás, na década de 1930, as autoridades concediam bens de consumo aos trabalhadores mais produtivos, aos líderes políticos e a outros bons exemplos de valores socialistas. Após a Segunda Guerra Mundial, o aumento dos rendimentos alimentou o desejo de consumir. As autoridades prometeram lojas abastecidas com bens, automóveis e outros artigos de consumo, e utilizaram o Ocidente capitalista consumidor como a fasquia que prometeram ao seu povo que iriam superar. Programas de rádio e de televisão e mercadorias contrabandeadas também ajudaram a criar uma inveja não satisfeita da prosperidade e dos bens ocidentais. As autoridades socialistas não foram capazes de fornecer os bens que haviam prometido, em parte porque a base política do comunismo era a indústria pesada. Os bens de consumo continuaram a ser escassos e de má qualidade.[22]

Excetuando a América do Norte, a Europa e o Japão, o capitalismo de consumo não se espalhou de forma uniforme. Nas três décadas subsequentes à independência da Índia, ocorrida em 1948, o capitalismo de consumo chegou a este país com o desenvolvimento das classes média e alta urbanas. Após a Índia ter aberto a sua economia autárcica, em 1991, a eletricidade e os bens de consumo chegaram gradualmente às zonas rurais. Embora ainda muito fragmentado, o consumismo transformou completamente a vida tradicional indiana em apenas uma ou duas gerações. O enorme vizinho do norte da Índia, a China, ainda não se juntou verdadeiramente ao mundo capitalista de consumo, mesmo com o seu singular e híbrido capitalismo comunista, dirigido pelo governo.

Certo é que a China produz agora muitos dos bens de consumo do mundo. No entanto, quando, depois de 1997, os outrora gratuitos custos com a habitação, com a educação e com os cuidados de saúde foram transferidos para as famílias, as políticas desencorajaram as frívolas autogratificações através de compras, ao estilo ocidental. Na América Latina e em África, o capitalismo de consumo tem vindo a progredir de forma constante, embora lenta, e, uma vez mais, de modo desigual.[23]

Custos ambientais da prosperidade: o petróleo

Conforme o capitalismo de consumo ganhava velocidade depois de 1945, o mesmo acontecia com os problemas ambientais. Aos horrores ecológicos que haviam ensombrado os bons tempos da década de 1920 — a poluição do ar e da água, o uso de químicos, de plásticos e de outros materiais sintéticos, o espraiamento da mancha urbana, os aterros apinhados, as barragens e a irrigação —, juntavam-se agora horrores inteiramente novos, como as substâncias radioativas, tornando os problemas ecológicos maiores e mais alarmantes do que nunca. A sociedade capitalista de consumo engasgou-se cada vez mais com os desperdícios do seu próprio sucesso dourado.

Só depois de 1945 é que os custos totais da transição energética do carvão para o petróleo se revelaram. Ironicamente, muitas das qualidades que haviam tornado o gás e o petróleo tão atrativos acabaram por produzir tantos problemas quantos os que tinham ajudado a resolver. Como líquidos, o petróleo e os seus derivados são difíceis de conter. Tóxico e inflamável, o petróleo vaza de bocas de poços, de barris, de oleodutos e de tanques. Derrama-se quando transferido entre contentores e veículos. As refinarias libertam vapores tóxicos e cancerígenos que atingem zonas vizinhas e derramam ou despejam produtos químicos perigosos e nocivos em cursos de água. As empresas e os cientistas sabiam desses problemas desde o início e, nas décadas de 1920 e de 1930, trabalharam, com muito pouco êxito, para os resolver.[24]

Em 18 de março de 1967, o mundo descobriu um outro preço da dependência do petróleo. O *Torrey Canyon*, um superpetroleiro em excelente estado, navegando sob boas condições atmosféricas e em plena luz do dia, comandado por um capitão com vasta experiência, e transportando quase 120 000 toneladas de crude proveniente do Koweit e com destino a uma refinaria em Inglaterra, bateu de encontro ao baixio de

Seven Stones, um perigo sobejamente conhecido. Graças aos ventos que então sopravam, 85 % do petróleo foi levado para o mar alto, tendo apenas uma pequena porção atingido as costas da Cornualha e da Bretanha. Isso foi o suficiente para pintar de negro mais de 225 quilómetros de costa e praias. O navio era propriedade privada e encontrava-se em águas internacionais. O proprietário do navio, a Union Oil of California, e o operador, a British Petroleum, esperavam recuperar o navio ou, pelo menos, não pôr em risco a cobertura do seguro, mas as operações de salvamento falharam quando o navio se partiu ao meio. Nenhuma autoridade estava minimamente preparada para o que aconteceu naquele dia, pelo que a resposta foi confusa e chegou com muito atraso. As autoridades locais e nacionais, militares e civis não dispunham de nenhum plano coordenado, hesitavam com incertezas a respeito de quem pagaria os custos e estavam mais preocupadas com as repercussões políticas. Finalmente, o governo decidiu usar bombas, napalm e querosene para destruir o petroleiro e incendiar o petróleo restante. O *Torrey Canyon* havia sido construído para ser à prova de fogo, pelo que apenas conseguiram queimar cerca de 40 000 toneladas de petróleo. Voluntários, funcionários do governo e soldados afluíram em massa aos rochedos e às praias. Limparam as escorregadias e enegrecidas praias com quase 3 600 000 litros de um detergente utilizado para pequenos derramamentos em portos, mas que era tóxico para a vida marinha. Mais de 30 000 aves marítimas (mergulhões, tordas-mergulheiras, araus-gigantes e outros) e muitos animais marinhos morreram. Quando o petróleo chegou às costas da Bretanha, a elevada mortalidade que os dispersantes e detergentes haviam causado em Inglaterra levou os Franceses a adotarem uma abordagem muito mais cautelosa, conservadora, eficaz e muito menos letal.[25] Embora muitos outros derramamentos petrolíferos viessem a acontecer nas décadas seguintes, alguns dos quais ofuscariam este em tamanho, o derramamento do *Torrey Canyon* chocou por ter sido o primeiro.

Menos de dois anos mais tarde, um segundo choque abalou os Estados Unidos e o mundo. Em 28 de janeiro de 1969, trabalhadores petrolíferos, ao serviço da azarada Union Oil Company, estavam a perfurar o subsolo marítimo a partir da Plataforma A, a pouco mais de 8 quilómetros da costa de Santa Bárbara, na Califórnia. Tinham acabado de remover entre 152 e 213 metros de tubagem do buraco que estavam a perfurar. No fim do buraco, a mais de 1050 metros de profundidade, a pressão artesiana fez expelir violentamente lama de perfuração e equipamentos de prevenção de fugas, e vomitou para o ar e para o mar gás natural

Fig. n.º 12: O *Torrey Canyon*, cheio de petróleo em bruto proveniente do Médio Oriente, parte-se ao meio de encontro a um baixio ao largo da Cornualha, Inglaterra, em 1967. Foi o primeiro acidente do novo petroleiro de grande capacidade chamado superpetroleiro. O desastre ambiental que desencadeou alertou o mundo para o preço ambiental que este teria de pagar pela sede de energia do capitalismo de consumo. (© Mirrorpix / Alamy Stock Photo /Fotobanco.pt)

e petróleo, perigosamente inflamáveis. Os perfuradores colocaram a conduta de volta no buraco e selaram-na para o tapar. No entanto, o gás e o petróleo abriram caminho pelo exterior do tubo e subiram através de fissuras existentes no leito rochoso do oceano, chegando à superfície de forma incontrolável. Todos os dias, durante dez dias, dezenas ou talvez centenas de milhares de litros de petróleo fluíram para o mar. Embora os residentes locais revelassem, havia muito, as suas preocupações relativamente a possíveis derramamentos de petróleo, o governo e os responsáveis pela companhia petrolífera não tinham nada planeado para o caso de isso ocorrer. Poucos trabalhadores e muito pouco equipamento se encontravam disponíveis para responder a uma situação daquele tipo. Os administradores da Union Oil atrasaram a notificação ao governo para que a empresa pudesse tomar as suas próprias decisões. O seu primeiro plano era conter o petróleo, de maneira que este não atingisse a costa, e, basicamente, rezar por um milagre. O milagre não aconteceu. Santa Bárbara era uma pequena cidade com uma universidade e uma população republicana rica e branca, situada a montante do *smog* de Los Angeles e sem indústrias poluidoras próprias. Ocupa um local particularmente bonito entre a cadeia montanha costeira e o mar. Diante dos olhos e das câmaras de uma população politicamente influente, o petróleo cobriu rochedos, praias, milhares de aves marinhas, de focas e de baleias. Os operários conseguiram fechar o poço, mas o petróleo continuou a infiltrar-se no mar durante muitos meses. Embora a indústria petrolífera defendesse que o derramamento causara poucos danos biológicos, muitos cientistas e as fotografias na imprensa defendiam o contrário.[26]

Os automóveis encorajaram o espraiamento da mancha urbana, algo que não só deu origem a uma praga de *franchises* como o McDonald's, como gerou, por si só, muitos impactos ambientais. No pós-guerra, o alastramento dessa mancha revelou-se primeiro um problema na América, onde a prosperidade havia regressado mais rapidamente, onde um *baby-boom* estava em curso e onde os programas do *New Deal* tornaram a aquisição de casa própria muito mais fácil. Noutras partes do mundo, na Europa e no leste asiático, as autoridades estavam a reconstruir as cidades destruídas, o que acabou por permitir um controlo central muito maior relativamente às dimensões e à direção do crescimento das cidades.

Além disso, poucas foram as cidades que, nos anos após a guerra, aí cresceram muito, contrastando com o rápido crescimento das áreas urbanas americanas. Los Angeles, por exemplo, passou de quatro milhões de habitantes, em 1940, para oito milhões de habitantes, em 1970. O crescimento foi particularmente notável (e descontrolado) nas cidades dos estados americanos mais meridionais, também conhecidos por «Cinturão do Sol», cidades essas que o ar condicionado havia tornado mais habitáveis e os gastos militares durante a Guerra Fria, mais prósperas.[27]

Os empreiteiros construíram subúrbios de forma rápida e barata. Buldózeres removeram árvores e nivelaram extensões de terreno para um rápido agrupamento da linha de montagem que construiria estradas, casas, centros comerciais e parques de estacionamento. Estradas, estacionamentos e edifícios cobriram o solo com superfícies impermeáveis à chuva. A chuva não conseguia infiltrar-se lentamente na terra, acabando por erodir o solo ou por correr tão abundante e rapidamente que as cheias começaram a assolar as comunidades situadas em terrenos mais baixos. Compradores, ignorantes dessa situação, adquiriram casas que se encontravam por cima de linhas de água sem capacidade de escoamento e com problemas de drenagem. Loteamentos habitacionais substituíram prados, campos, bosques e florestas, os próprios encantos naturais que, inicialmente, haviam tornado a área atrativa. Porque, com frequência, o crescimento suburbano superava os serviços que a cidade conseguia providenciar, os esgotos em muitos subúrbios iam para fossas sépticas particulares. As fossas sépticas podiam transbordar ou, ao exceder os seus limites, voltar para dentro das casas. Onde as casas não haviam sido conectadas ao sistema hidráulico da cidade, espuma dos detergentes ou água poluída vazavam frequentemente das fossas sépticas e contaminavam os poços de água. As populações dispersas também utilizam muito mais energia do que aquelas que se encontram concentradas, em particular, para transporte e para aquecimento e arrefecimento.[28]

Um outro problema apareceu pela primeira vez em julho de 1943, em Los Angeles. O ar tornou-se acastanhado e fazia arder os olhos. A baixa densidade habitacional de LA havia encorajado a construção das melhores estradas e autoestradas do mundo, bem como a posse generalizada de automóveis. Os residentes tinham-se mudado para Los Angeles em grande parte porque desfrutavam de um clima ameno e soalheiro, de ar puro, de belezas naturais e de encantos como praias e montanhas. De molde a defender uma cidade cuja reputação de possuir um ar saudável era essencial para o seu crescimento e para a sua prosperidade, depois do incidente com o *smog*, os líderes civis, os empresários e os promotores imobiliários fundaram o Comité de Cidadãos Consultivo para o *Smog*. Sob a sua influência, a Califórnia fez aprovar, em 1947, a Lei de Controlo da Poluição Atmosférica, que autorizava LA a estabelecer a Zona de Controlo de Poluição Atmosférica de Los Angeles, a primeira do género nos Estados Unidos. Suspeitas de que havia sido a indústria do tempo da guerra a causadora do *smog* conduziram a uma vigilância mais apertada, mas que nada fez para mitigar o problema. Em 1950, um cientista do Instituto de Tecnologia da Califórnia chegou à conclusão de que os automóveis e as refinarias de petróleo produziam químicos que a luz solar e a humidade transformavam em *smog*. A indústria do petróleo e a do gás responderam com veementes negações. Só em 1956 é que novas investigações confirmaram, em definitivo, que os carros e as refinarias eram os culpados. Los Angeles e o estado da Califórnia tornaram-se líderes nacionais e mundiais na batalha contra o *smog* (mas não contra os carros ou as vias-rápidas).[29]

As cidades de todo o mundo que recentemente se haviam começado a espraiar depressa estariam todas a ofegar nas suas próprias nuvens de *smog*. Os habitantes das cidades olhavam para os céus que o petróleo tinha limpado do fumo do carvão, mas que os veículos agora enegreciam com *smog*. A solução mais fácil, um regresso aos transportes públicos, estava fora de alcance. Ninguém queria desistir dos carros, e as indústrias automóvel e petrolífera lutavam contra qualquer potencial regulação dos seus produtos. Em vez disso, os fabricantes de automóveis procuraram soluções tecnológicas, como o conversor catalítico, desenvolvido em 1954, que eliminava os nocivos produtos químicos dos gases de escape. No entanto, a gasolina com chumbo entupia o conversor. A GM era proprietária de 50 % da Ethyl Corporation e lucrou regiamente com a gasolina com chumbo. Assim, até à década de 1970, a indústria automóvel obstaculizou mesmo uma solução tecnológica para o problema do *smog* nos Estados Unidos. No estrangeiro, passariam ainda muito mais décadas antes que a gasolina com chumbo desaparecesse das estações de serviço.[30]

A combustão omnipresente de produtos petrolíferos exacerbou um problema muito diferente que os cientistas podiam agora mensurar. Graças à Guerra Fria, a ciência americana, nas décadas de 1950 e de 1960, estava cheia de dinheiro. Parte desse dinheiro foi canalizado para o que na altura parecia ser um empreendimento científico marginal, o de investigar uma teoria da atmosfera. Os cientistas do século XIX tinham descoberto que o dióxido de carbono e o vapor de água retinham o calor e que, como um cobertor, impediam que uma parte significativa do calor do sol irradiasse de volta para o espaço, moderando assim a temperatura da Terra. Parecia plausível que a queima de combustíveis fósseis fizesse aumentar a concentração de dióxido de carbono o suficiente para afetar o equilíbrio desse processo, porém, de forma a provar essa ideia, era preciso obter leituras precisas dos seus níveis numa atmosfera em constante movimento e mudança, e isso ninguém conseguia descobrir como fazer. Roger Revelle do Instituto Oceanográfico Scripps, em La Jolla, perto de San Diego, na Califórnia, coordenou os esforços de vários geofísicos de pensarem sobre o problema. Em 1957, um deles, Charles

David Keeling, montou um dispositivo ultrassensível no topo do Mauna Loa, no Havai, a mais de 3300 metros acima do nível do mar, conseguindo medir o dióxido de carbono de forma precisa, rigorosa e fiável, sem as transitórias alterações na sua concentração que confundiam as medições efetuadas em altitudes mais baixas. Em 1960, Keeling relatou que o dióxido de carbono estava, de facto, a aumentar de ano para ano. As medições continuam hoje em dia e, conforme os humanos queimam quantidades exponencialmente crescentes de combustíveis fósseis, elas confirmam isso mesmo, que o dióxido de carbono está a aquecer o planeta.[31]

Custos ambientais da prosperidade: a terra

Cadeias de restaurantes como o McDonald's, com a sua comida barata e produzida em massa, representam apenas uma das maneiras através das quais o capitalismo de consumo mudou o cultivo, a venda e o consumo de alimentos, ajudando a degradar ainda mais a terra e os solos. Nos vinte e cinco anos subsequentes a 1950, a população mundial cresceu de cerca de 2,5 mil milhões de pessoas para 4 mil milhões.[32] A produção alimentar acompanhou esse crescimento e manteve um maior número de pessoas mais bem alimentado do que nunca. Nos Estados Unidos, a percentagem média dos rendimentos gastos em alimentos caiu de cerca de 17 % em 1960 para menos de 10 % em 2022.[33] Como foi isso conseguido? Uma vez que a maior parte das melhores terras aráveis do mundo eram já cultivadas em 1950, as pessoas tiveram de obter mais alimentos essencialmente a partir dos mesmos recursos. As mudanças nas práticas agrícolas que se espalharam por todo o globo ficaram conhecidas, em 1968, como a Revolução Verde.

A Revolução Verde nasceu nos Estados Unidos. Já em 1940, os agricultores americanos eram os mais produtivos de todo o mundo. Entre 1950 e 1970, a força de trabalho agrícola americana baixou para metade, mas os rendimentos tirados de quase todos os principais produtos agrícolas duplicaram — trigo, milho, algodão e leite. O país havia construído, ao longo do século anterior, uma rede de institutos superiores e escolas agrárias, de centros experimentais e de investigação, e de consultores estaduais agrícolas que produzia e divulgava variedades melhoradas, tudo sob o olhar atento e sancionador do Departamento de Agricultura. Desde meados do século XIX que a mecanização vinha a avançar a um ritmo constante, e, após a Segunda Guerra Mundial, os arados puxados por mulas e por cavalos abriram os seus últimos sulcos. As empresas químicas que, por razões militares, haviam aumentado a sua capacidade produtiva soltaram, então, os seus vendedores em cima dos agricultores para que lhes vendessem os mais recentes fertilizantes, pesticidas, fungicidas e herbicidas. Os novos produtos químicos agrícolas proliferaram abundantemente.[34]

A americanização da agricultura mundial começou quando o presidente Franklin Roosevelt enviou o vice-presidente eleito Henry A. Wallace para representar os Estados Unidos na tomada de posse do presidente mexicano Manuel Ávila Camacho, em 1940. Camacho pediu a Wallace, um antigo secretário de Estado da Agricultura, ajuda para melhorar a agricultura mexicana e acabar com a pobreza rural. Wallace facilitou o supervisionamento, por parte da Fundação Rockefeller, de um programa de melhoramentos agrícolas conduzido por engenheiros agrónomos mexicanos, programa esse que, após vários problemas, os Americanos acabariam por assumir no final da década de 1940. Um deles, o investigador Norman Borlaug, liderou os esforços para se encontrar uma variedade de trigo de alto rendimento que se desse bem em todas as regiões do México. Ele escolheu o trigo, não o milho que a maioria dos agricultores mexicanos de subsistência cultivava, porque o governo mexicano queria grandes propriedades de trigo que produzissem para exportação, não para consumo local. A variedade de trigo de Borlaug, destinada a ser cultivada em regime de monocultura extensiva com fertilizantes químicos e pesticidas, adequava-se a grandes propriedades que tivessem acesso a crédito, a maquinaria e a irrigação. Outras nações, especialmente a Índia, manifestaram interesse no trigo de Borlaug, e a Revolução Verde estava lançada. A produção de trigo em todo o mundo aumentou rapidamente. Logo se seguiram outras variedades de arroz e de milho de alto rendimento no leste e no sudeste da Ásia.[35]

Foram muitos os impactos ambientais desse sistema de produção alimentar de alto rendimento. Visto que as culturas de alto rendimento esgotavam os solos e que as lavouras com um cariz eminentemente comercial atraíam pragas, os agricultores, quer da Revolução Verde quer da agricultura americana, usavam nos seus cultivos enormes quantidades de fertilizantes químicos e de pesticidas. Frequentemente, e de forma a maximizar os rendimentos, os agricultores usavam em excesso fertilizantes de nitrogénio, cujos excedentes se infiltravam depois nos cursos de água e nas águas subterrâneas. Em rios, lagos e baías, isso alimentava a nociva proliferação de algas, ao passo que o nitrogénio acumulado nas águas subterrâneas punha em perigo a saúde daqueles que o consumiam. Os pesticidas ameaçavam a saúde e a vida dos trabalhadores rurais. Matavam pragas e insetos benéficos sem qualquer distinção. Quando as aves e os peixes comiam insetos mortos ou envenenados por pesticidas, os produtos químicos subiam na cadeia alimentar, acumulando-se em concentrações cada vez maiores à medida que progrediam até aos predadores de topo. À semelhança dos fertilizantes, os pesticidas entram no escoamento das águas quando chove, envenenando as cadeias alimentares aquáticas e contaminando a água potável. A irrigação esgotou as águas subterrâneas, causando subsidências. O calor solar foi concentrando minerais nas águas utilizadas na irrigação, e, com o tempo, isso acabou por tornar os solos salinos e estéreis. Por último, o uso descuidado ou descontrolado de produtos químicos deixava resíduos em frutas e vegetais, resíduos esses que eram ingeridos pelos consumidores juntamente com os produtos.[36]

O capitalismo de consumo também transformou os alimentos e a forma de comer, especialmente na apressada e móvel sociedade dos Estados Unidos. (Em grande parte da Europa, pelo contrário, as tradições alimentares locais mantiveram durante muito tempo um controlo muito mais forte sobre o consumo de alimentos.) A posse generalizada de frigoríficos tornava desnecessárias as idas diárias ao supermercado. As cadeias de supermercados substituíram as mercearias locais e encheram as prateleiras com produtos enlatados, embalados, congelados, desidratados ou liofilizados, muitas vezes conservados com técnicas desenvolvidas para o exército durante a Segunda Guerra Mundial. «Jantares pré-cozinhados», servidos em bandejas de alumínio e embalagens coloridas, prometiam facilidade e conveniência, à custa do sabor. Quando os consumidores começaram a ficar preocupados com os danos para a sua saúde causados pelas grandes quantidades de sal, de gordura e de açúcar que as empresas adicionavam às comidas pré-feitas para compensar a sua insipidez, as empresas alimentares passaram a comercializar alternativas com baixo teor de sal, baixo teor calórico e baixo teor de gordura, às quais produtos químicos industriais emprestavam agora sabor.

O tratamento da imagem pública desses alimentos processados duplicou o espaço publicitário. As grandes empresas alimentares vendiam, com uma enorme margem de lucro, alimentos embalados produzidos em massa, como batatas fritas e refrigerantes, cuja popularidade se difundiu, em grande parte, devido ao facto de uma substancial parte dos valores obtidos com a venda desses produtos ser diretamente aplicada em publicidade promocional. Este tipo de publicidade também possibilitou a expansão do McDonald's e de outros *franchises* de *fast food*, com a sua comida barata e conveniente servida em embalagens e recipientes descartáveis. As empresas começaram a vender embalagens descartáveis para cozinhas domésticas, embalagens essas anteriormente utilizadas apenas para armazenamento. Os anúncios ensinavam às donas de casa como utilizar papel vegetal descartável, papel de cera, folha de alumínio, película aderente e sacos de papel de cera ou de plástico para embrulhar alimentos, bem como que uso dar aos rolos de papel de cozinha e aos guardanapos descartáveis.[37]

Todas essas embalagens juntaram-se a um fluxo crescente de desperdícios domésticos que tinha de ir para algum lado. Os alimentos também se juntaram a esse fluxo de desperdícios, pois os frigoríficos encorajavam as pessoas a comprarem mais do que aquilo que conseguiam consumir, o que levava a que a comida acabasse por se estragar ou fosse para o lixo como sobras. Muitos dos desperdícios alimentares foram parar a um dispositivo que era cada vez mais instalado em casas novas ou renovadas, o triturador de lixo ou *disposal*, nomeado segundo a empresa que os fabricava, a General Electric Disposall, que moía os alimentos e os adicionava aos esgotos municipais. Itens descartáveis e embalagens juntavam-se, nos caixotes do lixo, a roupas, móveis e eletrodomésticos que haviam sido mandados fora e a coisas estragadas ou que já não eram desejadas. Os consumidores modernos já não produzem eles próprios quase nada daquilo de que precisam e perderam a capacidade de reparar coisas. O plástico do qual cada vez mais coisas são feitas não pode ser reparado em nenhum caso. Camiões de lixo municipais ou contratados recolhiam tudo e despejavam-no em aterros sanitários. Mas não havia espaço para tudo isso. Em 1970, a enxurrada de lixo e de entulho saturava já aterros um pouco por todo o país, e cada vez mais comunidades começaram a construir incineradoras.[38]

Custos ambientais da prosperidade: as águas

As barragens revelaram-se cruciais no crescimento e disseminação do capitalismo de consumo. As barragens controlam cheias, fornecem água para irrigação, disponibilizam energia hidroelétrica e facilitam o crescimento e o desenvolvimento económico. Elas também simbolizam modernidade, desenvolvimento e poder estatal usado em benefício das populações. Com a Hoover (ou Boulder), a Grand Coulee e muitas outras enormes barragens no Oeste e no vale do Tennessee, os Estados Unidos lideraram, na década de 1930, um movimento para construir grandes barragens. A União Soviética seguiu o exemplo americano. Após a guerra, instalou-se em todo o mundo uma verdadeira febre de barragens.

Alicerçado nos avanços tecnológicos, o otimismo de que os rios ocidentais poderiam ser manipulados para promover o crescimento económico e populacional levou os Estados Unidos a embarcar entusiasticamente na megalómana construção de duas grandes barragens ao redor da bacia superior do rio Colorado, a única bacia hidrográfica do Oeste com um caudal significativo. O Projeto para o Desenvolvimento da Bacia do Rio Colorado, proposto em 1950, e o Projeto do Arizona Central, de 1968, levaram à construção, em cinco Estados, de muitas barragens, aquedutos, canais e projetos de irrigação.[39]

Com uma inabalável fé na capacidade dos seus peritos de criarem um homem novo e uma nova sociedade e de, além do mais, controlarem a natureza, a União Soviética iniciou, no pós-guerra, planos para regularizar o trajeto dos rios nacionais, que tendiam a fluir em direções que não eram as mais convenientes. Talvez o maior desastre ecológico criado pela engenharia soviética tenha ocorrido na bacia do mar de Aral, um vasto lago salgado, fechado, alimentado por dois longos rios com extensos deltas, ecologicamente ricos. Depois de os engenheiros hídricos soviéticos terem acabado, cresceram incontáveis campos de algodão em quintas coletivas bem irrigadas que antes haviam sido paisagens desérticas. Privado da sua água, o mar de Aral encolheu. Um deserto salgado substituiu uma rica zona de pesca. Sem cheias anuais, os deltas dos rios sofreram o colapso ecológico, a desertificação, a depleção aquífera e a acumulação de sal. Tempestades de poeiras carregadas de sal varrem agora as zonas rurais numa extensão de mais de 480 quilómetros, prejudicando a saúde das culturas, de plantas, de animais e de humanos. O clima ao longo de quase 100 quilómetros tornou-se mais seco e quente no verão e mais frio no inverno. Abundantes aplicações de produtos químicos agrícolas feitas sob o domínio soviético também afetaram a saúde humana e do ecossistema. Os Soviéticos iniciaram a construção de um projeto hídrico que traria água dos rios siberianos para encher novamente o Aral, porém o enorme custo acabou com o plano em 1986. Com o fim da União Soviética, em 1991, os países do Cazaquistão,

Quirguistão, Tajiquistão, Turquemenistão e Uzbequistão dividem agora entre si a maior parte da bacia de Aral. Dividiram as quintas coletivas em pequenas propriedades de subsistência e em algumas explorações agrícolas comerciais de maior dimensão e, muito lentamente, começaram a desenvolver associações cooperativas para gerir a água e restaurar a saúde ecológica da bacia.[40]

Após a Segunda Guerra Mundial, o potencial económico e o poderoso simbolismo das barragens atraíram líderes ambiciosos de nações emergentes e em ascensão na Ásia, em África e na América do Sul. Gamal Abdel Nasser, por exemplo, imaginou engrandecer o Egito com uma barragem em Assuão que a União Soviética ficou feliz em pôr de pé após os Estados Unidos, em 1956, terem declinado o seu auxílio. Após a sua construção, a eletricidade da barragem permitiu um crescimento económico substancial. O Egito beneficiou de eletricidade, de caudais fluviais fiáveis e estáveis, de uma melhor navegabilidade e de outras coisas. Os grandes proprietários de terras foram os que mais beneficiaram, cultivando, para exportação, algodão no Norte e açúcar no Sul. No entanto, a barragem causou grandes problemas ambientais. Como o caudal do rio passou de altos e baixos sazonais para um fluxo constante, os agricultores do delta mudaram as suas culturas para o milho, cujo baixo teor de vitamina B acabou por espalhar pelagra junto das populações. Uma antiga doença parasitária, a bilharziose ou esquistossomose, disseminada por caracóis, contaminou muitos egípcios que, de pés descalços, caminhavam pelas águas de irrigação. O tratamento das valas de irrigação com sulfato de cobre e a introdução de novos fármacos controlaram o surto. No lago Nasser, a albufeira da barragem, 20 % a 30 % da quantidade anual da água do Nilo egípcio evaporava sob o sol do Saara. A salinidade aumentou, e o sal acumulou-se nos campos irrigados com águas do Nilo. A irrigação constante fez aumentar a zona de saturação freática, levando a que vários monumentos que se haviam mantido, durante milhares de anos, em bom estado de conservação fossem danificados pela água e pelo sal. Sem os ricos sedimentos das cheias anuais do Nilo, os campos egípcios passaram a requerer enormes quantidades de fertilizantes, cuja produção consumia grande parte da energia hidroelétrica. A falta de sedimentos privou de nutrientes os grandes cardumes de sardinhas do Mediterrâneo oriental, cuja pesca quase desapareceu. Sem as enormes quantidades anuais de sedimentos, o delta do Nilo começou a afundar-se e a sofrer de erosão. Esses sedimentos, ao invés, passaram a acumular-se no fundo do lago Nasser. O assoreamento juntou-se às invasoras dunas de areia do deserto, reduzindo ainda mais a capacidade da albufeira.[41]

A construção mundial de barragens atingiu o seu auge na década de 1970, quando foram construídas 7511 grandes barragens. A maioria das barragens bloqueia rios na Índia e na China, que, juntas, construíram mais de metade das 45 000 grandes barragens do mundo. A maior de todas as barragens, aquela que tem a maior albufeira de todas, é a barragem das Três Gargantas, na China. A construção da barragem, durante muito tempo planeada, começou em 1994 e ficou maioritariamente concluída doze anos depois. Os objetivos da barragem eram permitir o tráfego de navios, controlar as inundações do Yangtze e substituir nas centrais elétricas o poluente carvão por energia hidroelétrica limpa. Os custos ambientais da barragem das Três Gargantas (além da deslocação de mais de dezoito milhões de pessoas e da submersão de 1300 sítios arqueológicos) foram imensos. As zonas húmidas tinham oferecido *habitats* a espécies raras ou em perigo de extinção, como o grou-siberiano. A barragem das Três Gargantas desempenhou um papel importante na extinção do golfinho do rio Yangtze. A sua albufeira passou também a capturar sedimentos que antigamente integravam e fertilizavam o delta. Mais, a barragem encontra-se construída sobre uma falha geológica. O seu colapso desencadearia uma catástrofe e um número de mortos quase incalculável. Por último, a enorme albufeira não dispõe de espaço suficiente para conter grandes cheias — as cheias de julho de 2010 ultrapassaram a capacidade da barragem. Por outro lado, a sua energia hidroelétrica torna supérfluas as centrais elétricas que operam a carvão e que produzem gases com efeito de estufa, e o governo chinês iniciou um extenso projeto de reflorestação na sua bacia hidrográfica, tendo em vista o retardamento do assoreamento da albufeira.[42]

Enquanto as barragens e a irrigação trouxeram distúrbios ecológicos e inadvertidas consequências para os rios e para as bacias hidrográficas, o aumento da produção industrial do pós-guerra trouxe a sua eterna companheira, o aumento da poluição das águas. A multiplicação da população e a prosperidade crescente transformaram os rios de todo o mundo em esgotos fétidos e tóxicos. Após a Segunda Guerra Mundial, a maioria das vilas e das cidades norte-americanas, europeias e japonesas possuía já estações de tratamento de resíduos. O tratamento de esgotos é demasiado caro para grande parte do resto do mundo, onde a água poluída espalha doenças e encurta vidas.

O tratamento de resíduos industriais é ainda mais difícil. Depois de 1945, tornou-se cada vez menos possível para a Europa e para a América continuarem a adiar uma solução. A guerra exacerbou o problema da poluição industrial. De forma a fabricar material de guerra, e focadas na produção e não em considerações como a poluição, as indústrias tradicionais tinham-se expandido rapidamente. Nos Estados Unidos, a margem sul do lago Erie e o rio Ohio, a jusante de Pittsburgh, tornaram--se desesperadamente poluídos. A produção e o desenvolvimento de plásticos e de outras novas substâncias a partir do petróleo tinham também acelerado. As unidades petroquímicas concentraram-se em cursos de água próximos de regiões produtoras de petróleo e de gás. A área ao longo do rio Mississippi, entre Nova Orleães e Baton Rouge, no Louisiana, conhecida como Corredor Químico, por causa da sua concentração de instalações petroquímicas, originava tanta poluição do ar e da água que ganhou o epíteto alternativo de «Alameda do Cancro».[43] No fortemente industrializado vale do rio Reno, por exemplo, a poluição era tão grande que, em 1971, um fotojornalista holandês revelou um rolo fotográfico nas suas águas. Muitos dos novos produtos e resíduos químicos mimetizam as hormonas nos seres humanos. Se ingeridos, podem causar cancro ou afetar a maturação sexual.[44]

Artigos feitos de novos plásticos e de substâncias artificiais pareciam estar, nos anos posteriores a 1945, por todo o lado. Duráveis, baratos e versáteis, começaram a aparecer em brinquedos, sacos, copos, vestuário, interiores de automóveis, eletrodomésticos, até mesmo em flamingos cor-de-rosa de plástico para decorar quintais. Estes, no entanto, em vez de se degradarem, decompõem-se em químicos tóxicos e em microscópicas partículas de plástico. Se não forem corretamente destruídos, os plásticos chegam aos cursos de água e aos oceanos, onde causam enormes estragos, pois os organismos enredam-se neles, ingerem-nos e sufocam com eles. Consoante a utilização do plástico se espalha pelas nações mais pobres, onde não existe uma adequada eliminação dos resíduos, estes acabam no meio ambiente e nos oceanos em quantidades alarmantes (atualmente, estima-se que a cada ano sejam aí despejadas cerca de dez milhões de toneladas). Os microplásticos passam para a cadeia alimentar através da carne das criaturas marinhas, incluindo o marisco. O sal marinho e o peixe que servimos ao jantar introduzem partículas de microplásticos no nosso corpo.[45]

Custos ambientais da prosperidade: a radiação

Em todo o mundo, tanto os países capitalistas quanto os comunistas previam que a sua exigência energética aumentasse drasticamente nas décadas subsequentes a 1945 e receavam que o abastecimento pudesse falhar. A dependência do sempre pouco fiável petróleo estrangeiro era também uma preocupação para muitas nações. A energia atómica, outro produto da Segunda Guerra Mundial, prometia uma solução. No pós-guerra, o prestígio dos cientistas do Oriente e do Ocidente estava no seu auge, por isso, quando as autoridades científicas prometeram «que os nossos filhos iriam desfrutar de energia elétrica tão barata que nem valeria a pena fazer a contagem», como Lewis L. Strauss, presidente da Comissão de Energia Atómica dos Estados Unidos, fez em 1954, os serviços públicos e os clientes levaram isso a sério. De molde a submeter a energia e as armas atómicas (ou nucleares, depois de 1951) a um controlo civil centralizado, o governo dos EUA criou, em 1947, a Comissão da Energia Atómica dos Estados Unidos [CEA]. Mas, para crescente angústia pública, à medida que a corrida ao armamento nuclear com os Soviéticos acelerava, os testes atmosféricos aumentavam e a radiação cancerígena disparava em todo o globo. A CEA receava que o descontentamento público pudesse aumentar a ponto de impedir os testes de armas, pelo que apresentou a energia nuclear como benigna e benéfica. Ainda assim, as centrais nucleares eram tão perigosas que a Lei Price-Anderson, de 1957, protegia as empresas energéticas de possíveis ações judiciais por danos causados por acidentes nucleares. Porque as companhias de seguros não seguravam as centrais, estas não poderiam ter sido construídas sem proteção e subsídios governamentais. França e o Japão não tinham fontes próprias de energia e desataram a construir entusiasticamente centrais nucleares. A União Soviética construiu, de forma ativa, reatores. Muitas outras nações também construíram centrais nucleares.

A CEA e a sua sucessora, a Comissão Reguladora Nuclear, não conseguiram impedir as histórias e a publicidade negativas. Os indícios de que os alimentos estavam contaminados com radiação foram aumentando. Acidentes amplamente divulgados, como o incidente da central nuclear de Three Mile Island, em 1979, e catástrofes ocasionais, nomeadamente, em Chernobyl, em 1986, e em Fukushima, em 2011, indispuseram o público contra a energia nuclear em quase toda a parte. A radiação libertada por bombas e acidentes mantém-se por dezenas de milhares de anos. A eliminação segura do lixo nuclear é também extremamente difícil. A isso acresce o facto de as minas e os resíduos de urânio exporem os trabalhadores e as populações locais à radioatividade. Por último, o combustível nuclear e o combustível irradiado devem ser protegidos contra roubos, ataques terroristas ou contra a apropriação que alguns governos poderão deles fazer para o fabrico de armas nucleares.[46] O otimismo exagerado dos governos do pós-guerra em relação à energia nuclear colapsou nas décadas de 1970 e de 1980.

O paraíso perdido do consumidor

Depois dos horrores e da destruição da Segunda Guerra Mundial, o capital de consumo prometeu ao mundo um novo Éden, um jardim de delícias terrenas de consumo, onde uma verdadeira cornucópia derramaria tudo de bom e muitas coisas novas e maravilhosas. Hambúrgueres e batatas fritas, energia barata, produtos químicos milagrosos, brinquedos e flamingos de plástico, comida barata e abundante, eletrodomésticos e dispositivos elétricos, computadores, frigoríficos, ares condicionados, excitantes e estilosos automóveis, democracia e prosperidade para todos — tudo isso derramado do capitalismo de consumo para um mundo de maravilhas.

Em 1970, uma serpente apareceu nesse jardim. A história bíblica do Génesis narra como a serpente foi o primeiro vendedor, subtil e sedutor, prometendo grandes coisas, fazendo com que o fruto proibido parecesse uma coisa boa, agradável e apetecível. Em *Paraíso Perdido*, de John Milton, Satanás introduz-se no Éden sob a forma de um corvo-marinho, símbolo da ganância. Em 1970, os olhos dos consumidores abriram-se, e eles viram a maldição que se escondia por detrás desses bens que pareciam bons, agradáveis e apetecíveis. A população estava a crescer de uma forma vertiginosamente rápida. Cidades espalhavam-se por antigas terras agrícolas. A água era imprópria para beber, e o ar impróprio para respirar. O petróleo derramava-se e espalhava-se pelos oceanos. As espécies selvagens estavam em claro declínio. Químicos venenosos cobriam quintas e alimentos. Os solos estavam salinizados e esgotados. As florestas recuavam. Uma radioatividade mortífera permeava o mundo à nossa volta. Em 1970, a maldição ameaçou principalmente a América, a Europa e o Japão, onde o Paraíso do consumo capitalista primeiro se havia estabelecido. No entanto, já noutros lugares começavam a surgir jardins de delícias terrenas de consumo, e a serpente deslizou para todos os cantos do globo.

8.

VENDENDO TUDO

A loja de tudo

No início do século XX, o capitalismo industrial concentrou uma imensa riqueza nos cofres das empresas e nos bolsos dos seus proprietários. Em 1901, J. P. Morgan criou a siderurgia United States Steel Corporation, então a maior empresa privada do mundo. Uma década depois, a refinaria de petróleo Standard Oil[1] e, em meados do século, a fabricante de automóveis General Motors detinham esse título.[2] A criação da U. S. Steel fez de Andrew Carnegie a pessoa mais rica do mundo, lugar ocupado por John D. Rockefeller, proprietário da Standard Oil, um decénio mais tarde. Enquanto a GM não tornou nem Henry Sloan nem ninguém na pessoa mais rica do planeta, o fabricante de automóveis Henry Ford era, por alturas da sua morte em 1947, o homem de negócios mais rico do mundo. Produzir coisas podia ser muito lucrativo.

No início do século XXI, o capitalismo de consumo começou a enriquecer empresas e indivíduos de um tipo diferente. Em 2021, a Amazon era a empresa mais valiosa do mundo[3], e o seu fundador, Jeff Bezos, a pessoa mais rica do planeta. Contrariamente à U. S. Stell, à Standard Oil ou à GM, a Amazon.com não produz praticamente nada. Herdeira mais dos grandes armazéns do que da fábrica ou da refinaria, a empresa serve de intermediária entre produtores e consumidores. Um outro monstruoso intermediário, a Walmart, propriedade do imensamente rico clã Walton, ganha mais dinheiro do que qualquer outra empresa privada no mundo. Outras empresas que competem com a Amazon.com no topo das listas das empresas mais valiosas cotadas na bolsa incluem a Apple, a Microsoft, a Alphabet (Google), a Tencent e o Facebook, que também oferecem, maioritariamente, serviços ou propriedade intelectual, como *software* ou videojogos, juntamente com alguns produtos eletrónicos de consumo. Única entre essas empresas, a Apple obtém a maior parte das suas receitas de dispositivos por si fabricados, mas, como os mercados para os seus produtos se encontram cada vez mais saturados e como as vendas desses produtos representam uma parcela cada vez menor das receitas totais, também a Apple olha para os serviços como o sector a apostar no futuro. Reflexo da transição energética do carvão para o petróleo, ocorrida em meados do século, a notável exceção à tendência sempre crescente de perda de relevância dos produtores é a presença contínua de companhias petrolíferas entre as principais empresas privadas — tais como, a Exxon, descendente direta da Standard Oil de Nova Jérsia, uma das empresas criadas quando uma decisão *antitrust* acabou, em 1911, com a Rockefeller's Standard Oil.

Ao contrário de Carnegie, de Rockefeller ou de Ford, não foi a produção industrial que tornou superbilionários homens como Bezos, Bill Gates, da Microsoft, Mark Zuckerberg, do Facebook, Larry Page e Sergey Brin, da Alphabet, a família Walton, da Walmart, ou Warren Buffett, da empresa de investimentos Berkshire Hathaway. (Ainda existem produtores, como Elon Musk, da Tesla, e Bernard Arnault, da empresa francesa de artigos de luxo LVMH[4], contudo, eles são uma minoria cada vez menor.) À maneira de J. P. Morgan ou de William Durant, Bezos ascendeu a partir de Wall Street. Mas, enquanto Morgan e Durant utilizaram a experiência adquirida em Wall Street para, de forma a comprarem e coordenarem empresas fabris, criarem as *holdings* U. S. Steel e GM, Bezos deixou Wall Street para lançar uma empresa que possuía pouco mais do que computadores e armazéns e vendia artigos através de um novo e revolucionário meio, a Internet — que, ironicamente, nas previsões da década de 1990, sustentava que eliminaria os intermediários.

Conforme o capitalismo de consumo ao estilo dos anos 20 envelhecia, a natureza das empresas de negócios mudava e acelerava ainda mais o consumo e os problemas ambientais. O modelo de capitalismo de consumo que tinha feito da GM e da Ford gigantes empresariais deixou de existir. Uma nova era para o capitalismo e para o ambiente começou por volta de 1970 e trouxe a Amazon.com e outras gigantescas empresas globais. Em vez de fabricarem artigos para o comércio retalhista, as principais empresas do século XXI vendem diretamente aos consumidores e fazem-no em enormes quantidades e muito rapidamente. O vendedor, o heroico servo da economia dos Loucos Anos Vinte, assumiu o comando. O crescimento económico sob a égide do capitalismo de consumo depende da movimentação de dinheiro na economia a uma velocidade cada vez maior.

Alguns académicos chamaram à era do pós-guerra a «Grande Aceleração»[5]. Depois de 1970, a Grande Aceleração acelerou ainda mais. O ambiente, porém, já não consegue arcar com o custo. A implacável e crescente torrente de bens de consumo que dá à Amazon.com o seu apropriado nome requer uma desenfreada procura de recursos e de energia por parte das indústrias extrativas. Outro «rio Amazonas» de resíduos flui para a atmosfera, para a água e para a terra. As florestas, as espécies e o solo decrescem, plásticos tóxicos e imperecíveis acumulam-se, e o clima muda com uma rapidez que impressiona os cientistas. Desde a mais profunda fossa oceânica até à alta atmosfera, o capitalismo de consumo tem vindo a minar toda a Terra.

Bezos e o novo capitalismo de consumo

Bezos concebeu a Amazon.com como um esquema para ficar rico. Foi vice-presidente da empresa de Wall Street D. E. Shaw. O fundador da empresa, David Shaw, havia deixado, em 1986, o cargo de professor de Ciências Informáticas na Universidade de Columbia para trabalhar para o Morgan Stanley, o banco de investimento fundado pelo neto de J. P. Morgan. Dois anos depois, fundou a D. E. Shaw, um dos primeiros fundos de cobertura quantitativos, fundos que investem de acordo com fórmulas matemáticas ou estatísticas e não com base no julgamento humano. De forma a localizar e lucrar com padrões nos mercados financeiros globais, Shaw desenvolveu algoritmos informáticos exclusivos em computadores de alta velocidade. Para isso, foi buscar às melhores faculdades os mais brilhantes e inovadores recém-formados em ciências computacionais. Bezos formou-se, em 1986, na Universidade de Princeton com um diploma em Ciências Informáticas e andou por Wall Street a pular de empresa em empresa até que Shaw o contratou, em 1990. Bezos deu-se bem e subiu rapidamente na hierarquia.

Shaw manteve-se atento ao desenvolvimento inicial da Internet. Antecipou o seu potencial comercial antes da maioria dos investidores.

Shaw discutia regularmente com Bezos possíveis empreendimentos na Internet, possibilidades essas que Bezos investigava. Bezos percebeu que a quantidade de informação enviada através da Internet se havia multiplicado umas espantosas 2300 vezes, num único ano, 1993. Esse crescimento quase milagroso sugeria um potencial praticamente incomensurável. Uma ideia que os dois homens discutiam era a de uma «loja de tudo», que venderia todo o tipo de artigos em todo o mundo. Como nenhuma empresa pode começar imediatamente a vender tudo, Bezos decidiu que a melhor forma de começar com a loja seria vender um produto e crescer a partir daí. Elaborou, então, uma lista de potenciais produtos que poderiam ser lucrativamente vendidos online, da qual os livros pareciam os mais promissores.[6]

Bezos deixou D. E. Shaw em 1994 e mudou-se para Seattle, em grande parte para evitar os impostos sobre as vendas, excetuando aqueles que teria de pagar sobre as vendas realizadas no pouco povoado Estado de Washington. Criou, então, a livreira online que se tornaria a Amazon.com, nomeada assim em homenagem ao rio com o maior volume de caudal do mundo, uma escolha ambiciosa. Mas presciente. De forma a manter-se à frente da concorrência, Bezos trabalhou incansavelmente[7] para fazer com que a Amazon.com «se tornasse grande rapidamente». (Significativamente, «Relentless.com» foi um dos nomes que Bezos considerou para a sua nova empresa antes de se resolver por Amazon. Se digitar «Relentless.com» na barra de endereços de qualquer navegador da Internet, ainda será redirecionado para a Amazon.com.) Bezos contratou as pessoas mais inteligentes e criativas que conseguiu encontrar. Levou-os a inovar rapidamente, posicionando-se dessa forma à frente da Microsoft, da Barnes & Noble, da Walmart e de outras grandes empresas já estabelecidas, mas que, investindo em formas mais tradicionais de fazer negócios, foram lentas a compreender as potencialidades comerciais da Internet. À medida que a empresa passava de uma operação de vendas de garagem a um fornecedor global, os funcionários da Amazon.com foram realizando um trabalho excecional. Aprenderam como processar pagamentos online de forma segura. Desenvolveram a técnica *1-click*, que aplica a informação do endereço e da forma de pagamento de uma compra anterior a uma nova compra sem que o cliente tenha de a digitar de novo. Desenvolveram um programa que utiliza o histórico de compras e de navegação de um cliente para recomendar livros à venda. Quando Bezos percebeu que os americanos não liam muitos livros, o que limitava as oportunidades de expansão, a Amazon.com começou a adicionar ao

Fig. n.º 13: Álvaro Ibáñez. *Una visita al gigantesco Centro Logístico de Amazon España en San Fernando de Henares* (Madrid), 2013. Um centro de tratamento e distribuição de encomendas da Amazon, em Madrid, é abastecido com milhares de bens de consumo à espera de que os trabalhadores os enviem, de forma rápida e eficiente, para a nossa porta. Os apropriadamente designados «centros de tratamento e distribuição de encomendas» tratam de satisfazer as encomendas dos consumidores. Nós próprios, muitas vezes, tiramos satisfação pessoal de bens de consumo. (Álvaro Ibáñez via Wikimedia Commons: https://commons.wikimedia.org/wiki/File:Amazon_Espa%C3%B1a_por_dentro_(San_Fernando_de_Henares).JPG)

seu catálogo uma imensa variedade de outros produtos. Em 2006, a Amazon.com começou a vender o acesso aos seus sistemas informáticos de armazenamento, computação e banco de dados, os chamados serviços em «nuvem», que se tornou um negócio muito lucrativo. Um dia, talvez a Amazon.com venda realmente tudo.

A Amazon.com arrasou completamente com as empresas existentes e com os estabelecimentos de comércio a retalho. Bezos era um competidor impiedoso. Os vendedores foram substituídos por algoritmos e programas. A empresa desafiou e mudou o mundo editorial, uma vez que, ironicamente, as leis *antitrust* impediam que os editores formassem uma frente unida contra ela. Conforme as suas ofertas se expandiam para lá dos livros, a Amazon.com expulsou dos seus negócios os retalhistas locais de todo o país, de pequenas livrarias a lojas especializadas, desde a cadeia de livrarias Borders até àquela venerável pioneira das vendas por correspondência, a Sears, Roebuck.

Se a Amazon.com e empresas como a Walmart, a Apple, a Google e o Facebook representavam a mudança do capitalismo de consumo dos dias da U. S. Steel e da General Motors, os seus fundadores representavam um novo tipo de empresário. Tal como os irmãos McDonalds e Ray Kroc, poucos deles cresceram na Nova Inglaterra ou no seio das tradições do protestantismo calvinista que moldaram o capitalismo industrial. Ao invés, foram criados nas culturas de grupos anteriormente associados ao antigo Partido Democrático, ou seja, sulistas protestantes e imigrantes católicos e judeus, cujas culturas toleravam uma maior condescendência para com o eu e as suas complacências, uma menor culpa em relação à acumulação de riqueza e à autogratificação, e menos moralismo. (As exceções incluem o antigo congregacionalista Bill Gates, da Microsoft, e o antigo presbiteriano Warren Buffett, sendo que ambos têm vindo a dedicar-se a doar as suas fortunas, à semelhança do que Carnegie ou Rockefeller fizeram.)[8]

A mãe de Bezos foi criada no Texas como metodista, e o seu pai adotivo era um imigrante cubano católico, educado por jesuítas, e engenheiro petrolífero da Exxon. Nascido em 1964, o muito brilhante, muito motivado e muito competitivo jovem Bezos teve uma infância desafogada nos subúrbios do Texas e da Flórida. Embora tenha dado poucas provas de qualquer interesse religioso, Bezos pode ser identificado como católico. Do seu padrasto, Bezos adquiriu uma forte aversão a toda a interferência governamental nos negócios e assuntos pessoais. Como um dos investidores iniciais da empresa observou, «Jeff Bezos é um verdadeiro libertário [...] [com] uma perspetiva neoliberal canónica: que o único propósito das empresas, que o único propósito dos acionistas, é o de enriquecerem, excluindo tudo o resto [...]. Maximizar os ganhos dos acionistas e esperar que, por magia, isso crie o bem comum».[9] Os valores libertários ou neoliberais harmonizam-se maravilhosamente com os valores que o capitalismo de consumo celebra: prazer individual, autogratificação, entretenimento e consumo. Bezos era ainda muito jovem quando formulou dois objetivos de vida: enriquecer e viajar até ao espaço sideral. A Amazon.com conseguiu para ele o primeiro. Em 2000, fundou uma empresa privada de astronáutica, a Blue Origin, que, em 2021, lhe realizou o segundo.[10]

A morte do Futuro e a satisfação, a identidade e o sentido tirados do consumo

A transição do capitalismo de consumo ao estilo dos anos 20 para o capitalismo de consumo da Amazon.com e da Walmart ocorreu por volta de 1970. A cultura, a sociedade, a política e a economia estavam a transformar-se de uma forma percetível. Os ventos mudaram de direção, os céus escureceram, e o mundo tornou-se mais temeroso do que esperançoso em relação ao futuro. Na era do pós-guerra, tinham abundado ideias e movimentos em prol de um mundo melhor. Por volta de 1970, o idealismo e o otimismo dos movimentos sociais e políticos desembocaram em frustração e violência. O movimento americano pelos direitos civis, as manifestações contra a Guerra do Vietname e os protestos universitários foram dominados por extremistas violentos ou recebidos com violenta repressão governamental. Golpes militares da direita com apoio americano derrubaram governos democráticos no Brasil, na Grécia, no Chile e na Argentina. Mil novecentos e sessenta e oito foi o ano das revoluções e dos levantamentos violentamente reprimidos, de Paris a Praga. Grupos de extrema-esquerda alemães e italianos iniciaram longas campanhas pautadas por atividades violentas. A idealista juventude chinesa que fazia parte da Guarda Vermelha saiu violentamente do controlo enquanto perseguia fantasmas inimigos da revolução. Na Europa e na América Latina, os protestos nas universidades também degeneraram em violência. Em África e na Ásia, uma descolonização muitas vezes feita à pressa e de forma desorganizada promoveu a confusão política, a agitação, a rebelião e a guerra civil.

Novas forças enfraqueceram os travões culturais relativamente ao avanço do capitalismo de consumo. A televisão comercial inculcou valores consumistas na primeira geração que cresceu em frente a aparelhos de televisão. O popular Movimento do Potencial Humano advogava que o eu não precisava nem de controlo nem de supressão para realizar o bem comum, mas antes de satisfação, de forma que realizasse ou concretizasse o seu potencial.[11] A introdução no mercado da pílula contracetiva, em 1961, libertou os jovens do medo da gravidez, desencadeando uma «revolução sexual» e impulsionando uma sexualização constante da cultura e dos meios de comunicação social.

A base religiosa da cultura da Europa Ocidental e da América do Norte mudou à medida que o capitalismo de consumo e as forças sociais corroíam as tradições comunitárias e encorajavam um experimentalismo espiritual eclético e individual. Dos dois lados do Atlântico, os jovens abandonaram as denominações tradicionais baseadas nas paróquias. A religião tornou-se um artigo para os consumidores escolherem de acordo com os seus desejos pessoais. Os americanos «compram» agora religião e crenças. A espiritualidade budista, hindu e indígena (ou as suas popularizadas falsificações) atraem muita gente. As seitas que enfatizam a relação do indivíduo com a experiência do divino cresceram rapidamente, em especial o pentecostalismo, um ramo extático do protestantismo, nascido em Los Angeles em 1906 e que influenciou profundamente outras igrejas e a cultura popular.[12] Após 1970, o pentecostalismo espalhou-se também rapidamente na América Latina e em África. Todos os credos ofereciam agora uma espiritualidade terapêutica que prometia tornar os crentes mais magros, melhores, mais ricos e mais felizes.[13]

As correntes culturais consumistas também levaram a política liberal e de esquerda para novas direções. A «coligação Roosevelt» de americanos democratas, constituída por imigrantes não-protestantes, brancos do Sul e afro-americanos, afastou o progressismo e o liberalismo da relativamente coerente visão social progressista advogada pelo calvinismo do Norte. Depois de 1970, os protestantes calvinistas desapareceriam por completo da liderança liberal. O liberalismo passou a dar uma maior ênfase aos direitos individuais e às questões de identidade. Os evangélicos brancos do Sul abandonaram o Partido Democrático e, após 1980, formaram um consistente bloco de votantes do Partido Republicano. Historicamente, o protestantismo evangélico branco do Sul promoveu muito pouco o ativismo social e apoiou a escravatura, a segregação racial e a supremacia branca.[14]

Após 1970, forças culturais enfraqueceram a confiança do Ocidente em si mesmo. A Europa perdeu a vontade e o poder para manter os seus impérios globais, ao mesmo tempo que a ascensão da América diminuiu o seu sentimento de autoimportância. O apreço e o interesse por religiões e por culturas estrangeiras e nativas aumentaram em paralelo com o crescente desconforto com as religiões e com as instituições ocidentais e até mesmo com a ciência. Os partidos da esquerda liberal, trabalhista e social-democrata vacilaram na promoção dos seus princípios e perderam terreno político. O cinismo e os ideais libertários ou neoliberais corroeram as reformas do século anterior, especialmente nos Estados Unidos e na Grã-Bretanha. O autodenominado «socialismo científico» marxista enfraqueceu, e a sua influência esmoreceu. O Estado marxista mais antigo e mais poderoso, a União Soviética, bem como as suas nações aliadas, foram gradualmente declinando e colapsaram, de repente, em 1991. Os movimentos marxistas desvaneceram-se na irrelevância, mas mantiveram-se na China, na Coreia do Norte e em Cuba, embora na China com políticas pragmáticas e cautelosamente orientadas para o mercado.

As forças emocionais e irracionais da religião conservadora preencheram o vazio que havia sido deixado pelo recuo dos ideais democráticos, socialistas e religiosos nascidos da confiança do Iluminismo na razão humana. Os fundamentalismos cristão, judeu e muçulmano cresceram em popularidade e em influência política nos Estados Unidos, em Israel, no Irão, na Arábia Saudita e noutros lugares. O dinheiro do petróleo financiou o extremismo religioso, tanto na América quanto no mundo islâmico. Conforme a fé no futuro se desvanecia, o revivalismo e a nostalgia impregnaram a era pós-1970. Muitas pessoas em todo o mundo procuraram agarrar-se a um passado mítico. Desde a Revolução Industrial até à década de 1960, as pessoas especulavam, muitas vezes entusiasticamente, a respeito do futuro e das maravilhas que ele traria. O ano 2000 chegou sem grandes previsões em relação ao grande e glorioso século ou milénio que estava pela frente. O cinismo e o pessimismo dominavam o estado de espírito.

Pessoas em todos os lugares encontram agora algum sentido e expressam as suas identidades através de compras, de aquisições, da posse e do consumo.[15] Com a publicidade omnipresente, com a significativa falência cultural dos fundamentos intelectuais e morais do progressismo e das políticas de esquerda, e com a expansão das redes de propaganda política e cultural financiadas por empresas e por indivíduos ricos, o capitalismo de consumo insinua-se em toda a parte. Aqueles que atingiram a maioridade depois dos anos 70, como Bezos, Zuckerberg e outros mandachuvas da Internet, absorveram esse *ethos* libertário.

Desaceleração do crescimento económico e das inovações técnicas

Por volta de 1970, chegou ao fim um século de espantoso crescimento económico nos Estados Unidos e de inovação técnica em todo o mundo. Na Europa e no Japão, o crescimento continuou por mais algum tempo, isso porque, até à década de 1970, as suas economias haviam andado a reboque da dos Estados Unidos. Partindo de um nível económico muito mais baixo, a economia da China começou a crescer a uma velocidade espantosa na década de 1990, desacelerando gradualmente na década de 2010.

A partir de 1970, a inovação técnica não criou nenhuma revolução na vida quotidiana como a que havia acontecido na centúria começada em 1870 e, especialmente, nos cinquenta anos entre 1920 e 1970. As inovações recentes têm-se restringido quase exclusivamente às comunicações, ao entretenimento e às tecnologias de informação. A maior parte dos outros campos tem avançado em virtude de inovações anteriores feitas entre 1870 e 1970. Seria muito mais fácil para nós, que vivemos hoje no Ocidente, voltar atrás no tempo para vivermos em 1970 do que para nós ou para alguém que vivesse em 1970 regressar a 1870, ou mesmo a 1920. A vida há meio século seria diferente, claro está, mas, ainda assim, bastante familiar. Sentiríamos falta dos *smartphones*, dos PC, da Internet e dos micro-ondas. No entanto, em 1970, os homens já haviam pisado a Lua, satélites de todos os tipos orbitavam a Terra e eletrodomésticos que nos são familiares enchiam as casas. Quase todas as casas se podiam gabar de ter eletricidade, gás canalizado, aquecimento central, fornecimento público de água, esquentadores, banheiras e sanitas com autoclismo. Plásticos e fibras artificiais apareciam comumente em bens de consumo à venda em centros comerciais. Televisões, filmes e músicas gravadas entretinham. Antibióticos e vacinas controlavam doenças infeciosas, e os hospitais tratavam os pacientes com medicamentos que todos conhecemos, com quimioterapia e com radioterapia. Carros e camiões circulavam por autoestradas modernas ladeadas por *franchises* de restaurantes que vendiam *fast food* em recipientes e copos descartáveis. Aviões a jato cruzavam os céus de todo o mundo. Locomotivas a *diesel* puxavam carruagens, superpetroleiros transportavam petróleo, e navios porta-contentores sulcavam os mares. As pessoas utilizavam cartões de crédito para comprar alimentos processados em supermercados e pronto a vestir em centros comerciais e grandes armazéns. Um pequeno punhado dessas coisas estava disponível para algumas pessoas em 1920. Muito poucas teriam algumas delas em 1870.[16]

O domínio dos industriais americanos no pós-guerra havia-os tornado complacentes. Falharam em manter elevada a taxa de investimento em capital social, isso enquanto as indústrias europeias e japonesas se reconstruíam e começavam a beneficiar do capitalismo de consumo ao estilo americano. O caso da U. S. Steel é paradigmático. Com as infraestruturas concluídas, a procura interna por aço abrandou, contudo, a crescente concorrência externa tornou os mercados estrangeiros mais restringidos. A quota de 46,6 % do mercado mundial de aço que os Americanos detinham em 1950 caiu para 26 %, em 1960, e para 20 % em 1970. Em 1970, a Yawata e a Fuji fundiram-se na Nippon Steel e roubaram à U. S. Steel o título de maior produtora mundial de aço.[17]

A economia americana estagnou na década de 1970. Em 1971, os Estados Unidos tiveram de gerir o seu primeiro défice comercial num século. A quota da indústria transformadora na economia diminuiu à medida que o sector dos serviços crescia. Entre 1973 e 1981, o crescimento da força de trabalho no sector da restauração excedeu o número de empregados das indústrias automobilística e siderúrgica juntas. A remuneração e os benefícios de que usufruíam os empregados do sector dos serviços não se conseguiram equiparar aos dos trabalhadores sindicalizados.

O índice Dow Jones caiu 1000 pontos pela primeira vez em 1972 e depois, em 1973 e 1974, perdeu quase metade do seu valor, com quedas paralelas nas bolsas europeias. As crises do Médio Oriente de 1973 e de 1979 causaram duas escassezes de petróleo que prejudicaram a economia e agravaram a inflação. Os fabricantes de automóveis de Detroit perderam quota de mercado conforme os aumentos dos preços da gasolina levavam os consumidores a virarem-se para veículos estrangeiros, mais pequenos e que consumiam menos combustível.[18]

Políticas económicas governamentais e capitalismo de consumo

As mudanças nas políticas económicas governamentais após 1970 também orientaram a transformação do capitalismo de consumo. As teorias económicas de cariz libertário, como a crença quase mística de Bezos de que a liberalização dos mercados iria resolver todos os problemas, influenciaram a forma como o governo americano lidou com os problemas do desemprego e da elevada inflação. Na esperança de impulsionar a produção e a procura externa por bens americanos, Nixon pôs fim, em 1971, ao Acordo de Bretton Woods que havia estabilizado os mercados financeiros internacionais desde a Segunda Guerra Mundial. As moedas oscilavam umas de encontro às outras, propensas à especulação e às flutuações, o que não servia os interesses de nenhum país. O dinheiro e o capital fluíam através das fronteiras seguindo a lógica do maior lucro no mais curto espaço de tempo, ao invés de se apostar nas necessidades de investimento a longo prazo, criando dessa forma um mercado internacional de capitais e tornando possível fundos de cobertura como o de D. E. Shaw. De molde a corrigir as regulações económicas governamentais que ou não funcionavam como planeado ou estavam desatualizadas, as administrações dos anos 70 e 80 propuseram não uma melhor regulação, mas nenhuma regulação. O Congresso do Partido Democrático desregulou os preços do gás natural, a indústria de transportes pesados, os caminhos de ferro, as companhias aéreas e a banca, e afrouxou a regulação de outras indústrias. A desregulação deixou a economia menos estável. As crises financeiras passaram a atingir regularmente o país como nunca o haviam feito entre 1945 e 1970. Após 1980, a América e a Grã-Bretanha lideraram o desmantelamento da rede de segurança social e enfraqueceram os sindicatos, coisas que haviam impulsionado a prosperidade e promovido a igualdade de rendimentos. Os salários dos operários e os rendimentos da classe média pararam de aumentar, enquanto a redução da carga fiscal e a desregulação fizeram com que a riqueza dos mais ricos disparasse, preparando o terreno para a ascensão dos atuais bilionários da Internet.

O dinheiro proveniente dos cortes fiscais que deveria ter sido investido em ativos ou na produção foi, em vez disso, para os mercados financeiros. A U. S. Steel, por exemplo, não utilizou o seu dinheiro para modernizar fábricas envelhecidas, preparando-as, assim, para o mercado global. Encerrou-as, pura e simplesmente, e investiu na diversificação das suas *holdings*. Em 1986, a empresa deixou cair o «aço» do seu nome para se tornar a USX.[19] Esse processo de financeirização, através do qual as empresas investem capital em companhias lucrativas em vez de o fazerem na produção, tornou-se prática comum. Empresas gigantes e fundos de cobertura compraram companhias mais pequenas e rentáveis. As indústrias, desde a alimentar até à farmacêutica e à editorial, concentravam-se sob o controlo de cada vez menos empresas, as quais acumularam lucros e poder económico e político. Entretanto, os reguladores *antitrust* faziam vista grossa, desde que os consumidores não fossem diretamente prejudicados.

Nos anos 80, muitas empresas se encontravam vulneráveis a um sector financeiro que procurava o lucro, não uma produção melhorada ou uma sociedade melhor. Os gestores empresariais (bem como os bilionários da Internet como Bezos) procuraram, tanto quanto possível, aumentar os preços das ações e o lucro dos acionistas [*shareholder value*], expressão cunhada em 1983.

A preocupação pelo lucro dos acionistas nunca antes orientara a gestão, que normalmente se concentrava no valor da empresa para a sociedade ou em estratégias de crescimento a longo prazo. Agora, o principal dever fiduciário da administração era para com os acionistas. O dinheiro fluía para bancos e grupos de investidores. Tubarões empresariais, fundos de ações e fundos de cobertura angariavam dinheiro através de obrigações com juros exorbitantes («obrigações especulativas de alto risco»), de forma a comprarem empresas, venderem os seus ativos para reembolsar os obrigacionistas e depois, com sorte, venderem lucrativamente os ativos mais valiosos das empresas agora reduzidas em dimensão e desmanteladas.

Jack Welch, presidente da General Electric [GE], foi um pioneiro desse esquema, sobejamente admirado por financeirizar a GE no sentido de maximizar o lucro dos acionistas. Criado na área de Boston por católicos irlandeses pobres, sem nenhum talento particular para a engenharia ou para o design, Welch ascendeu depressa dentro da administração, liderando a empresa entre 1981 e 2001. A empresa manteve os seus índices de crescimento mesmo quando optou por um agressivo *downsizing*, uma palavra cunhada em 1982 para descrever o despedimento de empregados de forma a melhorar o desempenho financeiro. A GE despediu 100 000 empregados. A pesquisa e o desenvolvimento estavam estrangulados. Entre as empresas que seguiram a influente liderança de Welch estava a Boeing, cuja cultura voltada para a engenharia mudou para uma de orientação financeira. Isso não durou muito. Após a reforma de Welch, o preço das ações e o valor da empresa caíram a pique, e, em 2018, a GE foi removida do índice Dow Jones. Entretanto, a Boeing tinha produzido o defeituoso 737 MAX, que por duas vezes, em 2018 e em 2019, se despenhou carregado de passageiros. As vendas congelaram, e investigações revelaram graves problemas sistémicos na organização da Boeing.[20]

Estas mudanças na política governamental, na gestão empresarial e nos mercados financeiros tornaram o crescimento sob o capitalismo de consumo mais frágil. Os republicanos e, por vezes, os democratas aprovaram políticas de desregulação e de redução da carga fiscal para os ricos e para a empresas. Esse tipo de economia encheu desproporcionadamente os bolsos dos corretores e dos especuladores. As empresas compensavam cada vez mais os executivos com opções de compra de ações, o que lhes dava um incentivo extra para agirem sempre com um olho nos preços das ações. Na década de 1990, o mercado de ações subiu a alturas inauditas, antes de a Internet e as ações de empresas tecnológicas terem levado ao colapso do ano 2000. Como era previsível, a desregulação levou a um comportamento bancário e financeiro de risco, o que criaria a bolha imobiliária americana. A bolha rebentou em 2008 e quase fez cair a economia global.[21]

Uma das forças que mantêm o crescimento económico abaixo dos níveis que se verificavam antes de 1970 talvez seja a falta de dinheiro. Cruciais para um capitalismo de consumo robusto são as classes baixa e média, que, mais do que os ricos, gastam uma parcela muito substancial dos seus rendimentos em bens de consumo. Os seus rendimentos estagnaram, e os rendimentos dos mais pobres diminuíram. A taxa de pobreza, que estava no nível historicamente baixo de 11 % em 1973, tem vindo desde então a aumentar de forma constante. Outros elementos que haviam estimulado o crescimento económico também se ressentiram sob o crescente poder político de milionários libertários e neoliberais e de líderes empresariais. Pressões no sentido de se privatizar a educação exercidas por fundações privadas orientadas para o mercado livre, especialmente a Fundação Bill e Melinda Gates e a Fundação Família Walton (da Walmart), têm vindo a fazer com que o investimento na educação pública caia.[22] Para manter os impostos baixos, o governo negligenciou as infraestruturas. Os jovens dos países ricos de todo o mundo casam-se mais tarde e têm menos filhos, o que significa que as populações estão a envelhecer, um problema que a elevada taxa de imigração para os Estados Unidos tem vindo a disfarçar desde os anos 80 do século XX. Cada vez menos trabalhadores terão, assim, de sustentar uma população cada vez mais envelhecida. Os jovens americanos têm também de se debater com crescentes dívidas relativas à educação e ao consumo, o que, juntamente com a estagnação dos rendimentos, fez deles a primeira geração americana mais pobre do que a anterior. Outros entraves que se colocam à economia americana incluem o grande número de mães solteiras que não conseguem escapar à pobreza, além do número absurdamente grande de jovens encarcerados, sobretudo jovens negros.[23]

Na década de 1970, as regulações governamentais, a diminuição das margens de lucro e a frustração económica levaram líderes empresariais conservadores e ricos investidores a organizarem-se politicamente não como um partido, mas num sistema interligado de lobistas (que, em 1980, superavam em número os funcionários do governo federal), em equipas de especialistas, grupos empresariais e cátedras e institutos universitários financiados pelo «mercado livre». Quando em 1976 o Supremo Tribunal decidiu que os donativos políticos eram um direito constitucionalmente protegido, as contribuições para campanhas aumentaram significativamente. Numa segunda decisão, esta de 2010, o Tribunal abriu a caixa de Pandora das contribuições empresariais para as campanhas. Desde aí que as empresas têm vindo a derramar enormes quantias em grupos anónimos de *dark money*[24], em grupos de ação política e em campanhas políticas. Isso não só empurrou a política numa direção fortemente antigovernamental e antirregulatória, como influenciou o Supremo Tribunal, a ponto de este normalmente dar razão às empresas querelantes, bloqueando a regulação governamental.

Uma vez que padrões semelhantes surgiram noutras nações desenvolvidas, especialmente nos países anglófonos, todas essas mudanças prejudicaram o capitalismo global de consumo. Assim como o capital se globalizou depois de 1970, o mesmo aconteceu com a produção e com o comércio, impulsionados pelo decréscimo do custo dos transportes. As nações em processo de industrialização sempre mimetizaram a principal potência industrial do seu tempo, para depois, a seu tempo, a superarem, devido a uma mão de obra mais barata, a uma melhorada e mais eficiente produção, ou ambas. Após a Segunda Guerra Mundial, a produção americana viu-se, pela primeira vez, desafiada pela Europa, depois tanto a Europa quanto a América se viram desafiadas pelo Japão, pela Coreia do Sul, por Taiwan e, por último, pela China. Fábricas clandestinas surgiram em países ainda mais pobres como o Bangladeche e o Vietname. Com a sua enorme e barata força de trabalho, a China inundou os mercados mundiais com produtos baratos. O dinheiro do investimento americano e do europeu fluiu para o exterior. As empresas subcontrataram operações no estrangeiro. As fábricas americanas fecharam. Os trabalhadores perderam empregos sindicalizados bem pagos e ingressaram no mal remunerado sector dos serviços. Apenas sobreviveram as indústrias americanas e europeias com um elevado valor acrescentado ou que exigiam mão de obra qualificada.

A agricultura e a indústria alimentar

O capitalismo de consumo transformou a indústria alimentar depois de 1970. A agricultura industrial alimentou as empresas alimentícias que enchiam as prateleiras dos supermercados com embalagens de produtos processados. Algumas empresas gigantes, na sua maioria americanas, assumiram o controlo de grande parte da cadeia alimentar mundial. A *Big Food*[25] criou um sistema muito lucrativo nos Estados Unidos que exportou para países de todo o mundo. Exportou também a «dieta americana» de refrigerantes engarrafados e de alimentos processados. Isso originou uma série de problemas para a saúde dos Americanos, em particular a obesidade, que é, hoje em dia, um problema em quase todo o lado.

As políticas governamentais empurraram os agricultores americanos para a fusão empresarial. Nos Estados Unidos, as políticas sob as administrações republicanas de Dwight Eisenhower, Nixon e Reagan transferiram o apoio governamental que era prestado às explorações agrícolas familiares para o agronegócio. As grandes explorações agrícolas consolidaram-se, até que menos de 10 % das explorações passaram a gerar mais de 85 % do rendimento agrícola. As tradicionais e diversificadas explorações familiares não conseguiram sobreviver. 80 % dessas explorações, as mais pequenas, não geram rendimentos suficientes para sustentar as famílias, pelo que os agricultores ou os seus cônjuges precisam de um segundo emprego. A procura por mão de obra agrícola continua a diminuir, exceção feita aos trabalhadores migrantes sazonais que colhem frutas e vegetais. Entre 1930 e 2000, a população agrícola caiu um terço, ao passo que a produção extraída da mesma área cultivada duplicou. O rendimento agrícola também aumentou. Embora a pobreza rural entre parceiros-produtores e locatários fosse um verdadeiro problema em 1945, ela quase desapareceu no século XXI, ainda que a pobreza continue a ser um problema terrível para os trabalhadores migrantes. As políticas da União Europeia têm vindo a promover mudanças semelhantes em toda a Europa.

As explorações agrícolas americanas produzem enormes quantidades de alimentos a preços muito baixos. Para que as explorações produzam tanto a tão baixo custo, os agricultores precisam de aplicar fertilizantes artificiais, pesticidas, herbicidas e fungicidas em cada hectare disponível. Nos laboratórios das empresas químicas, os investigadores modificam códigos genéticos de forma a criarem variedades de plantas capazes de resistir a pragas e aos produtos químicos. Os agricultores especializam-se numa única cultura. Grandes e intermináveis campos de milho, de algodão, de trigo ou de outras monoculturas cobrem muitas regiões dos Estados Unidos. Nos Estados do Sul, os produtores desenvolveram explorações de pecuária intensiva, que aglomeram milhares de galinhas, de porcos ou de gado em regimes bastante cruéis, que serão engordados até ao abate ou, no caso das galinhas, mantidos pelos seus ovos.[26]

A história da agricultura do pós-guerra provou quão errado estava Malthus. À medida que as técnicas agrícolas euro-americanas se espalhavam pelo mundo do pós-guerra, também a sua produtividade se disseminou. A população global aumentou 2,4 vezes entre 1950 e 2000, mas a produção agrícola triplicou. Trabalhadores agrícolas desnecessários aglomeraram-se em cidades da China, da Índia, de África e da América Latina com o intuito de fornecer reservas de mão de obra para fábricas, minas e outros sectores económicos não agrícolas. O comércio mundial de produtos agrícolas como banana, café, algodão, carne de vaca e óleo de palma aumentou. Antes da Segunda Guerra Mundial, a produção agrícola era responsável por cerca de 15 % do comércio global, contudo, no final do século, representava entre um quarto e um terço desse comércio. As variedades de fruta e de vegetais frescos nos supermercados europeus, americanos e japoneses multiplicaram-se. Imigrantes na Europa e na América, famintos por produtos agrícolas familiares, têm vindo a impulsionar uma maior diversificação da seção de produtos alimentares.[27]

A revolução informática

O desenvolvimento económico mais revolucionário da era pós-1970, sem o qual a Amazon.com nunca poderia ter existido, foi, sem dúvida alguma, o desenvolvimento da indústria da tecnologia informática. Este sector industrial cresceu durante a Segunda Guerra Mundial e a Guerra Fria, a partir de inovações que ocorreram no seio do exército dos Estados Unidos ou de financiamento por ele proporcionado. A Universidade de Stanford, em Palo Alto, na Califórnia, estava preparada para beneficiar da sua excelente faculdade de Engenharia, da proximidade de instalações militares, do Centro de Investigação Ames da NASA e de uma indústria eletrónica emergente. Entre as empresas eletrónicas próximas, encontravam-se a Xerox Corporation (com o seu centro de investigação no Stanford Research Park, propriedade da universidade), a Hewlett-Packard, a Fairchild Semiconductor (que inventou os semicondutores de silício, vendidos de início sobretudo ao exército), a Intel e a fabricante de videojogos Atari. As primeiras *startups* de capital de risco financiadas por antigos funcionários da indústria eletrónica surgiram também nas imediações da Universidade de Stanford. Entre 1968 e 1969, a Agência de Projetos de Pesquisa Avançada do Departamento de Defesa dos Estados Unidos desenvolveu a ARPANET, uma rede que conectava computadores em Stanford e em outras universidades e da qual os engenheiros de Stanford assumiram a liderança no desenvolvimento da interligação de redes, ou Internet.

A concentração de tecnologia de semicondutores baseada em silício valeu à região o epíteto de «Silicon Valley» em 1974. Silicon Valley foi buscar a sua energia motriz a uma cultura libertária de inclinação liberal que existia na região. A vizinha São Francisco havia sido o berço do movimento *beatnik* da década de 1950 e da contracultura *hippie* dos anos 60 (alimentada por drogas psicadélicas testadas em estudantes voluntários de Stanford) e um importante centro, na década de 70, dos florescentes direitos da comunidade homossexual. Tanto profissionais quanto amadores da engenharia esperavam romper com o domínio que as empresas exerciam sobre a tecnologia informática, facultando, democraticamente, esse poder às pessoas comuns. Mais tarde partilhariam a esperança de que a World Wide Web[28] inaugurasse uma era de indivíduos que se conectavam uns aos outros, expandindo a liberdade, a comunicação e a partilha de informação sem necessidade de intermediários empresariais. Ironicamente, visto está, muitos deles acabaram por fundar gigantescos intermediários empresariais que lucravam regiamente com a recolha de informações pessoais respeitantes aos utilizadores de computadores e à utilização que faziam quer da Internet quer dos computadores.[29]

O idealismo antiempresarial produziu o computador pessoal. Tal como a máquina a vapor, a lâmpada, o automóvel e o avião, ele emergiu do trabalho de indivíduos atarefados a experimentarem coisas em barracões ou garagens. A Xerox tinha desenvolvido o primeiro PC, mas nunca o comercializou. Em Palo Alto, uma comunidade de jovens engenheiros andava a fazer experiências com tecnologia informática. Em 1976, dois deles, Steve Jobs e Steve Wozniak, fundaram a Apple Computer e, pedindo emprestado ou roubando ideias da Xerox e da Atari, lançaram, em 1977, o Apple II, o primeiro computador pessoal. Em 1979, em Seattle, Washington, Bill Gates comprou um sistema operativo de computador, que renomeou como MS-DOS, e vendeu-o à IBM para que esta o utilizasse no PC que havia introduzido no mercado em 1981. A World Wide Web apareceu em 1991, o primeiro navegador, em 1993, e, pela mesma altura, os primeiros motores de busca. Eram cada vez mais as pessoas que compravam computadores, enviavam *e-mails*, e «navegavam»

Fig. n.º 14: Terminal de pagamento móvel, em Fornebu, Noruega, operado através de tecnologia de comunicação por campo de proximidade, da Telenor, gigante norueguês das telecomunicações, 2011. O omnipresente *smartphone* pode agora ser utilizado para se adquirir coisas sem a necessidade de dinheiro ou de cartão de crédito, tornando o consumo extraordinariamente fácil. Talvez acabe também por encorajar a compra de coisas ao distanciar o ato de comprar do seu custo monetário, ao contrário do que se passa com o pagamento em dinheiro ou mesmo através de cartão de crédito. O consumismo nunca foi tão sedutor. (HLundgaard via Wikimedia Commons: https://commons.wikimedia.org/wiki/File:Mobile_payment_03.JPG)

pela Internet. Entre as primeiras figuras que procuraram formas de lucrar com a nova Internet estavam D. E. Shaw e Bezos. No seu encalço, logo se gerou uma corrida que originou uma bolha de investimento. Quando a bolha rebentou, em 2000, a Amazon.com foi uma das empresas que sobreviveram.[30]

O brilho da era do computador desvaneceu-se rapidamente. As empresas esperavam que os computadores gerassem maior produtividade. Mas, excetuando o decénio que começou em 1994, a produtividade continuou a crescer a um ritmo mais lento do que no período pós-guerra que culminou em 1970. A partir da década de 2010, a venda a retalho online começou a fazer enormes incursões no negócio das agora chamadas lojas físicas. Nos anos 80 e 90, a Walmart, a K-Mart, a Target, a Home Depot, a Barnes & Noble e uma série de outras «grandes superfícies» tinham revolucionado as compras e a venda a retalho. Os grandes armazéns tradicionais, incluindo os veneráveis J. C. Penney e Sears, lutaram contra elas. As grandes superfícies ofereciam preços baratos, mas os seus funcionários, precários e a tempo parcial, eram tão mal remunerados e gozavam de tão poucos benefícios que, não raras vezes, tinham direito a ajudas do Estado. Uma série de pequenas lojas independentes fechou portas. A Amazon.com e as vendas online, com despesas gerais muito baixas, uma seleção sem rival, os baixos preços praticados, a facilidade de compra e entregas cada vez mais rápidas, deixaram as grandes superfícies na defensiva. O serviço de *streaming* de filmes e séries televisivas da Netflix e de outras empresas fez baixar drasticamente as audiências dos cinemas e dos programas de televisão. O rápido desenvolvimento dos *smartphones* no novo século tornou os PC incrivelmente portáteis e trouxe a Internet inteira para dentro dos bolsos e das carteiras das pessoas. Nunca foi tão fácil chegar aos consumidores através da publicidade, da recolha de dados e do sistema de compras *1-click*.[31]

A comercialização da Internet acelerou e expandiu o alcance do capitalismo de consumo. No entanto, a indústria tecnológica criou consigo um monstro. De molde a oferecer tudo de graça, empresas como a Alphabet, com o seu motor de busca Google, e as «redes sociais», como o Facebook, recolhem uma enorme quantidade de informações, muitas vezes de cariz muito pessoal, que depois vendem. Os anunciantes usam, então, essas informações para adaptar e direcionar os anúncios apenas para as pessoas suscetíveis de acharem os seus produtos interessantes. Tais informações são também úteis para direcionar as pessoas para anúncios e mensagens políticas. Infelizmente, a natureza de grande abertura da Internet, outrora promovida como libertadora, incentiva atividades criminosas, *malware* e vírus informáticos, pornografia, propaganda política e informações falsas, enganosas e dolosas.

A Grande Aceleração acelera a crise ambiental global

A crescente onda de problemas ambientais que se verificava em 1970 tornou-se um *tsunami* de problemas meio século depois. O rápido crescimento da população e do capitalismo de consumo colocou uma pressão cada vez maior na extração de matérias-primas, lançando na atmosfera, na água e nos solos quantidades cada vez mais elevadas de substâncias residuais. O capitalismo industrial abandonou os seus berços na Europa e nos Estados Unidos. A China e a Índia, dois países em ascensão com vastas reservas de mão de obra barata, tiraram partido da queda dos custos da importação de matérias-primas e passaram a exportar componentes e produtos acabados, adotando as suas próprias versões do capitalismo industrial. Os velhos males ambientais seguiram o movimento da indústria para novas terras.[32]

De molde a alimentar os consumidores e a fornecer-lhes os produtos alimentares que procuram, os produtores precisam de matérias-primas agrícolas. Os gigantes alimentares Kraft Heinz, General Mills, Conagra, Unilever e Delmonte controlam efetivamente a cadeia global de produtos alimentares. São eles que dizem aos agricultores o que plantar e quanto lucrarão. Através de uma publicidade e de uma promoção omnipresentes, são eles que dizem aos consumidores o que comer e quanto pagarão por isso. As multinacionais Tyson, JBS (uma empresa brasileira), Cargill e Smithfield (propriedade do grupo chinês WH) desempenham um papel de controlo semelhante nas indústrias da carne bovina, suína e de aves de capoeira.[33] De forma a cultivarem milho geneticamente modificado, os agricultores do centro-oeste americano viram-se obrigados a utilizar uma enorme quantidade de fertilizantes artificiais e de herbicidas e pesticidas químicos. Algum do milho destina-se a alimentar e a engordar o gado. A maior parte vai para processadores que transformam o milho numa enorme variedade de produtos: amidos, óleos, xaropes com alto teor de frutose, emulsionantes, estabilizadores e agentes de controlo de viscosidade para milhares de produtos alimentares processados, além do etanol utilizado nos automóveis.[34]

Nos trópicos, a agricultura fez recuar as florestas tropicais. As zonas desmatadas da floresta amazónica brasileira tornaram-se campos de soja para alimentação de gado ou pastagens para produzir hambúrgueres para a Europa e para a América do Norte.[35] Florestas na Indonésia, na Malásia, na Nigéria, na Tailândia e na Colômbia dão, cada vez mais, lugar a plantações de óleo de palma. Entre 1995 e 2015, a produção de óleo de palma quadruplicou, e espera-se que volte a quadruplicar até 2050. Este óleo versátil origina cerca de 200 produtos: óleo de cozinha, ingredientes de produtos de panificação e de alimentos com baixo teor de gorduras saturadas ou trans, detergentes, sabonetes líquidos, champôs, cosméticos, conservantes alimentares, adesivos, produtos de higiene pessoal e biocombustíveis.[36] Plantações tropicais de banana substituíram áreas florestais, e, impulsionada pela urbanização e pelo desejo dos habitantes das cidades de contarem com um fruto fiável e saboroso, a banana tornou-se o fruto mais produzido do mundo. Propensas a pragas e a doenças, as bananas requerem grandes aplicações de pesticidas químicos, de herbicidas e de fungicidas, substâncias essas que se infiltram nos lençóis freáticos, danificam os recifes de coral costeiros e prejudicam a saúde dos trabalhadores. Os solos deixados a descoberto pelos herbicidas sofrem a erosão das chuvas tropicais e enviam sedimentos carregados de químicos para cursos de água obstruídos. O esgotamento dos solos ou a presença de fungos força regularmente os produtores a abandonarem os cultivos e a abrirem novas plantações nas florestas.[37]

Uma grande parte das necessidades proteicas da crescente população mundial provém do mar. A biomassa dos seus maiores animais diminuiu radicalmente. Os antigos e fortemente explorados bancos de pesca, como o Mar do Norte, o Báltico e o Atlântico Noroeste, vinham a ressentir-se havia séculos com a diminuição dos recursos piscícolas. O problema agravou-se ao longo do século XIX, à medida que, com a introdução da energia a vapor, a tecnologia evoluía. Ainda assim, o otimismo dos cientistas e dos pescadores do pós-guerra em relação ao potencial do mar era grande — *O Inexaurível Mar*[38], como rezava o título de um livro de 1955.[39]

A caça à baleia foi aquilo que primeiro suscitou o alarme internacional relativamente ao desaparecimento de espécies oceânicas. No final do século XIX, os Noruegueses desenvolveram eficientes navios-fábrica baleeiros, armados com mortíferos arpões explosivos, disparados a partir de canhões, e com tecnologia de flutuação que evitava que as carcaças se afundassem. Embora as lanternas de querosene, que vieram substituir as lamparinas de óleo de baleia, tenham proporcionado a esse grande mamífero algum alívio, o óleo de baleia tem propriedades únicas como lubrificante industrial. Antes do final da década de 1960, o fluido de transmissão de todos os carros que tinham caixas de velocidade automáticas continha óleo de cachalote. O óleo de baleia lubrificou mísseis balísticos intercontinentais.[40] Na década de 1970, a pressão causada pelo clamor público a respeito do declínio global das espécies de baleias acabou finalmente por levar a que a maioria das nações acabasse ou reduzisse drasticamente a caça à baleia. Após muita investigação, os fabricantes de automóveis sintetizaram um substituto para o óleo de baleia. Desde a década de 1970 que o número de baleias tem vindo a aumentar de forma constante, ainda que permaneça muito abaixo das populações existentes em 1850.[41]

Muito mais significativas têm sido as mudanças tecnológicas que ameaçam varrer os mares de praticamente todos os peixes. Na década de 1960, os Britânicos haviam desenvolvido enormes arrastões com compartimentos de congelação que permitiam aos pescadores adentrarem fundo no Ártico, longe dos antigos e exauridos bancos de pesca do Mar do Norte. Os arrastões tinham rampas na popa para puxar as redes para bordo e equipamentos para processar óleo de fígado de bacalhau e farinha de peixe. As nações da Europa do Leste desenvolveram aldeias piscatórias flutuantes. Com pessoal médico a bordo e entretenimento para a tripulação, que diminui a necessidade de aportar tantas vezes, gigantescos navios-fábrica cruzam, hoje em dia, águas abertas com frotas de arrastões mais pequenos, que trazem o peixe para os navios-mãe para ser processado. Semelhantes frotas de alto mar pertencentes ao Japão e a Taiwan juntaram-se à pesca. Munidas com sonares que permitem encontrar cardumes de peixe, essas frotas sugam a vida toda do mar. O desenvolvimento de novas tecnologias de arrasto em profundidade e de redes feitas de novos tipos de materiais permitiu aos pescadores capturarem cardumes inteiros, deixando o fundo do mar um deserto sem vida. Os navios atiram de volta para o mar tartarugas mortas ou moribundas, mamíferos marinhos, esponjas, corais e tudo aquilo que não tenha valor comercial, como se de meras «capturas acidentais» se tratasse. Milhares de quilómetros de redes abandonadas e uma enorme quantidade de apetrechos de pesca permanecem à deriva e continuam a matar muito depois de os navios terem regressado a casa. Também a poluição costeira mata os peixes, bem como as crescentes zonas mortas devidas à eutrofização causada pelo azoto presente nos esgotos e pelo escoamento de fertilizantes.[42]

A biodiversidade terrestre enfrenta terríveis ameaças vindas de várias direções. A expansão das plantações monoculturais viradas para o mercado, das quintas e das pastagens tem vindo a destruir florestas e a roubar o *habitat* de muitas formas de vida. Colecionadores profissionais e amadores e parques de caça de animais exóticos impulsionam a procura por muitas espécies de pássaros, de répteis, de mamíferos e de peixes, especialmente os raros. O asiático peixe-gato caminheiro existente agora na Flórida, o macaco-do-japão, no sul do Texas, e muitas outras espécies não nativas escaparam ou foram libertadas em novas terras. Ocasionalmente, tal como sucede com os pitões-da-birmânia nos Everglades da Flórida, essas espécies causam danos nos ecossistemas locais. Algumas espécies introduzidas deliberadamente, muitas vezes com a melhor das intenções ou com o aval científico, tornam-se invasivas, transformando e, por vezes, virando completamente do avesso os ecossistemas. Exemplos disso mesmo são as norte-americanas opúncias, na Índia, o esquilo-cinzento americano, na Grã-Bretanha, ou a carpa asiática, nos Estados Unidos. Por último, à medida que os Chineses se foram tornando mais prósperos, a procura por bens de luxo de marfim e por remédios tradicionais impulsionou um comércio internacional ilegal que levou elefantes, rinocerontes, tigres e outros animais ao limiar da extinção, ou para lá dele.

O transporte global barato introduziu algumas das espécies invasoras mais problemáticas. De micróbios a sementes, de organismos marinhos a insetos e a pequenos animais, são muitas as formas de vida que, ao longo de todos os dias do ano, se deslocam, à boleia e clandestinamente, de continente em continente, na carga e nas águas de lastro dos navios, nos porões e nas cabines dos aviões, nos sapatos e no vestuário dos viajantes, nas suas bagagens e nos seus corpos, nos caixotes e contentores marítimos. Alguns misturam-se inofensivamente com a biota local. Outros, poucos, mas terríveis, como o fungo que, no século XIX, destruiu as grandes florestas de castanheiros da América do Norte ou o fungo que, ainda hoje, dizima anfíbios em todo o mundo, provocam uma enorme destruição. Entre as extinções de espécies e as transferências de espécies, sejam elas intencionais ou inadvertidas, os humanos refizeram e ainda estão a refazer os ecossistemas globais.[43]

Capitalismo descartável

Ir a uma grande superfície como a Walmart ou o Ikea é como entrar numa cornucópia de mercadorias baratas. A obsolescência planeada atingiu coisas como vestuário e mobiliário, artigos que as gerações anteriores queriam que durassem. Essas coisas são baratas e projetadas para serem deitadas fora a curto prazo. A combinação que encontramos na *fast fashion*[44] entre uma grande rotatividade, um baixo custo de produção, os baixos preços de venda, os altos lucros e o elevado impacto ambiental ilustra, na perfeição, o impulso do capitalismo de consumo para lucrar através da aceleração da passagem de dinheiro de um bolso para outro, à custa do mundo natural. Através da sua linha de abastecimento e das suas lojas de venda a retalho, a moda rápida faz chegar as suas roupas aos clientes a uma velocidade vertiginosa. Os Americanos compram hoje cinco vezes mais roupa do que em 1980 e usam, em média, a mesma peça de roupa sete vezes.[45] O negócio da moda de consumo cria problemas ambientais em toda a linha: desde que começa a sua viagem como semente (ou fabrico químico) até ao momento em que é atirada para o lixo. Utiliza talvez um quarto da produção mundial de substâncias químicas no cultivo e no processamento do seu algodão ou no fabrico de fibras artificiais e no tratamento e tingimento de tecidos. Quando os Americanos se cansam de uma peça de roupa, se essa peça não acabar numa prateleira de uma instituição de caridade ou em África (só o Quénia recebe, anualmente, 110 000 toneladas de roupa usada), então é porque a despejaram num qualquer aterro, onde todos os anos vão parar dezenas de milhões de toneladas de roupa, cerca de duas vezes mais do que acontecia há vinte anos. Fabricantes e retalhistas enterram, destroem ou incineram os 20 % do vestuário que nunca se vende.[46]

Acresce a isso a proliferação, desde 1970, de produtos descartáveis. Muitos desses produtos tinham sido inventados na década de 1920 ou antes, no século XIX, mas uma arreigada frugalidade e uma resistência ao desperdício haviam limitado a sua difusão, uma atitude que a Grande Depressão e o racionamento do tempo de guerra só reforçaram. A prosperidade do pós-guerra corroeu essa resistência. A publicidade promoveu os valores da «liberdade» e da «conveniência» em detrimento da durabilidade ou da permanência. Nas décadas de 1960 e de 1970, os produtos descartáveis cresceram de forma ubíqua. Restaurantes de *fast food* como o McDonald's utilizavam copiosas quantidades de recipientes descartáveis, copos, pratos, utensílios, guardanapos e outras coisas. Rapidamente, as empresas começaram a comercializar uma série de artigos descartáveis para uso doméstico: pratos de papel, copos, guardanapos, papel de cozinha e toalhas de mesa; palhinhas e utensílios de plástico; copos de esferovite; produtos pessoais; luvas médicas e de limpeza; fio dental; fraldas; sacos de plástico e sacos de lixo; e por aí adiante. Não admira que até as roupas e o mobiliário parecessem, também eles, descartáveis.[47] Porque é mais rentável eliminar artigos do que os deixar a ocupar espaço nas prateleiras dos armazéns, os da Amazon.com enviam, todas as semanas, milhões de artigos usados e devolvidos, muitas vezes ainda dentro das suas embalagens, para centros de reciclagem, aterros e incineradoras.[48]

As cidades estão a ficar sem espaço para despejar os produtos de consumo que são mandados fora. Por um lado, o peso do lixo e do entulho produzido pela família média americana ou europeia diminuiu ao longo dos últimos 75 anos. As pessoas já não deitam fora coisas pesadas como o vidro ou as cinzas da combustão de carvão. No entanto, o enorme volume de resíduos enche os aterros até à sua capacidade máxima, e cada cidade tem de, ciclicamente, encontrar um novo local para despejar os seus desperdícios. Isso não é fácil de conseguir, claro está, devido à resistência das populações residentes nos locais que desempenhariam essas funções, as quais raramente acolhem de braços abertos o facto de passarem a ter aterros mesmo à sua porta. Inundações, a erosão e outros fenómenos naturais significam, além disso e muito frequentemente, que aquilo que foi enterrado em velhos aterros não permanecerá enterrado para sempre.[49]

A Era do Plástico

O período pós-1970 é a Era do Plástico. Barato, durável, fácil de moldar, podendo assumir qualquer cor, do transparente ao preto, flexível ou duro, conforme necessário, e versátil a um ponto quase inimaginável, o plástico encontrou milhares de usos diários. A própria durabilidade e resistência do plástico à decomposição têm vindo, paralelamente, a revelar-se um enorme problema ambiental. Visto que, regra geral, não podem ser reutilizados ou reparados, a maioria das pessoas deita fora ou recicla os plásticos. A partir do momento em que as nações mais pobres, com serviços rudimentares, ou mesmo inexistentes, de eliminação de resíduos, passaram a fabricar e a utilizar plásticos, os problemas ambientais agravaram-se de forma vertiginosa, sobretudo depois do ano 2000 e especialmente nos oceanos. Enormíssimas «ilhas de lixo», maiores do que grande parte dos países, flutuam no centro do Pacífico Norte, no Atlântico Norte, no Pacífico Sul, no Atlântico Sul e no Oceano Índico. Nas vias marítimas, flutua uma interminável corrente de lixo plástico. Uma expedição de 2019 às profundezas da Fossa das Marianas, o lugar mais profundo da terra, encontrou ali um saco de plástico. Mais, os plásticos representam vários perigos para a saúde humana. Contêm compostos que interagem com o sistema endócrino. Mimetizam as hormonas e interrompem o crescimento, o desenvolvimento e a função sexual, ou promovem o aparecimento de cancros.

O plástico permanece no meio ambiente durante milénios. Sacos de plástico na água podem parecer comestíveis e enredar e sufocar aves e animais marinhos ou obstruir o seu trato digestivo. Ao invés de se decompor, o plástico parte-se em pedaços mais pequenos. À medida que o plástico se decompõe em partículas minúsculas, as criaturas aquáticas da base da cadeia alimentar ingerem-nas, percorrendo, depois, essas partículas toda a cadeia alimentar, concentrando-se à medida que vão avançando até ao topo. Microfibras artificiais também entram na cadeia alimentar através da água utilizada para lavar roupa. A Era do Plástico está a sufocar com os resíduos plásticos.[50]

Paisagens do capitalismo de consumo tardio

Com a globalização do capitalismo industrial e de consumo, veio a globalização do crescimento das periferias urbanas. Num único século, os moradores em áreas urbanas passaram de 10 % a 50 % do total da população mundial.[51] As populações cresceram, as migrações provenientes das zonas rurais aceleraram, os rendimentos aumentaram, e as áreas metropolitanas expandiram-se por paisagens vizinhas. Cada região tem a sua própria forma específica de alastramento da mancha urbana. Nem a periferia urbana europeia nem a asiática têm as baixas densidades populacionais da periferia americana. Em África, onde os rendimentos são mais baixos, as cidades têm densidades populacionais particularmente altas. A densidade populacional corresponde às formas como as pessoas se deslocam e transportam mercadorias e provisões. As pessoas concentram-se mais próximas umas das outras em locais onde normalmente andam a pé ou de bicicleta. Uma boa rede de transportes públicos ou a posse generalizada de veículos motorizados incentivam as pessoas a viverem mais separadas. A posse de automóveis gera a necessidade de construção de estradas, o que implica a ocupação de terrenos e reduz ainda mais a densidade populacional. Transversal a todas as cidades com uma mancha urbana espraiada é a não planeada e ineficiente «construção não-contígua às cidades[52], feita de forma dispersa, por zonas de compartimentação de utilização[53] e de baixa densidade populacional», com proliferativas zonas comerciais. Por contraste e como sintoma de problemas económicos e sociais, as cidades russas têm vindo a encolher desde 1991 — um retraimento da periferia urbana.[54]

Os efeitos ambientais do alastramento da mancha urbana são inúmeros. A um nível mais elementar, a propagação de edifícios e de estradas alarga a área coberta impermeabilizada, o que, ao impedir que as águas da chuva se infiltrem nos aquíferos, acaba por provocar inundações.

A água que corre rapidamente pelas ruas despeja detritos, lixo, plástico e o óleo deixado pelos veículos motorizados em ribeiras, rios e baías. Os serviços e as infraestruturas públicas tendem a ser a última das preocupações em cidades que têm à sua frente governos corruptos, ineficazes ou subfinanciados. Milhões de pessoas continuam a não dispor de água potável, de esgotos, de estradas ou de uma adequada eliminação dos resíduos. Mesmo quando as autoridades constroem sistemas de distribuição de água e sistemas de saneamento básico, normalmente faltam fundos para tratar a água ou os esgotos. Devido à sua própria natureza, as cidades com uma mancha urbana espraiada libertam mais contaminantes. O dispêndio de energia para aquecimento e arrefecimento aumenta com a diminuição da densidade populacional. As áreas urbanas emitem cerca de 78 % do carbono mundial, utilizam 60 % da água canalizada e queimam 76 % da madeira utilizada para fins industriais. Os poluentes lançados na atmosfera prejudicam a saúde e atrofiam o crescimento das plantas. A rápida expansão urbana requer igualmente enormes quantidades de madeira, de cimento, de carvão, de aço e de outros metais, sendo que cada uma dessas coisas tem o seu próprio custo ambiental em termos de extração, processamento e transporte. Por último, as cidades absorvem calor durante o dia e irradiam-no para a atmosfera à noite, o que altera os padrões climáticos locais e aumenta a procura pelo sorvedouro de consumo que é o ar condicionado.[55]

Energia: o carvão

O consumo de energia aumentou com o crescimento do capitalismo de consumo. O carbono fóssil produz a maior parte da energia do mundo, sendo o carvão, barato e amplamente disponível, a principal fonte de energia. A Europa e a América do Norte continuam a queimá-lo em abundantes quantidades, mas a industrialização da Índia e da China superam em muito esses níveis. Os grandes e acessíveis depósitos de carvão de que estes gigantes asiáticos dispõem fornecem grande parte da energia para a indústria e para as casas. A China produz agora quase metade do carvão mundial. As indústrias siderúrgicas de ambas as nações dependem do carvão, ainda que a má qualidade do carvão da Índia force o país a importar carvão de melhor qualidade para as suas siderurgias. Sem outro tipo de combustível local alternativo, as centrais elétricas da Índia queimam o seu carvão macio, fumegante e fuliginoso.

O crescimento do pós-guerra exigiu uma maior mineração, a mais antiga e ambientalmente destrutiva indústria extrativa. Apesar do apetite voraz da América pela energia do petróleo e do gás, a procura dos Estados Unidos pela energia do carvão aumentou nas décadas de 1950 e de 1960. As crises petrolíferas dos anos 70 fizeram de novo incidir as atenções sobre o carvão como fonte de energia capaz de substituir fornecedores estrangeiros pouco fiáveis. As onduladas e verdejantes montanhas da Virgínia Ocidental e do Kentucky pagariam um preço terrível. A extração de carvão havia chegado a esses estados com os caminhos de ferro na década de 1880, possibilitando a exploração em regiões remotas dos mesmos veios de carvão de alta qualidade que atravessavam a vizinha Pensilvânia. Depois de 1945, as empresas mineiras voltaram-se cada vez mais para a mineração a céu aberto, que era mais barata e requeria menos trabalhadores (e não sindicalizados) do que as minas subterrâneas tradicionais. Nas décadas de 1970 e de 1980, o desenvolvimento de enormes escavadoras *draglines*, com uma altura de 20 andares, passou a permitir a remoção dos cimos dos morros, de forma a chegar-se ao carvão existente por baixo, despejando o chamado solo de sobrecarga nos vales. Nuvens de poeira e bacias hidrográficas poluídas passaram a assolar as comunidades locais. Quando a exploração mineira esgotava o carvão, permaneciam vastas zonas planas e áridas onde outrora se haviam erguido verdes colinas.[56] Na década de 1970, as empresas de carvão americanas abriram novas regiões à mineração e desenvolveram métodos mais baratos de extração a céu aberto, porém, mais destrutivos do ponto de vista ambiental. A diminuição das tarifas do transporte ferroviário, juntamente com as regulações que recaíam sobre as emissões de enxofre, promoveu, na remota bacia do rio Powder, que abrange o Wyoming e Montana, a exploração de camadas espessas e pouco profundas de carvão com baixo teor de enxofre e de cinzas. No início dos anos 2000, gigantescas máquinas de escavação permitiram que as 30 minas a céu aberto existentes no Wyoming, incluindo a maior mina de carvão do mundo, produzissem por si só mais de um milhão de toneladas de carvão por dia, quase quinhentos milhões de toneladas anualmente.[57]

A exploração de minas a céu aberto é também comum noutras partes do mundo. Na década de 1970, na Alemanha, a empresa multinacional de energia RWE comprou a antiga floresta de Hambach, perto de Colónia, uma região onde a extração de carvão a céu aberto era comum havia já um século. A RWE abateu a floresta e começou a desenterrar o macio e castanho lignito que havia por baixo. Desde os anos 90 que gigantescas escavadoras de rodas de alcatruzes, o veículo terrestre mais alto do mundo, têm vindo a ferir profundamente a terra. Algum do solo de sobrecarga ergue uma montanha artificial, mas muito dele é usado para encher minas a céu aberto vizinhas que esgotaram o seu carvão. As escavadoras têm vindo a remover terra a dezenas de metros abaixo do nível do mar. O bombeamento de águas subterrâneas que é feito de molde a manter a mina seca tem vindo a baixar o nível dos lençóis freáticos da região e secou cursos de água e nascentes. Enormes nuvens de poeiras finas prejudicam a saúde dos habitantes da região. As centrais elétricas das proximidades queimam o carvão de Hambach e lançam o seu tóxico teor de mercúrio para a atmosfera. A infame destruição de uma vetusta floresta fez de Hambach a mais conhecida mina alemã de lignito a céu aberto, mas há muitas outras, particularmente na antiga Alemanha de Leste.

Os impactos ambientais da extração de carvão na China e na Índia espelham os da Europa e os da América do Norte, todavia, as suas populações, muito maiores e mais densas, ampliaram-nos tremendamente. Vastas minas de carvão a céu aberto operam no interior da Mongólia, no oeste da China e no leste e sudeste da Índia, afetando a saúde e a segurança dos trabalhadores e das sociedades, economias e culturas adjacentes. Todos respiram as finas e perigosas poeiras das operações mineiras. As águas residuais resultantes dos processos de lavagem do carvão transportam partículas, óleos e gorduras para os ribeiros e para os rios. Os cursos de água enchem-se com os produtos ácidos da drenagem das minas, bem como com os metais pesados e as substâncias tóxicas que se misturam com a água e que são bombeados de minas subterrâneas e a céu aberto. O despejo de entulho das minas empobrece a saúde da terra, cobrindo-a de montanhas pobres em matéria orgânica e deficitárias no que toca a azoto, fósforo e potássio. A Índia tem vindo a esforçar-se por eliminar adequadamente as cinzas do seu carvão de baixa qualidade, muitas vezes carregadas de metais tóxicos. O elevado teor de enxofre presente no carvão indiano causa chuvas ácidas e ozono troposférico. O ar de Pequim e de Nova Deli escurece frequentemente com o fumo e torna-se perigoso de respirar para muitos milhões de pessoas.[58]

Energia: o petróleo

A energia petrolífera, a força vital do capitalismo de consumo, apresentava muitos atrativos. Muitas nações desenvolveram a utilização de petróleo de molde a afastarem-se do carvão fumegante e fuliginoso. Outras tinham pouco carvão, mas significativas reservas de petróleo. Os Estados Unidos e as nações em redor do Mar do Norte esperavam com isso diminuir a sua dependência em relação ao petróleo proveniente de regiões estrangeiras que podiam ser muito instáveis. À medida que as nações do mundo foram fazendo a transição energética do carvão para o petróleo e para o gás natural, a produção global de petróleo e de gás acabou, naturalmente, por ultrapassar a do carvão, por volta de 1970.

Foram vários os fatores que tornaram possível o aumento da produção de petróleo. Entre 1945 e 1970, começaram a ser exploradas dezenas de novos e importantes campos petrolíferos na região do Golfo Pérsico, nos Estados Unidos, na União Soviética, na Líbia e na Argélia. Depois de as crises petrolíferas de 1973 e de 1979 lhes terem conferido uma urgência suplementar, foram abertos grandes campos no Alasca, nos Estados Unidos, nas areias betuminosas do Athabasca, Canadá, nos países do Golfo Pérsico, nas nações do Mar do Norte, no México, na Líbia, na Rússia e no Cazaquistão, na Nigéria, no Brasil e na China. Antigos campos petrolíferos passaram a produzir petróleo e gás em abundância devido a métodos aprimorados de fratura hidráulica (*fracking*, em inglês), de perfuração em águas profundas e de processamento de areias betuminosas. A fracturação permitiu que, no século XXI, a produção de petróleo e de gás dos Estados Unidos disparasse e fez deles, pela primeira vez desde o início dos anos 70, um exportador líquido de petróleo. No entanto, desde 1980 que o rácio do retorno energético por energia investida tem vindo a diminuir, à medida que os campos recentemente descobertos faziam crescer os excedentes da produção de petróleo. No futuro, a produção diminuirá.[59]

A produção de petróleo é perigosa para o ambiente. O *Torrey Canyon* foi um prenúncio dos desastrosos derramamentos petrolíferos que estavam por vir. Em 1989, o *Exxon Valdez* colidiu com uma zona de baixios na Enseada do Príncipe Guilherme, no Alasca, naquele que foi, ecologicamente, o derramamento mais catastrófico. Os acidentes com o *Atlantic Empress*, em Trinidade e Tobago, em 1979; com o *ABT Summer*, ao largo da costa de Angola, em 1991; com o *Castillo del Beliver*, na África do Sul, em 1983; e o desastroso acidente com o *Amoco Cadiz*, ao largo da costa da Bretanha, em França, em 1978, derramaram quantidades de petróleo muito superiores ao *Exxon Valdez*. Nos anos 90, os novos petroleiros passaram a ser obrigados a ter cascos duplos. A dimensão e o número dos grandes derramamentos diminuíram significativamente.[60]

Muito piores têm sido, no âmbito ecológico, os desastres em plataformas petrolíferas e em campos de petróleo. Uma explosão e o consequente incêndio na Deepwater Horizon da BP, em 2010, produziram extensos danos na pesca e na ecologia do Golfo do México e da costa americana do golfo. Um desastre na plataforma mexicana Ixtoc I, em 1979, provocara um efeito semelhante, dessa feita no sudoeste do Golfo do México. Em terra, a deliberada destruição de campos petrolíferos no Koweit e no Iraque, durante a Primeira Guerra do Golfo, em 1991, desencadeou uma tempestade de fogo ambiental. Centenas ou milhares de derramamentos petrolíferos, de todas as dimensões e ocorridos em todas as partes do mundo, têm sido muito pouco noticiados. Menos dramáticos têm sido os inúmeros derramamentos e acidentes em oleodutos e gasodutos e com vagões-cisterna ou camiões-cisterna um pouco por todo o mundo, alguns dos quais, os ocorridos em terras de cultivo ou nas imediações de cursos de água, produziram mesmo danos significativos. Os oleodutos e os gasodutos são vulneráveis a ações de sabotagem e de roubo, a fugas e a acidentes, mas, uma vez que nem todos os países ou empresas os comunicam de forma fiável, é difícil encontrar uma estatística sobre esses derramamentos.[61]

A energia petrolífera causa muitos problemas ambientais. Apesar dos esforços consideráveis empreendidos para reduzir a poluição causada pelos tubos de escape dos veículos, as cidades sofrem regularmente de *smog* e de elevadas concentrações de ozono troposférico. As cidades das nações mais pobres cresceram muito rapidamente e sem nenhum tipo de planeamento que escorasse esse crescimento. Veículos baratos ou com uma má manutenção congestionam as estradas e cobrem o céu com uma névoa fotoquímica. Karachi, no Paquistão; Deli, na Índia; Pequim, na China; Lagos, na Nigéria e Los Angeles estão classificadas como as cidades com a pior qualidade de ar do mundo devido ao escape dos motores. Além disso, as montanhas que rodeiam Los Angeles, a Cidade do México e Cabul impedem que o *smog* se dissipe. Por causa do *smog*, das poeiras constantemente sopradas, da incineração do lixo, das lareiras domésticas e das indústrias alimentadas a carvão, os cidadãos das nações pobres respiram em cidades como estas o pior ar urbano do mundo. Como resultado, milhões de pessoas morrem prematuramente todos os anos.[62]

Poluição, atmosfera e clima

A expansão do capitalismo industrial da Europa, dos Estados Unidos e do Japão para o resto do mundo, com o capitalismo de consumo seguindo-o logo atrás, acarretou enormes mudanças para as sociedades, para as paisagens e para os oceanos em todos os lugares. Cada vez mais, e talvez de uma forma cada vez mais alarmante, o capitalismo industrial e de consumo também alterou a atmosfera da qual dependem todos os seres vivos. As pessoas até poderiam ignorar a poluição atmosférica se esta se encontrasse confinada às áreas urbanas, contudo, ela também produz chuvas ácidas, a destruição da camada de ozono e o aquecimento global, coisas que não respeitam fronteiras.

O fumo do carvão misturado com enxofre afeta os lagos, os rios e as florestas que se encontram a favor do vento. O enxofre queimado transforma-se em dióxido de enxofre, que, combinado com a humidade existente no ar, forma ácido sulfúrico. A precipitação devolve o ácido à Terra, onde acaba por danificar ou matar a vida aquática e as florestas. As chaminés mais altas das fábricas mais não fazem do que reduzir a poluição local apenas para a espalhar um pouco mais longe. Nações como o Canadá, a Noruega, a Suécia, a Polónia, o Japão e as Filipinas ressentem-se e protestam contra os danos que, por causa de se encontrarem muitas vezes a sotavento, lhes são infligidos pelas centrais elétricas de outros países.[63]

Nas décadas de 1960 e de 1970, as indústrias acondicionaram muitos produtos sob a forma de práticas latas de aerossóis. Os melhores propulsores não tóxicos e quimicamente inertes eram os clorofluorcarbonetos (CFC) como o *freon*, o químico que arrefecia os frigoríficos e os aparelhos de ar condicionado. No início da década de 1970, os cientistas descobriram que todos os CFC alguma vez libertados para a atmosfera ainda deviam lá estar. Os CFC conseguiram chegar à estratosfera, onde a energia solar provocou uma reação que enfraqueceu a camada de ozono que protege a vida da nociva radiação ultravioleta. Além disso, os cientistas descobriram que produtos químicos como os fertilizantes artificiais também emitem moléculas que diminuem a camada de ozono.

Em 1985, satélites detetaram um buraco preocupantemente grande na camada de ozono sobre a Antártida e validaram essas teorias.[64]

Ao mesmo tempo, os dados científicos de que o clima global estava a aquecer tornaram-se cada vez mais fortes. O dióxido de carbono libertado pela queima de combustíveis fósseis é responsável pela maior parte do aquecimento, mas o metano e outros gases com efeito de estufa que os humanos libertam intensificam esse efeito. As regiões polares aqueceram mais rapidamente. Os glaciares estão a derreter e a desaparecer, afetando as pessoas que deles dependem para um abastecimento constante de água no verão. As calotas polares do Ártico, da Gronelândia e da Antártida estão a derreter e a fazer subir o nível da água do mar, ameaçando inundar cidades e *habitats* costeiros. O derretimento do pergelissolo liberta metano há muito congelado no solo. As secas tornam-se mais secas; os períodos húmidos, mais húmidos; os furacões e outras tempestades, mais fortes e severos. Um maior número de pragas de insetos sobrevive a invernos mais quentes. Plantas e animais ou migram para longe dessas condições mais quentes e secas para as quais não estão adaptados, ou extinguem-se. Florestas secam e ardem, libertando mais carbono. Uma catástrofe climática global está em curso.

A água dos oceanos absorveu aproximadamente metade do dióxido de carbono que os humanos libertaram desde os alvores da Revolução Industrial, criando ácido carbónico. A água dos oceanos é agora suficientemente ácida para afetar os seres vivos. Crustáceos, corais e muitos outros organismos têm conchas ou esqueletos feitos de carbonato de cálcio, que se dissolve em água ácida. Juntamente com o aquecimento dos *habitats* oceânicos, que força os peixes e os mamíferos marinhos a deslocarem-se para águas mais frias, a acidificação dos oceanos ameaça ser um fator disruptivo de todo o ecossistema oceânico.[65]

No início do século XXI, sinais de todos estes efeitos eram já visíveis. Muitos deles atingiram o limite de rutura que os cientistas haviam previsto demasiado cedo, logo em 1990. As tendências estão agora a acelerar como uma bola de neve que desce uma encosta e que ameaça tornar-se uma avalanche.[66]

Até ao infinito, e mais além

Em 2018, Jeff Bezos foi considerado a pessoa mais rica do mundo e a mais rica dos tempos modernos. Em 5 de julho de 2021, renunciou ao seu cargo de diretor executivo da Amazon.com para se tornar presidente executivo. A sua empresa e outras congéneres globais, como a retalhista online chinesa Alibaba, desempenharam importantes papéis na aceleração e transformação da economia global. Essas empresas tornam o consumo mais fácil e mais barato do que nunca, e fazem chegar uma quantidade inimaginável de bens do fornecedor ao consumidor. A Amazon.com e um punhado de empresas multinacionais gigantescas, responsáveis apenas perante os acionistas, dominam agora muitas áreas da economia global.

9.

A ASCENSÃO E A GLOBALIZAÇÃO DO AMBIENTALISMO

Nasce um movimento

Até aos anos 60, o público americano em geral pouco sabia da complexa interação entre governo, indústria, publicidade, técnicas de venda e consumo, quanto mais do impacto total disso tudo no ambiente. Então, em 1962, a mais conhecida e amada escritora da natureza do país publicou uma acusação contundente contra a indústria química. Publicada em fascículos na revista *The New Yorker* e lançada em formato livro nesse mesmo verão, *Primavera Silenciosa*, de Rachel Carson, foi um sucesso imediato. O presidente John F. Kennedy pediu aos seus conselheiros científicos que investigassem as alegações da autora, alegações essas que o relatório por eles produzido em 1963 veio confirmar. A indústria química reagiu com uma ultrajante contracampanha tanto contra o livro quanto contra a própria autora. Alguns conservadores acusaram Carson de querer baixar a produtividade agrícola americana para os níveis da dos países comunistas. O livro foi tão amplamente discutido, debatido, enaltecido e denegrido que constituiu um inequívoco ponto de viragem na transformação do antigo movimento conservacionista no moderno movimento ambientalista americano.[1]

Uma década mais tarde, o ambientalismo fez a sua entrada no palco mundial através da publicação de *Only One Earth: The Care and Maintenance of a Small Planet.* Este livro foi escrito pela economista britânica Barbara Ward e pelo biólogo francês René Dubos, a pedido de Maurice Strong, secretário-geral canadiano da primeira Cimeira da Terra, realizada em Estocolmo. O livro ratificava as ideias defendidas em *Primavera Silenciosa,* mas esgrimia os seus argumentos num contexto mais amplo e propunha soluções bastante diferentes. Ward insistia que os esforços feitos no sentido de abordar os problemas ambientais globais teriam de ter em conta a pobreza do hemisfério sul. Foi aqui pela primeira vez formulada a noção de desenvolvimento sustentável, expressa em termos de pós-colonialismo, mas não de capitalismo, termo que Ward nunca menciona. *Only One Earth* olhava para o futuro do movimento ambientalista global com muito mais presciência do que *Primavera Silenciosa.*

Nos países desenvolvidos, o movimento ambientalista interpelou os problemas ambientais do capitalismo de consumo da mesma forma que o movimento conservacionista havia criticado a negligente ânsia por recursos do capitalismo industrial. Esse movimento emergiu das sociedades prósperas, primeiro, nos Estados Unidos, uma ou duas décadas mais tarde, na Europa e depois, e em menor escala, um pouco por todo o mundo. Tratando-se de um movimento fragmentado, sem uma agenda comum, o ambientalismo englobava uma variável coligação de grupos de interesses focados, de forma diversa, na vida selvagem, na natureza selvagem, na poluição, nas barragens, na justiça ambiental, nas populações e em muitas outras coisas. Tal como o conservacionismo não havia desafiado o capitalismo industrial nas suas bases, o ambientalismo surgiu como uma resposta aos problemas ambientais do capitalismo de consumo, não oferecendo, contudo, nem uma crítica coerente nem uma alternativa realista a este. Tão cativo como tudo o resto dos valores consumistas, o ambientalismo oferece apenas correções e amenizações dos problemas. Talvez, no entanto, isso seja tudo o que possamos esperar.

Uma fábula para o amanhã

Carson pertencia à última geração de protestantes calvinistas que, durante um século, haviam dominado a cultura americana, geração essa que estava agora a perder relevância e que, na década de 1970, haveria de ser remetida para as margens dessa cultura. Carson nasceu em 1907, no seio de uma família presbiteriana de escoto-irlandeses da classe trabalhadora de Springdale, na Pensilvânia, a pouco mais de 25 quilómetros a montante de Pittsburgh. Neta e sobrinha de pastores presbiterianos, Carson haveria de carregar, ao longo de toda a vida, a seriedade de propósitos como traço distintivo da sua personalidade. Desde a sua tenra idade, passada numa casa da periferia da cidade, que ela crescia em contacto com o mundo natural e se familiarizava com o estudo da natureza, uma atividade que os protestantes calvinistas consideravam de grande valor moral para as crianças. Carson formou-se no Pennsylvania College for Women, de filiação presbiteriana, e obteve um mestrado em Biologia pela Universidade Johns Hopkins. As precárias finanças familiares, a morte do seu pai e a Grande Depressão acabaram com os seus planos de continuar os estudos com um doutoramento. Carson assumiu, então, o cargo de redatora de material publicitário para a agência que precedeu a U. S. Fish and Wildlife Service. No seu tempo livre, escrevia artigos científicos para publicações de grande tiragem. As ciências do mar, que davam, à época, os seus primeiros passos, fascinaram Carson. Escreveu três *bestsellers* sobre os oceanos. O sucesso da sua escrita permitiu-lhe deixar o seu emprego em 1952 e passar a escrever a tempo inteiro.[2]

No final da década de 1950, Carson virou-se para um tema que, justificadamente, havia despertado a sua ira. Uma década antes, Carson lera relatos sobre efeitos não intencionais e vítimas de DDT e de outros novos pesticidas. Com uma brilhante reputação adquirida em tempo de guerra por haverem travado epidemias transmitidas por insetos e salvado vidas, os produtos químicos estavam a chegar ao público em quantidades crescentes. Eram muitos os agricultores e os organismos governamentais que os utilizavam de uma forma indiscriminada, sem terem em conta os perigos que eles representavam para a saúde ecológica ou humana. Os livros que Carson escrevera sobre o mar haviam-na ligado a uma rede internacional de cientistas, que agora lhe faziam chegar os mais recentes estudos científicos sobre inseticidas.

A principal contribuição de *Primavera Silenciosa* foi a de sublinhar a exaustiva e irrefletida utilização de pesticidas, mas o livro foi mais longe e mais fundo do que isso. Carson descreveu o interligado sistema existente entre instituições de ensino, órgãos governamentais e empresas privadas na criação e promoção de produtos químicos tóxicos inventados em laboratórios empresariais. Institutos superiores e escolas agrárias beneficiaram de financiadores empresariais e direcionaram as suas investigações para produtos químicos com potenciais usos agrícolas. Na prossecução do seu objetivo de longa data de aumentar os rendimentos e de diminuir os riscos agrícolas, o Departamento de Agricultura dos Estados Unidos encorajou os agricultores a utilizarem pesticidas, herbicidas, fungicidas e fertilizantes químicos. Os vendedores da indústria química, que trabalhavam à comissão, usufruíam de uma contrapartida financeira por venderem o maior número possível de produtos químicos ao maior número possível de agricultores. As empresas também utilizavam anúncios apelativos e alegres para venderem perigosos e, por vezes, mortais produtos químicos para controlo de pragas nas casas e nos jardins.

O resultado, argumentou Carson, foi o negligente uso e abuso de produtos químicos. Os governos locais e estatais que procuravam controlar pragas pulverizaram o supostamente inofensivo DDT sobre áreas habitadas. Os agricultores e muitos proprietários de casas tinham poucos motivos, além do custo, para se abster ou limitar a aplicação de produtos químicos. Muitos ignoraram os avisos relativamente à quantidade e à frequência da sua aplicação. Os agricultores descobriram que os insetos que, anteriormente, não constituíam qualquer tipo de problema se haviam tornado agora pragas, mesmo quando as pragas-alvo morriam, porquanto os pesticidas também matavam as criaturas que mantinham essas pragas sob controlo. Mais, depois de vários anos, os pesticidas eliminaram os insetos que eram suscetíveis aos químicos e deixaram os poucos que possuíam resistência genética para sobreviverem e se multiplicarem. Os agricultores descobriram que tinham de utilizar maiores quantidades de químicos para alcançar os mesmos resultados ou, então, de mudar para alternativas ainda mais letais.

Primavera Silenciosa descreve esses danos. Acidentes ou uso excessivo provocavam doenças e matavam. Pesticidas e herbicidas eram fatores disruptivos para os ecossistemas. Peixes e aves comiam insetos envenenados e eram eles próprios envenenados ou passavam a sofrer de problemas de reprodução, envenenando depois, por sua vez, os seus predadores. À medida que se subia na cadeia alimentar, os químicos tornavam-se mais concentrados e letais. Os humanos ingeriam-nos através dos resíduos presentes nos produtos. O envenenamento era apenas um dos perigos. Os dados sugeriam uma ligação ao cancro.

Carson concluía com o argumento de que os químicos, quando aplicados com parcimónia e cuidado, tinham o seu lugar no controlo das pragas de insetos. Debateu várias soluções não químicas que utilizavam controlos naturais de pragas. Exortou investigadores e cientistas a orientarem as suas pesquisas para soluções que funcionassem harmonicamente com a natureza e que se afastassem dos métodos de força bruta que causavam a devastação ecológica. O título *Primavera Silenciosa* sugeria um livro sobre o declínio da avifauna, no entanto, os passos que alertavam relativamente aos perigos para a saúde humana, incluindo, pela primeira vez, o cancro, alarmaram o público. Porta-vozes da indústria tentaram pintar os leitores do livro como observadores de aves e amantes da natureza, demasiado românticos e emocionais para compreenderem as complexidades da ciência e da economia. O livro estimulou a investigação dos problemas causados pelos químicos agrícolas, o que acrescentou argumentos para a sua restrição ou proibição. A indústria química e os seus aliados, contudo, inventaram e comercializaram novos produtos químicos, os quais agora existem em profusa abundância, são vendidos globalmente e continuam a causar os problemas denunciados por Carson em 1962.

Primavera Silenciosa apanhou de surpresa os conservacionistas. O livro mal aflorava as tradicionais questões da conservação das águas, do solo e dos recursos, ou da preservação da natureza ou da vida selvagem. O seu ponto central sobre a interligação ecológica entre os humanos e o mundo natural teve também implicações muito mais vastas do que o tradicional conservacionismo. No entanto, *Primavera Silenciosa* voltou a prestar atenção ao coração moral de *Man and Nature*, de George Perkins Marsh, e ao movimento conservacionista de Theodore Roosevelt e Gifford Pinchot. O livro de Carson era essencialmente um sermão, concluído com uma «chamada ao altar» que, no final, oferecia uma escolha entre a redenção ecológica e a danação química. A ganância pelo lucro, referia *Primavera Silenciosa*, era a raiz de todos os males ambientais. Corrompia os governos, as instituições educativas e a investigação científica. Os argumentos morais de Carson suscitaram uma forte reação, por um lado, porque a influência do protestantismo calvinista na cultura e na política americana ainda ressoava junto do público e, por outro lado, porque a maioria das principais figuras do incipiente ambientalismo americano partilhava a sua perspetiva moral presbiteriana.[3]

Primavera Silenciosa ligou o problema dos pesticidas aos mecanismos do capitalismo de consumo moderno, mas Carson nunca o formulou dessa forma. O silêncio em redor do capitalismo constituía, sem dúvida, uma estratégia necessária durante a Guerra Fria, porém, Carson não considerou alternativas ao sistema por ela descrito. Apenas expôs a corrupção existente no sistema.[4] O horror perante as consequências não intencionais dos pesticidas levou o Congresso a banir ou a regulamentar rigidamente todas as substâncias que Carson havia nomeado, sendo que, em paralelo, os sucessivos governos nunca procuraram uma verdadeira reforma estrutural nem dissolveram os laços existentes entre órgãos governamentais, pesquisa académica e empresas. Da mesma maneira, o movimento ambientalista continuou a fazer frente aos problemas ambientais do capitalismo, desde a poluição até ao aquecimento global, mas lidou sempre com o próprio capitalismo como se de criptonite se tratasse.

Desenvolvimento e meio ambiente

Apenas sete anos mais novo do que Carson, Ward desfrutou de condições que Carson poderia apenas invejar. Filha de pais da classe média-alta de York, em Inglaterra, Ward nasceu em 1914. O seu pai, um advogado contencioso quacre, era casado com uma católica devota, coisa rara na época. Ao contrário de Carson, uma presbiteriana não-praticante, Ward foi durante toda a sua vida uma católica ativa, tendo herdado do seu pai quacre uma permanente preocupação com a justiça e com os pobres. Educada num colégio de freiras, em Paris, estudou depois na Sorbonne e na Alemanha antes de cursar Filosofia, Política e Economia na Universidade de Oxford, onde se envolveria com o ativismo social e com grupos católicos. Após a sua graduação em 1935, foi nomeada leitora noutras universidades, viajando então para vários países para estudar as suas condições políticas, e começou a escrever para jornais e revistas. Publicou livros sobre política internacional e colonialismo que foram bem acolhidos pela crítica. À semelhança de Carson, era uma escritora talentosa, e o seu trabalho depressa chamou a atenção. Durante a Segunda Guerra Mundial, juntou-se à equipa da revista *The Economist.* Quando o Ministério da Informação a designou, em 1942, porta-voz para o esforço de guerra, ela voou para os EUA e falou com muitas pessoas, de altos dignitários da Casa Branca a grupos católicos locais. Assistiu aos julgamentos de Nuremberga após a guerra e publicou livros em prol da unidade e cooperação económicas europeias.[5] O tema da cooperação internacional perpassou o trabalho de toda a sua vida.

Em 1950, aos 36 anos, Ward casou-se com um australiano que, no pós-guerra, ocupou vários cargos de liderança nas Nações Unidas, na Austrália e na Grã-Bretanha, relacionados com o desenvolvimento económico. Isso mudaria o rumo da sua vida. Os empregos do marido levaram-nos para a Austrália e para países que estavam a libertar-se do colonialismo e que queriam desenvolver as suas economias, como a Índia e o Gana, onde, na década de 1950, viveram durante muitos anos. Ao contrário de Carson, que não deixou descendência, Ward teve um filho em 1956. Infelizmente, e tal como Carson, foi diagnosticada, em

1957, com cancro da mama. O cancro mataria ambas as mulheres, Carson em 1964 e Ward aquando da sua recidiva, em 1981.[6]

A perícia de Ward em economia e a suas experiências com o desenvolvimento económico pós-colonial fizeram dela uma preeminente conferencista universitária e conselheira de líderes, incluindo os presidentes Kennedy e Johnson. Foi uma força influente nos bastidores do Concílio Vaticano II, que orientou o foco principal dos ensinamentos sociais da Igreja para a pobreza mundial como uma questão moral e religiosa. Na década de 1960, interessou-se pela crise ambiental, pela sua relação com a pobreza do hemisfério sul e pela responsabilidade dos países do Norte para com as nações mais pobres, temas que dominaram os seus livros dos anos 60 e 70. Após a Cimeira de Estocolmo, foi nomeada primeira presidente do Instituto Internacional para o Meio Ambiente e Desenvolvimento e continuou a escrever e a falar ativamente até à sua morte.

O grande mérito de Ward foi o de conjugar as ideias de ambiente e de desenvolvimento, que no hemisfério norte e no hemisfério sul haviam sido sempre tratadas como questões separadas. A sua educação não-protestante e o foco que pôs na conexão entre justiça para os pobres e ambientalismo refletem as mudanças que se foram operando no ambientalismo à medida que este se foi globalizando, depois de 1970. Contudo, não analisou, nem mesmo à maneira proselitista de Carson, como o capitalismo de consumo impulsionou a pobreza, o desenvolvimento e os problemas ambientais. Como implícito no próprio título *Only One Earth*, as soluções propostas por Ward dependiam de as nações do mundo se unirem num esforço de boa vontade e de entendimento para resolverem problemas comuns.[7]

O conservacionismo no período entre guerras

O movimento ambientalista surgiu pela primeira vez nos Estados Unidos, onde o capitalismo de consumo havia ido mais longe. Não surgiu do nada, teve antes muitos precursores importantes.

O movimento conservacionista americano não havia estagnado com a reação conservadora que se seguiu à Era Progressista[8]. Pelo contrário, o conservacionismo estava ainda muito presente nas mentes dos americanos do período entre guerras. Nas décadas de 1910 e de 1920, o aumento do tempo de lazer e o crescimento da prosperidade, a posse generalizada de automóveis e a melhoria das estradas ampliaram a atração pelo campismo, pela caça e pela pesca. Novos bens de consumo como veículos de recreio, autocaravanas, os motores de popa Johnson e as brilhantes lanternas de querosene Coleman atraíam cada vez mais pessoas para o ar livre. No pós-guerra, uma enxurrada de espingardas excedentárias e que anteriormente eram dirigidas para o exército armou uma geração de atiradores desportivos. Ao mesmo tempo, porém, a prosperidade havia estimulado um rápido desenvolvimento económico. Os aspirantes a pescadores encontraram os seus pontos de pesca favoritos ocupados ou poluídos. Os caçadores descobriram quanto da vida selvagem americana havia sido já caçado por atiradores desportivos, agricultores e caçadores profissionais. Os fabricantes de armas receavam que, sem caça para matar, ninguém comprasse armas e munições. Como resposta, as organizações conservacionistas proliferaram nas décadas de 1920 e de 1930.[9] Em resposta à construção e desenvolvimento de estradas em áreas remotas para se possibilitar o acesso automóvel, foi criada, em 1937, a Wilderness Society.[10]

Grandes iniciativas empreendidas durante a Grande Depressão pelo presidente Franklin Roosevelt e pelo secretário do Interior Harold Ickes (um presbiteriano do oeste da Pensilvânia) complementaram e reforçaram esses esforços privados. Roosevelt organizou o Corpo Civil de Conservação [CCC] para colocar jovens desempregados a trabalhar na construção de equipamentos de parques, no combate à erosão, na plantação de árvores e na realização de outras tarefas de conservação da natureza para os órgãos estatais e nacionais. O CCC ensinou aos jovens como desempenhar trabalhos de conservação da natureza e criou, no pós-guerra, um público que haveria de acolher entusiasticamente as iniciativas ambientais do governo. Roosevelt também supervisionou a extensão da área destinada à proteção das aves migratórias e a gigantesca expansão do sistema nacional de refúgios da vida selvagem. Ickes insistiu na necessidade de se criar quatro novos parques nacionais, concebidos mais para preservar os ecossistemas selvagens do que para promover o turismo ou atividades de recreio.[11]

A crise ecológica ocorrida nas Grandes Planícies, no início da década de 1930, fez soar internacionalmente o alarme a respeito da destruição humana da Terra. A seca e um calor extremos atingiram uma região que os agricultores haviam começado a arar apenas algumas décadas antes. Os ventos atingiram campos expostos e provocaram tempestades de poeira aterradoras, escuras e, por vezes, mortíferas. Em resposta,

Roosevelt e Ickes estabeleceram o Serviço de Conservação do Solo. O *Dust Bowl* estimulou também a investigação ecológica. O clássico de 1935, *Deserts on the March*, do botânico Paul Sears, popularizou alguns conceitos ecológicos ao mesmo tempo que alertou para os perigos globais da desertificação de que o *Dust Bowl* era exemplo. Na Austrália, em África, na União Soviética e noutros lugares, o famigerado fenómeno conhecido como *Dust Bowl* serviu de aviso.[12]

O pensamento ambientalista do pós-guerra

Os Estados Unidos entraram na prosperidade do pós-guerra profundamente conscientes da importância da conservação da natureza, da ecologia e do mundo natural. Raras vezes, o público americano terá lido tão avidamente literatura sobre a natureza como durante a década de 1950, incluindo livros de Edwin Way Teale, Sigurd Olson e Loren Eiseley. O premiado *The Sea Around Us*, de Carson, editado em 1951, permaneceu na lista de *bestsellers* do *The New York Times* durante 86 semanas, algo jamais repetido. O seus *Under the Sea Wind* e *On the Edge of the Sea* foram também *bestsellers*.

Ideias ecologistas como as constantes no livro *Primavera Silenciosa* circulavam em conversas globais mais amplas sobre interconectividade e relacionamentos. A brutalidade chocante da guerra e o seu desenlace atómico impressionantemente brusco levaram os líderes de todo o mundo ocidental a cooperarem, a fim de evitarem outra calamidade desse tipo. As crises económicas e ecológicas parecem ter preparado um terreno fértil para o enraizamento do fascismo e da agressão militar. Para fomentar a paz e a segurança internacionais, os Aliados criaram, em 1944, as Nações Unidas. Os Acordos de Bretton Woods e o Acordo Geral sobre Pautas Aduaneiras e Comércio lançaram as bases para a prosperidade internacional. A Organização das Nações Unidas para a Educação, a Ciência e a Cultura procurou promover o internacionalismo na ciência e nas humanidades.[13]

Conceitos como interconexão, inter-relação e sistemas tornaram-se populares noutros campos. O termo «ecossistema», cunhado em 1935 pelo ecologista inglês Arthur Tansley, ganhou influência na biologia. Outros aplicaram estes termos às máquinas, aos «ciclos de retroalimentação» e à sociedade. A cibernética e os sistemas computacionais foram desenvolvidos no final da década de 1940. Nos anos 60, sistemas, análise de sistemas e outros termos similares estavam em voga nos meios académicos, governamentais e de negócios.[14] O ideal popular de um mundo único promoveu o uso da nova palavra *ambiente*, utilizada no sentido daquilo que é o mundo natural ao nosso redor, termo esse que, em 1948, passou a ser usado entre cientistas e ecologistas. Carson fez dele um termo-chave no seu livro *Primavera Silenciosa*: «A mais alarmante de todas as agressões do homem ao ambiente é a contaminação do ar, da terra, dos rios e do mar com materiais perigosos e até mesmo letais.»[15] Na década de 1970, os sistemas e a cibernética moldaram a Teoria de Gaia, de James Lovelock e Lynn Margulis.[16]

O pensamento antissistema espalhou-se ao mesmo tempo. Os sistemas técnicos e sociais implicavam o controlo ou a possibilidade de controlo. Para muitos pensadores do pós-guerra, o controlo parecia suspeitosamente totalitário. A acusação de Carson de interligações entre o Departamento de Agricultura dos Estados Unidos, instituições de pesquisa agrícola e empresas químicas com fins lucrativos fizeram eco da advertência do presidente Dwight D. Eisenhower relativamente ao poder do «complexo militar-industrial». Esse aviso também previa os radicais dos anos 60 que criticariam o sistema militar corporativo responsável pelo racismo, pela pobreza e pela guerra. Quer em *Primavera Silenciosa* quer em publicações contraculturais posteriores, os sistemas naturais eram bons, e o lucro ou os sistemas governamentais, sinistros.[17]

Primavera Silenciosa reproduziu o medo do pós-guerra relativo às armas nucleares e a um apocalipse nuclear. O pensamento apocalíptico impregnou dois *bestsellers* saídos em 1948, *Road to Survival*, de William Vogt, e *Our Plundered Planet*, de Fairfield Osborn. Para Vogt, a fome, a escassez e as epidemias de doenças da guerra e do período imediatamente posterior à guerra ofereciam um prenúncio do futuro. O excesso populacional, escreveu, estava a esgotar os solos e a exaurir os recursos. *Road to Survival* fez a primeira ligação direta entre as atividades humanas e o ambiente global. Osborn, um biólogo, encontrou paralelismos entre a guerra recentemente travada e a guerra que a humanidade movia contra a natureza. *Our Plundered Planet* alertava para o facto de a humanidade estar a extrair tanto da terra que «se estava a tornar, pela primeira vez, uma *força geológica em grande escala*»[18], um enunciado precoce da formulação da ideia de uma época do Antropoceno.

Esse clima apocalíptico agravou-se em 1949, quando um bem-sucedido teste de uma bomba atómica levado a cabo pela União Soviética desencadeou uma corrida ao armamento nuclear. O fim da civilização humana pairava no horizonte. Um outro cenário apocalíptico, este menos visível, estava a tomar forma. Testes de armas nucleares conduzidos em locais remotos tornavam não só os sítios dos testes radioativos como também enviavam uma série de partículas radioativas para a alta atmosfera. Os cientistas descobriram que essas partículas regressavam à terra, na água da chuva, muito mais cedo do que o previsto. Entravam na cadeia alimentar e tornavam-se mais concentradas consoante viajavam das plantas para os animais e destes para os consumidores humanos. Os músculos, os ossos, os dentes e os órgãos humanos acumulavam elementos radioativos que poderiam causar cancro. Em 1963, os governos envolvidos concordaram em proibir os testes de armas nucleares na atmosfera. *Primavera Silenciosa* enfatizou explicitamente como os produtos químicos, à semelhança da radioatividade, eram omnipresentes, silenciosos, invisíveis, insípidos e potencialmente mortais.[19]

Génese de um movimento político e cultural

Quando Kennedy pediu aos seus conselheiros científicos que avaliassem as alegações de *Primavera Silenciosa*, a questão do ambiente tornou-se uma questão política. O Congresso levou a cabo várias audiências, nas quais Carson testemunhou, e, ao longo das décadas de 1960 e de 1970, continuou a realizar audiências sobre problemas ambientais. Com a publicação do seu *The Quiet Crisis*, em 1963, o secretário do Interior Stewart Udall mostrou como é que as questões ambientais acabaram por moldar as posições do governo.[20] O candidato presidencial democrata Lyndon Johnson anunciou, em 1964, o seu objetivo de uma Grande Sociedade sem poluição, abrindo caminho para uma legislação ambiental tão importante como a Lei da Qualidade da Água, de 1965, a Lei da Água Potável, de 1966, e a Lei da Qualidade do Ar, de 1967.

Com uma frequência nunca anteriormente vista, os problemas ambientais passaram a fazer os cabeçalhos dos jornais nacionais, reflexo mais de uma nova consciência pública relativamente a essas questões do que de um real aumento dos problemas ambientais. Os cabeçalhos suscitaram ações governamentais. Uma inversão da temperatura ocorrida em Nova Iorque durante quatro dias, no ano de 1966, originou um *smog* mortífero, o que levou à aprovação da Lei da Qualidade do Ar. O naufrágio do *Torrey Canyon* e alguns outros incidentes conduziram a uma maior consciencialização relativamente aos derramamentos de petróleo, de modo que o derramamento de petróleo ao largo de Santa Bárbara, Califórnia, e o incêndio no rio Cuyahoga, perto de refinarias de petróleo em Cleveland, Ohio, em 1969, culminaram em regulações mais rigorosas propostas nas emendas à Lei de Controlo da Poluição da Água, de 1972. A crise petrolífera de 1973 levou o presidente Jimmy Carter a submeter ao Congresso, em 1977, um plano energético mais abrangente e a criar o Departamento de Energia. Em meados da década de 1970, os aterros de resíduos tóxicos fizeram repetidamente as parangonas dos jornais, sendo que a mais chocante relatava o horror de um bairro residencial e de uma escola construídos sobre um antigo depósito de lixo tóxico, no Love Canal, na Cataratas do Niágara, no Estado de Nova Iorque. O Congresso respondeu com a Lei Integrada de Resposta Ambiental, Compensação e Responsabilidade, de 1980, que criou o *Superfund* que visava limpar locais contaminados com substâncias perigosas.

Os protestos contra a construção de barragens desempenharam um importante papel na ascensão do ativismo ambiental junto das populações. Em 1955, os protestos conseguiram parar uma barragem prevista para o Dinosaur National Monument, fazendo o mesmo, em 1968, com duas barragens que teriam inundado partes do Grand Canyon. Os movimentos populares contra os custos ecológicos e sociais das grandes barragens impulsionariam, mais tarde, a consciência ambiental e o ativismo contra a construção da barragem de Narada, na Índia, da barragem das Três Gargantas, na China, e de grandes barragens na União Soviética, na Europa, em África e na América do Sul.[21]

Surgiram organizações locais que se opuseram à construção de centrais nucleares. A primeira delas opôs-se com sucesso a uma central prevista para Bodega Bay, na Califórnia, perto da falha geológica ativa de San Andreas, projeto definitivamente abandonado em 1964. Os movimentos de protesto dos anos 70 lutaram sem grande sucesso contra a central nuclear de Seabrook, em New Hampshire, e contra as instalações nucleares de Shoreham, em Nova Iorque. Contudo, depois do tristemente célebre acidente na central nuclear de Three Mile Island, na Pensilvânia, em 1979, não foram propostas nem construídas novas centrais nucleares até aos anos 2000. A construção de centrais nucleares prosseguiu na Europa, onde o movimento antinuclear lançaria as bases para os partidos políticos verdes nos anos 80.[22]

Uma tão forte consciência ambientalista por parte das populações levou a que o número de adesões às organizações ambientalistas aumentasse com celeridade. A Federação Nacional da Vida Selvagem [NWF], a Audubon Society e o Clube Sierra conheceram dezenas de milhares de novos membros nos anos 60 e centenas de milhares nos anos 70. Surgiram também novas organizações conservacionistas. O Fundo de Defesa Ambiental foi criado em 1967. A organização ambientalista internacional Amigos da Terra foi fundada em 1969. O Conselho para a Defesa de Recursos Naturais foi organizado em 1970. No mesmo ano, expatriados americanos no Canadá organizaram a Greenpeace. Membros mais radicais deixariam a Greenpeace e formariam, em 1977, a Sea Shepard Conservation Society, enquanto outros abandonariam a NWF para criar a organização Earth First!, em 1980.[23]

A obra *Primavera Silenciosa* ajudou também a moldar os valores dos movimentos de contracultura dos anos 60 e 70. Uma geração que havia crescido rodeada de um relativo conforto e segurança absorveu as críticas feitas à empresarial, consumista, conformista e suburbana sociedade americana das décadas de 1940 e 1950, e procurou alternativas que dessem maior sentido à vida e ao trabalho. Carson acentuou os receios de que a moderna sociedade consumista-capitalista estivesse a destruir tanto a natureza quanto a saúde humana. Ao «sistema» e ao «plástico» da vida suburbana moderna, a contracultura opunha coisas «naturais», como fibras naturais, alimentos naturais, partos naturais, remédios naturais, produtos de higiene pessoal naturais, o naturismo (nudismo) e a religião da natureza tal como expressa em rituais neopagãos e na espiritualidade indígena. Isso foi acompanhado pela rejeição dos bens de consumo produzidos em massa, pela crescente popularidade dos movimentos agrários *back-to-the-land*[24] e pelo desejo de um regresso à natureza. Em 1970, um *boom* de acampamentos, mochilas e caminhadas havia começado entre os jovens.[25]

Os anos 1970, a década ambientalista americana

Nos Estados Unidos, estas correntes ambientalistas, políticas, sociais e culturais juntaram-se no dia 22 de abril de 1970. Incitadas pelo senador Gaylord Nelson e pelo seu gabinete, milhões de pessoas organizaram, elas próprias, manifestações locais, conferências, seminários abertos a toda a gente e uma série de outros eventos pacíficos para assinalar o Dia da Terra. Num período particularmente tenso e marcado por grandes divisões, foi um momento verdadeiramente extraordinário, em que pessoas de todos os quadrantes políticas se reuniram para discutir o ambiente. Apanhados de surpresa, os políticos reagiram rapidamente. O presidente Richard Nixon criou a Agência de Proteção Ambiental. Durante a década seguinte, o Congresso aprovaria uma série de legislação ambiental. Em 1970, criou a Amtrak, que restaurava o serviço ferroviário de passageiros. A Lei de Saúde e Segurança no Trabalho, de 1970, protegia os trabalhadores dos perigos para a saúde nos locais de trabalho. Após a segunda crise petrolífera, em 1979, o Congresso financiou a Synthetic Fuels Corporation e o Solar Energy Research Institute.

O ano de 1970 significou não apenas um ponto de viragem na América, mas também na esfera internacional. A influência cultural americana derramou-se sobre a Europa e sobre o mundo do pós-guerra através de muitos canais. Centenas de milhares de soldados americanos introduziram a música americana à juventude europeia, japonesa e sul-coreana. A vigorosa e prodigiosa torrente de arte, música, literatura, programas de televisão e filmes americanos, muitas vezes traduzidos, bem como de estilos de roupa como calças de ganga azuis, seguiu os soldados através do Atlântico e do Pacífico. Os jovens europeus estavam também muito cientes dos direitos civis americanos, do ambiente que se vivia nos *campi* universitários e dos protestos antiguerra, coisas que vieram a ter os seus equivalentes na Europa.

As preocupações ambientais também se enraizaram no exterior, embora tenham chegado com algum atraso a uma Europa que ainda se recuperava economicamente da Segunda Guerra Mundial. Traduções de *Primavera Silenciosa* apareceram numa dúzia de idiomas. O seu acolhimento variou muito de nação para nação, contudo, *Primavera Silenciosa* nunca foi um *bestseller* na Europa. A reação sueca a *Primavera Silenciosa* excedeu a dos Estados Unidos. A Suécia tinha algumas das organizações de proteção da natureza mais antigas e populares da Europa, assim como uma abordagem pragmática e bem gerida dos problemas, o que tornava possível uma resposta rápida. Em 1967, a Suécia estabeleceu a primeira entidade que, de uma forma abrangente, regulava as questões ambientais, o Conselho de Proteção Ambiental, e aprovou a primeira legislação de proteção ambiental de cariz abrangente, a Lei de Proteção Ambiental de 1968. Antes de qualquer outro país, a Suécia tomou medidas concretas contra os pesticidas persistentes.[26] Na Grã-Bretanha, os agricultores não dependiam tanto de produtos químicos quanto os americanos. Fazia já uma década que o governo britânico se vinha a ocupar da questão e respondia agora a esse assunto de uma forma que não suscitava grande polémica. Acordos feitos discretamente com a indústria baniram, em 1964, os pesticidas mais perigosos. O governo deu a este sistema consensual uma base legal com a Lei de Proteção Alimentar e Ambiental, de 1985, e com o Regulamento de Controlo de Pesticidas, de 1986.[27] Nos Países Baixos, *Primavera Silenciosa* causou uma forte impressão entre cientistas e autoridades governamentais. A pesada máquina burocrática e regulamentar do governo holandês moveu-se lentamente até que, em 1966–1967, o DDT causou o colapso abrupto das populações de aves de rapina e os pesticidas mataram milhares de andorinhas-do-mar. A regulação tornou-se, então, muito mais eficaz, mas não houve um grande debate público.[28] O *Bundestag* da Alemanha Ocidental só aprovou uma lei ambiental de cariz abrangente em 1971, e o ambientalismo desempenhou um papel político relativamente pequeno até aos anos 80.[29] Na Dinamarca, em Itália, em Espanha e em França, a imprensa fez algum eco do livro *Primavera Silenciosa* e do debate americano que havia suscitado, porém, concluiu que o uso excessivo de produtos químicos era um problema americano, e não se falou mais no assunto.[30]

Em 1970, o constante rufar dos tambores do ambientalismo não podia mais ser ignorado. Em 1968, a Suécia propôs que se realizasse em Estocolmo uma conferência das Nações Unidas sobre o ambiente. O Conselho da Europa declarou 1970 o Ano Europeu da Conservação da Natureza. A influente revista alemã *Der Spiegel* publicou o seu primeiro número em que o tema de capa era o ambiente. Depois do Dia da Terra que se havia realizado nos Estados Unidos, o ritmo acelerou. Na primeira grande manifestação contra a energia nuclear, milhares de pessoas marcharam, em 1971, contra a central nuclear de Fessenheim, na Alsácia, em França. A Alemanha Oriental e França criaram, em 1972, Ministérios do Ambiente (embora o Ministério do Ambiente da Alemanha Oriental tenha perdido influência à medida que a economia do país começou a declinar, nos finais da década de 1970). Em 1972, a conferência proposta pela Suécia, a Conferência das Nações Unidas sobre o Meio Ambiente Humano, realizou-se finalmente, naquela que foi a primeira cimeira global da Terra. Reuniu as céticas nações do hemisfério sul e os países industrializados, sendo que a China foi a única nação comunista a marcar presença. Os países do Sul exigiam que, antes de qualquer tipo de consideração ambiental, fosse resolvido o problema da pobreza. Os delegados chineses consideraram a cimeira esclarecedora. O ambientalismo chinês data dessa cimeira. Como preparação para a conferência, Ward e Dubos publicaram *Only One Earth*. A conferência levou à criação, nesse mesmo ano, do Programa Ambiental das Nações Unidas. Em 1974, o engenheiro agrónomo René Dumont candidatou-se à presidência de França como o primeiro candidato ecologista do mundo.[31]

Muito menos esperançoso do que *Only One Earth*, de Ward, o relatório *Os Limites do Crescimento*[32], também conhecido como relatório do Clube de Roma, de 1972, chocou o mundo. *Os Limites do Crescimento* apoiou-se em programas informáticos desenvolvidos no MIT para explorar a interação entre o crescimento exponencial e os recursos finitos. Uma gradual confluência entre as ideias da ciência do sistema Terra e os sistemas informáticos tornou isso possível. O ecologista americano H. T. Odum aplicou conceitos cibernéticos à ecologia imediatamente após Norbert Wiener ter cunhado o termo, em 1948[33], enquanto o exército americano financiava pesquisas sobre a previsão meteorológica computorizada. A equipa do Clube de Roma aplicou esses métodos à preocupação geral do pós-guerra quanto aos recursos para o futuro, bem como às preocupações de Vogt e Osborn respeitantes ao excesso populacional (preocupações essas ampliadas pelo *bestseller* do biólogo americano Paul Ehrlich, *The Population Bomb*, de 1968). *Os Limites do Crescimento* previa o colapso económico e demográfico para meados do século XXI. O livro era assunto de conversa em todo o mundo industrializado. Foram vendidos milhões de exemplares em mais de trinta línguas. Os economistas defensores do mercado livre ridicularizaram-no por subestimar o poder mágico que os mercados tinham de encontrar alternativas à diminuição dos recursos. Seja como for, o livro deu um enorme impulso ao ambientalismo, em particular quando a crise do petróleo de 1973 e a escassez que a acompanhou pareciam anunciar que os limites já haviam chegado. Várias reavaliações feitas recentemente concluíram que o mundo está a seguir as previsões do livro de forma surpreendentemente próxima.[34]

A ascensão dos Verdes

Em 1980, a consciência mundial para as questões ambientais tinha aumentado de forma tremenda, mas só nos Estados Unidos é que o ambientalismo se havia tornado uma força política. O pânico que, nos anos 70, se gerou na Alemanha Ocidental relativamente à aparente morte das florestas devido às chuvas ácidas agudizou e popularizou o interesse sobre os problemas da poluição, contudo, não produziu nenhum tipo de movimento político. Alguns desastres industriais levantaram preocupações em relação aos produtos químicos tóxicos, ao mesmo tempo que nos Estados Unidos a mesma questão estava a suscitar acesos debates. Em 1976, um acidente ocorrido numa fábrica de produtos químicos em Seveso, Itália, libertou uma nuvem de dioxina tóxica. Em 1986, as mangueiras dos bombeiros apagaram um incêndio numa fábrica de produtos químicos em Basileia, na Suíça, empurrando uma série de pesticidas e de produtos químicos para o Reno, o que causou a morte de peixes e a contaminação do abastecimento de água desde o local do acidente até ao mar. Em 1984, o desastroso acidente verificado numa fábrica de produtos químicos, em Bhopal, na Índia, que matou mais de 3500 pessoas e feriu outras 150 000, suscitou também a indignação mundial, mas teve um reduzido impacto político permanente.[35]

O motor da mudança em França e na Alemanha foi o movimento antinuclear. A geração de esquerda do Maio de 68 reconheceu nesses protestos populares um movimento político com objetivos paralelos aos seus e embarcou nessa luta, trazendo consigo uma renovada energia política, uma desconfiança em relação ao capitalismo e atitudes sociais progressistas. Tal como em *Primavera Silenciosa,* os receios da radiação e do cancro provocados pelas armas nucleares proporcionaram o motivo inspirador. A catástrofe de Chernobyl de 1986 semeou a radiação e o medo em toda a Europa, proporcionando o ensejo para o ambientalismo político se tornar visível. Em praticamente todas as democracias do mundo, da Finlândia à Nova Zelândia, novos partidos verdes seguiram a vanguarda francesa e alemã dessas fações.[36]

Nos Estados Unidos, os protestantes calvinistas moldaram o movimento ambientalista, sendo que, em contraste, as populações enraizadas nos antigos estados esclavagistas do Sul ou aquelas que promoveram a diáspora sulista se correlacionam profundamente com um sentimento de indiferença para com o ambientalismo. Também na Europa, a cultura e a história religiosa influenciaram a vitalidade e o estilo dos movimentos verdes. O norte protestante tem tido as políticas e as leis ambientais mais assertivas. Em França, onde os protestantes são uma pequena minoria, um número completamente desproporcionado dos principais ideólogos e protagonistas verdes tinha as suas origens no protestantismo calvinista. Os líderes verdes franceses não-protestantes eram frequentemente veteranos do Maio de 68.[37] O clero luterano da Alemanha Ocidental esteve envolvido em assuntos ambientais desde a década de 1950 e teve uma reação mais veemente do que outros ao livro *Primavera Silenciosa.*[38] Na Alemanha Oriental, as igrejas luteranas forneciam um espaço politicamente resguardado para que os ambientalistas que criticavam as políticas industriais do regime se pudessem reunir e organizar.[39] Na Alemanha alpina católica e na Áustria, surgiu um forte movimento ambientalista não religioso e não moralista, entre cujas consecuções está a criação, em 1970, do primeiro parque nacional da Alemanha, o Parque Nacional da Floresta da Baviera.[40] Um forte sentimento ambientalista prevalecia nas populações protestantes dos Países Baixos e da Suíça e também na Escandinávia luterana, sentimento esse fortalecido por uma longa tradição de atividades recreativas ao ar livre. A Noruega emergiu inesperadamente como uma espécie de paradigma ambientalista, albergando o movimento da Ecologia Profunda, fundado em 1973 pelo filósofo Arne Naess.[41]

A internacionalização do ambientalismo

Only One Earth foi um prenúncio da expansão das dimensões do ambientalismo que se verificaria nas décadas de 1980 e de 1990. O movimento aprofundou-se para começar a incluir uma componente de justiça social e ampliou-se, passando a cobrir grande parte do globo. Não é coincidência nenhuma que a consciência do alcance global do capitalismo tenha também crescido durante as mesmas décadas — manifestações contra a globalização marcaram presença em todas as principais cimeiras económicas internacionais da década de 1990. No entanto, os movimentos de causa única continuaram a dominar o ambientalismo em todo o mundo, sem apresentarem grandes propostas que, de forma abrangente, resolvessem os impactos ambientais do capitalismo de consumo.

O movimento pela justiça ambiental surgiu do ativismo local durante a crise do Love Canal, em 1978, quando os moradores daquela área que haviam adoecido descobriram que as suas casas e escolas haviam sido construídas sobre um antigo depósito de resíduos tóxicos.[42] Quatro anos depois, a Carolina do Norte criou, numa região pobre, rural e predominantemente negra, um aterro para solo contaminado com PCB[43]. Eclodiram protestos liderados por grupos ligados a igrejas batistas negras e a organizações de direitos civis. Durante as duas décadas seguintes, surgiram protestos semelhantes contra a poluição e contra aterros construídos, um pouco por todo o país, em comunidades pobres e minoritárias. O trecho de instalações petroquímicas ao longo do rio Missisipi, entre Baton Rouge e Nova Orleães, na Louisiana, foi um exemplo particularmente flagrante do fardo tóxico suportado pelos mais pobres e fracos.[44] Alguns protestos levaram a esforços de remediação, mas, muitas vezes, as empresas usaram os tribunais para fugir às suas responsabilidades ou à punição.[45]

Em outras partes do mundo, surgiram questões semelhantes que envolviam a defesa dos direitos dos povos indígenas e agrícolas contra o desenvolvimento. O movimento *Chipko* da Índia tornou-se particularmente famoso e uniu os aldeões para impedirem o abate de florestas sobre as quais tinham direitos de subsistência, uma repetição mais recente da velha tensão entre os direitos dos camponeses e o desenvolvimento ou a gestão governamental. A situação dos habitantes indígenas da floresta amazónica ou do Bornéu também suscitou indignação entre os ambientalistas europeus e norte-americanos. No entanto, a experiência mostra-nos que os povos que defendem com sucesso o seu direito a utilizar os recursos florestais nem sempre os gerem de uma forma que os ambientalistas ocidentais consideram sustentável.[46]

Ward foi um dos primeiros defensores da ideia de justiça para o empobrecido hemisfério sul pós-colonial, reparação essa que cabia ao rico hemisfério norte, um sentimento que se foi tornando mais forte nos anos subsequentes à Cimeira de Estocolmo. Na década de 1990, a permuta de dívida por conservação ambiental tornou-se uma solução comum. Todavia, embora as dívidas externas de alguns países fossem pagas ou perdoadas em troca da criação de parques e de reservas de vida selvagem, a necessidade de policiar e pagar por esses investimentos fragilizou muitos deles. Por outro lado, os direitos que as aldeias locais ou que os povos indígenas que viviam nas áreas afetadas tinham sobre os seus recursos naturais estavam a ser-lhes negados, e isso preocupava os ambientalistas do hemisfério norte. Essa solução já não tem muitos defensores. A noção de justiça Norte-Sul também se desvaneceu. Mais recentemente, aumentaram as preocupações com o efeito que o aquecimento global tem sobre os pobres, que, com os seus baixos níveis de consumo, são menos responsáveis pelas alterações climáticas. Neste ponto, o ativismo de Ward deu frutos com o desenvolvimento do pensamento ambientalista católico, o qual culminou, em 2015, com a encíclica do Papa Francisco *Laudato Si' — Sobre o cuidado da casa comum* e outras manifestações públicas.[47]

Um capítulo particularmente perspicaz de *Only One Earth* descreve as relações ambientais entre o ar e o mar (incluindo um dos primeiros alertas relativos ao aquecimento global).[48] A década de 1980 assistiu às

Fig. n.º 15: Bruna Prado. Brasileiros reúnem-se em defesa da Amazónia e protestam contra a desflorestação e os incêndios florestais no dia 23 de agosto de 2019, no Rio de Janeiro, Brasil. A partir da década de 1980, o movimento ambientalista globalizou-se. Os protestos políticos e as ações locais já não se encontram limitados à Europa Ocidental e aos Estados Unidos. (© Alamy Stock Photo /Fotobanco.pt)

primeiras crises ambientais globais. A primeira questão crítica redundou num resultado excecionalmente bem-sucedido. Nos anos 70, os cientistas já haviam demonstrado que os clorofluorcarbonetos presentes em latas de aerossóis, frigoríficos, aparelhos de ar condicionado, extintores de incêndio e com outras utilizações ameaçavam a camada de ozono. As negações dos fabricantes de CFC terminaram em 1985, quando dados de satélite forneceram provas convincentes de um grande e crescente buraco na camada de ozono sobre a Antártida. Começaram rapidamente negociações internacionais que conduziram ao Protocolo de Montreal, de 1987, o qual criou o quadro regulatório que levaria a uma diminuição da concentração atmosférica de CFC.

Ward alertou também para o declínio das florestas tropicais, coisa que, no final da década de 70 e ao longo da década de 80, suscitou um alarme generalizado.[49] Uma ramificação ambientalista radical da Earth First!, a Rainforest Action Network, criada em 1985, exortou, com enorme sucesso durante a primeira década da sua existência, ao boicote a empresas cujas ações houvessem contribuído para a desflorestação tropical.[50] O biólogo de Harvard E. O. Wilson popularizou o conceito de biodiversidade com o seu livro *Biodiversity*, de 1988, dando aos ambientalistas um novo e poderoso conceito para defenderem florestas virgens. Só quando a aceleração das mudanças climáticas no século XXI trouxe para primeiro plano a importância das florestas tropicais para o armazenamento de carbono é que o conceito de biodiversidade desapareceu um pouco dos tópicos das conversas. O alívio concedido às florestas tropicais, como a Amazónia, tem sido, no entanto, apenas temporário, sobretudo quando uma mudança de governo desencadeia um novo afluxo de madeireiros, de mineiros, de criadores de gado e de outros agentes de desflorestação.

A partir da Cimeira de Estocolmo de 1972, as nações mais pobres deixaram claro que o desenvolvimento económico, e não as questões ambientais, eram para elas prioritárias. Isso, claro está, representa um enorme obstáculo para a viabilização das propostas dos cidadãos das nações ricas do hemisfério norte no sentido de desmantelar o capitalismo para salvar o ambiente. Em 1983, as Nações Unidas estabeleceram uma Comissão Mundial sobre o Meio Ambiente e Desenvolvimento, conhecida como Comissão Brundtland em honra de Gro Harlem Brundtland, a antiga primeira-ministra norueguesa que a ela presidiu. O relatório que em 1987 saiu dos trabalhos dessa comissão, *O Nosso Futuro Comum*, popularizou a expressão «desenvolvimento sustentável», que se definiu como o desenvolvimento que atende às necessidades do presente sem comprometer as necessidades do futuro.

As posteriores Cimeiras da Terra passaram a reunir-se a cada década, no Rio de Janeiro, Brasil, em 1992; em Joanesburgo, na África do Sul, em 2002; e novamente no Rio de Janeiro, em 2012, tendo todas elas por tema o desenvolvimento sustentável. Os Estados Unidos têm vindo a participar dessas cimeiras sem grande entusiasmo, maioritariamente devido às administrações republicanas pró-empresarias que estavam em funções em 1972, em 1982 (a qual bloqueou a Cimeira da Terra em Nairóbi, no Quénia), em 1992 e em 2002, e em parte por causa da crescente influência de um sentimento neoliberal no seio do Partido Democrático, em funções em 2012. Ainda assim, a partir da primeira Cimeira do Rio de Janeiro, começou a aparecer uma série de novos acordos ambientais internacionais sobre alterações climáticas, biodiversidade, madeira tropical, desertificação, tráfico internacional de substâncias perigosas, recursos fitogenéticos, pesca oceânica e energias renováveis.[51]

Falhanço na abordagem ao problema do aquecimento climático

O maior fracasso internacional na resolução de um problema ambiental global tem sido a nossa incapacidade de abrandar ou inverter as alterações climáticas. Os ambientalistas têm sido incapazes de ultrapassar a resistência dos interesses que giram em torno dos combustíveis fósseis, das empresas e dos Estados cujas economias deles dependem. Em 1980, o aquecimento global já preocupava os cientistas, mas ainda não o público ou os políticos. Com o tempo, os cientistas reuniram mais dados, os modelos computacionais tornaram-se mais sofisticados e precisos, e perturbadores cenários futuros emergiram de uma série de conferências científicas internacionais sobre o clima. De molde a evitar uma catástrofe climática na primeira metade do século XXI, os cientistas esforçaram-se ao máximo por influenciar as políticas governamentais.

Em 1988, ano em que nos Estados Unidos o calor atingiu valores recorde, aliando-se a uma seca extrema, a devastadores incêndios florestais e à passagem de um poderoso furacão, o público e a imprensa americanos começaram a atribuir as catástrofes naturais ao aquecimento global. O *bestseller* de Bill McKibben, *The End of Nature*, de 1989, o primeiro livro sobre alterações climáticas feito para o grande público, originou também discussões sobre o clima.[52] A primeira-ministra britânica Margaret Thatcher, uma ex-química que percebia alguma coisa de ciência, instou por medidas e por mais investigação. O presidente americano Ronald Reagan, um republicano, exigiu a criação de uma agência independente que os republicanos esperavam que fosse politicamente influenciada pelos governos. As agências das Nações Unidas responderam com o Painel Intergovernamental para as Alterações Climáticas [PIAC]. A própria dimensão e composição internacional do PIAC conferiram aos seus trabalhos uma enorme credibilidade, mesmo quando a inclusão de cientistas de Estados produtores de petróleo, como a Arábia Saudita, desvirtuou as suas conclusões, no sentido de requererem uma maior cautela e um maior conservadorismo. Em 1990, o PIAC começou a divulgar relatórios regulares. Desde então, a fraseologia cautelosa tem vindo a evoluir para uma linguagem mais enfática e direcionada para a ação dos governos. As suas previsões para os piores cenários tendem a encaixar na realidade de uma forma perturbadora.[53]

A Cimeira do Rio de Janeiro de 1992 sobre alterações climáticas conduziu ao Protocolo de Quioto de 1997, em que os países signatários se comprometeram a reduzir a sua produção de gases com efeito de estufa.

Contudo, os Estados Unidos, sob a presidência democrata de Bill Clinton, não ratificaram o protocolo, e o seu sucessor, o presidente republicano George W. Bush, repudiou-o completamente. Uma subsequente conferência em Copenhaga, no ano de 2009, fracassou, porém, o ambicioso acordo que se seguiu, negociado em Paris, em 2015, incluía quase todas as nações do mundo. Em seguida, sob um coro de críticas e de resistência generalizada, o presidente republicano Donald Trump retirou os Estados Unidos do acordo em 2020, sendo que o presidente democrata Joe Biden voltou a aderir a ele em 2021. O Acordo de Paris proporcionou uma bitola através da qual as nações podem aferir o sucesso ou o fracasso, mas não impôs compromissos firmes para reduzir os gases com efeito de estufa.[54]

A questão das mudanças climáticas mudou a natureza do ambientalismo global. Ela ofusca agora a maioria das preocupações anteriores com a conservação e o combate à poluição. A prioridade atual reside na transição, tão cedo quanto possível, dos combustíveis fósseis para as energias renováveis. Em 2021, as catástrofes pareciam algo saído do mais apocalíptico dos pesadelos de um ambientalista. Incêndios florestais propagaram-se, completamente fora de controlo, na Sibéria, no oeste dos Estados Unidos, na Grécia e na Turquia. O governo do presidente Jair Bolsonaro permitiu uma acelerada razia da floresta amazónica brasileira. Secas nunca vistas queimaram alguns lugares, enquanto chuvas torrenciais sem precedentes inundaram outros. Furacões, tufões e ciclones aumentaram de intensidade, descarregando maiores quantidades de chuva. As calotas polares e da Gronelândia estão a derreter mais rapidamente do que os cientistas haviam previsto. As cidades costeiras e as ilhas situadas a uma baixa altitude enfrentam a subida do nível da água dos oceanos. As alterações climáticas ameaçam muitas espécies de extinção. Distúrbios põem em perigo os ecossistemas em quase todos os lugares. Nenhuma crise ambiental alguma vez abordara as alterações climáticas no seu âmbito, urgência e ameaça à civilização humana.

O desafio ambiental da agricultura empresarial

O ambientalismo instigou uma reação contra o complexo agroindustrial de monoculturas de plantas geneticamente modificadas dependentes de produtos químicos e contra a produção fabril de produtos de origem animal. A política governamental americana, especialmente sob as administrações republicanas de Eisenhower, de Nixon e de Reagan, havia encorajado as explorações agrícolas americanas a crescerem em dimensão, ao mesmo tempo que, de forma a torná-las mais produtivas, o Departamento de Agricultura promovera a sua mecanização e a utilização de fertilizantes artificiais e de pesticidas, herbicidas e fungicidas químicos. A Revolução Verde espalharia essas tendências por todo o hemisfério sul. O livro *Only One Earth* elogiou a capacidade da Revolução Verde de alimentar melhor o mundo, alertando, simultaneamente, contra os problemas levantados pelos produtos químicos, pela erosão e pela salinização.[55]

Na Europa, a criação, em 1957, do Mercado Comum Europeu promoveu o livre comércio de produtos agrícolas, possibilitando, concomitantemente, que cada nação protegesse os seus agricultores da concorrência. Preços garantidos protegiam as pequenas e menos eficientes explorações agrícolas. Os Europeus podiam afirmar com alguma verdade que a situação do livro *Primavera Silenciosa* se aplicava aos Estados Unidos, não à Europa. Para tornar as explorações agrícolas europeias mais competitivas e menos dependentes das onerosas políticas de sustentação dos preços, a Comunidade Económica Europeia adotou, em 1970, o Plano Mansholt. No entanto, essas políticas de sustentação dos preços não desapareceram de todo, pelo que as explorações maiores e mais produtivas passaram a gerar grandes excedentes agrícolas, mesmo quando os Europeus consumiam alimentos mais caros do que os Americanos. França tornou-se o segundo maior exportador mundial de alimentos, logo atrás dos Estados Unidos. Sob a pressão da globalização, da expansão da União Europeia para alguns países de Leste e sob a pressão exercida por grupos ambientais e de consumidores, o pesado e politicamente rígido sistema europeu de regulamentação agrícola viu-se forçado, depois de 1990, a uma série de mudanças. A agricultura continua, no entanto, a ser altamente regulamentada e muito dispendiosa. Atualmente, a agroindústria e as grandes empresas agrícolas controlam, quer na Europa quer nos Estados Unidos, quase todos os produtos alimentares.[56]

Como reação, desenvolveu-se um movimento em prol de produtos e de carne biológicos. Na primeira metade do século XX, haviam surgido, na Alemanha, em Inglaterra e nos Estados Unidos, alguns movimentos marginais percussores que se espalharam, depois, por países vizinhos. De molde a reforçar a fertilidade, o sistema biodinâmico alemão e o movimento orgânico inglês promoveram, muitas vezes num contexto espiritual, místico ou religioso, a saúde do solo através da adubação natural e da rotação de culturas. O movimento inglês inspirou-se na experiência da Índia britânica. Tal como promovido por Jerome Irvine Rodale (nascido Cohen) e outras figuras em publicações como a revista *Prevention*, de Rodale, o movimento nos Estados Unidos concentrou-se na saúde humana. Aos olhos do público, a obra *Primavera Silenciosa* estabeleceu uma forte ligação entre ecossistemas saudáveis e saúde humana. Mais tarde, na década de 1960, os investigadores conseguiram também associar os aditivos alimentares comuns e os adoçantes artificiais ao cancro. O movimento orgânico americano emergiu do movimento de contracultura, sobretudo entre pessoas que queriam comer alimentos saudáveis, criados sem produtos químicos, e escapar ao poder do agronegócio e das grandes empresas alimentares.

Nas décadas de 1980 e de 1990, a geração mais jovem, que consumia alimentos biológicos, havia amadurecido e prosperado. As grandes empresas alimentares viram nisso um potencial mercado. Esse facto, a que acresceu uma reação contra a introdução de organismos geneticamente modificados, alimentou a procura pela produção de alimentos orgânicos. Produtos biológicos começaram a aparecer nas prateleiras de cadeias de supermercados e de grandes retalhistas como a Walmart. Os consumidores também se horrorizaram com o uso excessivo de antibióticos e de hormonas na produção de carne e de produtos lácteos. Desde o ano 2000 que o desejo por um sistema agrícola neutro no concernente às emissões de carbono levou a um outro crescimento na procura por produtos orgânicos, em conjunto com o aumento de popularidade dos géneros alimentícios localmente produzidos. Além disso, na década de 2010, estudos científicos amplamente divulgados descreveram declínios dramáticos entre as espécies de insetos devido a pesticidas, nomeadamente, polinizadores vitais como as abelhas. A devastação causada pelas monoculturas quimicamente dependentes havia piorado desde a publicação de *Primavera Silenciosa*.

O capitalismo de consumo depressa capturou o nicho que é o sistema de alimentos orgânicos. À medida que o grande público passou a adquirir alimentos orgânicos na década de 1980, os governos e as organizações privadas certificaram-se de que os produtores ou os comerciantes não apresentavam incorretamente os alimentos convencionais como produtos biológicos, que eram mais caros. As regras eram necessárias para fomentar a confiança no sistema orgânico, mas a burocratização também permitiu a entrada dos grandes agricultores e das grandes empresas no mercado biológico. As lojas de comida saudável e as explorações agrícolas biológicas começaram a assemelhar-se, tanto nos Estados Unidos quanto na Europa, às suas congéneres industriais e empresariais. Os criteriosos agricultores que utilizavam métodos tradicionais desapareceram. A agroindústria e as empresas assumiram o seu lugar. Empresas multinacionais compraram pequenas marcas biológicas. Um movimento social que visava reformar a maneira como a sociedade produz e consome os seus alimentos transformou-se num outro sistema de produção em massa para o mercado de consumo.

O problema de garantir a qualidade da carne criada industrialmente tem-se revelado complicado. Os Europeus olham para a carne produzida com hormonas e antibióticos como pouco saudável e tentam restringir as importações dos Estados Unidos, onde a regulação tende a favorecer os interesses dos produtores. Em 1997, investigadores demonstraram que a «doença das vacas loucas», a encefalopatia espongiforme bovina, poderia causar uma doença cerebral incurável nos humanos que consumissem carne bovina infetada. Em Inglaterra, a doença afetou a carne do gado bovino que havia sido alimentado com vísceras de ovelhas contaminadas (obviamente, esse não é um alimento natural para as vacas). As exportações britânicas de carne de bovino pararam, e as manadas afetadas foram abatidas. Ao mesmo tempo, começaram a circular na imprensa histórias arrepiantes sobre as horríveis condições comummente encontradas em explorações concentradas de alimentação animal. Esses acontecimentos levantaram ainda mais suspeitas sobre as empresas alimentares e aumentaram a procura por carnes criadas de forma tradicional.

Na América Latina, em África e na Ásia, a Revolução Verde forçou os pequenos agricultores economicamente pouco eficientes a mudarem-se para as cidades em crescimento. Americanos e europeus lamentaram a perda de antigas técnicas agrícolas adaptadas localmente, de variedades de sementes e de culturas rurais. Os ativistas americanos e europeus também atacaram as grandes empresas americanas e europeias que, sem nenhuma forma de compensação, pegavam em material genético e em variedades de plantas de países pobres e, depois, os vendiam de volta a essas nações incorporados em sementes patenteadas.[57]

A procura internacional por produtos biológicos menos prejudiciais para o ambiente, menos intrusivos e menos poluentes cresceu, primeiro na Europa e nos Estados Unidos, depois no Japão, na Austrália e na Nova Zelândia. As plantações monoculturais de banana, de café e de chá que exportam para esses países foram adotando técnicas orgânicas consoante as necessidades do mercado mudavam. A procura por parte dos consumidores pode, por vezes, mudar o sistema.

As empresas e o ambiente

Embora o capitalismo de consumo seja o motor por detrás dos problemas ambientais, ele não é intrinsecamente hostil a um mundo mais verde. A resposta das empresas aos problemas ambientais varia consideravelmente. Sem dúvida que há fatores poderosos em ação que atrasam ou bloqueiam o progresso ambiental. O dever de manter em alta os lucros dos acionistas obriga as empresas a virarem a sua atenção para os relatórios de contas trimestrais ou anuais e a raramente priorizarem objetivos a longo prazo. Além do mais, a inércia e o conservadorismo incorporados nas grandes empresas impedem-nas também de responder de forma ágil e criativa. Os grandes investimentos feitos em ativos materiais já existentes inibem igualmente mudanças rápidas. A indústria mundial dos combustíveis fósseis tem, por exemplo, biliões de dólares investidos em reservas de petróleo e de carvão, em equipamento de produção, em oleodutos, em refinarias, em fábricas e em estações de serviços, e não consegue facilmente abandonar ou desinvestir nesses ativos.

Nos casos em que os proprietários ou os diretores executivos têm fortes convicções conservadoras ou liberais, a administração pode fazer lóbi contra ou obstruir as regulações governamentais, ou então atrasá-las através de processos judiciais. Além disso, a natureza da tradição americana de explorar petróleo em áreas não licenciadas, e talvez a natureza das próprias indústrias extrativas, significa que proprietários e executivos de empresas petrolíferas e de gás, como Charles Koch, por exemplo, se opõem fortemente às regulamentações governamentais. Mesmo em países relativamente verdes como a Alemanha, as regulamentações ambientais podem deparar com obstáculos. Ali, uma cultura amante do automóvel e o enorme poder dos fabricantes alemães de carros impediram que o governo eliminasse gradualmente a gasolina com chumbo, exigindo a utilização de conversores catalíticos, ou que conseguisse impor, antes de 1996, limites de velocidade.[58]

No entanto, as empresas também podem acabar por abraçar objetivos ambientais, sobretudo se conseguirem com isso lucrar, muitas vezes depois de regulações as obrigarem a alterar os seus métodos ou produtos. A necessidade de mudar as fontes de energia de forma a impedir iminentes e descontrolados desastres climáticos tem vindo a impulsionar muitas inovações, particularmente na Califórnia. Empresários como Elon Musk recrutaram ricos investidores de Silicon Valley para desenvolver veículos elétricos e baterias mais eficazes. O sucesso de Musk forçou outros fabricantes de automóveis a começar a produzir também veículos elétricos. Um outro empresário apoiado por investidores de Silicon Valley, JoeBen Bevirt, fundou a Joby Aviation, destinada a conceber uma aeronave elétrica de descolagem e aterragem vertical para pessoas que se deslocam todos os dias entre a sua casa e o trabalho, um pouco como um serviço de táxis aéreos análogo à Uber e à Lyft, e planeia começar a oferecer serviços de transporte de passageiros em 2024. À medida que a energia solar e a energia eólica se vão tornando mais comuns, as economias de escala convertem-nas numa alternativa mais barata e limpa à energia produzida pelos combustíveis fósseis, tornando-a atrativa para empresas e investidores energéticos. Impulsionadas e parcialmente subsidiadas pelo governo, essas são as empresas que abrirão caminho para um futuro ecologicamente melhor.

As leis, as regulações, os impostos, os subsídios e os incentivos governamentais direcionam e incentivam a inovação. A governação ambiental emerge da interação entre os interesses empresariais, os objetivos governamentais e a opinião pública, tal como moldada pelos meios de comunicação social. Os *media* ou os relatórios científicos não suscitam alarmes ambientais. O público apenas exige que sejam tomadas medidas após a eclosão de crises particularmente marcantes que concentram a atenção nos problemas. Os governos eleitos democraticamente e que são responsáveis perante a opinião pública têm provado ser muito mais sensíveis aos problemas ambientais do que os governos centralizados e autoritários. Assim, antes de 1991, as nações socialistas europeias tendiam a ter problemas ambientais terríveis e não resolvidos. A China optou por seguir um caminho intermédio entre a incompetência ambiental soviética e a governação ambiental democrática ocidental. O seu grande tamanho e a sua enorme população tornavam-na menos governável por decreto. O seu governo comunista teve de delegar nas autoridades locais um poder significativo, mas interfere sempre que começa a receber demasiadas queixas.[59]

A relação triangular entre empresas, público e governo não é sempre a mesma. As empresas têm grandes somas para gastar em relações públicas, em lóbis e em doações políticas. Por exemplo, a eficaz rede de equipas de especialistas, de fundações, de institutos e de grupos de pressão de Koch mostra como os ricos moldam a opinião pública e corrompem o processo democrático.[60]

As empresas conseguem desviar a responsabilidade de si mesmas e apresentar os problemas ambientais como resultado das escolhas dos consumidores. Se os consumidores se culparem a si mesmos pelo lixo e pelo desperdício, por exemplo («Encontrámos o inimigo, e o inimigo somos nós», no famoso aforismo do cartunista Walt Kelly)[61], ignorarão as empresas que lucram com os produtos descartáveis. Para esse fim, a American Can Company, a Coca-Cola e outras empresas desenvolveram, na década de 1960, a campanha publicitária «Keep America Beautiful» [«Mantém a América Bonita»]. Outras campanhas publicitárias exortavam as pessoas a reciclar os resíduos plásticos, apesar do limitado mercado de plásticos reciclados, ou a reduzir a sua «pegada» ecológica através da diminuição de viagens aéreas ou de carro ou consumindo menos carne de vaca. As empresas produtoras de combustíveis fósseis têm financiado anúncios publicitários que suscitam dúvidas relativamente às soluções de energia limpa, promovendo coisas como «gás natural limpo» ou «carvão limpo». Têm feito lóbi junto dos legisladores para que estes tributem as energias renováveis ou os veículos elétricos ou para que eliminem subsídios governamentais ou benefícios fiscais para fontes de energia concorrentes.[62]

As empresas têm muitas táticas para protelar, prevenir ou minar as regulações ambientais. Utilizam redes de cientistas simpatizantes das suas causas para disseminar dúvidas em relação à ciência das questões ambientais, dúvidas essas que têm vindo a atrasar a ação dos governos em assuntos como as chuvas ácidas, a camada de ozono e o aquecimento global.[63] Podem participar em audiências de investigação, dar garantias de mudança de práticas, e depois não promoverem nenhum tipo de mudança substancial. De molde a impedir ações governamentais, podem restringir o acesso à informação ou a instalações industriais. Prometem que o mercado livre promoverá o desenvolvimento tecnológico e que este resolverá os problemas. Através dos tribunais, conseguem empatar inúmeras regulações, esperando que um governo mais conivente tome posse. Por último, as empresas protestam ruidosamente contra as regulações governamentais que dizem prejudicar a economia.[64]

O capitalismo e os movimentos ambientalistas

Os movimentos ambientalistas globais têm também as suas vitórias. A água e o ar de muitas nações tornaram-se muito mais limpos. Algumas espécies foram resgatadas da beira da extinção. Há regimes regulatórios que estão em vigor e que previnem certos problemas e abusos. Ainda assim, o mundo salta de uma crise ambiental para outra.

O livro *Primavera Silenciosa*, de Rachel Carson, criticou o efeito corruptor que é o lucro enquanto motivação. As soluções que propôs nada fizeram, no entanto, para resolver o estreito nexo entre as empresas, o meio académico e o governo, nexo esse que promoveu o uso irresponsável de pesticidas. *Primavera Silenciosa* abre com a história de um incidente fictício numa pequena cidade rural, o mesmo tipo de lugar que o crescimento da agroindústria estava, já então, a condenar ao despovoamento e à pobreza. Com a sua predileção por uma abordagem moralista, herança da sua educação religiosa, Carson considerava o uso de pesticidas e herbicidas químicos como uma escolha moral e não como o produto de uma sociedade capitalista de consumo. Da mesma forma, os muitos ambientalistas norte-americanos com origens no protestantismo calvinista culparam a ganância e o egoísmo pela destruição de espaços selvagens, sem proferirem uma única palavra a respeito do próprio capitalismo.

O movimento verde europeu emergiu de uma união do radicalismo de esquerda e dos protestos antinucleares. Nos seus primórdios, veiculou fortes críticas ao capitalismo. Após a década de 1990, à medida que o movimento amadurecia e passava a entrar na composição de alguns governos, a retórica anticapitalista aveludou-se. Alguns dos primeiros líderes dos Verdes, como o francês Brice Lalonde e o alemão Joschka Fischer, mudaram-se para a direita consoante foram envelhecendo. Lalonde passou de oponente a defensor da energia nuclear. Fischer retirou-se da política para fazer lóbi a favor da Siemens, uma antiga proponente de energia nuclear, da fabricante de carros de luxo BMW e da RWE, o gigante da energia e da extração de carvão.[65]

Os ambientalistas nunca falaram a uma só voz. Muitos atacavam o consumo como uma escolha moral individual, como se a escolha de comprar um carro elétrico, de reciclar e de comer alimentos biológicos salvasse, por si só, a Terra. As empresas favorecem esta perspetiva, visto que ela deposita a responsabilidade pelos problemas ambientais nos consumidores e não nelas. Alguns ambientalistas americanos de direita, entre eles Dave Foreman e Michael Shellenberger, defendem que os mecanismos do mercado livre resolverão os problemas ambientais. Na extrema-esquerda, um punhado de anarquistas, nomeadamente, Murray Bookchin, repudiam o sistema empresarial-capitalista e imaginam pequenas comunidades, ecologicamente responsáveis, vivendo em harmonia com a natureza. O ambientalismo americano de esquerda nunca desfrutou de um grande número de apoiantes. O biólogo Barry Commoner foi uma exceção. Ainda assim, o *bestseller* de Commoner, *The Closing Circle*, de 1971, tem sido mais citado pelas suas «leis da ecologia» do que pelas suas críticas ao capitalismo ou pela sua defesa do socialismo. Atualmente, uns poucos, sendo Jason Moore o mais preeminente, continuam a defender o socialismo e a atribuir a responsabilidade pela crise ambiental ao capitalismo, desculpando o desastroso histórico ambiental do socialismo soviético e insistindo que não se tratava de verdadeiro socialismo.

Apesar de todos os seus pontos fortes, *Only One Earth*, de Ward, não ofereceu nenhuma solução firme para os problemas nele descritos. As suas esperanças de uma ação mundial concertada contra a crise iminente não conseguiram produzir resultados em meia dúzia de Cimeiras da Terra. O dever moral para com os pobres não impediu que o fosso entre os países mais ricos e os mais pobres aumentasse em vez de diminuir.

Que se pode, então, fazer?

CONCLUSÃO

LUCRO — CAPITALISMO E AMBIENTE

Lucramos nós mesmo quando alguém lucra? A resposta não é clara. No Ocidente cristão pré-moderno, o lucro monetário implicava um cálculo moral. As pessoas verificaram que, nas comunidades agrícolas, alguém só ganhava se um outro alguém perdesse. No âmbito moral, a ganância e a avareza empurravam necessariamente alguém para a pobreza para que uma outra pessoa enriquecesse. Para equilibrar a escala moral, uma pessoa rica deve retribuir à sociedade para que outros possam beneficiar da sua boa sorte. Um cálculo semelhante inspirou Andrew Carnegie e outros capitalistas a doarem a sua riqueza para um bem social maior. John D. Rockefeller fez o mesmo, mas também se apercebeu, tal como outras empresas, de que os donativos de caridade melhoravam a imagem pública da Standard Oil. Devolver a própria riqueza à sociedade ainda hoje motiva alguns dos imensamente ricos, ainda que essa não seja uma preocupação de todos eles.

O pensamento económico moderno reconhece que a economia não é um jogo de soma zero e que os rendimentos dos pobres e dos ricos podem crescer juntos, como tem vindo a acontecer, embora desigualmente, desde a industrialização e, numa plataforma mais igualitária, desde 1945 até à década de 1970. O cálculo moral do pós-guerra concentrou--se em garantir que o fosso entre ricos e pobres não aumentasse. As atitudes mudaram novamente nas décadas de 1970 e de 1980, à medida que a ortodoxia neoliberal tomou conta da liderança das empresas. Políticas de desregulamentação, impostos mais baixos para os ricos e para as empresas, e a desmesurada atenção dada à figura do acionista assentam no pressuposto de que a prosperidade para alguns se traduz numa prosperidade para todos. Esse pressuposto revelou-se falso, visto que os rendimentos dos mais ricos dispararam, os rendimentos da classe média estagnaram e os rendimentos dos estratos mais baixos caíram mesmo. Uma forma mais abrangente de propaganda empresarial, chamada relações-públicas, substituiu os departamentos de publicidade e incorporou o dever de se fazer doações. A caridade tornou-se mais um gasto empresarial, parte de campanhas de relações públicas e justificável apenas na medida em que proporcionava um aumento dos lucros. As doações beneficentes de empresas caíram para metade desde 1980. Nos conselhos de administração das empresas, o cálculo moral deu lugar ao cálculo dos lucros. Na sociedade em geral, onde os valores consumistas estão a suplantar os valores religiosos tradicionais, a ganância motivada pelo egoísmo revela-se agora em todo o seu despudor.[1]

Será, então, que o resto de nós lucra com os lucros do capitalismo? Os defensores do capitalismo podem apontar para a diminuição pré-pandémica da pobreza global[2] (mas não para a diminuição das desigualdades) como prova disso. Certamente, você, o leitor médio deste livro, beneficiará grandemente com o capitalismo de consumo. É muito provável que viva numa casa confortável e bem construída. Que escolha, entre uma grande quantidade de roupa limpa, o que vestir a cada manhã. Que as ruas em que transita e que a água e a comida que ingere sejam, regra geral, salubres e limpas. Que os cuidados de saúde de que usufrui sejam, quase sempre, assegurados e eficazes, não envolvendo sangramentos com sanguessugas, láudano ou rituais mágicos. Provavelmente, não conhecerá ninguém que tenha morrido ou ficado incapacitado devido a um acidente de trabalho. É bem possível que você use roupa não muito cara e que lhe cai bem. Que coma economicamente até se encontrar saciado. A maioria de nós poderá entrar num veículo com ar condicionado ou num meio de transporte prático e, de forma confortável e barata, deslocar-se para qualquer lugar que nos convenha, da mercearia ao extremo oposto do continente. No espaço de um ou dois dias, poderá viajar de forma incrivelmente barata para quase qualquer lugar do planeta, a 11 000 metros de altitude, num assento reclinável e respirando ar pressurizado a uma temperatura adequada. Pode abrir um aparelho eletrónico portátil e assistir a acontecimentos que estão a decorrer ao mesmo tempo a muitos milhares de quilómetros, ou ler um livro ou um poema, ou enviar ou receber mensagens instantaneamente, ou entreter-se com uma imensa variedade de filmes ou de música, ou então escrever um livro como este.

Infelizmente, como este livro tem mostrado, lucramos e sempre lucrámos à custa da natureza. Aqui, aplica-se o cálculo moral de George Perkins Marsh e de William Stanley Jevons. A Terra já não consegue suportar o fardo de fornecer as matérias-primas e de absorver os resíduos, tudo para fazer funcionar a máquina do capitalismo de consumo. A Terra é a nossa lixeira, desde as profundezas dos oceanos até à órbita terrestre baixa, desde o equador até aos polos. Uma cascata de desastres ambientais de todo o tipo ameaça subjugar a civilização humana. O planeta não é descartável para ser deitado fora quando sujo. Apesar das fantasias de alguns bilionários, não existe nenhum planeta intocado para o qual possamos fugir. Até agora, nenhum Portal Estelar alienígena, flutuando no espaço, apareceu para nos guiar para um futuro mais feliz.

Como é que chegámos a este ponto? O capitalismo de consumo moderno é produto da história, mas esse desenlace não era inevitável. A história está demasiado cheia de contingências e de acasos para que assim fosse. Tivessem os Genoveses vencido a Guerra de Chioggia, tivesse Colombo se afogado quando o seu navio naufragou ao largo da costa portuguesa, não tivesse James Watt sido requisitado pela Universidade de Glasgow para reparar equipamento astronómico, não tivesse a Universidade de Stanford sido ligada à ARPANET, ou não tivesse algum dos milhares de milhões de outros acontecimentos humanos se desenrolado como se desenrolou, e o mundo seria hoje um lugar bem diferente. O capitalismo, no entanto, estaria presente, de alguma forma. Ele está enraizado na natureza humana e na história da humanidade. Essas raízes profundas, algumas das quais remontam aos nossos ancestrais mais remotos, tornam o capitalismo resiliente e adaptável ao tempo e às circunstâncias, de modo que o capitalismo de um tempo e de um lugar não é o de outro. Essas raízes também o tornam extraordinariamente difícil de substituir. Ao longo da história, aqueles que pensaram ser possível matá-lo ou restringi-lo descobriram que ele parece crescer sempre de novo. Parafraseando a Bíblia, o capitalismo está no meio de nós.

Este livro traça os impactos ambientais da germinação e do crescimento do capitalismo ao longo da história humana. Desde os primórdios da humanidade que o sucesso do *Homo sapiens* lhe permitiu crescer e multiplicar-se. O crescimento populacional pressionou as pessoas a desenvolverem novas formas de se alimentarem e de cuidarem umas das outras. As ferramentas permitiram uma criação de plantas e de animais mais eficiente, mas reduziram a sua variedade. Quando os recursos escasseavam, grupos podiam migrar para regiões menos exploradas.

Ou podiam, agressivamente, massacrar, escravizar ou desalojar grupos mais fracos e reclamar as suas terras produtivas. Alguns grupos encontraram afloramentos de rochas e de minerais valiosos e passaram a extraí-los para os trocar por artigos que, assim, não tinham eles próprios de produzir. Quando nenhuma outra opção se encontrava disponível, o engenho humano voltava-se para a exploração mais intensiva dos recursos através da agricultura ou do pastoreio, trocando os excedentes por material que era desejado para rituais, decoração ou uso.

O ciclo repetiu-se durante centenas de milénios. A densidade populacional cresceu, promovendo um comércio mais sofisticado e desenvolvendo novas formas de explorar os recursos de um modo mais eficiente. Os excedentes tornaram-se capital que podia ser investido no comércio, na produção ou em manifestações de riqueza e poder. Água, vento, madeira e animais domesticados forneciam energia para a transformação e fabricação de bens. A invenção da escrita permitiu uma comunicação e uma manutenção dos registos mais rápida e fiável, especialmente após o desenvolvimento dos alfabetos. Pessoas em todo o mundo descobriram como transformar sementes em pão e em cerveja; argila em potes; fibras de plantas, de animais e de insetos em vestuário e cordas; rochas em objetos de metal; plantas, insetos, minerais e crustáceos em corantes; e muito mais. Todas essas coisas se tornaram objetos de desejo e de comércio. Para as transportar mais longe, os barcos não só ficaram maiores, mais eficientes e mais fiáveis como também se tornaram apropriados para a guerra e para a colonização. O dinheiro simplificou e incentivou o comércio. Os algarismos árabes tornaram possível uma contabilidade precisa. As parcerias comerciais que congregavam capital evoluíram para casas de comércio permanentes, que, com o suporte legal adequado, lançaram as bases para o aparecimento das empresas, com reservas de capital ainda maiores. A imprensa permitiu uma disseminação de informação mais fácil e barata.

Por último, no século XVIII, o trabalho assalariado começou a substituir o trabalho não livre, embora a escravatura e a servidão tenham sobrevivido durante mais algum tempo. A energia e o poder das máquinas que queimam combustíveis fósseis abriram tremendas possibilidades de produção e de transporte. O fabrico tornou-se barato e padronizado. O transporte por mar e por terra acelerou. Energia elétrica versátil e adaptável passou a dotar de energia as nossas casas, os locais de trabalho, os veículos e, hoje em dia, os pequenos dispositivos que trazemos nos nossos bolsos e nas nossas carteiras. A comunicação voa à velocidade da luz através de fios e ondas de rádio. As empresas começaram a tirar partido dos meios de comunicação impressos e eletrónicos para publicitar os seus produtos e atrair ou manipular as pessoas a consumirem a grande torrente de produtos que fabricavam. Os banqueiros encontraram novas formas de emprestar dinheiro às pessoas para a compra de coisas. O capitalismo de consumo havia chegado, e a sua marcha vitoriosa por todo o mundo começara.

O impulso inerente do capitalismo de consumo para induzir as pessoas a consumirem tem vindo, cada vez mais, a drenar a terra da sua fertilidade, dos seus recursos e da sua biodiversidade, e ameaça com um calamitoso futuro de poluição, extinções e aquecimento global. Da mesma forma que os movimentos de conservação da natureza nunca desafiaram o capitalismo industrial, oferecendo-se unicamente para resolver os seus problemas, o ambientalismo aceita o capitalismo de consumo enquanto questiona os seus excessos. Rachel Carson e Barbara Ward diagnosticaram os problemas a partir de um padrão moral elevado, mas falharam em propor soluções eficazes. O ambientalismo mais não faz do que mitigar alguns dos piores abusos do capitalismo. Poderá ainda refrear as alterações climáticas, contudo, a propaganda e a influência que a indústria dos combustíveis fósseis exercem sobre as administrações públicas levaram a atrasos que nos deixam à beira do desastre. Conforme a crise se intensifica, a vontade política pode finalmente estar a chegar a um ponto em que os progressos necessários sejam realizados.

Ainda assim, por muito que esses progressos possam vir a poupar a vida selvagem e a limpar a terra, a água e o ar, paramos a maquinaria do capitalismo de consumo por nossa conta e risco. Sempre que o capitalismo desacelera ou se encontra à beira de parar por completo, as pessoas perdem os seus empregos, começam a passar fome, perdem as suas casas e desatam a procurar bodes expiatórios e soluções extremistas. A Grande Depressão e a onda de fascismo e de guerra por ela provocada servem-nos de aviso. O desastre voltou a ameaçar quando a desregulamentação bancária e financeira quase fizeram colapsar a economia global, em 2008. A recuperação estava ainda em curso quando a pandemia da COVID-19 nos atingiu em 2020. A pandemia limpou os céus urbanos em todo o mundo, mas foi também um fator de disrupção económica e de perda de muitos postos de trabalho.[3]

Os críticos do capitalismo consideram-no como um sistema orientado para o lucro, responsável pela destruição ambiental, pelo aquecimento global, pelo racismo, pelo colonialismo e pelo imperialismo, pela opressão dos trabalhadores e por toda uma série de outros pecados. Isso é verdade, embora a maioria desses problemas tenha sempre existido em todo o mundo, sob várias formas, na maioria das vezes desde o desenvolvimento da civilização, ou há mais tempo até. Não é expectável que, após o fim do capitalismo, a paz governe os planetas e o amor guie as estrelas.

As alternativas realistas são, infelizmente, escassas. O socialismo de Estado do século XX está completamente desacreditado do ponto de vista da justiça social ou ambiental. Murray Bookchin imaginou pequenas comunidades democráticas vivendo lado a lado com a natureza. Bookchin é extremamente vago sobre a forma como chegaremos de onde estamos às suas pequenas comunidades e mais vago ainda sobre como as manter pequenas e independentes. Algo parecido com a visão de Bookchin foi tentado durante o final dos anos 60 e início da década de 70, quando, por um curto período, as comunas de subsistência foram populares na Califórnia, no Oregon, em Vermont e noutros locais. Os seus membros aspiravam a escapar aos males da sociedade capitalista, a encontrar a realização pessoal e a viver em harmonia com a natureza. Nenhuma dessas comunas se manteve por muito tempo. A dura realidade e a desilusão em relação às ideias românticas depressa encarregaram-se de recambiar a grande maioria deles de volta para a sociedade capitalista de consumo. Quando vivi em São Francisco no final da década de 1970, conheci várias pessoas que tinham vivido em comunas, mas que tinham regressado à cidade. Lembro-me de ouvir falar de um grupo que tinha ido para a Índia viver numa quinta comunal de subsistência. Desistiram e regressaram ao Ocidente depois de macacos terem roubado a fruta que plantavam e de cobras terem fixado residência sob os seus alpendres.

As tentações do capitalismo de consumo quase sempre se mostram irresistíveis. Quando criança, nos finais dos anos 20 e 30, o meu pai vivia uma vida quase intocada pelo capitalismo de consumo. Cresceu numa quinta. Viveu numa casa pré-fabricada da Sears, o seu pai cultivava, com a ajuda de um trator, produtos que depois comercializava no mercado, e a família, todos os sábados, ia à cidade no seu Ford, mas poucos outros contactos tinha com o vasto mundo capitalista de consumo. No Natal, por exemplo, o meu pai podia encontrar debaixo da árvore um livro como presente. A sua família não tinha água canalizada nem eletricidade, tomavam todos banho, uma vez por semana, na mesma água (bombeada manualmente a partir de uma bomba no quintal e aquecida no fogão a lenha) e trabalhavam ao ar livre durante todo o verão, sob o calor húmido do sudeste do Kansas. Acidentes agrícolas mataram um primo seu e o primeiro marido da sua madrasta. Mal pôde, o meu pai deixou aquela vida para trás e nunca mais quis voltar a ela.

Que se pode, então, fazer?

Tal como um tubarão, o capitalismo de consumo precisa de continuar sempre em movimento para sobreviver. Se abrandar ou parar, deslocalizações, desemprego, tumultos e guerras começam a assolar a Terra. Sabemos que o tubarão precisa de optar por um caminho diferente. O único requisito para manter o capitalismo de consumo a funcionar é manter o máximo de dinheiro a fluir para o maior número possível de bolsos. O desafio pode ser fazer-se exatamente isso com a menor utilização possível de recursos.

Podemos estar já a avançar nessa direção, ainda que timidamente. Em janeiro de 2016, o responsável pelo Departamento de Sustentabilidade do gigante do mobiliário Ikea, Steve Howard, anunciou a iminente aproximação do «pico do mercado», que ocorrerá quando as pessoas não precisarem de mais mobiliário. Verificou que as pessoas já compravam menos gasolina, menos carne de vaca e menos açúcar, e que as vendas de mobiliário também tinham atingido o seu ponto mais alto.[4] Estamos a fazer a transição de comprarmos umas coisas para passarmos a comprar outras. Ao longo do último meio século, as pessoas começaram a comprar experiências em vez de coisas. Embarcam em cruzeiros, viajam para países estrangeiros, escalam montanhas, fazem mergulho entre recifes de coral e partem em outras «aventuras» (entre aspas, porque todos sabemos quão formatadas e seguras a maior parte delas são). As pessoas frequentam restaurantes ou bares com maior frequência. Entretenimento que exige muito pouco da Terra pode ser encontrado em qualquer *smartphone*, *tablet* ou computador doméstico. Os consumidores podem gastar dinheiro — a atividade vital sobre a qual o capitalismo de consumo assenta — em jogos de vídeo, filmes, séries de televisão e muitas outras coisas, sem para isso terem de adquirir um objeto físico. Infelizmente, pouco desse dinheiro reverte para o hemisfério sul. Jogar Minecraft em vez de, digamos, comprar uma *T-shirt* não põe dinheiro nas mãos de um pobre operário fabril na República Dominicana. No entanto, comprarmos menos coisas parece ser fundamental para assegurarmos o nosso futuro e o da Terra.

Assim, queiramos ou não, somos prisioneiros desse carrossel sempre em aceleração que é o capitalismo de consumo. A adoção de energias renováveis, de forma a abrandarmos o aquecimento global, parece ser o primeiro e mais importante passo a dar. Acabar com as grandes empresas e com o seu tremendo poder económico e político, e impor restrições à sua propaganda será certamente essencial para qualquer solução mais abrangente. Só podemos esperar que tal venha a ser possível. O colapso da civilização previsto há cinquenta anos pelo relatório *Os Limites do Crescimento* já não parece uma mera ameaça distante. O tiquetaque do relógio entoa cada vez mais alto.

NOTAS

Introdução

1 Mariana Mazzucato, *The Entrepreneurial State: Debunking Public vs. Private Sector Myths*, ed. rev. (Nova Iorque, PublicAffairs, 2015), pp. 93–120; Elizabeth Jardim, *From Smart to Senseless: The Global Impact of 10 Years of Smartphones* (Washington, D. C., Greenpeace, 2017); Jason C. K. Lee e Zongguo Wen, «Rare Earths from Mines to Metals: Comparing Environmental Impacts from China's Main Production Pathways», *Journal of Industrial Ecology* 21(5) (outubro 2017), pp. 1277–1290; Amnistia Internacional, *«This Is What We Die For»: Human Rights Abuses in the Democratic Republic of the Congo Power the Global Trade in Cobalt* (Londres, Amnistia Internacional, 2016).

2 Andrea Murphy, Eliza Haverstock, Antoine Gara, Chris Helman e Nathan Vardi, «Global 2000: How the World's Biggest Public Companies Endured the Pandemic», *Forbes* (13 de maio de 2021), https://www-statista-com.lib-e2.lib.ttu.edu/statistics/263264/top-companies-in-the-world-by-market-capitalizatison/. Ver Leslie Sklair, «Sleepwalking through the Anthropocene», *British Journal of Sociology* 68(4) (2017), pp. 775–784.

3 A título de exemplo, ver Bill McKibben, *Eaarth: Making a Life on a Tough New Planet* (Nova Iorque, Times Books, 2010); Edward O. Wilson, *Biophilia* (Cambridge, Harvard University Press, 1984); Elizabeth Kolbert, *The Sixth Extinction: An Unnatural History* (Nova Iorque, Holt, 2014).

4 Ver Raj Patel e Jason W. Moore, *A History of the World in Seven Cheap Things: A Guide to Capitalism, Nature, and the Future of the Planet* (Oakland, University of California Press, 2017); Andreas Malm, *Fossil Capital: The Rise of Steam-Power and the Roots of Global Warming* (Londres, Verso, 2016); e Naomi Klein,

This Changes Everything: Capitalism vs. the Climate (Nova Iorque, Simon & Schuster, 2014).

5 Yinon M. Bar-On, Rob Phillips e Ron Milo, «The Biomass Distribution on Earth», *Proceedings of the National Academy of Sciences* 115(25) (junho 2018), p. 6508.

6 Vaclav Smil, «Harvesting the Biosphere: The Human Impact», *Population and Development Review* 37 (dezembro 2011), p. 618.

7 O inteligente livro *A History of the World in Seven Cheap Things*, de Patel e Moore, negligencia os papéis vitais desempenhados pela comunicação e pelo transporte na história do capitalismo.

8 Fernand Braudel propôs a ideia de camadas no livro *Civilization and Capitalism, 15th–18th Century*, vol. 1, *The Structures of Everyday Life: The Limits of the Possible*, trad. ing. de Siân Reynolds (Nova Iorque, Harper & Row, 1982), pp. 23–26.

9 Porque é que o capitalismo industrial se desenvolveu no Ocidente e não noutros lugares é uma questão celebremente levantada por Kenneth Pomeranz em *The Great Divergence: China, Europe, and the Making of the Modern World Economy* (Princeton, Princeton University Press, 2000). Talvez os fatores mais importantes tenham sido ambientais. Em Inglaterra e em nenhum outro lugar, os locais de produção de energia hidráulica, os depósitos de carvão e de ferro, os transportes por água e os portos encontravam-se muito próximos uns dos outros e de mão de obra adequada.

10 Damian Carrington, «"Extraordinary" levels of pollutants found in 10km deep Mariana trench», *The Guardian* (Londres), 13 de fevereiro de 2017.

11 Rachel Carson, *Primavera Silenciosa* (*Silent Spring*, título original), trad. de Raul Correia, Lisboa, Editorial Pórtico, 1966. [N. do T.]

1. Como começou

1 Stanley Kubrick e Arthur C. Clarke, *2001: Odisseia no Espaço*, filme (MGM, 1988); Arthur C. Clarke, *2001: A Space Odyssey* (Nova Iorque, New American Library, 1968); Michael Benson, *Space Odyssey: Stanley Kubrick, Arthur C. Clarke, and the Making of a Masterpiece* (Nova Iorque, Simon & Schuster, 2018). A cena de abertura é datada de forma diferente no filme e no livro.

2 Sabine Gaudzinski-Windheuser *et al.*, «Evidence for Close-Range Hunting by Last Interglacial Neanderthals», *Nature Ecology and Evolution* 2 (julho 2018), pp. 1087–1092; Kwang Hyun Ko, «Origins of Human Intelligence: The Chain of Tool-Making and Brain Evolution», *Anthropological Notebooks*

22(1) (2016), pp. 5–22; Vaclav Smil, *Harvesting the Biosphere: What We Have Taken from Nature* (Cambridge, MA, MIT Press, 2013), pp. 74.

3 Ian Gilligan, «The Prehistoric Development of Clothing: Archaeological Implications of a Thermal Model», *Journal of Archaeological Method and Theory* 17(1) (2010), pp. 38–39.

4 *Ibid.*, pp. 15–80; Ralf Kittler, Manfred Kayser e Mark Stoneking, «Molecular Evolution of *Pediculus humanus* and the Origin of Clothing», *Current Biology* 13 (19 de agosto de 2003), pp. 1414–1417.

5 Chris Clarkson *et al.*, «Human Occupation of Northern Australia by 65,000 Years Ago», *Nature* 547(7663) (2017), pp. 306–310; Curtis W. Marean, «Archaeology: Early Signs of Human Presence in Australia», *Nature* 547(7663) (2017), pp. 285–287.

6 Eliso Kvavadze *et al.*, «30,000-Year-Old Wild Flax Fibers», *Science* 325(5946) (11 de setembro de 2009), p. 1359.

7 Xiaohong Wu *et al.*, «Early Pottery at 20,000 Years Ago in Xianrendong Cave, China», *Science* 336(6089) (29 de junho de 2012), pp. 1696–1700.

8 Ver Jacques Ellul, *The Technological Society* (Nova Iorque, Vintage Books, 1964), pp. 24–27.

9 Rosalia Gallotti *et al.*, «First High Resolution Chronostratigraphy for the Early North African Acheulean at Casablanca (Morocco)». *Scientific Reports* 11(1) (2021), https://www.proquest.com/scholarly-journals/first-high-resolution-chronostratigraphy-early/docview/2555779192/se-2.

10 Robert G. Bednarik, «Early Subterranean Chert Mining», *The Artefact* 15 (1992), pp. 11–24. Em 1834, observadores viram os nativos da Tasmânia abrirem minas destinadas à extração de ocre, usando martelos de pedra e paus pontiagudos; os mineiros eram mulheres (p. 15).

11 Alison S. Brooks, John E. Yellen, Richard Potts *et al.*, «Long-Distance Stone Transport and Pigment Use in the Early Middle Stone Age», *Science* 360 (abril 2018), pp. 90–94. A inferência baseia-se no conhecimento de que nas sociedades agrícolas, e, por implicação, muito antes delas, o comércio fazia parte de complexas interações entre grupos que envolviam estatuto, poder e política.

12 Jack Goody, *Metals, Culture and Capitalism: An Essay on the Origins of the Modern World* (Cambridge, Cambridge University Press, 2012), p. 5; Tammy Hodgskiss, «Identifying Grinding, Scoring and Rubbing Use-Wear on Experimental Ochre Pieces», *Journal of Archaeological Science* 37(12) (dezembro 2010), pp. 3344–3358. Ver também Susan C. Vehik, «Conflict, Trade, and Political Development on the Southern Plains», *American Antiquity* 67(1) (2002), pp. 37–64.

13 Jessica E. Tierney, Peter B. deMenocal e Paul D. Zander, «A Climatic Context for the Out-of-Africa Migration», *Geology* 45(11) (2017), pp. 1023–1026. Os autores observam que o pretenso estrangulamento de Toba, ocorrido há cerca de 75 000 anos, permanece em discussão (p. 1023; cf. Smil, *Harvesting the Biosphere*, p. 67).

14 Para uma história detalhada da influência das alterações climáticas nos povos pré-históricos, ver William James Burroughs, *Climate Change in Prehistory: The End of the Reign of Chaos* (Cambridge, Cambridge University Press, 2005).

15 Smil, *Harvesting the Biosphere*, p. 74.

16 Lars Werdelin e Margaret E. Lewis, «Temporal Change in Functional Richness and Evenness in the Eastern African Plio-Pleistocene Carnivoran Guild», *PLoS ONE* 8(3) (2013): e57944.

17 Felisa A. Smith, Rosemary E. Elliott Smith, S. Kathleen Lyons e Jonathan L. Payne, «Body Size Downgrading of Mammals Over the Late Quaternary», *Science* 20 (abril 2018), pp. 311.

18 Smith *et al.*, «Body Size Downgrading», p. 310.

19 Patrick Roberts, Chris Hunt, Manuel Arroyo-Kalin, Damian Evans e Nicole Boivin, «The Deep Human Prehistory of Global Tropical Forests and Its Relevance for Modern Conservation», *Nature Plants* 3 (2017), p. 17093.

20 Ver Richard B. Lee, «Hunter-Gatherers and Human Evolution: New Light on Old Debates», *Annual Review of Anthropology* 47(1) (2018), pp. 513–531, sobre as razões para o aumento da incidência de conflitos mortais ao longo do tempo.

21 Ver Raymond C. Kelly, «The Evolution of Lethal Intergroup Violence», *Proceedings of the National Academy of Sciences of the United States of America* 102(43) (2005, pp. 15294–15298; Richard W. Wrangham, «Two Types of Aggression in Human Evolution», *Proceedings of the National Academy of Sciences* 115(2) (janeiro 2018), pp. 245–253; e Leland Donald, «Slavery in Indigenous North America», e Neil L. Whitehead, «Indigenous Slavery in South America, 1492–1820», em David Eltis e Stanley L. Engerman, *The Cambridge World History of Slavery, vol. 3, AD 1420–AD 1804* (Cambridge, Cambridge University Press, 2011), pp. 217–271.

22 Graeme Barker, *The Agricultural Revolution in Prehistory: Why Did Foragers Become Farmers?* (Oxford, Oxford University Press, 2006), pp. 109–128. Minuciosa e criteriosamente, Barker examina e avalia todas as evidências disponíveis. Amaia Arranz-Otaegui, Lara Gonzalez Carretero, Monica N. Ramsey, Dorian Q. Fuller e Tobias Richter, «Archaeobotanical Evidence Reveals the Origins of Bread 14,400 Years Ago in Northeastern Jordan», *Proceedings of the National Academy of Sciences* 115(31) (2018), pp. 7925–7930.

23 Na Europa Central, por exemplo, os caçadores-recoletores mesolíticos viveram, aparentemente felizes e contentes, ao lado de agricultores neolíticos, durante 2000 anos. Ruth Bollongino *et al.*, «2000 Years of Parallel Societies in Stone Age Central Europe», *Science* 342(6157) (2013), pp. 479–481.

24 Alfred W. Crosby, *Ecological Imperialism: The Biological Expansion of Europe* (Nova Iorque, Cambridge University Press, 1986), p. 177.

25 Ruth Bollongino *et al.*, «Modern Taurine Cattle Descended from Small Number of Near-Eastern Founders», *Molecular Biology and Evolution* 29(9) (1 de setembro de 2012), pp. 2101–2104; Jared E. Decker *et al.*, «Worldwide Patterns of Ancestry, Divergence, and Admixture in Domesticated Cattle», *PLoS Genetics* 10(3) (2014): e1004254.

26 Barker, *The Agricultural Revolution in Prehistory*, pp. 384–386.

27 R. J. Fuller e Lu Aye, «Human and Animal Power — The Forgotten Renewables», *Renewable Energy* 48 (2012), pp. 326–332.

28 Maria Ivanova, «The "Green Revolution" in Prehistory: Late Neolithic Agricultural Innovations as a Technological System», em *Appropriating Innovations: Entangled Knowledge in Eurasia, 5000–1500 BCE*, ed. por Joseph Maran e Philipp Stockhammer (Oxford, Oxbow Books, 2017), pp. 40–49.

29 Jared Diamond, *Guns, Germs, and Steel: The Fates of Human Societies* (Nova Iorque, Norton, 1999), pp. 176–191. Ver também Crosby, *Ecological Imperialism*, p. 18.

30 Melinda A. Zeder, «Domestication and Early Agriculture in the Mediterranean Basin: Origins, Diffusion, and Impact», *Proceedings of the National Academy of Sciences* 105(33) (19 de agosto de 2008), pp. 11597–11604. Ver Crosby, *Ecological Imperialism.*

31 Lucas Stephens, Dorian Fuller, Nicole Boivin *et al.*, «Archaeological Assessment Reveals Earth's Early Transformation Through Land Use», *Science* 365(6456) (30 de agosto de 2019), pp. 897–902.

32 William F. Ruddiman, «The Anthropogenic Greenhouse Era Began Thousands of Years Ago», *Climatic Change* 61(3) (2003), pp. 261–293. A tese de Ruddiman desencadeou um grande debate, que ele próprio analisa em «Geographic Evidence of the Early Anthropogenic Hypothesis», *Anthropocene* 20 (2017), pp. 4–14. Ruddiman conclui que os indícios se tornaram mais fortes a favor de uma fonte antropogénica do aquecimento no Holoceno.

33 Barker, *The Agricultural Revolution in Prehistory*, p. 167.

34 Svend Hansen, «Key Techniques in the Production of Metals in the 6th and 5th Millennia BCE: Prerequisites, Preconditions and Consequences», em *Appropriating Innovations: Entangled Knowledge in Eurasia, 5000–1500 BCE*, ed. por Joseph Maran e Philipp Stockhammer (Oxford, Oxbow Books, 2017), pp. 136–148; Verena Leusch, Barbara Armbruster, Ernst Pernicka e

Vladimir Slavčev, «On the Invention of Gold Metallurgy: The Gold Objects from the Varna I Cemetery (Bulgaria) — Technological Consequence and Inventive Creativity», *Cambridge Archaeological Journal* 25(1) (fevereiro 2015), pp. 353–376.

35 María Eugenia Aubet, *Commerce and Colonization in the Ancient Near East* (Cambridge, Cambridge University Press, 2013), pp. 161–162.

36 Aubet, *Commerce and Colonization*, pp. 157–199, 222–223, 236–238, 283–296, 336–343.

37 Sobre o antigo capitalismo mesopotâmico, ver Michael Jursa, «Babylonia in the First Millennium BCE — Economic Growth in Times of Empire», em *The Cambridge History of Capitalism*, ed. por Larry Neal e Jeffrey G. Williamson, vol. 1 (Cambridge, Cambridge University Press, 2014), pp. 24–42.

38 George Modelski, *World Cities: 3000 to 2000* (Washington, D. C., Faros 2000, 2003), pp. 20–32.

39 Jianjun Mei, Yongbin Yu, Kunlong Chen e Lu Wang, «The Appropriation of Early Bronze Technology in China», em *Appropriating Innovations: Entangled Knowledge in Eurasia, 5000–1500 BCE*, ed. por Joseph Maran e Philipp Stockhammer (Oxford, Oxbow Books, 2017).

40 Elizabeth C. Stone, «The Trajectory of Social Inequality in Ancient Mesopotamia», e Timothy A. Kohler *et al.*, «Deep Inequality: Summary and Conclusions», em *Ten Thousand Years of Inequality: The Archaeology of Wealth Differences*, ed. por Timothy A. Kohler e Michael Ernest Smith (Tucson, University of Arizona Press, 2018), pp. 230–261, 289–218.

41 Richard W. Yerkes e Ran Barkai, «Tree-Felling, Woodworking, and Changing Perceptions of the Landscape during the Neolithic and Chalcolithic Periods in the Southern Levant», *Current Anthropology* 54(2) (abril 2013), pp. 222–231.

42 J. P. Grattan, D. D. Gilbertson e C. O. Hunt, «The Local and Global Dimensions of Metalliferous Pollution Derived from a Reconstruction of an Eight-Thousand-Year Record of Copper Smelting and Mining at a Desert--Mountain Frontier in Southern Jordan», *Journal of Archaeological Science* 34 (2007), pp. 83–110.

43 Sing C. Chew, «Ecological Relations and the Decline of Civilizations in the Bronze Age World-System: Mesopotamia and Harappa 2500 BC–1700 BC», em *Ecology and the World-System*, ed. por Walter L. Goldfrank, David Goodman e Andrew Szasz (Westport, CT, Greenwood Press, 1999), pp. 87–106.

44 Em 2018, a Comissão Internacional de Estratigrafia ratificou oficialmente este acontecimento como o início do Megalaiano, a última era do Holoceno.

45 David M. Schaps, *The Invention of Coinage and the Monetization of Ancient Greece* (Ann Arbor, University of Michigan Press, 2010).

46 Alain Bresson, «Capitalism and the Ancient Greek Economy», em *The Cambridge History of Capitalism*, ed. por Larry Neal e Jeffrey G. Williamson, vol. 1 (Cambridge, Cambridge University Press, 2014), pp. 43–74. Ver Edmund S. Morgan, *American Slavery, American Freedom: The Ordeal of Colonial Virginia* (Nova Iorque, Norton, 1975).

47 Willem M. Jongman, «Re-Constructing the Roman Economy», em *The Cambridge History of Capitalism*, ed. por Larry Neal e Jeffrey G. Williamson, vol. 1 (Cambridge, Cambridge University Press, 2014), pp. 75–100.

48 A. H. V. Smith, «Provenance of Coals from Roman Sites in England and Wales», *Britannia* 28 (1997), pp. 297–324; Martin J. Dearne e Keith Branigan, «The Use of Coal in Roman Britain», *Antiquaries Journal* 75 (1995), pp. 71–105.

49 Modelski, *World Cities*, pp. 39–59; Walter Scheidel, «Demography», em *The Cambridge Economic History of the Greco-Roman World*, ed. por Walter Scheidel, Ian Morris e Richard P. Saller (Cambridge, Cambridge University Press, 2007), pp. 38–86.

50 J. Donald Hughes, *Pan's Travail: Environmental Problems of the Ancient Greeks and Romans* (Baltimore, Johns Hopkins University Press, 1994), pp. 149–168; Dearne e Branigan, «The Use of Coal in Roman Britain», pp. 86–87.

51 Kyle Harper, *The Fate of Rome: Climate, Disease, and the End of an Empire* (Princeton, Princeton University Press, 2017).

52 Frederic L. Cheyette, «The Disappearance of the Ancient Landscape and the Climatic Anomaly of the Early Middle Ages: A Question to Be Pursued», *Early Medieval Europe* 16(2) (2008), pp. 127–165.

53 Arie S. Issar e Mattanyah Zohar, *Climate Change: Environment and Civilization in the Middle East* (Berlim, Springer, 2004), pp. 165–176, 212–219, 226–228.

54 R. B. Wong, «China before Capitalism», pp. 125–164; e Karl Gunnar Persson, «Markets and Coercion in Medieval Europe», pp. 225–235; ambos em *The Cambridge History of Capitalism*, ed. por Larry Neal e Jeffrey G. Williamson, vol. 1 (Cambridge, Cambridge University Press, 2014).

2. Comércio e império

1 Bartolomeu de las Casas, citado por Rebecca Catz, *Christopher Columbus and the Portuguese, 1476–1498* (Westport, CT, Greenwood Press, 1993), p. 12.

2 Henry Kamen, *Spain, 1469–1714: A Society of Conflict*, 3.ª ed. (Harlow, Inglaterra, Pearson/Longman, 2005), p. 16.

3 William D. Phillips e Carla Rahn Phillips, *The Worlds of Christopher Columbus* (Cambridge, Cambridge University Press, 1992), p. 134.

4 Sven Beckert, *Empire of Cotton: A Global History* (Nova Iorque, Knopf, 2014), p. 9.

5 Colombo, citado em Phillips e Phillips, *Worlds of Christopher Columbus*, pp. 183–185.

6 Ver Alfred W. Crosby, *The Columbian Exchange: Biological and Cultural Consequences of 1492* (Westport, CT, Greenwood Press, 1972); Crosby, *Ecological Imperialism*.

7 Phillips e Phillips, *Worlds of Christopher Columbus*, pp. 194–211, 223–224, 96.

8 Brian Graham, «The Mediterranean in the Medieval and Renaissance World», em *The Mediterranean: Environment and Society*, ed. por Russell King, L. J. Proudfoot e Bernard J. Smith (Londres, Arnold, 1997); sobre capitalismo italiano, mormente veneziano, ver Fernand Braudel, *Civilization and Capitalism, 15th–18th Century, vol. 3, Perspective of the World*, trad. ing. de Siân Reynolds (Nova Iorque, Harper & Row, 1982), pp. 116–138.

9 Gino Luzzatto, *Breve Storia Economica dell'Italia Medievale: Dalla Caduta dell'Impero Romano al Principio del Cinquecento* (Turim, Einaudi, 1966), pp. 137–141.

10 Patrick McCray, *Glassmaking in Renaissance Venice: The Fragile Craft* (Aldershot, Hants, Inglaterra, Ashgate, 1999), p. 136; Steven Epstein, *Genoa and the Genoese, 958–1528* (Chapel Hill, University of North Carolina Press, 1996), p. 275; Helen Nader, «Desperate Men, Questionable Acts: The Moral Dilemma of Italian Merchants in the Spanish Slave Trade», *Sixteenth Century Journal* 33(2) (2002), pp. 405–406.

11 Adam Smith, *The Wealth of Nations*, Livro 1, Capítulo 1.

12 François Menant, *L'Italie des Communes: 1100–1350* (Paris, Belin, 2005), pp. 283–286.

13 Braudel, *Civilization and Capitalism, vol. 3, 550–552*; Carlo Poni, «The Circular Silk Mill: A Factory Before the Industrial Revolution in Early Modern Europe», *History of Technology* 21 (1999), pp. 65–85. No entanto, os desafios técnicos no que diz respeito ao fio de seda não eram tão difíceis como os que se colocavam para o fio de algodão.

14 William Gervase Clarence-Smith e David Eltis, «White Servitude», em *The Cambridge World History of Slavery, vol. 3, AD 1420–AD 1804*, ed. por David Eltis e Stanley L. Engerman (Cambridge, Cambridge University Press, 2011), p. 132.

15 Daniel Hershenzon, *The Captive Sea: Slavery, Communication, and Commerce in Early Modern Spain and the Mediterranean* (Filadélfia, University of Pennsylvania Press, 2018), p. 2.

16 Epstein, *Genoa and the Genoese*, 266–270; e Michel Balard, «Slavery in the Latin Mediterranean (Thirteenth to Fifteenth Centuries): The Case of

Genoa», e Danuta Quirini-Poplawska, «The Venetian Involvement in the Black Sea Slave Trade (Fourteenth to Fifteenth Centuries)», em *Slavery and the Slave Trade in the Eastern Mediterranean (c. 1000–1500 CE)*, ed. por Reuven Amitai e Christoph Cluse (Turnhout, Bélgica, Brepols, 2017).

17 Thomas Allison Kirk, *Genoa and the Sea: Policy and Power in an Early Modern Maritime Republic, 1559–1684* (Baltimore, Johns Hopkins University Press, 2005), p. 12.

18 W. Rothwell, «Sugar and Spice and All Things Nice: From Oriental Bazar to English Cloister in Anglo-French», *Modern Language Review* 100 (2005), pp. 38–50; Stefan Halikowski Smith, «Demystifying a Change in Taste: Spices, Space, and Social Hierarchy in Europe, 1380–1750», *International History Review* 29(2) (junho 2007), pp. 237–257.

19 J. H. Galloway, «The Mediterranean Sugar Industry», *Geographical Review* 67(2) (abril 1977), pp. 179–190.

20 *Ibid.*, pp. 188–189.

21 William D. Phillips Jr., «Sugar in Iberia», em *Tropical Babylons: Sugar and the Making of the Atlantic World, 1450–1680*, ed. por Stuart B. Schwartz (Chapel Hill, University of North Carolina Press, 2004), pp. 28–31; Adela Fabregas--Garcia, «Commercial Crop or Plantation System? Sugar Cane Production from the Mediterranean to the Atlantic», em *From Al-Andalus to the Americas (13th–17th Centuries): Destruction and Construction of Societies*, ed. por Thomas F. Glick, Antonio Malpica Cuello, Félix Retamero e Josep Torró Abad (Leiden, Brill, 2018), pp. 301–307.

22 Nicholas Coureas, «Hospitaller Estates and Agricultural Production on Fourteenth- and Fifteenth-Century Cyprus», em *Islands and Military Orders, c. 1291–c. 1798*, ed. por Emanuel Buttigieg e Simon Phillips (Londres, Taylor and Francis, 2016), pp. 215–224.

23 Arie S. Issar e Mattanyah Zohar, *Climate Change: Environment and Civilization in the Middle East* (Berlim, Springer, 2004), pp. 165–176, 212–219, 226–228.

24 Marina Solomidou-Ieronymidou, «Sugar Mills and Sugar Production in Medieval Cyprus», *Medieval Cyprus: A Place of Cultural Encounter: Conference in Münster, 6–8 December 2012*, ed. por Sabine Rogge e Michael Grünbart (Muniquer, Waxmann, 2015), pp. 147–173.

25 Juan Garcia Latorre, Andrés Sánchez Picón e Jesús García Latorre, «The Man-Made Desert: Effects of Economic and Demographic Growth on the Ecosystems of Arid Southeastern Spain», *Environmental History* 6(1) (janeiro 2001), pp. 75–94.

26 Gonzalo Anes, «The Agrarian "Depression" in Castile in the Seventeenth Century», e Enrique Llopis Agelán, «Castilian Agriculture in the Seventeenth Century: Depression, or "Readjustment and Adaptation"?», em *The Castilian*

Crisis of the Seventeenth Century: New Perspectives on the Economic and Social History of Seventeenth-Century Spain, ed. por I. A. A. Thompson e Bartolomé Yun Casalilla (Cambridge, Cambridge University Press, 1994), pp. 60–76, 77–100; María Valbuena-Carabaña, Unai López de Heredia, Pablo Fuentes--Utrilla, Inés González-Doncel e Luis Gil, «Historical and Recent Changes in the Spanish Forests: A Socio-Economic Process», *Review of Palaeobotany and Palynology* 162(3) (outubro 2010), pp. 496–497; Richard C. Hoffmann, *An Environmental History of Medieval Europe* (Cambridge, Cambridge University Press, 2014), pp. 176–180.

27 Karl W. Butzer e Sarah E. Harris, «Geoarchaeological Approaches to the Environmental History of Cyprus: Explication and Critical Evaluation», *Journal of Archaeological Science* 34(11) (novembro 2007), pp. 1932–1952.

28 McCray, *Glassmaking in Renaissance Venice*, pp. 145–146.

29 Nos Estados Unidos e no Canadá, *board-foot* é uma unidade de medida especializada para o volume de madeira. Corresponde ao volume de um pé de comprimento, por um pé de largura e uma polegada de altura. [N. do T.]

30 *Ibid.*, pp. 101–114; David Jacoby, «Raw Materials for the Glass Industries of Venice and the Terraferma, about 1370–about 1460», *Journal of Glass Studies* 35 (1993), pp. 65–90.

31 Harald Thomasius, «The Influence of Mining on Woods and Forestry in the Saxon Erzgebirge up to the Beginning of the 19th Century», *GeoJournal* 32(2) (1994), pp. 122–123. Ver também Saúl Guerrero, *Silver by Fire, Silver by Mercury: A Chemical History of Silver Refining in New Spain and Mexico, 16th to 19th Centuries* (Leiden, Brill, 2017), pp. 78–101.

32 Thomasius, «Influence of Mining», pp. 113–119; Boško Bojović, «Entre Venise et L'Empire Ottoman: Les Métaux Précieux des Balkans (XVe–XVIe Siècle)», *Annales. Histoire, Sciences Sociales* 60(6) (2005), pp. 1277–1297; Elisabeth Breitenlechner, Marina Hilber, Joachim Lutz, Yvonne Kathrein, Alois Unterkircher e Klaus Oeggl, «Reconstructing the History of Copper and Silver Mining in Schwaz, Tirol», *RCC Perspectives* 10 (2012), pp. 7–20; Laura Hollsten, «Mercurial Activity and Subterranean Landscapes: Towards an Environmental History of Mercury Mining in Early Modern Idrija», *RCC Perspectives* 10 (2012), pp. 21–38; Jeannette Graulau, «Finance, Industry and Globalisation in the Early Modern Period: The Example of the Metallic Business of the House of Fugger», *Rivista di Studi Politici Internazionali* 75(4) (300) (2008), pp. 554–598.

33 Francis N. N. Botchway, «Pre-Colonial Methods of Gold Mining and Environmental Protection in Ghana», *Journal of Energy and Natural Resources Law* 13(4) (1995), pp. 299–311; Eugenia W. Herbert, «Elusive Frontiers:

Precolonial Mining in Sub-Saharan Africa», em *Mining Frontiers in Africa: Anthropological and Historical Perspectives*, ed. por Werthmann, Katja e Tilo Grätz (Colónia, Alemanha, Rüdiger Köppe, 2012), pp. 23–32.

34 A. R. Disney, *Twilight of the Pepper Empire: Portuguese Trade in Southwest India in the Early Seventeenth Century* (Cambridge, Harvard University Press, 1978), pp. 32–36; John Keay, *The Spice Route: A History* (Berkeley, University of California Press, 2006), p. 215.

35 Ruth Pike, *Enterprise and Adventure: The Genoese in Seville and the Opening of the New World* (Ithaca, Nova Iorque, Cornell University Press, 1966), p. 48.

36 Conde de Osorono para a Coroa (1523), citado em Pike, *Enterprise and Adventure*, p. 19.

37 Possivelmente, Córsega: Karl Appuhn, comunicação pessoal, 14 de setembro de 2018.

38 Phillips, «Sugar in Iberia», pp. 31–34.

39 William D. Phillips, *Slavery in Medieval and Early Modern Iberia* (Filadélfia, University of Pennsylvania Press, 2014), pp. 10–27; Epstein, *Genoa and the Genoese*, pp. 310–311.

40 Catz, *Christopher Columbus*, pp. 1–9; David B. Quinn, «Columbus and the North: England, Iceland, and Ireland», *William and Mary Quarterly* 49(2) (1992), pp. 278–297.

41 *Ibid.*, p. 293.

42 Pike, *Enterprise and Adventure*, pp. 48–83, 99–100; Delno West, «Christopher Columbus and his Enterprise to the Indies: Scholarship of the Last Quarter Century», *William and Mary Quarterly* 49(2) (1992), pp. 260–261; Phillips e Phillips, *Worlds of Christopher Columbus*, p. 230. Ver também D. B. Quinn, «The Italian Renaissance and Columbus», *Renaissance Studies* 6(3/4) (1992), pp. 352–359.

43 Nader, «Desperate Men, Questionable Acts», pp. 401–404, 407–409, 415–421.

44 António de Almeida Mendes, «Portugal, Morocco and Guinea: Reconfiguration of the North Atlantic at the End of the Middle Ages», em *From Al-Andalus to the Americas (13th–17th Centuries): Destruction and Construction of Societies*, ed. por Thomas F. Glick, Antonio Malpica, Félix Retamero e Josep Torró (Leiden, Brill, 2018), p. 405.

45 Para uma perspetiva diferente sobre a expansão portuguesa, ver Braudel, *Civilization and Capitalism*, vol. 3, pp. 138–143.

46 Ver J. H. Parry, *The Age of Reconnaissance* (Cleveland, OH, World, 1963), pp. 53–68, 83–113.

47 De Almeida Mendes, «Portugal, Morocco and Guinea», pp. 407–408.

48 Anna Unali, *Alla Ricerca dell'Oro: Mercanti, Viaggiatori, Missionari in Africa e nelle Americhe (secc. XIII–XVI)* (Roma, Bulzoni, 2006), pp. 207–250; Braudel, *Civilization and Capitalism*, vol. 3, pp. 430–441.

49 Alberto Vieira, «Sugar Islands: The Sugar Economy of Madeira and the Canaries, 1450–1650», em Stuart B. Schwartz, *Tropical Babylons: Sugar and the Making of the Atlantic World, 1450–1680* (Chapel Hill, University of North Carolina Press, 2004), pp. 42–43.

50 Kirk, *Genoa and the Sea*, p. 15.

51 António de Almeida Mendes, «Les Réseaux de la Traite Ibérique dans l'Atlantique Nord (1440–1640)», *Annales. Histoire, Sciences Sociales* 63(4) (2008), p. 755.

52 Vieira, «Sugar Islands», em Schwartz, *Tropical Babylons*, pp. 42–84; J. H. Galloway, *The Sugar Cane Industry: An Historical Geography from Its Origins to 1914* (Cambridge, Cambridge University Press, 1989), pp. 50–55; Alberto Vieira, *Os Escravos no Arquipélago da Madeira: Séculos XV a XVII* (Funchal, Madeira, Centro de Estudos de História do Atlântico, 1991).

53 Catz, *Christopher Columbus*, pp. 21–36; Vieira, *Os Escravos.*

54 Genero Rodríguez Morel, «The Sugar Economy of Española in the Sixteenth Century», em Schwartz, *Tropical Babylons*, pp. 87, 92–93; Galloway, *Sugar Cane Industry*, pp. 55–58.

55 Arlindo Manuel Caldeira, «Learning the Ropes in the Tropics: Slavery and the Plantation System on the Island of São Tomé», *African Economic History* 39 (2011), pp. 36–37.

56 Caldeira, «Learning the Ropes», pp. 37–43, 45.

57 De Almeida Mendes, «Les Réseaux», p. 756; Caldeira, «Learning the Ropes», pp. 50–51.

58 Paul E. Lovejoy, *Transformations in Slavery: A History of Slavery in Africa*, 3.ª ed. (Cambridge, Cambridge University Press, 2011), p. 42.

59 H. A. Gemery e J. S. Hogendorn, «Comparative Disadvantage: The Case of Sugar Cultivation in West Africa», *Journal of Interdisciplinary History* 9(3) (1979), pp. 429–449.

60 Caldeira, «Learning the Ropes», pp. 51–63; Galloway, *Sugar Cane Industry*, pp. 58–61.

61 Barbara L. Solow, «Slavery and Colonization», em *Slavery and the Rise of the Atlantic System*, ed. por Barbara Solow (Cambridge, Cambridge University Press, 1991). Jason Moore atribui um lugar muito mais preeminente à Madeira, que eu apresento como um mero ponto de passagem entre o modelo mediterrânico italiano e as plenamente desenvolvidas plantações de açúcar de São Tomé. Ver também W. Moore, «Madeira, Sugar, and the Conquest of Nature in the "First" Sixteenth Century: Part I: From "Island

of Timber" to Sugar Revolution, 1420–1506», *Review (Fernand Braudel Center)* 32(4) (2009), pp. 345–390; e «Madeira, Sugar, and the Conquest of Nature in the "First" Sixteenth Century, Part II: From Regional Crisis to Commodity Frontier, 1506–1530», *Review (Fernand Braudel Center)* 33(1) (2010), pp. 1–24. O seu argumento baseia-se no ritmo do desmatamento.

62 Cortez, citado em David Watts, *The West Indies: Patterns of Development, Culture, and Environmental Change Since 1492* (Cambridge, Cambridge University Press, 1987), p. 78.

63 *Ibid.*, pp. 71–72.

64 António de Almeida Mendes, «Portugal, Morocco and Guinea», p. 412.

65 Watts, *West Indies*, pp. 121–127; Galloway, *Sugar Cane Industry*, pp. 61–70.

66 Gilberto Freyre, *The Masters and the Slaves (Casa-Grande and Senzala): A Study in the Development of Brazilian Civilization*, 2.ª ed. ing., ed. rev. (Nova Iorque, Knopf, 1956), pp. 12–77; Arnold Wiznitzer, «The Jews in the Sugar Industry of Colonial Brazil», *Jewish Social Studies* 18(3) (1956), pp. 189–198.

67 Ver Barbara L. Solow, «Slavery and Colonization».

68 João Fragoso e Ana Rios, «Slavery and Politics in Colonial Portuguese America: The Sixteenth to the Eighteenth Centuries», em Eltis e Engerman, *Cambridge World History of Slavery*, vol. 3, p. 350; Galloway, *Sugar Cane Industry*, pp. 70–77, 83; de Almeida Mendes, «Les Réseaux», pp. 764–766. Ver também Andrés Reséndez, *The Other Slavery: The Uncovered Story of Indian Enslavement in America* (Boston, Houghton Mifflin Harcourt, 2016).

69 Warren Dean, *With Broadax and Firebrand: The Destruction of the Brazilian Atlantic Forest* (Berkeley, University of California Press, 1995), pp. 1–90; Thomas D. Rogers, *The Deepest Wounds: A Labor and Environmental History of Sugar in Northeast Brazil* (Chapel Hill, University of North Carolina Press, 2010), pp. 21–36; Shawn William Miller, *Fruitless Trees: Portuguese Conservation and Brazil's Colonial Timber* (Stanford, Stanford University Press, 2000), p. 9.

70 Alonso de la Mota y Escobar, citado em P. J. Bakewell, *Silver Mining and Society in Colonial Mexico: Zacatecas, 1546–1700* (Cambridge, Cambridge University Press, 1971), p. 1.

71 Guerrero, *Silver by Fire*, pp. 9–12.

72 Nicholas A. Robins, *Mercury, Mining, and Empire: The Human and Ecological Cost of Colonial Silver Mining in the Andes* (Bloomington, Indiana University Press, 2011).

73 Ver também Kris E. Lane, *Potosí: The Silver City That Changed the World* (Oakland, University of California Press, 2019).

74 Tetsuya Ogura *et al.*, «Zacatecas (Mexico) Companies Extract Hg from Surface Soil Contaminated by Ancient Mining Industries», *Water, Air, and Soil Pollution* 148 (2003), pp. 167–177; Irma Gavilán-García *et al.*, «Mercury

Speciation in Contaminated Soils from Old Mining Activities in Mexico Using a Chemical Selective Extraction», *Journal of the Mexican Chemical Society* 52(4) (outubro–dezembro 2008), pp. 263–271; D. A. De la Rosa *et al.*, «Survey of Atmospheric Total Gaseous Mercury in Mexico», *Atmospheric Environment* 38(29) (setembro 2004), pp. 4839–4846.

75 Ver Bakewell, *Silver Mining and Society in Colonial Mexico*, pp. 1–173; Guerrero, *Silver by Fire*, pp. 75–101, 316–360.

76 Bakewell, *Silver Mining and Society in Colonial Mexico*, pp. 173–186; Robins, *Mercury, Mining, and Empire*, pp. 29–31; Stanley J. Stein e Barbara H. Stein, *Silver, Trade, and War: Spain and America in the Making of Early Modern Europe* (Baltimore, Johns Hopkins University Press, 2000), pp. 260–266.

77 Elinor G. K. Melville, *A Plague of Sheep: Environmental Consequences of the Conquest of Mexico* (Cambridge, Cambridge University Press, 1994); Richard J. Salvucci, *Textiles and Capitalism in Mexico: An Economic History of the Obrajes, 1539–1840* (Princeton, Princeton University Press, 1987).

78 Stein e Stein, *Silver, Trade, and War*, p. 266.

79 Braudel, *Civilization and Capitalism*, vol. 3, pp. 157–174.

80 Dean, *Broadax and Firebrand*, pp. 91–99.

81 António de Almeida Mendes, «Portugal, Morocco and Guinea», pp. 402–403.

82 Harry E. Cross, «South American Bullion Production and Export, 1550–1750», em *Precious Metals in the Later Medieval and Early Modern Worlds*, ed. por John F. Richards (Durham, NC, Carolina Academic Press, 1983), pp. 418, 420.

3. Maravilhas do carvão e das máquinas

1 A. R. Mitchell, «The European Fisheries in Early Modern History», em *The Cambridge Economic History of Europe*, vol. 5, *The Economic Organisation of Early Modern Europe*, ed. por E. E. Rich e Charles Wilson (Cambridge, Cambridge University Press, 1977), pp. 147–148.

2 Paul Crutzen e Eugene F. Stoermer, «Opinion: Have we entered the "Anthropocene"?» http://www.igbp.net/news/opinion/opinion/haveweenteredtheanthropocene.5.d8b4c3c12bf3be638a8000578.html (31 de outubro de 2010).

3 Tom Boden, Bob Andres e Gregg Marland, «Global CO_2 Emissions from Fossil-Fuel Burning, Cement Manufacture, and Gas Flaring: 1751–2014», Carbon Dioxide Information Analysis Center, Oak Ridge National Laboratory, Oak Ridge, Tennessee, 3 de março de 2017, https://cdiac.ess-dive.lbl.gov/ftp/ndp030/global.1751_2014.ems.

4 E. Patricia Dennison, «Glasgow to 1700», em *The Oxford Companion to Scottish History*, ed. por Michael Lynch (Oxford, Oxford University Press, 2001), p. 267.

5 Gabri van Tussenbroek, «The Great Rebuilding of Amsterdam (1521–1578)», *Urban History* 46(3) (agosto 2019), p. 427; Liên Luu, *Immigrants and the Industries of London, 1500–1700* (Abingdon, Oxon, Routledge, 2016), p. 34.

6 Jan Bieleman, *Five Centuries of Farming: A Short History of Dutch Agriculture, 1500–2000* (Wageningen, Países Baixos, Wageningen Academic Publishers, 2010), pp. 35–76; Guus J. Borger e Willem A. Ligtendag, «The Role of Water in the Development of the Netherlands: A Historical Perspective», *Journal of Coastal Conservation* 4(2) (1998), pp. 109–114; William H. TeBrake, «Taming the Waterwolf: Hydraulic Engineering and Water Management in the Netherlands during the Middle Ages», *Technology and Culture* 43(3) (2002), pp. 475–499; Arne Kaijser, «System Building from Below: Institutional Change in Dutch Water Control Systems», *Technology and Culture* 43(3) (2002), pp. 521–548; Petra J. E. M. Van Dam, «Ecological Challenges, Technological Innovations: The Modernization of Sluice Building in Holland, 1300–1600», *Technology and Culture* 43(3) (2002), pp. 500–520; Jan De Vries e A. M. Van Der Woude, *The First Modern Economy: Success, Failure, and Perseverance of the Dutch Economy, 1500–1815* (Cambridge, Cambridge University Press, 1997), pp. 195–210; Fernand Braudel, *Civilization and Capitalism, 15th–18th Century*, vol. 3, *Perspective of the World*, trad. ing. de Siân Reynolds (Nova Iorque, Harper & Row, 1982), pp. 175–206.

7 De Vries e Van Der Woude, *First Modern Economy*, p. 329.

8 Dagomar Degroot, *The Frigid Golden Age: Climate Change, the Little Ice Age, and the Dutch Republic, 1560–1720* (Cambridge, Cambridge University Press, 2018), pp. 75–79.

9 Robert Greenhalgh Albion, *Forests and Sea Power: The Timber Problem of the Royal Navy, 1652–1862* (Cambridge, Harvard University Press, 1926), pp. 139–156.

10 Degroot, *Frigid Golden Age.*

11 Robert Siebelhoff, «The Demography of the Low Countries 1500–1990: Facts and figures», *Canadian Journal of Netherlandic Studies* 14(1) (primavera 1993), p. 127.

12 Sobre a ascensão e queda de Antuérpia, ver Braudel, *Civilization and Capitalism*, vol. 3, pp. 143–157.

13 De Vries e Van Der Woude, *First Modern Economy*, pp. 270–349, 665–710; Braudel, *Civilization and Capitalism*, vol. 3, pp. 235–276.

14 Edmund S. Morgan, *American Slavery, American Freedom: The Ordeal of Colonial Virginia* (Nova Iorque, Norton, 1975), pp. 28–31, 85–87; Carville Earle,

Geographical Inquiry and American Historical Problems (Stanford, Stanford University Press, 1992), pp. 67–69.

15 DeGroot, *Frigid Golden Age*, pp. 244–245.

16 B. H. Slicher van Bath, «Agriculture and the Vital Revolution», em *The Cambridge Economic History of Europe*, vol. 5, *The Economic Organisation of Early Modern Europe*, ed. por E. E. Rich e Charles Wilson (Cambridge, Cambridge University Press, 1977), pp. 110–113.

17 Margrit Schulte Beerbühl *et al.*, «War England ein Sonderfall der Industrialisierung? Der ökonomische Einfluß der Protestantischen Immigranten auf die Entwicklung der Englischen Wirtschaft vor der Industrialisierung», *Geschichte und Gesellschaft* 21(4) (1995), pp. 479–505; Sydney John Chapman, *The Lancashire Cotton Industry: A Study in Economic Development* (Manchester, Manchester University Press, 1904), p. 1; Braudel, *Civilization and Capitalism*, vol. 3, pp. 558–564.

18 John Robert McNeill, *Mosquito Empires: Ecology and War in the Greater Caribbean, 1620–1914* (Nova Iorque, Cambridge University Press, 2010), pp. 137–191.

19 Pieter C. Emmer e Stanley L. Engerman, «The Non-Hispanic West Indies», em *The Cambridge World History of Slavery*, vol. 4, *AD 1804–AD 2016*, ed. por David Eltis, Stanley L. Engerman, Seymour Drescher e David Richardson (Cambridge, Cambridge University Press, 2017), p. 73. O notável e fundacional trabalho sobre o açúcar é o de Sidney W. Mintz, *Sweetness and Power: The Place of Sugar in Modern History* (Nova Iorque, Viking, 1985).

20 Ralph A. Austen e Woodruff D. Smith, «Private Tooth Decay as Public Economic Virtue: The Slave–Sugar Triangle, Consumerism, and European Industrialization», *Social Science History* 14(1) (1990), pp. 98–102. Para uma avaliação da relação económica da Europa com as Américas, ver Braudel, *Civilization and Capitalism*, vol. 3, pp. 387–429.

21 Morgan, *American Slavery, American Freedom*, pp. 295–315; Philip D. Morgan, «Virginia Slavery in Atlantic Context, 1550 to 1650», em *Virginia 1619: Slavery and Freedom in the Making of English America*, ed. por Paul Musselwhite, Peter C. Mancall e James Horn (Chapel Hill, University of North Carolina Press, 2019), p. 85.

22 Ver, por exemplo, John Hughes (mais tarde, arcebispo católico de Nova Iorque) em Rev. John Hughes e Rev. John Breckinridge, *A Discussion of the Question, Is the Roman Catholic Religion, in Any or All Its Principles or Doctrines, Inimical to Civil or Religious Liberty?: And of the Question, Is the Presbyterian Religion, in Any or All Its Principles or Doctrines, Inimical to Civil or Religious Liberty?* (Filadélfia, Carey, Lea e Blanchard, 1836), p. 391.

23 Trevor G. Burnard, *Planters, Merchants, and Slaves: Plantation Societies in British America, 1650–1820* (Chicago, University of Chicago Press, 2015), p. 55.

24 Citado em Iain Whyte, *Scotland and the Abolition of Black Slavery, 1756–1838* (Edimburgo, Edinburgh University Press, 2006), p. 61.

25 Richard K. Fleischman, David Oldroyd e Thomas N. Tyson, «Plantation Accounting and Management Practices in the US and the British West Indies at the End of Their Slavery Eras», *Economic History Review* 64(3) (2011), pp. 765–797; Caitlin Rosenthal, *Accounting for Slavery: Masters and Management* (Cambridge, Harvard University Press, 2018).

26 Kenneth M. Stampp, *The Peculiar Institution: Slavery in the Ante-Bellum South* (Nova Iorque, Knopf, 1956), pp. 192–236; Winthrop D. Jordan, *White over Black: American Attitudes toward the Negro, 1550–1812* (Chapel Hill, University of North Carolina Press, 1968), pp. 3–135, 204–212; Stanley M. Elkins, *Slavery: A Problem in American Institutional and Intellectual Life*, 3.ª ed. (Chicago, University of Chicago Press, 1976), pp. 52–80; Eugene D. Genovese, *Roll, Jordan, Roll: The World the Slaves Made* (Nova Iorque, Pantheon Books, 1974), pp. 88–93; Philip J. Greven, *The Protestant Temperament: Patterns of Child-Rearing, Religious Experience, and the Self in Early America* (Nova Iorque, Knopf, 1977), pp. 32–42. A complexa interação entre cultura, moralidade, capitalismo e preconceito racial é tema de discussão em Robin Blackburn, *The Making of New World Slavery: From the Baroque to the Modern, 1492–1800* (Londres, Verso, 1997), pp. 350–363.

27 Philip D. Morgan, «Slavery in the British Caribbean», em *The Cambridge World History of Slavery*, vol. 3, *AD 1420–AD 1804*, ed. por David Eltis e Stanley L. Engerman (Cambridge, Cambridge University Press, 2011), pp. 378–406.

28 Seymour Drescher, «The Long Goodbye: Dutch Capitalism and Antislavery in Comparative Perspective», *American Historical Review* 99(1) (1994), pp. 44–69. Curiosamente, em completo contraste com a Grã-Bretanha e a América, nenhum significativo movimento abolicionista surgiu nos Países Baixos.

29 Blackburn, *New World Slavery*, pp. 188–195, 362–363.

30 Whyte, *Scotland and the Abolition of Black Slavery*, pp. 9–40. Um calvinista verdadeiramente consistente que defendia a escravatura não podia aceitá-la acriticamente. Ver Marilyn J. Westerkamp, «James Henley Thornwell, Pro-Slavery Spokesman within a Calvinist Faith», *The South Carolina Historical Magazine* 87(1) (1986), pp. 49–64; e Tommy W. Rogers, «Dr. Frederick A. Ross and the Presbyterian Defense of Slavery», *Journal of Presbyterian History* 45(2) (1967), pp. 112–124.

31 Marie Houllemare, «Procedures, Jurisdictions and Records: Building the French Empire in the Early Eighteenth Century», *Journal of Colonialism and Colonial History* 21(2) (2020), p. 13.

32 Galloway, *Sugar Cane Industry*, pp. 102, 103.

33 *Ibid.*, pp. 103–104; Watts, *West Indies*, p. 211.

34 Galloway, *Sugar Cane Industry*, pp. 74–77.

35 David Watts, *West Indies*, pp. 219–223.

36 *Ibid.*, p. 222.

37 *Ibid.*, pp. 400–401.

38 Galloway, *Sugar Cane Industry*, pp. 94–105; Watts, *West Indies*, pp. 401–403, 411.

39 Conhecido como «comboio jamaicano», «comboio de açúcar» ou «comboio espanhol», o processo consistia na colocação de enormes quantidades de açúcar prensado num grande caldeirão, aquecido e monitorizado até a água evaporar. O suco continuava, então, a ser fervido a temperaturas extremas, enquanto era repetidamente vertido em caldeirões mais pequenos. Depois de coado, o processo de espessamento desse líquido dava origem a grânulos sob a forma de açúcar. O principal problema com o processo era que muito do açúcar se perdia ou, então, se queimava devido à ausência de controlo do calor. Isso para além das severas queimaduras, resultantes do transporte do líquido em ebulição, que eram impostas aos escravos forçados a refinar o açúcar. [N. do T.]

40 Richard Grove, *Green Imperialism: Colonial Expansion, Tropical Island Edens, and the Origins of Environmentalism, 1600–1860* (Cambridge, Cambridge University Press, 1995), em especial, pp. 153–308.

41 Citado em Burnard, *Planters, Merchants, and Slaves*, pp. 55–56.

42 *Ibid.*, p. 20. O termo «antropoceno» tem inspirado uma proliferação de nomes que terminam em «-eno», incluindo o desajeitado «capitaloceno» [*capitalocene*, no original], cunhado por Andreas Malm e difundido por Jason Moore, e o ainda mais desgracioso «cultiveno» [*plantationocene*, no original], cunhado em 2014 e defendido (talvez ironicamente) por Donna Haraway. Ver Donna Haraway, Noboru Ishikawa, Scott F. Gilbert, Kenneth Olwig, Anna L. Tsing e Nils Bubandt, «Anthropologists are Talking — About the Anthropocene», *Ethnos* 81(3) (2016), pp. 535–564. Haraway *et al.* não inclui a máquina a vapor na sua discussão em torno do impacto ambiental da monocultura.

43 Albert E. Cowdrey, *This Land, This South: An Environmental History* (Lexington, University Press of Kentucky, 1983), pp. 24–63; Timothy Silver, *A New Face on the Countryside: Indians, Colonists, and Slaves in the South Atlantic Forests, 1500–1800* (Cambridge, Cambridge University Press, 1990), pp. 67–185.

44 Em relação às Carolinas, ver Peter H. Wood, *Black Majority: Negroes in Colonial South Carolina from 1670 through the Stono Rebellion* (Nova Iorque, Knopf, 1974); Mart A. Stewart, *«What Nature Suffers to Groe»: Life, Labor, and Landscape on the Georgia Coast, 1680–1920* (Atenas, University of Georgia Press, 1996).

Sobre as origens africanas do arroz, ver David Eltis, Philip Morgan e David Richardson, «Black, Brown, or White? Color-Coding American Commercial Rice Cultivation with Slave Labor», *American Historical Review* 115(1) (2010), pp. 164–171.

45 Adam Smith, *Inquérito sobre a natureza e as causas da riqueza das nações*, pref. de Hermes dos Santos, trad. e notas de Teodora Cardoso e Luís Cristóvão de Aguiar, Lisboa, Fundação Calouste Gulbenkian, 1981. [N. do T.]

46 Roger Emerson, «The Contexts of the Scottish Enlightenment», em *The Cambridge Companion to the Scottish Enlightenment*, ed. por Alexander Broadie (Cambridge, Cambridge University Press, 2003), pp. 9–30.

47 Christopher Smout, «The Culture of Migration: Scots as Europeans 1500–1800», *History Workshop Journal* 40 (1995), pp. 108–117.

48 John M. Mackenzie, «Essay and Reflection: On Scotland and the Empire», *International History Review* 15(4) (1993), pp. 721–728.

49 Alan McKinlay e Alistair Mutch, «"Accountable Creatures": Scottish Presbyterianism, Accountability and Managerial Capitalism», *Business History* 57(2) (2015), pp. 241–256.

50 Ver T. M. Devine, «The Colonial Trades and Industrial Investment in Scotland, c. 1700–1815», *Economic History Review* 29(1) (1976), pp. 1–13.

51 *Ibid.*, p. 1; J. E. Inikori, *Africans and the Industrial Revolution in England: A Study in International Trade and Economic Development* (Nova Iorque, Cambridge University Press, 2002), p. 330.

52 «Alexander Macfarlane», *Legacies of British Slave-ownership database*, https://www.ucl.ac.uk/lbs/person/view/2146644157.

53 Ver Ben Marsden, *Watt's Perfect Engine: Steam and the Age of Invention* (Nova Iorque, Columbia University Press, 2002), pp. 9–16; de James Black para Watt e de John Robison para Watt, em James Watt e Joseph Black, *Partners in Science: Letters of James Watt and Joseph Black*, ed. por Eric Robinson e Douglas McKie (Cambridge, Harvard University Press, 1970), pp. 253–257.

54 James Patrick Muirhead, *The Life of James Watt: With Selections from His Correspondence*, 2.ª ed. rev. (Londres, John Murray, 1859), pp. 46–49.

55 Richard Leslie Hills, *Power from Steam: A History of the Stationary Steam Engine* (Cambridge, Cambridge University Press, 1989), pp. 16–30.

56 Hills, *Power from Steam*, pp. 51–54, 59.

57 Andrew Carnegie, *James Watt* (Edimburgo, Oliphant, Anderson, and Ferrier, 1903), pp. 7–8, 13, 138–139, 143; George Williamson, *Memorials of the Lineage, Early Life, Education, and Development of the Genius of James Watt* (Edimburgo, Constable, 1856), pp. 41n1, 46, 48–49, 94–101, 147.

58 Muirhead, *The Life of James Watt*, pp. 19, 45.

59 Citado em David Philip Miller, *The Life and Legend of James Watt: Collaboration, Natural Philosophy, and the Improvement of the Steam Engine* (Pittsburgh, PA, University of Pittsburgh Press, 2019), p. 176.

60 Crosbie Smith, *The Science of Energy: A Cultural History of Energy Physics in Victorian Britain* (Chicago, University of Chicago Press, 1998), p. 33. *A Ética Protestante e o Espírito do Capitalismo*, de Max Weber, propôs, de uma forma mais restritiva, um senso de dever para com a riqueza, que ele atribuiu à ansiedade a respeito da predestinação. Weber, *A Ética Protestante e o Espírito do Capitalismo*, trad. de Carlos Leite, introd. de Anthony Giddens, 6.ª ed., Lisboa, Relógio d'Água, 2018. Quer a ética quer o espírito têm um escopo mais amplo do que aquele descrito por Max Weber, sendo que o mecanismo se encontra muito mais enraizado na teologia calvinista do que o defendido pelo sociólogo alemão.

61 De forma a mostrar que os Escoceses estavam quase sempre presentes nos ambientes ligados às engenharias, o autor, pegando na personagem Montgomery «Scotty» Scott, o incontornável engenheiro-chefe da série *O Caminho das Estrelas*, joga com o nome «Scotty» (que tanto é o diminutivo do nome masculino Scott, como pode significar «escocesinho»). [N. do T.]

62 Rudyard Kipling, «M'Andrew's Hymn», *The Seven Seas* (Londres, Methuen, 1896), pp. 40, 31. *Institutio Christianae Religionis* é a obra seminal de Calvino em teologia sistemática.

63 A correlação entre essa crença religiosa e certas posturas económicas parece incontestável. Como e porque isso aconteceu é mais complicado. Ver, por exemplo, Barry Supple, «The Nature of Enterprise», em *The Cambridge Economic History of Europe*, vol. 5, *The Economic Organisation of Early Modern Europe*, ed. por E. E. Rich e Charles Wilson (Cambridge, Cambridge University Press, 1977), pp. 402–407.

64 Linha de queda ou zona de queda é a área onde uma região de planalto e uma planície costeira se encontram e é tipicamente proeminente onde os rios a cruzam. [N. do T.]

65 Braudel, *Civilization and Capitalism*, pp. 277–297, 353–385.

66 Protestantes que, por divergências várias, se separaram da Igreja de Inglaterra (Igreja Anglicana). [N. do T.]

67 Richard Leslie Hills, *James Watt*, vol. 1, *His Time in Scotland, 1736–1774* (Ashbourne, Landmark, 2002), pp. 150–154; Brian Watters, *Where Iron Runs Like Water!: A New History of Carron Iron Works, 1759–1982* (Edimburgo, John Donald, 1998), p. 1.

68 Hills, *Power from Steam*, p. 70.

69 A. E. Musson, «Industrial Motive Power in the United Kingdom, 1800–70», *Economic History Review*, n. s. 29(3) (1976), pp. 417–418.

70 Sven Beckert, *Empire of Cotton: A Global History* (Nova Iorque, Knopf, 2014), pp. 19, 32.

71 Michael Herbert Fisher, *An Environmental History of India: From Earliest Times to the Twenty-First Century* (Cambridge, Cambridge University Press, 2018), pp. 93–134.

72 Patrick Verley, *L'Échelle du Monde: Essai sur l'Industrialisation de l'Occident* (Paris, Gallimard, 1997), pp. 160–164.

73 Stephen Broadberry e Bishnupriya Gupta, «Lancashire, India, and Shifting Competitive Advantage», p. 298; Ian Wendt, «Writing the Rich Economic History of the South Asian Textile Industry: Spinners in Early Modern South India», em *Global Economic History Network Conference, Pune* (2005), http://www.lse.ac.uk/Economic-History/Assets/Documents/Research/GEHN/GEHNConferences/conf8/PUNEWendt.pdf, pp. 8–9.

74 Broadberry e Gupta, «Lancashire, India, and Shifting Competitive Advantage in Cotton Textiles, 1700–1850: The Neglected Role of Factor Prices», *Economic History Review*, n. s. 62(2) (2009), pp. 288–291. Sobre a Índia e os Europeus, ver também Braudel, *Civilization and Capitalism*, vol. 3, pp. 489–524.

75 John Lord, *Memoir of John Kay, of Bury: Inventor of the Fly-Shuttle* (Rochdale, Aldine Press, 1903). «Presbiteriano»: inferido, dada a ausência de registos específicos, dos registos sobreviventes; ver p. 130 e *passim.*

76 *Spinning jenny*, no original. [N. do T.]

77 R. S. Fitton, *The Arkwrights: Spinners of Fortune* (Manchester, Manchester University Press, 1989), pp. 11–17; «Presbyterian», 9.
No original, *water frame.* [N. do T.]

78 Gilbert J. French, *The Life and Times of Samuel Crompton, Inventor of the Spinning Machine Called the Mule* (Londres, Simpkin, Marshall, 1859), pp. 23–25, 120; Broadberry e Gupta, «Lancashire, India, and Shifting Competitive Advantage», p. 298.

79 *Ibid.*, pp. 284–286; Braudel, *Civilization and Capitalism*, vol. 3, p. 474.

80 Andreas Malm, *Fossil Capital: The Rise of Steam-Power and the Roots of Global Warming* (Londres, Verso, 2016), pp. 96–193. Malm defende a superioridade da água em relação à energia a vapor, descarta outros problemas com a energia hidráulica e acredita que foi principalmente o desejo dos proprietários de controlar a mão de obra que os levou a abandonar a energia hidráulica.

81 *Steam Mill Mad*, no original. [N. do T.]

82 Richard Leslie Hills, *James Watt*, vol. 3, *Triumph through Adversity, 1785–1819* (Ashbourne, Landmark, 2006), pp. 63–68.

83 Musson, «Industrial Motive Power», pp. 415–439; Boulton citado na p. 429.

84 Beckert, *Empire of Cotton*, pp. 136–174.

85 Henry Laufenburger, *Cours d'économie alsacienne* (Paris, Sirey, 1930–1932), vol. 1, pp. 97–114, vol. 2, pp. 133–235; Robert Fox, «Science, Industry, and the Social Order in Mulhouse, 1798–1871», *British Journal for the History of Science* 17(2) (1984), pp. 127–168; Michael Stephen Smith, *The Emergence of Modern Business Enterprise in France, 1800–1930* (Cambridge, Harvard University Press, 2006), pp. 131–144; Verley, *L'Échelle du Monde*, pp. 168–170, 177; Serge Chassagne, *Le Coton et ses Patrons: France, 1760–1840* (Paris, Éditions de l'École des Hautes Études en Sciences Sociales, 1991), pp. 45–57, 75–80.

86 Barbara M. Tucker, «The Merchant, the Manufacturer, and the Factory Manager: The Case of Samuel Slater», *Business History Review* 55(3) (1981), pp. 297–313.

87 Ver Chaim M. Rosenberg, *The Life and Times of Francis Cabot Lowell, 1775–1817* (Lanham, MD, Lexington Books, 2011).

88 Thomas Dublin, *Women at Work: The Transformation of Work and Community in Lowell, Massachusetts, 1826–1860* (Nova Iorque, Columbia University Press, 1979), pp. 14–85; Theodore Steinberg, *Nature Incorporated: Industrialization and the Waters of New England* (Cambridge, Cambridge University Press, 1991), pp. 21–96.

89 Ronald Bailey, «The Other Side of Slavery: Black Labor, Cotton, and Textile Industrialization in Great Britain and the United States», *Agricultural History* 68(2) (1994), pp. 35–50; Ronald Bailey, «The Slave(ry) Trade and the Development of Capitalism in the United States: The Textile Industry in New England», *Social Science History* 14(3) (1990), pp. 373–414; Richard L. Roberts, *Two Worlds of Cotton: Colonialism and the Regional Economy in the French Soudan, 1800–1946* (Stanford, Stanford University Press, 1996), p. 66.

90 Cowdrie, *This Land, This South*, pp. 65–80; Mark Fiege, *The Republic of Nature: An Environmental History of the United States* (Seattle, University of Washington Press, 2012), pp. 100–138; Erin Stewart Mauldin, *Unredeemed Land: An Environmental History of Civil War and Emancipation in the Cotton South* (Nova Iorque, Oxford University Press, 2018).

91 Jonathan E. Robins, *Cotton and Race across the Atlantic: Britain, Africa, and America, 1900–1920* (Rochester, Nova Iorque, University of Rochester Press, 2016), pp. 135–138.

92 A. Stowers, «Watermills, c.1500–c.1850», em *A History of Technology*, vol. 4, *The Industrial Revolution c.1750 to c.1850*, ed. por Charles Singer, Eric John Holmyard, A. Rupert Hall e Trevor Illtyd Williams (Oxford, Oxford University Press, 1958), p. 201.

93 Robert B. Gordon, «Cost and Use of Water Power during Industrialization in New England and Great Britain: A Geological Interpretation», *Economic History Review*, n. s. 36(2) (1983), p. 245.

94 Ver Theodore Steinberg, *Nature Incorporated: Industrialization and the Waters of New England* (Cambridge, Cambridge University Press, 1991).

4. A era do vapor e do aço

1 Adolph S. Cavallo, «To Set a Smart Board: Fashion as the Decisive Factor in the Development of the Scottish Linen Damask Industry», *Business History Review* 37(1/2) (1963), pp. 49–58; David Nasaw, *Andrew Carnegie* (Nova Iorque, Penguin Press, 2006), pp. 1–23.

2 Alasdair Roberts, *America's First Great Depression: Economic Crisis and Political Disorder After the Panic of 1837* (Ithaca, Cornell University Press, 2012), p. 45; Marc-Antoine Longpré, John Stix, Cosima Burkert, Thor Hansteen e Steffen Kutterolf, «Sulfur budget and global climate impact of the AD 1835 eruption of Cosigüina volcano, Nicaragua», *Geophysical Research Letters* 41(19) (2014), pp. 6667–6675.

3 Ordem executiva presidencial, emitida por Andrew Jackson ao abrigo da Lei da Cunhagem em 1836, que definia o ouro e a prata como única forma de pagamento por terras governamentais. O intuito da lei, depressa gorado, era refrear a enorme especulação fundiária e anular o avassalador crescimento do dinheiro em papel que se encontrava em circulação. [N. do T.]

4 Stephen W. Campbell, «The Transatlantic Financial Crisis of 1837», em *Oxford Research Encyclopedia of Latin American History* (2017), ed. por William Beezley, https://oxfordre.com/latinamericanhistory/view/10.1093/acrefore/9780199366439.001.0001/acrefore-9780199366439-e-399.

5 Nasaw, *Carnegie*, pp. 24–53.

6 Barry Eichengreen, *Globalizing Capital: A History of the International Monetary System*, 3.ª ed. (Princeton, Princeton University Press, 2019), pp. 5–40.

7 Benjamin Mountford e Stephen Tuffnell, «Seeking a Global History of Gold», pp. 4–5, e Elliott West, «California, Coincidence, and Empire», pp. 42–62, ambos os artigos em *A Global History of Gold Rushes*, ed. por Benjamin Mountford e Stephen Tuffnell (Oakland, University of California Press, 2018); H. Michell, «The Gold Standard in the Nineteenth Century», *Canadian Journal of Economics and Political Science / Revue Canadienne d'Economique et de Science Politique* 17(3) (1951), pp. 369–376; David Vogel, *California Greenin': How the Golden State Became an Environmental Leader* (Princeton, Princeton University Press, 2018), pp. 22–47.

8 David W. Miller, «Religious Commotions in the Scottish Diaspora: A Transatlantic Perspective on "Evangelicalism" in a Mainline Denomination», em *Ulster Presbyterians in the Atlantic World: Religion, Politics and Identity*, ed.

por David A. Wilson e Mark G. Spencer (Dublin, Four Courts, 2006), p. 25.

9 Nasaw, *Carnegie*, pp. 33–41, 54–57; Quentin R. Skrabec, *The Carnegie Boys: The Lieutenants of Andrew Carnegie That Changed America* (Jefferson, NC, McFarland, 2012), p. 32.

10 Andrew Carnegie, *Autobiography of Andrew Carnegie* (Boston, Houghton Mifflin, 1920), p. 40.

11 Justice Levi Woodbury, *Smith v. Downing*, em James D. Reid, *The Telegraph in America: Its Founders, Promoters and Noted Men* (Nova Iorque, Derby Brothers, 1879), p. 110.

12 Richard B. Du Boff, «Business Demand and the Development of the Telegraph in the United States, 1844–1860», *Business History Review* 54(4) (1980), pp. 459–479; James Schwoch, *Wired into Nature: The Telegraph and the North American Frontier* (Urbana, University of Illinois Press, 2018), pp. 25–26.

13 Richard B. Du Boff, «The Telegraph in Nineteenth-Century America: Technology and Monopoly», *Comparative Studies in Society and History* 26(4) (1984), pp. 572, 585.

14 Daniel Headrick, «A Double-Edged Sword: Communications and Imperial Control in British India», *Historical Social Research / Historische Sozialforschung* 35(1) (2010), pp. 53–54; Daniel R. Headrick e Pascal Griset, «Submarine Telegraph Cables: Business and Politics, 1838–1939», *Business History Review* 75(3) (2001), pp. 546–550; Claudia Steinwender, «Real Effects of Information Frictions: When the States and the Kingdom Became United», *American Economic Review* 108(3) (2018), pp. 657–696.

15 Alfred D. Chandler, *The Visible Hand: The Managerial Revolution in American Business* (Cambridge, Harvard University Press, 1977), pp. 197–200.

16 Sidney E. Morse para Samuel F. B. Morse, citado em Reid, *Telegraph in America*, p. 89.

17 B. W. Clapp, *An Environmental History of Britain Since the Industrial Revolution* (Londres, Longman, 1994), pp. 177–179.

18 Bode J. Morin, *The Legacy of American Copper Smelting: Industrial Heritage Versus Environmental Policy* (Knoxville, University of Tennessee Press, 2013), pp. 7–14; Colin A. Russell e S. A. H. Wilmot, «Metal Extraction and Refining», em *Chemistry, Society and Environment: A New History of the British Chemical Industry*, ed. por Colin A. Russell (Cambridge, Royal Society of Chemistry, 2000), pp. 295–300; citação, *Report from the Select Committee of the House of Lords on Injury from Noxious Vapors, 1862*, em Russell and Wilmot, «Metal Extraction», p. 298.

19 Morin, *Legacy of American Copper Smelting*, pp. 15–42; Duncan Maysilles, *Ducktown Smoke: The Fight Over One of the South's Greatest Environmental*

Disasters (Chapel Hill, University of North Carolina Press, 2011), pp. 14–35.

20 Margaret Hindle Hazen e Robert M. Hazen, *Wealth Inexhaustible: A History of America's Mineral Industries to 1850* (Nova Iorque, Van Nostrand Reinhold, 1985), p. 101.

21 Morin, *Legacy of American Copper Smelting*, p. 36.

22 *Ibid.*, pp. 16–36.

23 David Hochfelder, *The Telegraph in America, 1832–1920* (Baltimore, Johns Hopkins University Press, 2013), p. 186; William Henry Preece e James Sivewright, *Telegraphy* (Londres, Longman, Green, and Co., 1876), pp. 8–38.

24 R. G. Coyle, *The Riches Beneath Our Feet: How Mining Shaped Britain* (Nova Iorque, Oxford University Press, 2010), pp. 74–92; Russell e Wilmot, «Metal Extraction and Refining», pp. 308–309.

25 W. Ross Yates, «Samuel Wetherill, Joseph Wharton, and the Founding of the American Zinc Industry», *Pennsylvania Magazine of History and Biography* 98(4) (1974), p. 475.

26 Yates, «Samuel Wetherill», p. 479.

27 Driftless Area of Illinois–Wisconsin, no original. [N. do T.]

28 Cheryl M. Seeger, «History of Mining in the Southeast Missouri Lead District and Description of Mine Processes, Regulatory Controls, Environmental Effects, and Mine Facilities in the Viburnum Trend Subdistrict», em *Hydrologic Investigations Concerning Lead Mining Issues in Southeastern Missouri*, ed. por Michael J. Kleeschulte (Reston, VA, U. S. Geological Survey, 2008); Jill McNew-Birren, *The Impacts of Lead Contamination on the Community of Herculaneum*, Missouri (dissertação de doutoramento, Washington University, 2011), pp. 97–98.

29 Henry Rowe Schoolcraft, *Journal of a Tour into the Interior of Missouri and Arkansaw, from Potosi, or Mire À Burton, in Missouri Territory, in a South-West Direction, Toward the Rocky Mountains, Performed in the Years 1818–1819* (Londres, Sir Richard Phillips, 1821), p. 4. Ver também Schoolcraft, *A View of the Lead Mines of Missouri; Including Some Observations on the Mineralogy, Geology, Geography, Antiquities, Soil Climate, Population, and Productions of Missouri and Arkansaw, and Other Sections of the Western Country* (Nova Iorque, Wiley, 1819), p. 65.

30 B. H. Schockel, «Settlement and Development of the Lead and Zinc Mining Region of the Driftless Area with Special Emphasis Upon Jo Daviess County, Illinois», *The Mississippi Valley Historical Review* 4(2) (1917), pp. 169–192; Robin Wall Kimmerer, «Vegetation Development on a Dated Series of Abandoned Lead and Zinc Mines in Southwestern Wisconsin», *American*

Midland Naturalist 111(2) (1984), pp. 332–341; Hazen e Hazen, *Wealth Inexhaustible*, pp. 153–155.

31 Jie Ma *et al.*, «Fractions and Colloidal Distribution of Arsenic Associated with Iron Oxide Minerals in Lead-Zinc Mine-Contaminated Soils: Comparison of Tailings and Smelter Pollution», *Chemosphere* 227 (julho 2019), pp. 614–623; Bob Faust, «Lead in the Water: Power, Progressivism, and Resource Control in Missouri Mining Community», *Agricultural History* 76(2) (2002), p. 413.

32 John Tully, «A Victorian Ecological Disaster: Imperialism, the Telegraph, and Gutta-Percha», *Journal of World History* 20(4) (2009), pp. 559–579.

33 Cai Guise-Richardson, «Redefining Vulcanization: Charles Goodyear, Patents, and Industrial Control, 1834–1865», *Technology and Culture* 51(2) (2010), pp. 357–387.

34 Warren Dean, *Brazil and the Struggle for Rubber: A Study in Environmental History* (Cambridge, Cambridge University Press, 1987), pp. 4, 9, 38–41; John A. Tully, *The Devil's Milk: A Social History of Rubber* (Nova Iorque, Monthly Review Press, 2011), pp. 63–130; Corey Ross, *Ecology and Power in the Age of Empire: Europe and the Transformation of the Tropical World* (Oxford, Oxford University Press, 2017), pp. 106–129; Gregg Mitman, *Empire of Rubber: Firestone's Scramble for Land and Power in Liberia* (Nova Iorque, New Press, 2021).

35 Jean Gelman Taylor, *Global Indonesia* (Abingdon, Oxon, Routledge, 2013); G. Roger Knight, *Sugar, Steam and Steel: The Industrial Project in Colonial Java, 1830–1885* (Adelaide, Austrália, University of Adelaide Press, 2014).

36 Do inglês, East India Company (Companhia Britânica das Índias Orientais). [N. do T.]

37 Barbara Watson Andaya e Leonard Y. Andaya, *A History of Malaysia*, 2.ª ed. (Honolulu, University of Hawai'i Press, 2001), pp. 133–204; Ross, *Ecology and Power in the Age of Empire*, pp. 136–163.

38 Nasaw, *Carnegie*, pp. 547–566, 603–604, 619–620, 648–649, 653–654.

39 Ernest Mahaim, «Les débuts de l'établissement John Cockerill à Seraing», *Vierteljahrschrift für Sozial- und Wirtschaftsgeschichte* 3(4) (1905), pp. 627–648; Rainer Fremdling, «John Cockerill: Pionierunternehmer der Belgisch--niederländischen Industrialisierung», *Zeitschrift für Unternehmensgeschichte/ /Journal of Business History* 26(3) (1981), pp. 179–193; A. Lecocq, *Description de l'établissement John Cockerill à Seraing* (Liège, Bélgica, Gouchon, 1854), pp. 13–18.

40 George Rogers Taylor, *The Transportation Revolution, 1815–1860* (White Plains, Nova Iorque, M. E. Sharpe, 1951), pp. 74–90.

41 *Ibid.*, pp. 56–73.

42 Peter A. Shulman, *Coal and Empire: The Birth of Energy Security in Industrial America* (Baltimore, Johns Hopkins University Press, 2015), pp. 125–163.

43 Taylor, *Transportation Revolution*, pp. 396–398.

44 Nasaw, *Carnegie*, pp. 54–65.

45 Chandler, *Visible Hand*, pp. 79–133.

46 Nasaw, *Carnegie*, pp. 66–88.

47 *Ibid.*, pp. 89–114.

48 Rainer Fremdling, «Transfer Patterns of British Technology to the Continent: The Case of the Iron Industry», *European Review of Economic History* 4(2) (2000), p. 196; Morgan Kelly, Joel Mokyr e Cormac Ó Gráda, «Could Artisans Have Caused the Industrial Revolution?», em *Reinventing the Economic History of Industrialisation*, ed. por Kristine Bruland, Anne Gerritsen, Pat Hudson e Giorgio Riello (Montreal, McGill–Queen's University Press, 2020), pp. 25–43.

49 Norbert C. Soldon, *John Wilkinson, 1728–1808: English Ironmaster and Inventor* (Lewiston, Nova Iorque, Edwin Mellen Press, 1998), p. 24.

50 Soldon, *John Wilkinson*, pp. 17–25; Tom Williamson, Gerry Barnes e Toby Pillatt, *Trees in England: Management and Disease Since 1600* (Hatfield, University of Hertfordshire Press, 2017), pp. 132–162.

51 William Stanley Jevons, *The Coal Question*, 2.ª ed. (Londres, Macmillan, 1866), pp. 312–324; Chris Evans, Owen Jackson e Göran Rydén, «Baltic Iron and the British Iron Industry in the Eighteenth Century», *Economic History Review*, 55(4) (2002), p. 645.

52 Alfred D. Chandler, «Anthracite Coal and the Beginnings of the Industrial Revolution in the United States», *Business History Review* 46(2) (1972), pp. 141–148.

53 Christopher F. Jones, *Routes of Power: Energy and Modern America* (Cambridge, Harvard University Press, 2014), pp. 23–87.

54 W. David Lewis, «The Early History of the Lackawanna Iron and Coal Company: A Study in Technological Adaptation», *Pennsylvania Magazine of History and Biography* 96(4) (1972), pp. 424–468; Chandler, «Anthracite Coal», pp. 142–149, 156–158, 176–181; citação na p. 149; Jones, *Routes of Power*, pp. 23–88.

55 James Parton, «Pittsburgh», *Atlantic Monthly*, 21 de janeiro de 1868, p. 21.

56 Hazen e Hazen, *Wealth Inexhaustible*, pp. 206–211; Joel A. Tarr e Karen Clay, «Pittsburgh as an Energy Capital: Perspectives on Coal and Natural Gas Transitions and the Environment», em *Energy Capitals: Local Impact, Global Influence*, ed. por Joseph A. Pratt, Martin V. Melosi e Kathleen A. Brosnan (Pittsburgh, PA, University of Pittsburgh Press, 2014), pp. 5–11.

57 Chandler, *Visible Hand*, pp. 91–93.

58 Nasaw, *Carnegie*, pp. 105–136.

59 *Ibid.*, pp. 137–144.

60 Thomas J. Misa, *A Nation of Steel: The Making of Modern America, 1865–1925* (Baltimore, Johns Hopkins University Press, 1995), pp. 1–15; Geoffrey Tweedale, «Metallurgy and Technological Change: A Case Study of Sheffield Specialty Steel and America, 1830–1930», *Technology and Culture* 27(2) (1986), pp. 189–222.

61 Misa, *Nation of Steel*, pp. 15–21.

62 Krupp'sche Gu stahlfabrik, *Krupp 1812–1912: zum 100 jährigen Bestehen der Firma Krupp und der Gu stahlfabrik zu Essen-Ruhr* (Essen, Alemanha, Krupp, 1912), p. 268.

63 Harold James, *Krupp: A History of the Legendary German Firm* (Princeton, Princeton University Press, 2012), pp. 15–51.

64 Jim Clifford, «Mapping Supply Chains for 19th Century Leather» (12 de agosto de 2014), http://www.jimclifford.ca/2014/08/12/mapping-supply-chains-for-19th-century-leather/.

65 M. Scott Taylor, «Buffalo Hunt: International Trade and the Virtual Extinction of the North American Bison», *American Economic Review* 101(7) (2011), pp. 3162–3171, 3189; ver também Dan Flores, «Bison Ecology and Bison Diplomacy: The Southern Plains from 1800 to 1850», *Journal of American History* 78(2) (1991), pp. 465–485; Andrew C. Isenberg, *The Destruction of the Bison: An Environmental History, 1750–1920* (Cambridge, Cambridge University Press, 2000); e Jennifer Hansen, «A Tanner's View of the Bison Hunt: Global Tanning and Industrial Leather», em *Bison and People on the North American Great Plains: A Deep Environmental History*, ed. por Geoff Cunfer e W. A. Waiser (College Station, Texas A&M University Press, 2016), pp. 227–244.

66 William Cronon, *Nature's Metropolis: Chicago and the Great West* (Nova Iorque, Norton, 1991), pp. 218–259. Sobre os impactos ambientais das ferrovias transcontinentais, ver também Mark Fiege, *The Republic of Nature: An Environmental History of the United States* (Seattle, University of Washington Press, 2012), pp. 228–280.

67 Cronon, *Nature's Metropolis*, pp. 97–147. Ver também Richard White, *Railroaded: The Transcontinentals and the Making of Modern America* (Nova Iorque, Norton, 2011).

68 Cronon, *Nature's Metropolis*, pp. 313–318, 148–206, 324–340, 263–295.

69 Sergei Witte, *Vorlesungen über Volks- und Staatswirtschaft*, citado em Steven G. Marks, *Road to Power: The Trans-Siberian Railroad and the Colonization of Asian Russia, 1850–1917* (Ithaca, Nova Iorque, Cornell University Press, 1991), p. 126.

70 Marks, *Road to Power*, pp. 125–169, 196–219.

71 Nasaw, *Carnegie*, pp. 144–150.

72 Misa, *Nation of Steel*, pp. 21–28.

73 Nasaw, *Carnegie*, pp. 150–183.

74 Misa, *Nation of Steel*, pp. 45–89; Ken Kobus, *City of Steel: How Pittsburgh Became the World's Steelmaking Capital during the Carnegie Era* (Lanham, MD, Rowman & Littlefield, 2015), pp. 149–256; Nasaw, *Carnegie*, pp. 247, 361–363, 377–378, 405, 469.

75 Robert Marks, *The Origins of the Modern World: A Global and Environmental Narrative from the Fifteenth to the Twenty-First Century*, 3.ª ed. (Lanham, MD, Rowman & Littlefield, 2015), p. 144; David S. Landes, *The Unbound Prometheus: Technological Change and Industrial Development in Western Europe from 1750 to the Present* (Cambridge, Cambridge University Press, 1969), p. 6; Michael Stephen Smith, *The Emergence of Modern Business Enterprise in France, 1800–1930* (Cambridge, Harvard University Press, 2006), pp. 137–142.

76 Herbert Kisch, *From Domestic Manufacture to Industrial Revolution: The Case of the Rhineland Textile Districts* (Nova Iorque, Oxford University Press, 1989); Elaine Glovka Spencer, «Rulers of the Ruhr: Leadership and Authority in German Big Business before 1914», *Business History Review* 53(1) (1979), pp. 40–64; Jonathan Sperber, «The Shaping of Political Catholicism in the Ruhr Basin, 1848–1881», *Central European History* 16(4) (1983), pp. 347–367; Marks, *The Origins of the Modern World*, pp. 145–146; Mark Cioc, *The Rhine: An Eco-Biography, 1815–2000* (Seattle, University of Washington Press, 2002), pp. 47–107.

77 Marks, *The Origins of the Modern World*, pp. 146–147; Boris Kagarlitsky, *Empire of the Periphery: Russia and the World System*, trad. ing. de Renfrey Clarke (Londres, Pluto Press, 2008), pp. 223–282; Roman Adrian Cybriwsky, *Along Ukraine's River: A Social and Environmental History of the Dnipro (Dnieper)* (Budapeste, Central European University Press, 2018), pp. 64–65, 71.

78 Nasaw, *Carnegie*, 513–523.

79 Duane A. Smith, *Mining America: The Industry and the Environment, 1800–1980* (Lawrence, University Press of Kansas, 1987), pp. 86–88, 110–111, 114–116.

80 Klaus H. Wolff, «Textile Bleaching and the Birth of the Chemical Industry», *Business History Review* 48(2) (1974), pp. 144–150.

81 *Ibid.*, pp. 150–161.

82 Christian Simon, «The Rise of the Swiss Chemical Industry Reconsidered», em *The Chemical Industry in Europe, 1850–1914: Industrial Growth, Pollution, and Professionalization*, ed. por Ernst Homburg, Anthony S. Travis e Harm G. Schröter (Dordrecht, Países Baixos, Kluwer Academic, 1998), pp. 9–28.

83 Arne Andersen, «Pollution and the Chemical Industry: The Case of the German Dye Industry», em *The Chemical Industry in Europe*, pp. 183–186.

84 Carnegie, citado em Nasaw, *Andrew Carnegie*, pp. 113–114.

85 Nasaw, *Andrew Carnegie*, pp. 345–354.

86 *Ibid.*, pp. 589–614, 712–717.

87 *Ibid.*, pp. 543–566, 641–711, 724–756, 770–801; ver também Misa, *Nation of Steel*, pp. 270–278.

5. Preservando recursos

1 W. Stanley Jevons, *The Coal Question*, 2.ª ed. (Londres, Macmillan, 1866), p. 371.

2 George P. Marsh, *Man and Nature, or, Physical Geography As Modified by Human Action* (Nova Iorque, C. Scribner, 1864), p. 43.

3 *Ibid.*, p. 48.

4 *Ibid.*, p. 55.

5 *Ibid.*, p. 326.

6 *Ibid.*, pp. 122, 123.

7 *Ibid.*, pp. 37n, 113.

8 Jevons, *The Coal Question*, p. 1.

9 *Ibid.*, pp. 101–137.

10 *Ibid.*, p. xxvi.

11 *Ibid.*, p. 376.

12 Nuno Luis Madureira, «The Anxiety of Abundance: William Stanley Jevons and Coal Scarcity in the Nineteenth Century», *Environment and History* 18 (3) (2012), pp. 395–421; Rosamond Könekamp, «Biographical Introduction», em *William Stanley Jevons, Papers and Correspondence*, vol. 1, *Biography and Personal Journal*, ed. por R. D. Collison Black e Rosamond Könekamp (Londres, Macmillan, 1972), pp. 44–45.

13 Partido político americano formado em 1834 e que se opunha aos democratas jacksonianos, associado principalmente a interesses industriais, comerciais e financeiros, e que daria origem, por volta de 1854, ao Partido Republicano. [N. do T.]

14 David Lowenthal, *George Perkins Marsh: Prophet of Conservation* (Seattle, University of Washington Press, 2000), pp. 1–21.

15 Lowenthal, *Marsh*, pp. 21–369. Ver também George P. Marsh, *Address Delivered Before the Agricultural Society of Rutland* County, *Sept. 30, 1847* (Rutland, Vermont, 1848).

16 Jevons, *Letters and Journal of W. Stanley Jevons*, ed. por Harriet A. Jevons (Londres, Macmillan, 1886) (citações em pp. 144, 146); Könekamp, «Biographical Introduction», pp. 1–52; Bert Mosselmans, *William Stanley Jevons and the Cutting Edge of Economics* (Londres, Routledge, 2007), pp. 1–6.

17 Lowenthal, *Marsh*, pp. 7–11, 20–21, 63–67, 375–377; citação, p. 377.

18 Jevons, *Papers*, pp. 1, 2–3, 29, 52; Mosselmans, *William Stanley Jevons*, pp. 63–82.

19 Ver David D. Hall, *A Reforming People: Puritanism and the Transformation of Public Life in New England* (Nova Iorque, Knopf, 2011); Brian Donahue, *The Great Meadow: Farmers and the Land in Colonial Concord* (New Haven, Yale University Press, 2004).

20 Mark Stoll, «The Other Scientific Revolution: Calvinist Scientists and the Origins of Ecology», em *After the Death of Nature: Carolyn Merchant and the Future of Human-Nature Relations*, ed. por Kenneth Worthy, Elizabeth Allison e Whitney Bauman (Nova Iorque, Routledge, 2018).

21 Ver Susan Elizabeth Schreiner, *The Theater of His Glory: Nature and the Natural Order in the Thought of John Calvin* (Durham, CN, Labyrinth Press, 1991); e Mark R. Stoll, *Inherit the Holy Mountain: Religion and the Rise of American Environmentalism* (Oxford, Oxford University Press, 2015), pp. 10–76.

22 Marsh, *Man and Nature*, pp. 35–36.

23 *Ibid.*, p. 54n.

24 *Ibid.*, p. 8.

25 *Ibid.*, p. 35.

26 *Ibid.*, p. 35.

27 *Ibid.*, p. 303.

28 Mosselmans, *William Stanley Jevons*, pp. 3–6; H. L. Short, «Presbyterians under a New Name», em C. Gordon Bolam, Jeremy Goring, H. L. Short e Roger Thomas, *The English Presbyterians: From Elizabethan Puritanism to Modern Unitarianism* (Londres, Allen & Unwin, 1968).

29 Jevons, *The Coal Question*, pp. xxiii, xxv, xxvi.

30 Henri Gourdin, *Olivier de Serres: «Science, expérience, diligence» en agriculture au temps de Henri IV* (Arles, França, Actes Sud, 2001); Jean Boulaine, «Innovations agronomiques d'Olivier de Serres», *Bulletin de l'Association d'étude sur l'humanisme, la réforme et la renaissance* 50 (2000), pp. 11–19; Danièle Duport, «La "science" d'Olivier de Serres et la connaissance du "naturel"», *Bulletin de l'Association d'étude sur l'humanisme, la réforme et la renaissance* 50 (2000), pp. 185–95; Denise le Dantec e Jean-Pierre le Dantec, *Reading the French Garden: Story and History*, trad. ing. de Jessica Levine (Cambridge, MIT Press, 1990), pp. 6–74; Henry Heller, *The Conquest of Poverty: The Calvinist Revolt in Sixteenth-Century France* (Leiden, Brill, 1986); Mark Stoll, «"Sagacious" Bernard Palissy: Pinchot, Marsh, and the Connecticut Origins of American Conservation», *Environmental History* 16(1) (2011), pp. 4–37.

31 Samuel Gardiner, *Doomes-Day Booke: or, an Alarum for Atheistes, a Watchword for Worldlinges, a Caueat for Christians* (Londres, 1606), p. 107. Ver Nicholas

Tyacke, *Anti-Calvinists: The Rise of English Arminianism, c.1590–1640* (Oxford, Clarendon Press, 1987), pp. 254–256.

32 Paul Warde, *The Invention of Sustainability: Nature and Destiny, c.1500–1870* (Cambridge, Cambridge University Press, 2018), pp. 102–143; Warde, «The Idea of Improvement, c.1520–1770», em *Custom, Improvement and the Landscape in Early Modern Britain*, ed. por R. W. Hoyle (Farnham, Surrey, Ashgate, 2011), pp. 127–148; Stoll, «"Sagacious" Palissy», pp. 18, 19–20.

33 Patricia James, *Population Malthus: His Life and Times* (Londres, Routledge & Kegan Paul, 1979), pp. 19–23.

34 Vernon W. Ruttan, *Agricultural Research Policy* (Minneapolis, University of Minnesota Press, 1982), pp. 72–73.

35 Gregory T. Cushman, *Guano and the Opening of the Pacific World: A Global Ecological History* (Cambridge, Cambridge University Press, 2013), pp. 23–74; Warde, *Invention of Sustainability*, pp. 297–307; Steven Stoll, *Larding the Lean Earth: Soil and Society in Nineteenth-Century America* (Nova Iorque, Hill and Wang, 2002), pp. 187–194; Deborah Fitzgerald, *Every Farm a Factory: The Industrial Ideal in American Agriculture* (New Haven, Yale University Press, 2003).

36 Mark Overton, *Agricultural Revolution in England: The Transformation of the Agrarian Economy, 1500–1850* (Cambridge, Cambridge University Press, 1996), pp. 193–207; J. D. Chambers e G. E. Mingay, *The Agricultural Revolution, 1750–1880* (Nova Iorque, Schocken Books, 1966); Ruttan, *Agricultural Research Policy*, pp. 67–68; Richard Perren, *Agriculture in Depression, 1870–1940* (Cambridge, Cambridge University Press, 1995), pp. 1–16.

37 Erin Stewart Mauldin, *Unredeemed Land: An Environmental History of Civil War and Emancipation in the Cotton South* (Nova Iorque, Oxford University Press, 2018).

38 Perren, *Agriculture in Depression*, pp. 17–30.

39 Margaret W. Rossiter, *The Emergence of Agricultural Science: Justus Liebig and the Americans, 1840–1880* (New Haven, Yale University Press, 1975); Ruttan, *Agricultural Research Policy*, pp. 76–77.

40 Conrad D. Totman, *The Green Archipelago: Forestry in Preindustrial Japan* (Berkeley, University of California Press, 1989); Mark Elvin, *The Retreat of the Elephants: An Environmental History of China* (New Haven, Yale University Press, 2004), pp. 9–39; Meng Zhang, *Timber and Forestry in Qing China: Sustaining the Market* (Seattle, University of Washington Press, 2021); Chetan Singh, «Forests, Pastoralists and Agrarian Society in Mughal India», em *Nature, Culture, Imperialism: Essays on the Environmental History of South Asia*, ed. por David Arnold e Ramachandra Guha (Deli, Índia, Oxford University Press, 1995); J. R. McNeill, «Woods and Warfare in World History», *Environmental*

History 9(3) (2004), p. 405; Madhav Gadgil e Ramachandra Guha, *This Fissured Land: An Ecological History of India* (Berkeley, University of California Press, 1993), pp. 85–90, 106–108.

41 Clarence J. Glacken, *Traces on the Rhodian Shore: Nature and Culture in Western Thought from Ancient Times to the End of the Eighteenth Century* (Berkeley, University of California Press, 1967), pp. 126–137, 311–351; Warde, *Invention of Sustainability*, pp. 58–101.

42 Ver Karl Richard Appuhn, *A Forest on the Sea: Environmental Expertise in Renaissance Venice* (Baltimore, Johns Hopkins University Press, 2009).

43 Alan Mikhail, *Under Osman's Tree: The Ottoman Empire, Egypt, and Environmental History* (Chicago, University of Chicago Press, 2017), pp. 153–168.

44 John T. Wing, «Keeping Spain Afloat: State Forestry and Imperial Defense in the Sixteenth Century», *Environmental History* 17(1) (janeiro 2012), pp. 116–145.

45 McNeill, «Woods and Warfare», pp. 396–398.

46 Warde, *Invention of Sustainability*, pp. 61–65, 91–92; Greg Barton, *Empire Forestry and the Origins of Environmentalism* (Cambridge, Cambridge University Press, 2002), p. 12.

47 Warde, *Invention of Sustainability*, pp. 88–90; Barton, *Empire Forestry*, pp. 13–15.

48 Warde, *Invention of Sustainability*, pp. 153–159, 165–171, 175–182, 200–227; Jan Oosthoeek, «Worlds Apart? The Scottish Forestry Tradition and the Development of Forestry in India», *Journal of Irish and Scottish Studies* 3(1) (2010), p. 71; S. Ravi Rajan, *Modernizing Nature: Forestry and Impirial Eco-Development 1800–1950* (Oxford, Oxford University Press, 2006), pp. 21–54.

49 John M. MacKenzie, «Scots and the Environment of Empire», em *Scotland and the British Empire*, ed. por John M. MacKenzie e T. M Devine (Oxford, Oxford University Press, 2011), pp. 150–160, 162; ver também V. H. Heywood, «The Changing Rôle of the Botanic Gardens», em *Botanic Gardens and the World Conservation Strategy: Proceedings of an International Conference, 26–30 November 1985, Held at Las Palmas De Gran Canaria*, ed. por D. Bramwell, O. Hamann, V. Heywood e H. Synge (Londres, Academic Press, 1987), pp. 3–18.

50 Lowenthal, *George Perkins Marsh*, pp. 304, 509n33. Sobre a rejeição de Grove da influência de Marsh, consultar as pp. 421–422. Regra geral, Grove reivindica uma grande importância para as ilhas e para as noções indígenas indianas.

51 Oosthoek, «Worlds Apart?», pp. 72–78; Grove, *Green Imperialism*, pp. 380–473. Ver igualmente Barton, *Empire Forestry*, pp. 38–129.

52 Arthur A. Ekirch, «Franklin B. Hough: First Citizen of the Adirondacks», *Environmental Review* 7(3) (1983), pp. 271–274.

53 Edna L. Jacobsen, «Franklin B. Hough: A Pioneer in Scientific Forestry in America», *New York History* 15(3) (1934), pp. 311–325.

54 Char Miller, «Amateur Hour: Nathaniel H. Egleston and Professional Forestry in Post-Civil War America», *Forest History Today* (primavera/outono 2005), pp. 20–26.

55 Char Miller, *Gifford Pinchot and the Making of Modern Environmentalism* (Washington, D. C., Island Press, 2001).

56 *Ibid.*, pp. 77–176; Barton, *Empire Forestry*, pp. 130–143; Uwe E. Schmidt, «German Impact and Influences on American Forestry Until World War II», *Journal of Forestry* 107(3) (abril 2009), pp. 139–145.

57 Thomas R. Dunlap, *Saving America's Wildlife* (Princeton, Princeton University Press, 1988), pp. 1–61; Jeff Schauer, *Wildlife Between Empire and Nation in Twentieth-Century Africa* (Cham, Suíça, Palgrave Macmillan, 2018), pp. 17–70.

58 William M. Cavert, *The Smoke of London: Energy and Environment in the Early Modern City* (Cambridge, Cambridge University Press, 2016).

59 Harold L. Platt, *Shock Cities: The Environmental Transformation and Reform of Manchester and Chicago* (Chicago, University of Chicago Press, 2005), pp. 24–48.

60 Javier Abellán, «Water Supply and Sanitation Services in Modern Europe: Developments in 19th–20th Centuries» (comunicação apresentada no 12.º Congresso Internacional da Asociación Española de Historia Económica, Universidade de Salamanca, setembro 2017).

61 Christopher Hamlin, *Public Health and Social Justice in the Age of Chadwick: Britain, 1800–1854* (Cambridge, Cambridge University Press, 1998), pp. 156–187.

62 Martin V. Melosi, *The Sanitary City: Urban Infrastructure in America from Colonial Times to the Present* (Baltimore, Johns Hopkins University Press, 2000), pp. 43–174. Em relação a Manchester, ver Platt, *Shock Cities*.

63 Ver Leo Marx, *The Machine in the Garden: Technology and the Pastoral Ideal in America* (Nova Iorque, Oxford University Press, 1964); Eric Purchase, *Out of Nowhere: Disaster and Tourism in the White Mountains* (Baltimore, Johns Hopkins University Press, 1999).

64 Jere Stuart French, «The First "People's Park" Movement», *Landscape Architecture* 62(1) (1971), pp. 25–29; Hilary A. Taylor, «Urban Public Parks, 1840–1900: Design and Meaning», *Garden History* 23(2) (1995), pp. 201–203; John W. Henneberger, «Origins of Fully Funded Public Parks», *George Wright Forum* 19(2) (2002), pp. 13–17; Brent Elliott, «Loudon, John Claudius (1783–1843), Landscape Gardener and Horticultural Writer», *Oxford Dictionary*

of National Biography, 23 de setembro de 2004, https://www-oxforddnb--com.lib-e2.lib.ttu.edu/view/10.1093/ref:odnb/9780198614128.001.0001/odnb-9780198614128-e-17031.

65 Ophélie Siméon, *Robert Owen's Experiment at New Lanark: From Paternalism to Socialism* (Londres, Palgrave Macmillan, 2017).

66 Habitações da classe trabalhadora. [N. do T.]

67 Anthony Sutcliffe, *Towards the Planned City: Germany, Britain, the United States, and France, 1780–1914* (Nova Iorque, St. Martin's Press, 1981), pp. 146–148, 151, 191; John S. Garner, *The Model Company Town: Urban Design through Private Enterprise in Nineteenth-Century New England* (Amherst, University of Massachusetts Press, 1984), pp. 111–113; Henry Roberts, *The Dwellings of the Labouring Classes, Their Arrangement and Construction* (Londres, Society for Improving the Condition of the Labouring Classes, 1850), p. 24; Eliseu Gonçalves e Rui J. G. Ramos, «Primeiras Propostas de Habitação Operária no Porto: A Casa Unifamiliar, o Carré Mulhousien e a Cité-jardin», *Ciudades (Valladolid, Spain)* 19 (2016), pp. 77–82.

68 Hardy Green, *The Company Town: The Industrial Edens and Satanic Mills That Shaped the American Economy* (Boulder, CO, Basic Books, 2010), pp. 57–89; Thomas G. Andrews, *Killing for Coal: America's Deadliest Labor War* (Cambridge, Harvard University Press, 2008).

69 Sarah Bilston, *The Promise of the Suburbs: A Victorian History in Literature and Culture* (New Haven, Yale University Press, 2019), pp. 20–36.

70 Stanley Buder, *Visionaries and Planners: The Garden City Movement and the Modern Community* (Oxford, Oxford University Press, 1990); Michael Bally e Stephen Marshall, «Centenary Paper: The Evolution of Cities: Geddes, Abercrombie and the New Physicalism», *Town Planning Review* 80(6) (2009), pp. 551–574; Helen Elizabeth Meller, *Patrick Geddes: Social Evolutionist and City Planner* (Londres, Routledge, 1989).

71 Marsh, *Man and Nature*, p. 235.

72 Philip G. Terrie, *Forever Wild: Environmental Aesthetics and the Adirondack Forest Preserve* (Filadélfia, Temple University Press, 1985), pp. 92–108.

73 Frank Uekötter, *The Age of Smoke: Environmental Policy in Germany and the United States, 1880–1970* (Pittsburgh, PA, University of Pittsburgh Press, 2009), pp. 20–66; Andrew Lees, *Cities, Sin, and Social Reform in Imperial Germany* (Ann Arbor, University of Michigan Press, 2002), pp. 45–48.

74 Antoine Missemer, *Les Économistes et la fin des énergies fossiles (1865–1931)* (Paris, Classiques Garnier, 2017), pp. 49–51.

75 Robert Morse Crunden, *Ministers of Reform: The Progressives' Achievement in American Civilization, 1889–1920* (Nova Iorque, Basic Books, 1982); Stoll, *Inherit the Holy Mountain*, pp. 137–171, apêndice.

76 Ver Gregg Mitman, *The State of Nature: Ecology, Community, and American Social Thought, 1900–1950* (Chicago, University of Chicago Press, 1992); Ronald C. Tobey, *Saving the Prairies: The Life Cycle of the Founding School of American Plant Ecology, 1895–1955* (Berkeley, University of California Press, 1981); Joel B. Hagen, *An Entangled Bank: The Origins of Ecosystem Ecology* (New Brunswick, NJ, Rutgers University Press, 1992).

77 Douglas Brinkley, *The Wilderness Warrior: Theodore Roosevelt and the Crusade for America* (Nova Iorque, HarperCollins, 2009); Martin W. Holdgate, *The Green Web: A Union for World Conservation* (Cambridge, Earthscan, 1999), p. 11.

78 Holdgate, *Green Web*, pp. 6–13.

79 Stephen R. Fox, *The American Conservation Movement: John Muir and his Legacy* (Madison, University of Wisconsin Press, 1985), pp. 148–182.

80 Douglas Brinkley, *Rightful Heritage: Franklin D. Roosevelt and the Land of America* (Nova Iorque, Harper, 2016); Neil M. Maher, *Nature's New Deal: The Civilian Conservation Corps and the Roots of the American Environmental Movement* (Nova Iorque, Oxford University Press, 2008); Donald Worster, *Dust Bowl: The Southern Plains in the 1930s* (Nova Iorque, Oxford University Press, 1979).

81 Holdgate, *Green Web*, pp. 11–38.

82 B. W. Clapp, *An Environmental History of Britain Since the Industrial Revolution* (Londres, Longman, 1994), p. 16; David Stradling, *Smokestacks and Progressives: Environmentalists, Engineers and Air Quality in America, 1881–1951* (Baltimore, Johns Hopkins University Press, 1999), p. 13, Tabela 1; p. 187, Tabela 4.

6. Compre agora — pague depois

1 Alfred D. Chandler, *Giant Enterprise: Ford, General Motors, and the Automobile Industry: Sources and Readings* (Nova Iorque, Harcourt Brace & World, 1964), p. 3.

2 Richard P. Scharchburg, *Carriages Without Horses: J. Frank Duryea and the Birth of the American Automobile Industry* (Warrendale, PA, Society of Automotive Engineers, 1993), pp. 89–100, 141–160.

3 Peter Dauvergne, *The Shadows of Consumption: Consequences for the Global Environment* (Cambridge, MIT Press, 2008), pp. 37–38; William Pelfrey, *Billy, Alfred, and General Motors: The Story of Two Unique Men, a Legendary Company, and a Remarkable Time in American History* (Nova Iorque, AMACOM, 2006), pp. 51–75; Sally H. Clarke, *Trust and Power: Consumers, the Modern Corporation, and the Making of the United States Automobile Market* (Cambridge, Cambridge University Press, 2007), p. 3.

4 Pelfrey, *Billy, Alfred, and General Motors*, pp. 43–49.

5 *Ibid.*, pp. 17–36, 93–236; Lawrence R. Gustin, *Billy Durant: Creator of General Motors*, 3.ª ed. (Ann Arbor, University of Michigan Press, 2008), pp. 26–222. Ao contrário de Ford ou Sloan, Durant era presbiteriano (p. 33).

6 Stuart W. Leslie, *Boss Kettering* (Nova Iorque, Columbia University Press, 1983), pp. 90–97.

7 David R. Farber, *Sloan Rules: Alfred P. Sloan and the Triumph of General Motors* (Chicago, University of Chicago Press, 2002), pp. 1–105; Pelfrey, *Billy, Alfred, and General Motors*, pp. 237–272.

8 Robert Sobel, *The Great Bull Market: Wall Street in the 1920s* (Nova Iorque, Norton, 1968), p. 45.

9 Frank Trentmann, *Empire of Things: How We Became a World of Consumers, from the Fifteenth Century to the Twenty-First* (Nova Iorque, HarperCollins, 2016), pp. 21–118; Peter N. Stearns, *Consumerism in World History: The Global Transformation of Desire*, 2.ª ed. (Londres, Routledge, 2006), pp. 1–43.

10 Patrick Verley, *L'Échelle du Monde: Essai sur l'industrialisation de l'Occident* (Paris, Gallimard, 1997), pp. 136–139.

11 William Leach, *Land of Desire: Merchants, Power, and the Rise of a New American Culture* (Nova Iorque, Pantheon Books, 1993), pp. 3–150; Boris Emmet e John E. Jeuck, *Catalogues and Counters: A History of Sears, Roebuck and Company* (Chicago, University of Chicago Press, 1950), pp. 9–99.

12 Susie Pak, *Gentlemen Bankers: The World of J. P. Morgan* (Cambridge, Harvard University Press, 2014), p. 13; Kenneth Warren, *Big Steel: The First Century of the United States Steel Corporation, 1901–2001* (Pittsburgh, PA, University of Pittsburgh Press, 2001), pp. 7–21; Robert Hessen, *Steel Titan: The Life of Charles M. Schwab* (Nova Iorque, Oxford University Press, 1975), pp. 111–122; David Nasaw, *Andrew Carnegie* (Nova Iorque, Penguin Press, 2006), pp. 580–588; Thomas Philippon, «Has the US Finance Industry Become Less Efficient? On the Theory and Measurement of Financial Intermediation», *American Economic Review* 105(4) (2015), pp. 1408–1438. Ver Gerald F. Davis, *Managed by the Markets: How Finance Reshaped America* (Oxford, Oxford University Press, 2009). As atividades financeiras de Durant são um tema amplamente tratado em Pelfrey, *Billy, Alfred, and General Motors.*

13 Emmet e Jeuck, *Catalogues and Counters*, pp. 338–357; Leach, *Land of Desire*, pp. 263–285.

14 Rowena Olegario, *The Engine of Enterprise: Credit in America* (Cambridge, Harvard University Press, 2016), pp. 49–50.

15 Norton Reamer e Jesse Downing, *Investment: A History* (Nova Iorque, Columbia University Press, 2016), pp. 62–98.

16 Peter Lester Payne, *British Entrepreneurship in the Nineteenth Century*, 2.ª ed. (Houndmills, Basingstoke, Hampshire, Macmillan Education, 1988), pp. 55–57; Youssef Cassis, «British Finance: Success and Controversy», em *Capitalism in a Mature Economy: Financial Institutions, Capital Exports and British Industry, 1870–1939*, ed. por J. J. Van Helten e Youssef Cassis (Aldershot, Hants, Inglaterra, Elgar, 1990), pp. 1–22.

17 Olegario, *Engine of Enterprise*, p. 67.

18 *Ibid.*, p. 108.

19 *Ibid.*, p. 97.

20 *Ibid.*, pp. 133–136.

21 Sobel, *The Great Bull Market*, p. 45.

22 Olegario, *Engine of Enterprise*, pp. 132–133; Susan Porter Benson, «Gender, Generation, and Consumption in the United States: Working-Class Families in the Interwar Period», em *Getting and Spending: European and American Consumer Societies in the Twentieth Century*, ed. por Susan Strasser, Charles McGovern e Matthias Judt (Cambridge, Cambridge University Press, 1998), pp. 238–239.

23 Leach, *Land of Desire*, pp. 124–125; Olegario, *Engine of Enterprise*, pp. 143–144.

24 Daniel Yergin, *The Prize: The Epic Quest for Oil, Money, and Power* (Nova Iorque, Simon & Schuster, 1991), pp. 543–546; Peter A. Shulman, *Coal and Empire: The Birth of Energy Security in Industrial America* (Baltimore, Johns Hopkins University Press, 2015), pp. 164–213; Timothy Mitchell, *Carbon Democracy: Political Power in the Age of Oil* (Londres, Verso, 2011), pp. 12–42.

25 Christian Pfister, «The "Syndrome of the 1950s" in Switzerland: Cheap Energy, Mass Consumption, and the Environment», em *Getting and Spending*, ed. por Strasser, McGovern e Judt, pp. 359–377.

26 Vaclav Smil, *Energy and Civilization: A History* (Cambridge, MIT Press, 2017), pp. 245–247.

27 Nasaw, *Andrew Carnegie*, pp. 74–79, 141.

28 Darren Dochuk, *Anointed with Oil: How Christianity and Crude Made Modern America* (Nova Iorque, Basic Books, 2019), pp. 21–138; Yergin, *The Prize*, pp. 19–95.

29 Yergin, *The Prize*, p. 111.

30 Smil, *Energy and Civilization*, pp. 259, 261–262.

31 Vaclav Smil, *Creating the Twentieth Century: Technical Innovations of 1867–1914 and Their Lasting Impact* (Oxford, Oxford University Press, 2005), pp. 33–97.

32 Sobel, *Great Bull Market*, p. 36.

33 Trentmann, *Empire of Things*, pp. 248–249.

34 Ver James C. Williams, *Energy and the Making of Modern California* (Akron, University of Akron Press, 1997).

35 Kathryn Steen, *The American Synthetic Organic Chemicals Industry: War and Politics, 1910–1930* (Chapel Hill, University of North Carolina Press, 2014), pp. 156–171, 237–238, 255, 262–267, 280.

36 *Ibid.*, pp. 282–285; Jeffrey L. Meikle, «Into the Fourth Kingdom: Representations of Plastic Materials, 1920–1950», *Journal of Design History* 5(3) (1992), pp. 173–182. Ver também Stephen Fenichell, *Plastic: The Making of a Synthetic Century* (Nova Iorque, HarperBusiness, 1996), pp. 1–223.

37 Steen, *American Synthetic Organic Chemicals Industry*, pp. 263–264; John Robert McNeill, *Something New Under the Sun: An Environmental History of the Twentieth-Century World* (Nova Iorque, Norton, 2000), pp. 111–113.

38 Giles Slade, *Made to Break: Technology and Obsolescence in America* (Cambridge, Harvard University Press, 2006), pp. 29–55.

39 Leonard S. Reich, «Lighting the Path to Profit: GE's Control of the Electric Lamp Industry, 1892–1941», *Business History Review* 66(2) (1992), pp. 305–334; Slade, *Made to Break*, p. 31; Wyatt C. Wells, *Antitrust and the Formation of the Postwar World* (Nova Iorque, Columbia University Press, 2002), pp. 19–22.

40 Trentmann, *Empire of Things*, pp. 280–283.

41 Slade, *Made to Break*, pp. 78–81.

42 *Ibid.*, pp. 15–17; Randal C. Picker, «The Razors-and-Blades Myth(s)», *University of Chicago Law Review* 78(1) (2011), pp. 225–255; Gordon McKibben, *Cutting Edge: Gillette's Journey to Global Leadership* (Boston, Harvard Business School Press, 1998), pp. 5–22.

43 Herbert Hoover, *Remarks of President Hoover at the Dinner of the Association of National Advertisers: Washington, D. C., November 10, 1930* (Washington, U. S. Government Printing Office, 1930), p. 1.

44 Este é o conceito de Jacques Ellul de «propaganda sociológica». Ver Ellul, *Propaganda: The Formation of Men's Attitudes*, trad. ing. de Konrad Kellen e Jean Lerner (Nova Iorque, Knopf, 1965), pp. 62–70.

45 Daniel Navon, «Truth in Advertising: Rationalizing Ads and Knowing Consumers in the Early Twentieth-Century United States», *Theory and Society* 46(2) (2017), p. 149.

46 Roland Marchand, *Creating the Corporate Soul: The Rise of Public Relations and Corporate Imagery in American Big Business* (Berkeley, University of California Press, 1998), pp. 202–203, 233–235, 238–239.

47 Trentmann, *Empire of Things*, pp. 317–321; Douglas A. Galbi, «U.S. Annual Advertising Spending Since 1919», https://www.galbithink.org/ad-spending.htm.

48 Navon, «Truth in Advertising», pp. 169–172.

49 Roland Marchand, *Advertising the American Dream: Making Way for Modernity, 1920–1940* (Berkeley, University of California Press, 1985), pp. 117–163.

50 Navon, «Truth in Advertising», pp. 158, 148.

51 Trentmann, *Empire of Things*, pp. 317–321; Victoria de Grazia, «Changing Consumption Regimes in Europe, 1930–1970: Comparative Perspectives on the Distribution Problem», em *Getting and Spending*, ed. por Strasser, McGovern e Judt, pp. 66–68; Stearns, *Consumerism in World History*, pp. 79–136.

52 Comparar com Warren Susman, *Culture as History: The Transformation of American Society in the Twentieth Century* (Nova Iorque, Pantheon Books, 1985), pp. 131–149.

53 Nathan O. Hatch, *The Democratization of American Christianity* (New Haven, Yale University Press, 1989), pp. 128, 141–144; R. Laurence Moore, *Selling God: American Religion in the Marketplace of Culture* (Nova Iorque, Oxford University Press, 1994), pp. 17–20. Ver também Roger Finke e Rodney Stark, *The Churching of America, 1776–2005: Winners and Losers in Our Religious Economy* (New Brunswick, NJ, Rutgers University Press, 2005).

54 Joel A. Tarr, *The Search for the Ultimate Sink: Urban Pollution in Historical Perspective* (Akron, OH, University of Akron Press, 1996), pp. 323–333.

55 Martin V. Melosi, *Garbage in the Cities: Refuse, Reform, and the Environment: 1880–1980* (College Station, Texas A&M University Press, 1981), p. 169.

56 Ver, por exemplo, os padrões residenciais existentes antes da guerra em Gary, Indiana, uma cidade siderúrgica fundada pela U. S. Steel em 1906. Andrew Hurley, *Environmental Inequalities: Class, Race, and Industrial Pollution in Gary, Indiana, 1945–1980* (Chapel Hill, University of North Carolina Press, 1995), pp. 28–34.

57 Robert Bruegmann, *Sprawl: A Compact History* (Chicago, University of Chicago Press, 2005), pp. 33–40; *Oxford English Dictionary*, «urban».

58 Simon Gunn e Susan C. Townsend, *Automobility and the City in Twentieth-Century Britain and Japan* (Londres, Bloomsbury Academic, 2019), pp. 17–26; Thomas Zeller, *Driving Germany: The Landscape of the German Autobahn, 1930–1970*, trad. ing. de Thomas Dunlap (Nova Iorque, Berghahn Books, 2010), pp. 48, 51–78.

59 Bruce L. Gardner, *American Agriculture in the Twentieth Century: How it Flourished and What it Cost* (Cambridge, Harvard University Press, 2002), pp. 10–16.

60 Robert L. Mikkelsen e Thomas W. Bruulsema, «Fertilizer Use for Horticultural Crops in the U.S. during the 20th Century», *HortTechnology* 15(1) (2005), pp. 24–30.

61 Edmund Russell, *War and Nature: Fighting Humans and Insects with Chemicals from World War I to Silent Spring* (Cambridge, Cambridge University Press, 2001), pp. 74–88.

62 Kenneth Warren, *Bethlehem Steel: Builder and Arsenal of America* (Pittsburgh, University of Pittsburgh Press, 2008), pp. 116–131.

63 Warren Dean, *Brazil and the Struggle for Rubber: A Study in Environmental History* (Cambridge, Cambridge University Press, 1987), pp. 67–86; Greg Grandin, *Fordlandia: The Rise and Fall of Henry Ford's Forgotten Jungle City* (Londres, Icon, 2010); William Rosenau, *Corporations and Counterinsurgency* (Santa Monica, CA, RAND, 2009), pp. 17–24; Gregg Mitman, «Forgotten Paths of Empire: Ecology, Disease, and Commerce in the Making of Liberia's Plantation Economy», *Environmental History* 22 (janeiro 2017), pp. 1–22.

64 Michael A. Bernstein, «The American Economy of the Interwar Era: Growth and Transformation from the Great War to the Great Depression», em *Calvin Coolidge and the Coolidge Era: Essays on the History of the 1920s*, ed. por John Earl Haynes (Washington, D. C., Library of Congress, 1997), p. 192.

65 Brian Black, *Petrolia: The Landscape of America's First Oil Boom* (Baltimore, Johns Hopkins University Press, 2000), pp. 60–81; Christopher W. Wells, *Car Country: An Environmental History* (Seattle, University of Washington Press, 2012), pp. 178–181.

66 Bernstein, «The American Economy of the Interwar Era», p. 192.

67 Marc Reisner, *Cadillac Desert: The American West and Its Disappearing Water*, ed. revista e atualizada (Nova Iorque, Penguin Books, 1993), pp. 1–168, 472–483, 486–487.

68 Melosi, *Garbage in the Cities*, pp. 168–189; Martin V. Melosi, *The Sanitary City: Urban Infrastructure in America from Colonial Times to the Present* (Baltimore, Johns Hopkins University Press, 2000), pp. 158–167.

69 Stéphane Frioux, «Settling Urban Waste Disposal Facilities in France c.1900–1940: A New Source of Inequality?», em *Environmental and Social Justice in the City: Historical Perspectives*, ed. por Geneviève Massard-Guilbaud e Richard Rodger (Cambridge, White Horse Press, 2011), pp. 189–207. Ver também Sabine Barles, *L'invention des Déchets Urbains: France 1790–1970* (Seyssel, França, Champ Vallon, 2005).

70 Melosi, *Sanitary City*, pp. 135–146.

71 Olegario, *Engine of Enterprise*, pp. 139–140; Ali Kabiri, *The Great Crash of 1929: A Reconciliation of Theory and Evidence* (Basingstoke, Hampshire, Palgrave Macmillan, 2015), p. 188.

72 Christina D. Romer, «The Great Crash and the Onset of the Great Depression», *Quarterly Journal of Economics* 105(3) (1990), pp. 597–624; Stephen G. Cecchetti e Georgios Karras, «Sources of Output Fluctuations

During the Interwar Period: Further Evidence on the Causes of the Great Depression», *The Review of Economics and Statistics* 76(1) (1994), pp. 80–102; «Steel Production Continues to Lag», *New York Times* (7 de julho de 1932), p. 31; Timothy F. Bresnahan e Daniel M. G. Raff, «Intra-Industry Heterogeneity and the Great Depression: The American Motor Vehicles Industry, 1929–1935», *Journal of Economic History* 51(2) (1991), p. 322; Trentmann, *Empire of Things*, p. 279.

7. Pé a fundo no acelerador

1 Ver Darren Dochuk, *From Bible Belt to Sunbelt: Plain-Folk Religion, Grassroots Politics, and the Rise of Evangelical Conservatism* (Nova Iorque, Norton, 2011).

2 Eric Schlosser, *Fast Food Nation: The Dark Side of the All-American Meal* (Boston, Mariner Books, 2001).

3 Ver Jan Van Bavel e David S. Reher, «The Baby Boom and Its Causes: What We Know and What We Need to Know», *Population and Development Review* 39(2) (2013), pp. 257–288.

4 Lei de Reajustamento do Serviço Militar (*Servicemen's Readjustment Act*, 1944). [N. do T.]

5 Robert J. Gordon, *The Rise and Fall of American Growth: The U.S. Standard of Living since the Civil War* (Princeton, NJ, Princeton University Press, 2016), pp. 18–19, 535–565.

6 Ver Gordon, *Rise and Fall of American Growth.*

7 Ver Kim Phillips-Fein, *Invisible Hands: The Businessmen's Crusade against the New Deal* (Nova Iorque, Norton, 2010).

8 Frank Trentmann, *Empire of Things: How We Became a World of Consumers, from the Fifteenth Century to the Twenty-First* (Nova Iorque, HarperCollins, 2016), pp. 287–288.

9 Ver Darren E. Grem, *The Blessings of Business: How Corporations Shaped Conservative Christianity* (Nova Iorque, Oxford University Press, 2016).

10 Ver Kevin Michael Kruse, *One Nation Under God: How Corporate America Invented Christian America* (Nova Iorque, Basic Books, 2015); Jane Mayer, *Dark Money: The Hidden History of the Billionaires Behind the Rise of the Radical Right* (Nova Iorque, Doubleday, 2016), pp. 38–78; e Nancy MacLean, *Democracy in Chains: The Deep History of the Radical Right's Stealth Plan for America* (Nova Iorque, Viking, 2017), pp. 1–111.

11 Daniel Pope, *The Making of Modern Advertising* (Nova Iorque, Basic Books, 1983), pp. 254–257.

12 Paul Rutherford, *The New Icons? The Art of Television Advertising* (Toronto, University of Toronto Press, 1994), pp. 38–44.

13 Kerwin C. Swint, *Dark Genius: The Influential Career of Legendary Political Operative and Fox News Founder Roger Ailes* (Nova Iorque, Union Square Press, 2008), pp. 1–30.

14 Daniel Yergin, *The Prize: The Epic Quest for Oil, Money, and Power* (Nova Iorque, Simon & Schuster, 1991), pp. 541–546; Christian Pfister, «The "Syndrome of the 1950s" in Switzerland: Cheap Energy, Mass Consumption, and the Environment», em *Getting and Spending: European and American Consumer Societies in the Twentieth Century*, ed. por Susan Strasser, Charles McGovern e Matthias Judt (Nova Iorque, Cambridge University Press, 1998), pp. 359–377.

15 Li Guoyu, *World Atlas of Oil and Gas Basins* (Chichester, West Sussex, Wiley--Blackwell, 2011), pp. xvi, 158, 388.

16 Yergin, *The Prize*, pp. 499–500.

17 *Ibid.*, p. 425.

18 *Ibid.*, pp. 480, 488.

19 *Ibid.*, pp. 479–498.

20 Brian J. Cudahy, *Box Boats: How Container Ships Changed the World* (Nova Iorque, Fordham University Press, 2006), pp. 13–41.

21 Marc Levinson, *Outside the Box: How Globalization Changed from Moving Stuff to Spreading Ideas* (Princeton, Princeton University Press, 2020), p. 66.

22 Trentmann, *Empire of Things*, pp. 326–337.

23 *Ibid.*, pp. 366–368, 372–399.

24 Christopher W. Wells, *Car Country: An Environmental History* (Seattle, University of Washington Press, 2012), pp. 178–179.

25 John Sheail, «"Torrey Canyon": The Political Dimension», *Journal of Contemporary History* 42(3) (2007), pp. 485–504; Robin J. Law, «The Torrey Canyon Oil Spill, 1967», em *Oil Spill Science and Technology: Prevention, Response, and Cleanup*, ed. por Mervin F. Fingas (Burlington, MA, Gulf Professional, 2011), pp. 1103–1106.

26 Teresa Sabol Spezio, *Slick Policy: Environmental and Science Policy in the Aftermath of the Santa Barbara Oil Spill* (Pittsburgh, PA, University of Pittsburgh Press, 2018), pp. xv–xvii, 1–4, 121–175.

27 Robert Bruegmann, *Sprawl: A Compact History* (Chicago, University of Chicago Press, 2005), pp. 42–50.

28 Adam Rome, *The Bulldozer in the Countryside: Suburban Sprawl and the Rise of American Environmentalism* (Cambridge, Cambridge University Press, 2001).

29 Tom McCarthy, *Auto Mania: Cars, Consumers, and the Environment* (New Haven, Yale University Press, 2007), pp. 116–121.

30 McCarthy, *Auto Mania*, pp. 122–129.

31 Spencer R. Weart, *The Discovery of Global Warming*, ed. revista e aumentada (Cambridge, Harvard University Press, 2008), pp. 1–37.

32 Departamento do Censo dos Estados Unidos, *International Data Base*, https://www.census.gov/programs-surveys/international-programs/data/tools/international-data-base.html.

33 Departamento de Agricultura dos Estados Unidos, Serviço de Pesquisa Económica, com base na Food Expenditure Series, de Eliana Zeballos e Wilson Sinclair, fevereiro de 2022, https://www.ers.usda.gov/amber-waves/2020/november/average-share-of-income-spent-on-food-in-the-united-states-remained-relatively-steady-from-2000-to-2019/.

34 Paul Keith Conkin, *A Revolution Down on the Farm: The Transformation of American Agriculture Since 1929* (Lexington, University Press of Kentucky, 2008), pp. 97–99; R. Douglas Hurt, *The Green Revolution in the Global South: Science, Politics, and Unintended Consequences* (Tuscaloosa, University of Alabama Press, 2020), pp. 9–10

35 Hurt, *Green Revolution in the Global South*, pp. 8–101.

36 *Ibid.*, pp. 177–183; Conkin, *Revolution Down on the Farm*, pp. 168–173.

37 Susan Strasser, *Waste and Want: A Social History of Trash* (Nova Iorque, Metropolitan, 1999), pp. 266–271.

38 *Ibid.*, pp. 271–274; Trentmann, *Empire of Things*, pp. 624–627.

39 Reisner, *Cadillac Desert*, pp. 120–305.

40 Philip Micklin, «The Future Aral Sea: Hope and Despair», *Environmental Earth Sciences* 75 (maio 2016), pp. 844; Iskandar Abdullaev, Kai Wegerich e Jusipbek Kazbekov, «History of Water Management in the Aral Sea Basin», em *The Aral Sea Basin: Water for Sustainable Development in Central Asia*, ed. por Stefanos Xenarios, Dietrich Schmidt-Vogt, Manzoor Qadir, Barbara Janusz-Pawletta e Iskandar Abdullaev (Abingdon, Oxon, Routledge, 2020).

41 Jennifer L. Derr, *The Lived Nile: Environment, Disease, and Material Colonial Economy in Egypt* (Stanford, Stanford University Press, 2019); Hesham Abd-El Monsef, Scot E. Smith e Kamal Darwish, «Impacts of the Aswan High Dam After 50 Years», *Water Resources Management* 29(6) (2015), pp. 1873–1885.

42 Mark Everard, *The Hydropolitics of Dams: Engineering or Ecosystems?* (Londres, Zed Books, 2013), pp. 12–14, 20–22.

43 Ver Barbara L. Allen, *Uneasy Alchemy: Citizens and Experts in Louisiana's Chemical Corridor Disputes* (Cambridge, MIT Press, 2003).

44 Joel A. Tarr, *The Search for the Ultimate Sink: Urban Pollution in Historical Perspective* (Akron, OH, University of Akron Press, 1996), pp. 373–379; François Jarrige e Thomas Le Roux, *The Contamination of the Earth: A History of Pollutions in the Industrial Age*, trad. ing. de Janice Egan e Michael Egan

(Cambridge, MIT Press, 2020), pp. 237–244; John Robert McNeill, *Something New Under the Sun: An Environmental History of the Twentieth-Century World* (Nova Iorque, Norton, 2000), pp. 122–135; «Film Developed in Polluted Water», *Washington Post*, 17 de novembro de 1971, A24; Nancy Langston, *Toxic Bodies: Hormone Disruptors and the Legacy of DES* (New Haven, Yale University Press, 2010), pp. 1–16.

45 Jarrige e Le Roux, *Contamination of the Earth*, pp. 238–244; Julien Boucher e Guillaume Billard, «The Challenges of Measuring Plastic Pollution», *Field Actions Science Reports*, Special Issue 19 (1 de março de 2019), http://journals.openedition.org/factsreports/5319; Susanne Kühn, Elisa L. Bravo Rebolledo e Jan A. van Franeker, «Deleterious Effects of Litter on Marine Life», em *Marine Anthropogenic Litter*, ed. por Melanie Bergmann, Lars Gutow e Michael Klages (Cham, Suíça, Springer, 2015), pp. 75–116.

46 Sonja D. Schmid, *Producing Power: The Pre-Chernobyl History of the Soviet Nuclear Industry* (Cambridge, MIT Press, 2015), pp. 17–40; McNeill e Engelke, *The Great Acceleration*, pp. 27–32; James C. Williams, *Energy and the Making of Modern California* (Akron, University of Akron Press, 1997), pp. 284–288 (citação na p. 284).

8. Vendendo tudo

1 Em 1911, um decreto *antitrust* emitido por um tribunal dividiu a Standard Oil em 35 empresas, das quais a maior, a Standard Oil de Nova Jérsia, era por si só quase tão valiosa como a U. S. Steel.

2 David Halberstam, *The Fifties* (Nova Iorque, Villard Books, 1993), p. 118.

3 Determinado pelo valor da marca, de acordo com o Grupo Kantar e o seu «BrandZ™ Top 100 Most Valuable Global Brands 2020», p. 66, https://www.brandz.com/admin/uploads/files/2020_BrandZ_Global_Top_100_Report.pdf. As nove empresas que se seguiam eram, por ordem decrescente, a Apple, a Microsoft, a Google, a Visa, a Alibaba, a Tencent, o Facebook, o McDonald's e a Mastercard. Existem muitas tabelas que quantificam o valor ou o tamanho das empresas, mas a Amazon está sempre no topo ou perto do topo.

4 Moët Hennessy Louis Vuitton. [N. do T.]

5 O termo «Grande Aceleração» do século XX foi provavelmente utilizado neste sentido pela primeira vez por David Christian em *Maps of Time: An Introduction to Big History* (Berkeley, University of California Press, 2004), pp. 440–464. Referindo-se à era do pós-guerra, J. R. McNeill, Peter Engelke e outros popularizaram o termo entre os historiadores ambientais. Ver John

Robert McNeill e Peter Engelke, *The Great Acceleration: An Environmental History of the Anthropocene Since 1945* (Cambridge, Harvard University Press, 2016), originalmente publicado como Capítulo 3 da obra de Akira Iriye, *Global Interdependence: The World After 1945* (Cambridge, Harvard University Press, 2014).

6 Este e os próximos parágrafos são extraídos de Brad Stone, *The Everything Store: Jeff Bezos and the Age of Amazon* (Nova Iorque, Little, Brown, 2013), pp. 17–29.

7 *Unrelentingly*, no original, que tem a mesma raiz etimológica que *relentless*. [N. do T.]

8 James Wallace e Jim Erickson, *Hard Drive: Bill Gates and the Making of the Microsoft Empire* (Nova Iorque, HarperBusiness, 1993), pp. 6–7; Roger Lowenstein, *Buffett: The Making of an American Capitalist* (Nova Iorque, Random House, 1995), p. 3.

9 Nick Hanauer, citado em Alec MacGillis, *Fulfillment: Winning and Losing in One-Click America* (Nova Iorque, Farrar, Straus, and Giroux, 2021), p. 193.

10 Stone, *Everything Store*, pp. 139–159; Bezos casou-se com a sua primeira mulher numa cerimónia católica, em 1993. J. K. Trotter, «What We Know, and Don't Know, About Jeff Bezos' Religious Beliefs», *Insider*, 22 de janeiro de 2019, https://www.insider.com/what-we-know-about-jeff-bezos-religious--beliefs-after-divorce-2019-1. A educação da sua mãe, Jaclyn Gise Jorgensen Bezos, revela-se no obituário que ela redigiu para o seu pai: «Lawrence P. Gise», *Victoria Advocate* (Victoria, Texas), 19 de novembro de 1995.

11 Jessica Grogan, *Encountering America: Humanistic Psychology, Sixties Culture, and the Shaping of the Modern Self* (Nova Iorque, Harper Perennial, 2013). Sobre religião, ver as notas de rodapé que se seguem.

12 Randall J. Stephens, *The Devil's Music: How Christians Inspired, Condemned, and Embraced Rock 'n' Roll* (Cambridge, Harvard University Press, 2018).

13 Robert Wuthnow, *The Restructuring of American Religion: Society and Faith Since World War II* (Princeton, Princeton University Press, 1988); Wuthnow, *After Heaven: Spirituality in America Since the 1950s* (Berkeley, University of California Press, 1998); Steven P. Miller, *The Age of Evangelicalism: America's Born-Again Years* (Nova Iorque, Oxford University Press, 2014); *The Transformation of the Christian Churches in Western Europe (1945–2000) / La Transformation des Églises Chrétiennes en Europe Occidentale*, ed. por Leo Kenis, Jaak Billiet e Patrick Pasture (Lovaina, Bélgica, Leuven University Press, 2010).

14 Ver Daniel K. Williams, *God's Own Party: The Making of the Christian Right* (Oxford, Oxford University Press, 2010).

15 Frank Trentmann, *Empire of Things: How We Became a World of Consumers, from the Fifteenth Century to the Twenty-First* (Nova Iorque, HarperCollins, 2016), p. 6.

16 Ver Robert J. Gordon no seu brilhantemente perspicaz *The Rise and Fall of American Growth: The U.S. Standard of Living since the Civil War* (Princeton, NJ, Princeton University Press, 2016).

17 Kenneth Warren, *Big Steel: The First Century of the United States Steel Corporation, 1901–2001* (Pittsburgh, PA, University of Pittsburgh Press, 2001), pp. 193–200, 214–215, 241, 245–258.

18 Jonathan Levy, *Ages of American Capitalism: A History of the United States* (Nova Iorque, Random House, 2021), p. 544.

19 Warren, *Big Steel*, pp. 309–339.

20 Janet Lowe, *Welch: An American Icon* (Nova Iorque, Wiley, 2001); Peter Robison, *Flying Blind: The 737 Max Tragedy and the Fall of Boeing* (Nova Iorque, Doubleday, 2021); Christopher Byron, *Testosterone Inc.: Tales of CEOs Gone Wild* (Hoboken, NJ, Wiley, 2005).

21 Os parágrafos anteriores baseiam-se em Levy, *Ages of American Capitalism*, pp. 544–632; John Ehrenreich, *Third Wave Capitalism: How Money, Power, and the Pursuit of Self-Interest Have Imperiled the American Dream* (Ithaca, NI, Cornell University Press, 2016), p. 11; Youn Ki, «Large Industrial Firms and the Rise of Finance in Late Twentieth-Century America», *Enterprise and Society* 19(4) (2018), pp. 903–945; Per H. Hansen, «From Finance Capitalism to Financialization: A Cultural and Narrative Perspective on 150 Years of Financial History», *Enterprise and Society* 15(4) (2014), pp. 605–642.

22 Andrea Gabor, «Media Capture and the Corporate Education-Reform Philanthropies», em *Media Capture: How Money, Digital Platforms, and Governments Control the News*, ed. por Schiffrin Anya (Nova Iorque, Columbia University Press, 2021), pp. 117–140.

23 Gordon, *Rise and Fall of American Growth*, pp. 605–634.

24 Dinheiro obscuro usado para influenciar o resultado de eleições. [N. do T.]

25 O termo *Big Food* caracteriza alimentos não saudáveis (muito gordurosos, com hidratos de carbono e açúcares em excesso, etc.) vendidos por gigantes industriais dos ultraprocessados que controlam uma grande fatia do mercado alimentar. [N. do T.]

26 Sobre a agricultura americana, ver Gardner, *American Agriculture in the Twentieth Century*, pp. 339–349.

27 Giovanni Federico, *Feeding the World: An Economic History of Agriculture, 1800–2000* (Princeton, Princeton University Press, 2008), pp. 19–21, 28, 31–68.

28 Uma grande rede (informática) mundial que se propunha a democratizar a informação, não a tornando exclusiva de redes fechadas e controladas por militares ou por empresas. [N. do T.]

29 Levy, *Ages of American Capitalism*, pp. 637–640. Ver John Markoff, *What the Dormouse Said: How the Sixties Counterculture Shaped the Personal Computer Industry* (Nova Iorque, Viking Penguin, 2005).

30 Levy, *Ages of American Capitalism*, pp. 640–643.

31 Gordon, *Rise and Fall of American Growth*, pp. 566–585.

32 Para um breve relato sobre as mudanças ambientais globais do pós-guerra, ver McNeill e Engelke, *The Great Acceleration*.

33 Nina Lakhani, Aliya Uteuova e Alvin Chang, «Revealed: The True Extent of America's Food Monopolies, and Who Pays the Price», *Guardian* (Londres), 14 de julho de 2021, https://www.theguardian.com/environment/ng-interactive/2021/jul/14/food-monopoly-meals-profits-data-investigation.

34 Michael Pollan, *The Omnivore's Dilemma: A Natural History of Four Meals* (Nova Iorque, Penguin Press, 2006), pp. 85–90.

35 Raoni Rajão *et al.*, «The Rotten Apples of Brazil's Agribusiness», *Science* 369(6501) (17 de julho de 2020), pp. 246–248.

36 Paul Tullis, «How the World Got Hooked On Palm Oil», *Guardian* (Londres), 19 de fevereiro de 2019, https://www.theguardian.com/news/2019/feb/19/palm-oil-ingredient-biscuits-shampoo-environmental.

37 Dan Koeppel, *Banana: The Fate of the Fruit That Changed the World* (Nova Iorque, Plume, 2009).

38 *The Inexhaustible Sea*, no original inglês, obra de Hawthorne Daniel e Francis Minot. [N. do T.]

39 Callum Roberts, *The Unnatural History of the Sea* (Washington, Island Press, 2007), p. 168.

40 James E. Scarff, «The International Management of Whales, Dolphins, and Porpoises: An Interdisciplinary Assessment», *Ecology Law Quarterly* 6(2) (1977), pp. 341–342, 344n86.

41 Kurkpatrick Dorsey, *Whales and Nations: Environmental Diplomacy on the High Seas* (Seattle, University of Washington Press, 2013).

42 Roberts, *Unnatural History*, pp. 188–198, 203–213, 328–334, 338–339.

43 McNeill, *Something New*, pp. 262–264; McNeill e Engelke, *The Great Acceleration*, pp. 88–97; Elizabeth Kolbert, *The Sixth Extinction: An Unnatural History* (Nova Iorque, Holt, 2014).

44 Utilizaremos a partir de agora a expressão «moda rápida» para nos referirmos à moda que é pensada e feita para rapidamente se tornar obsoleta. [N. do T.]

45 Pietra Rivoli, *The Travels of a T-Shirt in the Global Economy: An Economist Examines the Markets, Power, and Politics of World Trade*, 2.ª ed. (Hoboken, NJ, Wiley, 2015).

46 Dana Thomas, *Fashionopolis: The Price of Fast Fashion — And the Future of Clothes* (Nova Iorque, Penguin Press, 2019), pp. 1–13.

47 Ver Susan Strasser, *Waste and Want: A Social History of Trash* (Nova Iorque, Metropolitan, 1999), pp. 161–201, 265–271; Kendra Smith-Howard, «Absorbing Waste, Displacing Labor: Family, Environment, and the Disposable Diaper in the 1970s», *Environmental History* 26(2) (abril 2021), pp. 207–230.

48 Ben Webster, «Amazon Destroys Lorry-loads of Unsold TVs and Computers», *The Times* (Londres), 22 de junho de 2021.

49 Trentmann, *Empire of Things*, pp. 622–675; Martin V. Melosi, *The Sanitary City: Urban Infrastructure in America from Colonial Times to the Present* (Baltimore, Johns Hopkins University Press, 2000), pp. 240–258.

50 McNeill e Engelke, *The Great Acceleration*, pp. 136–140; Anthony L. Andrady, *Plastics and Environmental Sustainability* (Somerset, Wiley, 2015), pp. 145–254.

51 Nancy B. Grimm *et al.*, «Global Change and the Ecology of Cities», *Science* 319 (8 de fevereiro de 2008), p. 756.

52 *The leapfrog development*, no original, ocorre quando os empreiteiros constroem novas residências a alguma distância de uma área urbana existente, ignorando lotes vagos localizados mais perto da cidade. Por outras palavras, os empreiteiros optam por construir em terrenos mais baratos, mas mais afastados de uma área urbana, ao invés de o fazerem em terrenos mais caros, mas mais próximos de uma cidade. [N. do T.]

53 *Single-use zoning*, no original, é uma prática de planeamento urbano em que, com todos os incómodos que daí advêm, os estabelecimentos comerciais se concentram numa área, as habitações numa outra e a indústria numa outra ainda. [N. do T.]

54 Lu Liu e Lina Meng, «Patterns of Urban Sprawl from a Global Perspective», *Journal of Urban Planning and Development* 146(2) (2020), p. 4020004; citação de 2.

55 Grimm *et al.*, «Global Change and the Ecology of Cities», pp. 756–760.

56 Shelby Gerking e Stephen F. Hamilton, «What Explains the Increased Utilization of Powder River Basin Coal in Electric Power Generation?», *American Journal of Agricultural Economics* 90(4) (2008), pp. 933–950; Shirley Stewart Burns, *Bringing down the Mountains: The Impact of Moutaintop Removal Surface Coal Mining on Southern West Virginia Communities* (Morgantown, West Virginia University Press, 2007), pp. 9–18.

57 Joseph R. Gaudet, «The Energy Capital of the World: A History of Grass, Oil, and Coal in the Powder River Basin» (dissertação de doutoramento, University of Michigan, 2019), pp. 220–281.

58 Shrabani Mukherjee, «Environmental Costs of Coal-Based Thermal Power Generation in India: Notion and Estimation», em *Environmental Scenario*

in India: Successes and Predicaments, ed. por Sacchidananda Mukherjee e Debashis Chakraborty (Londres, Routledge, 2014).

59 Christopher J. Rhodes, «The Global Oil Supply — Prevailing Situation and Prognosis», *Science Progress* 100(2) (2017), pp. 231–240; Johannes Peter Gerling e Friedrich-Wilhelm Wellmer, «Wie Lange Gibt Es Noch Erdöl und Erdgas? Reserven, Ressourcen und Reichweiten», *Chemie in Unserer Zeit* 39(4) (2005), pp. 236–245.

60 International Tanker Owners Pollution Federation, *Oil Tanker Spill Statistics 2020* (Londres, ITOPF, 2021), p. 6.

61 «Crude Calamities — the Biggest Offshore Oil Spill Disasters», *Progressive Digital Media Oil and Gas, Mining, Power, CleanTech and Renewable Energy News*, 11 de setembro de 2014; Graeme MacDonald, «Containing Oil: The Pipeline in Petroculture», em *Petrocultures: Oil, Politics, Culture*, ed. por Sheena Wilson, Adam Carlson e Imre Szeman (Montreal, McGill-Queen's University Press, 2017), pp. 62, 76n6.

62 Katherine Kornei, «Here Are Some of the World's Worst Cities for Air Quality», *Science* (21 de março de 2017).

63 McNeill, *Something New Under the Sun*, pp. 99–102.

64 Ver Stephen O. Andersen e K. Madhava Sarma, *Protecting the Ozone Layer: The United Nations History* (Londres, Earthscan, 2002), pp. 1–41.

65 Scott C. Doney, «The Dangers of Ocean Acidification», *Scientific American* 294(3) (março de 2006), pp. 58–65.

66 Ver Weart, *The Discovery of Global Warming*, pp. 63–113, 177–196.

9. A ascensão e a globalização do ambientalismo

1 Michael B. Smith, «"Silence, Miss Carson!" Science, Gender, and the Reception of "Silent Spring"» *Feminist Studies* 27(3) (2001), pp. 733–752; Maril Hazlett, «"Woman vs. Man vs. Bugs": Gender and Popular Ecology in Early Reactions to Silent Spring», *Environmental History* 9(4) (2004), pp. 701–729.

2 Linda J. Lear, *Rachel Carson: Witness for Nature* (Nova Iorque, Holt, 1997), pp. 7–80.

3 Mark Stoll, *Inherit the Holy Mountain: Religion and the Rise of American Environmentalism* (Oxford, Oxford University Press, 2015), pp. 172–201.

4 Yaakov Garb, «Rachel Carson's Silent Spring», *Dissent* 42 (outono 1995), pp. 539–546.

5 Jean Gartlan, *Barbara Ward: Her Life and Letters* (Londres, Continuum, 2010), pp. 1–25.

6 *Ibid.*, pp. 27–95.

7 *Ibid.*, pp. 97–204. Ver também Barbara Ward, «Only One Earth, Stockholm 1972» e Brian Johnson, «The Duty to Hope: A Tribute to Barbara Ward», ambos em *Evidence for Hope: The Search for Sustainable Development*, ed. por Nigel Cross (Londres, Taylor & Francis Group, 2003), pp. 3–9, 10–18; e Cedric Pugh, «Introduction», em *Sustainability, the Environment and Urbanization*, ed. por Cedric D. J. Pugh (Londres, Earthscan, 1996), pp. 15–16.

8 Designação atribuída ao período de reformas políticas e de um amplo ativismo social nos Estados Unidos entre 1890 e 1920. [N. do T.]

9 Fox, *American Conservation Movement*, pp. 148–182, 190–199.

10 Paul S. Sutter, *Driven Wild: How the Fight against Automobiles Launched the Modern Wilderness Movement* (Seattle, University of Washington Press, 2002).

11 Neil M. Maher, *Nature's New Deal: The Civilian Conservation Corps and the Roots of the American Environmental Movement* (Oxford, Oxford University Press, 2008); Douglas Brinkley, *Rightful Heritage: Franklin D. Roosevelt and the Land of America* (Nova Iorque, Harper, 2016); T. H. Watkins, *Righteous Pilgrim: The Life and Times of Harold L. Ickes, 1874–1952* (Nova Iorque, H. Holt, 1990).

12 Donald Worster, *Dust Bowl: The Southern Plains in the 1930s* (Nova Iorque, Oxford University Press, 1979); Paul B. Sears, *Deserts on the March* (Norman, University of Oklahoma Press, 1935); Paul Warde, Libby Robin e Sverker Sörlin, *The Environment: A History of the Idea* (Baltimore, Johns Hopkins University Press, 2018), pp. 35, 73–78.

13 *Ibid.*, pp. 25–72.

14 Howard Brick, *Age of Contradiction: American Thought and Culture in the 1960s* (Nova Iorque, Twayne, 1998), pp. 124–131.

15 Warde, Robin e Sörlin, *Environment*, pp. 6–24; Rachel Carson, *Silent Spring* (Boston, Houghton Mifflin, 1962), p. 6.

16 Ver Bruce Clarke, *Gaian Systems: Lynn Margulis, Neocybernetics, and the End of the Anthropocene* (Minneapolis, University of Minnesota Press, 2020).

17 Brick, *Age of Contradictions*, pp. 131–136.

18 Warde, Robin e Sörlin, *Environment*, pp. 8–14; Osborn citado na p. 14.

19 Ralph H. Lutts, «Chemical Fallout: Rachel Carson's Silent Spring, Radioactive Fallout, and the Environmental Movement», *Environmental Review* 9 (outono 1985), pp. 211–225; Jimmie M. Killingsworth e Jacqueline S. Palmer, «Millennial Ecology: The Apocalyptic Narrative from Silent Spring to Global Warming», em *Green Culture: Environmental Rhetoric in Contemporary America*, ed. por Carl G. Herndl e Stuart C. Brown (Madison, University of Wisconsin Press, 1996). Ver também Jacob Darwin Hamblin,

Arming Mother Nature: The Birth of Catastrophic Environmentalism (Oxford University Press, 2013).

20 Stewart L. Udall, *The Quiet Crisis* (Nova Iorque, Holt, Rinehart and Winston, 1963).

21 Mark W. T. Harvey, *A Symbol of Wilderness: Echo Park and the American Conservation Movement* (Albuquerque, University of New Mexico Press, 1994); Byron E. Pearson, *Still the Wild River Runs: Congress, the Sierra Club, and the Fight to Save Grand Canyon* (Tucson, University of Arizona Press, 2002); Marc Reisner, *Cadillac Desert: The American West and Its Disappearing Water*, ed. revista e atualizada (Nova Iorque, Penguin Books, 1993), pp. 241–254; Joachim Radkau, *The Age of Ecology: A Global History*, trad. ing. de Patrick Camiller (Cambridge, Polity, 2014), pp. 137–148.

22 Thomas Raymond Wellock, *Critical Masses: Opposition to Nuclear Power in California, 1958–1978* (Madison, University of Wisconsin Press, 1998); Henry F. Bedford, *Seabrook Station: Citizen Politics and Nuclear Power* (Amherst, University of Massachusetts Press, 1990); Joan Aron, *Licensed to Kill? The Nuclear Regulatory Commission and the Shoreham Power Plant* (Pittsburgh, University of Pittsburgh Press, 1997); J. Samuel Walker, *Three Mile Island: A Nuclear Crisis in Historical Perspective* (Berkeley, University of California Press, 2004).

23 Fox, *American Conservation Movement*, pp. 250–329.

24 Este movimento originário dos Estados Unidos conheceu sucedâneos na Europa, nomeadamente, em Portugal, com a idealização do conceito de regresso à terra. [N. do T.]

25 Adam Rome, *The Bulldozer in the Countryside: Suburban Sprawl and the Rise of American Environmentalism* (Cambridge, Cambridge University Press, 2001), pp. 119–128; Brick, *Age of Contradictions*, pp. 1–22, 113–119; Richard H. Pells, *The Liberal Mind in a Conservative Age: American Intellectuals in the 1940s and 1950s* (Nova Iorque, Harper & Row, 1985), pp. 183–261; Roderick Nash, *Wilderness and the American Mind*, 5.ª ed. (New Haven, Yale University Press, 2014), pp. 251–254; Catherine L. Albanese, *Nature Religion in America: From the Algonkian Indians to the New Age* (Chicago, University of Chicago Press, 1980), pp. 153–198; Russell Duncan, «The Summer of Love and Protest: Transatlantic Counterculture in the 1960s», em *The Transatlantic Sixties: Europe and the United States in the Counterculture Decade*, ed. por Grzegorz Kosc, Clara Juncker, Sharon Monteith e Britta Waldschmidt-Nelson (Bielefeld, Transcript Verlag, 2013), pp. 144–173.

26 Andrew Jamison, Ron Eyerman e Jacqueline Cramer, *The Making of the New Environmental Consciousness: A Comparative Study of the Environmental Movements in Sweden, Denmark and the Netherlands* (Edimburgo, Edinburgh

University Press, 1990), pp. 18–22; Martin Kylhammar, *Nils Dahlbeck: En Berättelse om Svensk Natur och Naturvårdshistoria* (Estocolmo, Carlsson, 1992), pp. 56–60; Frank Graham, Jr., *Since Silent Spring* (Boston, Houghton Mifflin, 1970), pp. 119–121. Ver também Lennart J. Lundqvist, *Environmental Policies in Canada, Sweden, and the United States: A Comparative Overview* (Beverly Hills, CA, Sage, 1974).

27 Graham, *Since Silent Spring*, pp. 81–86, 117–119; John Scheail, *An Environmental History of Twentieth-Century Britain* (Basingstroke, Hampshire, Palgrave, 2002), pp. 222, 235–245; G. R. Conway, D. G. R. Gilbert e J. N. Pretty, «Pesticides in the UK: Science, Policy and the Public», em *Britain Since «Silent Spring»: An Update on the Ecological Effects of Agricultural Pesticides in the UK*, ed. por D. J. L. Harding (Londres, Institute of Biology, 1988).

28 Jamison *et al.*, *Making of the New Environmental Consciousness*, pp. 129, 133, 136; Graham, *Since Silent Spring*, pp. 21, 23, 51–52, 81, 88–89; C. J. Briejèr, *Zilveren Sluiers en Verborgen Gevaren: Chemische Preparaten die het Leven Bedreigen* (Leiden, Sijthoff, 1968), cap. 12; Jacqueline Cramer, *De Groene Golf: Geschiedenis en Toekomst van de Milieubeweging* (Utreque, Jan van Arkel, 1989), pp. 19–23, 36; J. L. van Zanden e S. W. Verstegen, *Groene Geschiedenis van Nederland* (Utreque, Het Spectrum, 1993), pp. 77–78.

29 Winfried Kösters, *Umweltpolitik: Themen, Funktionen, Zuständigkeiten* (Munique, Olzog, 1997), pp. 12, 33; Kai F. Hünemörder, *Die Frühgeschichte der globalen Umweltkrise und die Formierung der deutschen Umweltpolitik (1950–1973)* (Estugarda, Steiner, 2004), pp. 121–126; Andrea Westermann, «Chemisierung der Landwirtschaft und Problemwahrnehmung durch den hauptamtlichen Naturschutz in den 1960er und 1970er Jahren: Die Rezeption von Carsons "Der stumme Frühling" (1962) als ein exemplarischer Fall für das Verhältnis von Wissenschaft und Öffentlichkeit» (estudo inédito); Raymond H. Dominick, *The Environmental Movement in Germany: Prophets and Pioneers, 1871–1971* (Bloomington, Indiana University Press, 1992), pp. 122–123, 152, 156.

30 Jamison *et al.*, *Making of the New Environmental Consciousness*, p. 73.

31 Radkau, *Age of Ecology*, pp. 79–113, 365–377; Frank Uekotter, *The Greenest Nation? A New History of German Environmentalism* (Cambridge, MIT Press, 2014), pp. 59–100.

32 Donella H. Meadows *et al.*, *Os Limites do Crescimento*, trad. de Jorge Correia da Cunha *et al.*, Lisboa, D. Quixote, 1978. [N. do T.]

33 Joel Bartholemew Hagen, *An Entangled Bank: The Origins of Ecosystem Ecology* (New Brunswick, NJ, Rutgers University Press, 1992), pp. 100–121.

34 Warde, Robin e Sörlin, *Environment*, pp. 21–22, 47–72, 108–119. Ver, por exemplo, Graham M. Turner, «A Comparison of The Limits to Growth

with 30 Years of Reality», *Global Environmental Change* 18(3) (agosto 2008), pp. 397–411; Gaya Herrington, «Update to Limits to Growth: Comparing the World3 Model with Empirical Data», *Journal of Industrial Ecology* 25(3) (2021), pp. 614–626.

35 Armin Rosencranz, Shyam Divan e Antony Scott, «Legal and Political Repercussions in India» e Josée van Eijndhoven, «Disaster Prevention in Europe», em *Learning from Disaster: Risk Management After Bhopal*, ed. por Sheila Jasanoff (Filadélfia, University of Pennsylvania Press, 1994), pp. 44–65, 113–132.

36 John McCormick, *Reclaiming Paradise: The Global Environmental Movement* (Bloomington, Indiana University Press, 1989), pp. 137–143; Joachim Radkau, *Nature and Power: A Global History of the Environment*, trad. ing. de Thomas Dunlap (Cambridge, Cambridge University Press, 2008), pp. 264–265; Radkau, *Age of Ecology*, pp. 148–155, 158–162, 167–169; Uekotter, *Greenest Nation*, pp. 113–155.

37 Mark Stoll, «Les influences religieuses sur le mouvement écologiste français», em *Une protection de la nature et de l'environnement à la française*, ed. por Charles-François Mathis e Jean-François Mouhot (Seyssel, França, Champ Vallon, 2013).

38 Dominick, *Environmental Movement in Germany*, pp. 207–208. Ver também H. Merbitz, «Wenn der Acker zur Fabrik wird: Eine Diskussion über unbekannte Gefahren des chemischen Pflanzenschutzes», *Christ und Welt* 16(19) (10 de maio de 1963), p. 30; Richard Kaufmann, «Sind sie wirklich harmlos? Die Frage der Pflanzenschutzmittel im Licht eines amerikanischen Regierungsberichts», *Christ und Welt* 16(23) (7 de junho de 1963), p. 21; e Hans-J. Wasserburger, «Das Gift im Boden: Schädlingsbekämpfung muß "integriert" erfolgen», *Christ und Welt* 16(46) (15 de novembro de 1963), p. 22. A polémica espalhou-se pelas colunas laterais e pelas cartas dirigidas ao editor.

39 Julia E. Ault, «Defending God's Creation? The Environment in State, Church and Society in the German Democratic Republic, 1975–1989», *German History* 37(2) (junho 2019), pp. 205–226.

40 Radkau, *Age of Ecology*, pp. 80, 85.

41 Jamison *et al.*, *Making of the New Environmental Consciousness*, pp. 13–53, 66–114; Peder Anker, *The Power of the Periphery: How Norway Became an Environmental Pioneer for the World* (Cambridge, Cambridge University Press, 2020).

42 Elizabeth D. Blum, *Love Canal Revisited: Race, Class, and Gender in Environmental Activism* (Lawrence, University Press of Kansas, 2008).

43 Os policlorobifenilos (PCB) sob a forma de dioxinas foram substâncias químicas produzidas industrialmente, mas cuja produção se encontra proibida desde 1985. [N. do T.]

44 Barbara L. Allen, *Uneasy Alchemy: Citizens and Experts in Louisiana's Chemical Corridor Disputes* (Cambridge, MIT Press, 2003).

45 Ver Robert D. Bullard, *Dumping in Dixie: Race, Class, and Environmental Quality* (Boulder, Westview Press, 1990); Ellen Griffith Spears, *Baptized in PCBs: Race, Pollution, and Justice in an All-American Town* (Chapel Hill, University of North Carolina Press, 2014); Linda Lorraine Nash, *Inescapable Ecologies: A History of Environment, Disease, and Knowledge* (Berkeley, University of California Press, 2006).

46 Radkau, *Age of Ecology*, pp. 377–401.

47 *Ibid.*, pp. 377–382; Papa Francisco, *Laudato Si': On Care for Our Common Home* (Huntington, IN, Our Sunday Visitor, 2015).

48 Barbara Ward e René J. Dubos, *Only One Earth: The Care and Maintenance of a Small Planet* (Nova Iorque, Norton, 1972), pp. 191–208.

49 *Ibid.*, pp. 158–159.

50 Jennifer Krill, «Rainforest Action Network», em *Good Cop/Bad Cop: Environmental NGOs and Their Strategies Toward Business*, ed. por Thomas P. Lyon (Washington, D. C., RFF, 2010), pp. 208–220.

51 Pamela S. Chasek e Lynn M. Wagner, «An Insider's Guide to Multilateral Environmental Negotiations since the Earth Summit», em *The Roads from Rio: Lessons Learned from Twenty Years of Multilateral Environmental Negotiations*, ed. por Pamela Chasek e Lynn M. Wagner (Nova Iorque, Routledge, 2012), pp. 1–15; Radkau, *Age of Ecology*, pp. 386–390.

52 Bill McKibben, *The End of Nature* (Nova Iorque, Random House, 1989).

53 Spencer R. Weart, *The Discovery of Global Warming*, ed. revista e aumentada (Cambridge, Harvard University Press, 2008), pp. 138–176.

54 Keith E. Peterman, «Contentious Journey from Rio to Paris and the Path Beyond», em *Global Consensus on Climate Change: Paris Agreement and the Path Beyond*, ed. por Keith E. Peterman, Gregory P. Foy e Matthew R. Cordes (Washington, D. C., American Chemical Society, 2019), pp. 1–9.

55 Ward e Dubos, *Only One Earth*, pp. 156–170.

56 Isabelle Garzon, *Reforming the Common Agricultural Policy: History of a Paradigm Change* (Basingstoke, Palgrave Macmillan, 2006), pp. 21–40; Venus Bivar, *Organic Resistance: The Struggle Over Industrial Farming in Postwar France* (Chapel Hill, University of North Carolina Press, 2018).

57 Matthew Reed, *Rebels for the Soil: The Rise of the Global Organic Food and Farming Movement* (Londres, Earthscan, 2010); William Lockeretz, ed., *Organic Farming: An International History* (Wallingford, CABI, 2007).

58 Darren Dochuk, *Anointed with Oil: How Christianity and Crude Made Modern America* (Nova Iorque, Basic Books, 2019); Radkau, *Age of Ecology*, pp. 270–271.

59 Hartmut Berghoff, «Shades of Green: A Business-History Perspective on Eco-Capitalism»; e Hugh S. Gorman, «The Role of Businesses in Constructing Systems of Environmental Governance», ambos em *Green Capitalism? Business and the Environment in the Twentieth Century*, ed. por Hartmut Berghoff e Adam Rome (Filadélfia, University of Pennsylvania Press, 2017); Radkau, *Age of Ecology*, pp. 270–271.

60 Ver Jane Mayer, *Dark Money: The Hidden History of the Billionaires Behind the Rise of the Radical Right* (Nova Iorque, Doubleday, 2016).

61 Jogo de palavras em torno da famosa mensagem do comodoro americano Perry após a Batalha do Lago Erie, na Guerra de 1812: «Encontrámos o inimigo, e ele é nosso.»

62 Michael E. Mann, *The New Climate War: The Fight to Take Back the Planet* (Nova Iorque, PublicAffairs, 2021).

63 Sobre este ponto, a obra essencial é o livro de Naomi Oreskes e de Erik M. Conway, *Merchants of Doubt: How a Handful of Scientists Obscured the Truth on Issues from Tobacco Smoke to Global Warming* (Nova Iorque, Bloomsbury Press, 2010).

64 Gorman, «Role of Businesses», pp. 44–45.

65 Berghoff, «Shades of Green», p. 24.

Conclusão: Lucro — capitalismo e ambiente

1 Inger L. Stole, «Philanthropy as Public Relations: A Critical Perspective on Cause Marketing», *International Journal of Communication* 2 (2008), pp. 20–40; Al Ries e Laura Ries, *The Fall of Advertising and the Rise of PR* (Nova Iorque, HarperBusiness, 2004), pp. xi–xxi.

2 Homi Kharas e Wolfgang Fengler, «Global Poverty is Declining but Not Fast Enough», *Future Development* [blogue], 17 de novembro de 2017, https://www.brookings.edu/blog/future-development/2017/11/07/global-poverty-is-declining-but-not-fast-enough/.

3 Jonathan Watts, «Blue-Sky Thinking: How Cities Can Keep Air Clean after Coronavirus», *Guardian* (Londres), 7 de junho de 2020.

4 «IKEA Executive on Why the West Has Hit "Peak Stuff"», *All Things Considered*, NPR Radio, 22 de janeiro de 2016.

ÍNDICE REMISSIVO